Der Junge aus Babyhaus Nr. 10

Alan Philps · John Lahutsky

Der Junge aus Babyhaus Nr. 10

Die wahre Geschichte eines russischen Waisenkindes

Aus dem Englischen
von Carina Tessari

Weltbild

Die Originalausgabe erschien 2009 unter dem Titel
The Boy from Baby House 10
bei St. Martin's Press, New York.

Namen und Erkennungsmerkmale einzelner Personen
wurden für dieses Buch verändert.

Besuchen Sie uns im Internet:
www.weltbild.de

Genehmigte Lizenzausgabe für Verlagsgruppe Weltbild GmbH,
Steinerne Furt, 86167 Augsburg
Copyright der Originalausgabe
© 2009 by Alan Philps und John Lahutsky
Copyright der deutschsprachigen Ausgabe
© 2010 by Aufbau Verlag GmbH & Co. KG, Berlin
NOTA BENE: Die deutschsprachige Ausgabe erschien
unter dem Titel *Wolkengänger* bei Gustav Kiepenheuer;
Gustav Kiepenheuer ist eine Marke der Aufbau Verlag GmbH & Co. KG
Übersetzung: Carina Tessari
Umschlaggestaltung: Atelier Seidel – Verlagsgrafik, Teising
Umschlagmotiv: Corbis, Düsseldorf
Gesamtherstellung: GGP Media GmbH, Pößneck
Printed in the EU
ISBN 978-3-86800-486-1

2014   2013   2012   2011
Die letzte Jahreszahl gibt die aktuelle Lizenzausgabe an.

Für alle, die es nicht geschafft haben.

*John Lahutsky im September 2008 in Bethlehem, Pennsylvania
(© Alan Philps)*

PROLOG

Ich zwang mich, zu klettern. Ich mag schwache Beine haben, aber meine Arme sind stark, vielleicht sogar genauso stark wie die der anderen Jungs in meiner Pfadfindergruppe. Unter mir schrien die anderen: »Vorwärts, John! Du schaffst es!« Ich streckte meinen linken Arm aus, packte das Seil und zog mich nach oben. Ja, sagte ich zu mir selbst, ich schaffe es.

Ich wusste, dass keiner in der Gruppe damit gerechnet hatte, dass ich mich an dem Kletternetz versuchen würde. Einem nach dem anderen hatte ich auf seinem Weg nach oben hinterhergeschaut. Wie Matrosen am Mast eines Segelschiffs im Wind waren sie vor und zurück geschwankt, und ich hatte ihnen ansehen können, dass sie alle Mühe hatten, sich hinaufzuhangeln. Ich hatte Angst, dass sich meine Beine in den Seilen verheddern könnten und unser Gruppenführer mich daraus würde befreien müssen. Oder dass ich abrutschen könnte und dann wie ein Hampelmann in meiner Pfadfinderuniform am Sicherungsseil baumeln würde. Nachdem alle Jungs an der Reihe gewesen waren, sah mich der Gruppenführer an und fragte: »Willst du es auch versuchen, John?« Ich wusste, es wäre okay, wenn ich nein sagen würde.

Ich sah ihm in die Augen. »Ich mach's.«

Der Gruppenführer legte mir den Sicherheitsgurt an und zog die Gurte um meine Taille und Schultern fest. Dann setzte er mir einen Helm auf und schloss den Kinnriemen. Ich streckte die Arme aus, umfasste das raue Kletternetz und zog mich nach oben. Als meine Füße den Boden verließen, schwankte mein gesamter Körper nach hinten, und ich klammerte mich mit aller Kraft fest. Stück für Stück zog ich mich nach oben. Ich begann zu schwitzen und zu schnaufen. Unter mir hörte ich die anderen rufen: »Weiter, John, weiter!«

Ich streckte meine rechte Hand aus, um ein weiteres Stück Seil zu packen, als ich plötzlich ein Bild vor mir sah: einen kleinen Jungen, nackt, mit Medikamenten ruhiggestellt, hinter eisernen Gitterstäben, eingeschlossen in einem Zimmer. Dieser Junge versuchte auch zu klettern. Er versuchte über die Gitterstäbe eines Kinderbetts zu klettern, doch sie waren zu hoch. Er versuchte es, immer und immer wieder, bis er schließlich völlig erschöpft auf einer blanken Plastikmatratze zusammenbrach.

Ich machte eine kurze Verschnaufpause und hörte die Stimmen von unten rufen: »Nicht aufhören, John! Du schaffst es!« Es war, als würden sie den kleinen Jungen in meinem Kopf anfeuern. Ja, ich schaffe es, dachte ich, griff nach dem Seil, biss die Zähne zusammen und zog mich nach oben. Ich schaffe es für diesen kleinen Jungen, der in diesem abgedunkelten Raum, in seinem Gitterbett vollkommen allein gewesen war.

Der kleine Junge war ich. Als ich sechs Jahre alt war und in einem anderen Land lebte, eine andere Sprache sprach und Iwan oder kurz Wanja hieß.

Ich erreichte das obere Ende des Netzes und hörte meine Kameraden klatschen und jubeln. Ich sah nach unten und lächelte ihnen zu. Es war schwierig gewesen – aber nichts im Vergleich zu dem, was der sechsjährige Junge in meiner Erinnerung hinter sich gebracht hatte. Meine Pfadfinderkameraden wissen nichts von meiner Vergangenheit. Was würden sie sagen, wenn sie es wüssten?

Das hier ist meine Geschichte. Es heißt, ich sei vermutlich das einzige Kind, das die schlimmste aller Einrichtungen im russischen Kinder-Gulag überlebt und die Chance auf ein normales Leben im Ausland bekommen hat. Bis heute verschwinden Kinder in diesen einst von Stalin geschaffenen Einrichtungen. Darum glaube ich, dass meine Geschichte erzählt werden muss. Wenn es nur ein Kind vor der Hölle bewahrt, durch die ich gegangen bin, ist es die Mühe wert, sagt meine Mutter, und sie hat recht.

Im Alter von fünf Jahren wurde ich, genau wie Tausende andere russische Kinder, für bildungsunfähig erklärt und zu »permanenter Bettruhe« verurteilt – einem trostlosen Dasein in Gitterbetten auf nackten Matratzen. Bis zu meinem zehnten Lebensjahr erhielt ich keinerlei Bildung, und ich hoffe, dass mein Abschluss an einer amerikanischen Highschool beweisen wird, wie unrecht jene russischen Experten haben, die Kinder als »Schwachsinnige« abschreiben.

Meine Freunde, die mich aus Russland kennen, fragen mich oft, wie ich es geschafft habe, zu überleben, wo doch so viele Kinder wie ich bereits vor ihrem siebten Lebensjahr sterben. Ich habe keine Antwort auf diese Frage.

Jedes Buch hat seine Geschichte, so auch dieses. Nach meiner Ankunft in Amerika hielt meine Mutter jahrelang ein Ehepaar in Großbritannien, Sarah und Alan, über meine Fortschritte auf dem Laufenden. Ich kannte die beiden aus meiner Moskauer Zeit im Babyhaus 10.* Wir schickten ihnen Fotos: ich neben Mickey Mouse bei meinem ersten Besuch in Disney World; die Party, die wir feierten, nachdem ich die amerikanische Staatsbürgerschaft erhalten hatte – ich trug einen Zylinder mit dem Sternenbanner, auf dessen Rückseite Mom »All American John« geschrieben hatte; ich im Smoking verkleidet als James Bond, meinem Idol; und später ich in meiner Pfadfinderuniform.

2006 schickte Mom Sarah und Alan etwas anderes: einen Artikel aus unserer Lokalzeitung. Ein Journalist hatte uns befragt, wie wir uns gefunden hätten, wie unser heutiges Zusammenleben aussehe und wie meine frühe Kindheit in Russland

---

* In Babyhäusern (russisch: Dom rebjonka) leben Kinder, häufig mit geistigen und/oder körperlichen Behinderungen, von 0 bis etwa 4 Jahren, die entweder Waisen sind oder deren Eltern sich nicht in der Lage fühlen, sie selbst zu erziehen. Da es für eine solche Institution keine englische Entsprechung gibt, fand der Autor den Begriff Baby House, dem die deutsche Übersetzung aus dem gleichen Grund folgt.

gewesen sei. Alan schrieb uns daraufhin eine E-Mail, dass er aus dem Artikel schließe, ich wüsste nur wenig über meine außergewöhnliche Geschichte. Im darauffolgenden Jahr besuchten uns Sarah und Alan, und wir tauschten Erinnerungen über unsere gemeinsame Zeit in Moskau aus, als Alan, begleitet von seiner Frau Sarah, dort als Zeitungskorrespondent arbeitete, während ich mich noch in der Obhut des Staates befand. Ich hatte so viele Fragen: Was war mit meinen leiblichen Eltern geschehen? Wie war ich ins Babyhaus 10 gekommen, und warum wurde ich mit sechs Jahren von dort in eine Irrenanstalt für Erwachsene verlegt? Warum hat es so lange gedauert, mich zu retten?

Je mehr ich hörte, desto mehr wollte ich erfahren. Ich wollte wissen, warum russische Ärzte keinen Unterschied zwischen körperlicher und geistiger Behinderung machten, und wie sie Kinder mit leichter körperlicher Behinderung dazu verurteilen konnten, die Hölle auf Erden zu erleiden. Irgendwann im Laufe unserer Gespräche sagte Alan, dass man aus meiner Geschichte ein Buch machen müsste. Ich war Feuer und Flamme. Du musst es schreiben, sagte ich zu ihm. Und auch Sarah, Wika und all die anderen sollten ihren Teil zu meiner Geschichte beitragen. Die Welt sollte es erfahren.

Seit ich in Amerika lebe, habe ich viel über Russland gelernt. Vor kurzem habe ich in Geschichte ein Referat gehalten über den Sturz des Zaren und die kommunistische Machtübernahme von Lenin und später Stalin. Dadurch habe ich Einblicke in jenes System gewonnen, das versucht hat, mein Leben zu zerstören.

Die Geschichte, die in diesem Buch erzählt wird, beginnt, als ich vier Jahre alt war. Wie bei jedem Menschen sind auch meine Erinnerungen an meine frühe Kindheit recht bruchstückhaft. Ich war eingesperrt und wusste daher nicht, dass es da draußen Menschen gab, die sich unermüdlich darum bemühten, mich zu retten. Bis schließlich meine Mutter meinem Hilferuf folgte.

Zur Recherche ist Alan zurück nach Moskau geflogen, um

den Großteil der Leute zu befragen, die damals mit mir in Berührung gekommen waren, und um Material in Form von Tagebüchern, Fotos, Videos und behördlichen Dokumenten zu sammeln. Was meine eigenen Erinnerungen betrifft, nehmen diese ab dem sechsten Lebensjahr zu, und ich erzählte Alan alles, was ich wusste.

Der Blick auf meine Erlebnisse in jenen Räumen, in denen ich eingesperrt war, erfolgt durch meine Augen. Die übrige Geschichte wird von zwei Menschen erzählt, die mir sehr viel bedeuten: Wika, eine junge Russin, die es sich über Monate zur Aufgabe gemacht hatte, mich zu retten, und Sarah, der ich keine Ruhe ließ, bis sie für mich ein Leben außerhalb dieses mörderischen Systems gefunden hatte.

John Lahutsky

Bethlehem, Pennsylvania, im September 2008

*Wanja (oben rechts) mit seinem Freund Andrej im Babyhaus 10
und mit Wika in Filimonki (unten), 1996
(© oben: Sarah Philps, unten Alan Philps)*

1.

DIE ANGELEHNTE TÜR

November/Dezember 1994

»Kann ich bitte ein Spielzeug haben?«

Unbeantwortet schwebte Wanjas Bitte im Raum. Das Zimmer war voller Kinder, doch außer Nastja, der Betreuerin, die mit einem feuchten Lappen fast geräuschlos saubermachte, bewegte sich niemand. Sehnsüchtig auf eine Antwort wartend, beobachtete Wanja jede ihrer Bewegungen. Doch sie hielt ihm weiter den Rücken zugekehrt, während sie in Richtung der Fensterbank schlurfte, wo die winzig kleine Waleria bewegungslos in einer Babywippe lag. Waleria starrte mit großen Augen ins Leere, und in der ganzen Zeit, die Nastja um das Kind herumwischte, suchte sie keinerlei Kontakt zu ihm – keine Berührung, kein Wort, kein Blick –, als handle es sich um eines der Holzspielzeuge auf dem Regal. Als der Lappen kurz ihren Fuß berührte, zuckte das kleine Mädchen zusammen, und in ihrem Gesicht spiegelte sich Angst.

Wanja hoffte, dass Nastja sich umdrehen würde, sobald sie die Fensterbank abgewischt hatte, und er ihren Blick auffangen könnte. Aber nein, sie ging weiter zu dem Laufstall, in dem der blinde Tolja nach Spielsachen tastete, die nicht da waren. Sie stieß ein »dz-dz« aus, als sie sah, dass das Geländer des Laufstalls von den Kindern angenagt worden war.

Nun beugte sie sich herab, um das Tablett des Lauflernstühlchens abzuwischen, in dem Igor seine Tage zubrachte — ein sogenanntes Gehfrei, das mit Rollen versehen war, mit dem er aber nicht herumfahren konnte, da das Plastikgestell mit einem Fetzen Stoff an den Laufstall gebunden war. Igor warf sich in seinem Sitz zurück und begann, seinen Kopf gegen die Gitterstäbe des Laufstalls hinter sich zu schlagen. Wanja wusste, dass der Junge versuchte, Nastjas Aufmerksamkeit zu erregen. Doch sie ignorierte ihn ebenso wie Wanja.

Wanja traute sich nicht, Nastja noch einmal nach einem Spielzeug zu fragen. Am Anfang ihrer Schicht war sie immer schweigsam und mürrisch, doch nach ihrer Pause schrie sie die Kinder oft an oder tat Schlimmeres. Einmal hatte sie Igor von der Wickelkommode in den Laufstall geworfen. Danach hatte Wanja beobachten können, wie Igor eine große Beule auf der Stirn gewachsen war.

Beunruhigt bemerkte Wanja den leeren Ausdruck im Gesicht seines Freundes Andrej, der ihm an ihrem kleinen Tischchen gegenübersaß. Noch beunruhigender war Andrejs Vorwärts- und Rückwärtsschaukeln, ähnlich dem der Kinder, die im Gehfrei saßen. Das konnte den ganzen Tag so weitergehen, doch Wanja brauchte jemanden, mit dem er sich unterhalten konnte. Er hatte seinem Freund zwar das Sprechen beigebracht, doch Andrej blieb immer noch die meiste Zeit stumm. Wanja sehnte sich nach Beschäftigung. Er konnte nicht mehr so lange warten, bis sich Nastja, die in der anderen Ecke des Zimmers Wäsche zusammenlegte, endlich umdrehen würde. »Können wir bitte unser Spielzeug haben, Nastja?«, bat er noch einmal in ihre Richtung.

Wieder nur Schweigen. Wanja machte sich auf einen ihrer Ausbrüche gefasst. Mit angehaltenem Atem sah er zu, wie sie sich langsam umdrehte. Sie schlurfte ein paar Schritte in Richtung eines hohen Regals und holte eine ramponierte Matrjoschkapuppe herunter. Wanja wusste gar nicht wohin vor Aufregung, als sie mit der Figur auf ihn zukam.

»Nimm das. Teil's dir mit Andrej«, sagte sie und knallte das Holzspielzeug zwischen die beiden Jungen auf den Tisch. Andrej hörte auf zu schaukeln, sein Gesichtsausdruck blieb jedoch leer.

Einige Teile der Puppe waren kaputt oder fehlten. Doch lieber ein kaputtes Spielzeug als gar keins. In Ruhe stellte Wanja sämtliche Puppen der Größe nach vor Andrej auf. Dann nahm er sie auseinander und schachtelte sie wieder ineinander. Schließlich fing er noch einmal von vorn an, doch Andrej zeigte nach wie vor keine Reaktion.

»Los, Andrej. Jetzt bist du dran«, drängte er den Freund flüsternd.

Andrej starrte weiter vor sich hin. Doch Wanja gab nicht auf.

»Ich rolle eine Puppe zu dir rüber, und du fängst sie auf.« Die Puppe kullerte über den Tisch, plumpste in Andrejs Schoß und fiel von dort auf den Linoleumboden. Andrej machte keinerlei Anstalten, sie festzuhalten.

Ängstlich schaute Wanja zu Nastja hinüber, um zu sehen, ob sie mitbekommen hatte, dass die Puppe heruntergefallen war. Aber nein, sie war immer noch damit beschäftigt, Wäsche zusammenzulegen.

»Du hast es noch nicht mal versucht, Andrej.«

Er hielt seinem Freund die Puppe direkt vors Gesicht. Andrej drehte seinen Kopf ein klein wenig und starrte die Puppe aus leeren Augen an. »Schon besser, Andrej. Jetzt roll ich sie wieder zu dir rüber.«

Abermals verharrte Andrej vollkommen regungslos und ließ die Puppe wieder vom Tisch fallen. Diesmal hörte es Nastja.

»Ihr schmeißt euer Spielzeug also runter? Ich hab ja gesagt, dass ihr mit Spielsachen nichts anzufangen wisst.« Wütend schnappte sie sich die restlichen Puppenteile, und Wanja musste entsetzt mit ansehen, wie sie alles zurück auf das hohe Regal legte. Dann setzte sie sich an ihren Schreibtisch und begann, Formulare auszufüllen.

Wanja starrte die Tischplatte an, die nun wieder genauso kahl war wie der übrige Raum. Er schaute auf und sah Andrej an, der seinem Blick auswich und wieder angefangen hatte zu schaukeln. Igor schlug seinen Kopf immer heftiger gegen die Gitterstäbe des Laufstalls. Zwischen den Schlägen konnte Wanja die kleine Waleria am Fenster wimmern hören.

Sein Blick fiel auf den Heizkörper unter dem Fenster. Er musste lächeln bei dem Gedanken an die raue Oberfläche des Metalls und die tröstliche Wärme, die er spendete. Er sehnte sich danach, von seinem Stuhl zu rutschen, hinüberzukrabbeln und den Heizkörper anzufassen, doch nur seine Lieblingsbetreuerin, die, die er Tante Walentina nannte, erlaubte ihm, sich frei im Raum zu bewegen. Nastja würde schimpfen und zetern, wenn sie ihn auf dem Boden herumkrabbeln sähe.

Er dachte an jenen Morgen zurück, als die Tür aufgegangen und ein Mann mit einem großen Kasten in der Hand hereingekommen war. Er sagte, er sei hier, um den Heizkörper zu reparieren, aus dem es tropfte. Wanja war es gelungen, den Mann auf sich aufmerksam zu machen, indem er ihn gefragt hatte, wer er sei, und dann hatte er sich neben ihn setzen und ihm zusehen dürfen. Der Mann hatte ihm gesagt, er sei der Klempner, und hatte seinen Kasten geöffnet, in dem Werkzeug verschiedenster Größen und Formen zum Vorschein gekommen war.

Noch nie zuvor hatte Wanja so viele faszinierende Gegenstände gesehen. Der Klempner bemerkte sein Interesse und reichte ihm einen Kreuzschlüssel. Er selbst nahm sich einen Schraubenschlüssel und begann, den Heizkörper aufzuschrauben. Wanja beobachtete jede seiner Bewegungen und fragte nach dem Namen eines jeden einzelnen Werkzeugs, wobei er die Wörter wiederholte, um sie sich besser merken zu können. Der Klempner lächelte ihn an, und als er mit dem Schraubenschlüssel fertig war, durfte Wanja ihn halten. Glücklicherweise hatte Walentina an diesem Tag Dienst und erlaubte Wanja, bei dem Mann sitzen zu bleiben.

Wanja schloss die Augen und ließ die gesamte Szene Revue passieren. Jetzt war er der Klempner und Andrej sein Gehilfe, der den Schraubenschlüssel für ihn hielt. »Schnell, Andrej«, würde er sagen, »gib mir den Schraubenschlüssel. Wir haben ein Leck!« Andrej würde ihm das Werkzeug reichen, und er würde mit aller Kraft die Schraubenmutter anziehen. Das Wasser würde aufhören zu tropfen, Walentina würde alles saubermachen, und er würde sein Werkzeug in den glänzenden Metallkasten packen und losziehen, um den nächsten undichten Heizkörper zu reparieren. Wie herrlich wäre das!

In diesem Moment schob Nastja ihren Stuhl zurück und sprang auf. Wanja hatte so viel Zeit damit verbracht, ihre Bewegungen zu beobachten, dass er ganz genau wusste, was ihre plötzliche Zielstrebigkeit zu bedeuten hatte: Sie war auf dem Weg in die Pause. Sie ging zu ihrer Tasche, die an einem Haken an der Wand hing, und nahm eine Schachtel Zigaretten heraus. Dann suchte sie in ihrer Manteltasche nach einem Feuerzeug. Sie schaute nicht in den Spiegel – anders als Tanja, die Lippenstift auftrug, bevor sie den Raum verließ.

Während er Nastja beobachtete, schlug sein Herz wie wild. Er hatte bemerkt, dass die Verbindungstür zum Nebenzimmer nur angelehnt war. Normalerweise war sie immer geschlossen. Was für ein Glücksfall – Nastja war soeben dabei, hinauszugehen, und hatte es nicht bemerkt. Die Aussicht auf ein bevorstehendes Abenteuer ließ Wanja schlagartig putzmunter werden. Wenn Nastja erst einmal draußen war, könnte er zu der Tür hinüberkrabbeln und einen Blick in den Nebenraum werfen, der von den Betreuerinnen Gruppe 1 genannt wurde. Er wusste, dass dort andere Kinder waren. Vielleicht fand er dort ein Kind, mit dem er sich unterhalten konnte. Er sah Andrej an, der wieder ins Leere starrte. Oder eine nette Betreuerin, die er noch nicht kannte. Vielleicht würde sie etwas Liebes zu ihm sagen, an das er dann während des langen Mittagsschlafs denken konnte.

Mit der Zigarettenschachtel in der Hand blieb Nastja zögernd stehen und sah sich prüfend im Raum um. Wanja senkte den Blick. Vielleicht konnte sie Gedanken lesen und hatte seinen Plan erraten. Was machte sie nur? Warum stand sie da herum? Da lief sie auf die Tür zum Nebenzimmer zu. Wanja schlug das Herz bis zum Hals. Sie würde bemerken, dass die Tür nur angelehnt war, würde sie schließen, und sein Abenteuer hätte sich erledigt. Zu seiner Erleichterung nahm Nastja nur ihre Tasche vom Haken. Wie durch ein Wunder war ihr die offene Tür entgangen. Wanja sah ihr nach, wie sie nach draußen auf den Flur verschwand. Dann hörte er, wie der Schlüssel im Schloss umgedreht wurde.

Nun waren die Kinder sich selbst überlassen – es galt also keine Zeit zu verlieren. Wanja rutschte von seinem Stuhl und landete mit einem dumpfen Geräusch auf dem Boden. Man hatte ihm verboten zu krabbeln: Der Boden sei schmutzig, hatten sie ihm gesagt, er könne krank davon werden. Er versuchte nicht daran zu denken, dass Nastja ihn schlagen würde, wenn sie ihn erwischte. Mit aller Kraft zog er sich mit den Armen über den glänzenden Boden. Er hatte etwa die Hälfte des Weges geschafft, als er aus Richtung der geöffneten Tür hörte, dass jemand sang. Er krabbelte schneller.

Als er die Tür erreichte, öffnete er sie ein klein wenig weiter, so dass er hineinsehen konnte. Geblendet von der Mittagssonne, die durch die Gardine fiel, konnte er lediglich eine große Silhouette, umrahmt von Licht, ausmachen. Er kniff die Augen zusammen. Die Silhouette beugte sich nach vorn und verwandelte sich in eine junge Frau, die behutsam ein Baby zurück in ein Kinderbett legte. Wie sanft sie mit dem Baby umging, welch grenzenlose Aufmerksamkeit sie ihm schenkte, und dabei sang sie die ganze Zeit diese ergreifende Melodie. Sie nahm ein anderes Kind auf den Arm, und Wanja bemerkte, dass sie nicht so angezogen war wie die anderen Frauen im Babyhaus. Sie trug keinen dieser weißen Kittel, stattdessen steckten ihre langen Beine in Jeans, und ihre Haare waren offen, nicht zurückgebunden.

Wanja war sprachlos. Mucksmäuschenstill beobachtete er die Szene; auf keinen Fall wollte er den Zauber des Augenblicks zerstören. Er wollte sich jedes noch so kleine Detail einprägen, um es sich dann in Erinnerung zurückzurufen, wenn er am Nachmittag in seinem Bett liegen würde und nicht schlafen konnte.

Die junge Frau lief im Zimmer umher, wiegte das Baby in ihren Armen, und plötzlich trafen sich ihre Blicke. Sie hörte nicht auf zu singen, sondern lächelte ihm zu. Wanja hatte damit gerechnet, angeschrien und in sein Zimmer zurückgescheucht zu werden, doch die Frau sagte kein Wort. Mutig krabbelte er ein Stück weiter in das Babyzimmer. Er wünschte, er könnte hier leben. Alles war so anders: War es am Ende nur ein Traum?, fragte er sich gerade, als er hinter sich eine Stimme bellen hörte: »Komm hierher zurück, Wanja. Du hast da drüben nichts zu suchen.« Wanja erkannte Nastjas typische Nach-der-Pause-Stimme. Er krabbelte zurück in Gruppe 2. Nastja schloss die Verbindungstür zum Nebenzimmer, packte ihn unter den Achseln, schleifte ihn über den Boden und warf ihn ärgerlich auf seinen Stuhl.

»Tu das nie wieder«, fauchte sie ihm direkt ins Gesicht, sodass er gezwungen war, den ekligen Geruch aus ihrem Mund einzuatmen.

Es war Zeit für die Mittagsfütterung. Küchenfrauen trugen zwei große Aluminiumtöpfe herein sowie ein Tablett mit einem hohen Stoß Schüsseln und Nuckelfläschchen, die mit brauner Suppe gefüllt waren, und stellten alles auf einen Tisch neben der Tür. Aus der Ferne suchte Wanja das Tablett ab. Keines der anderen Kinder bekam je Brot, nur seine Lieblingsbetreuerin, Tante Walentina, brachte Wanja immer ein großes Stück Schwarzbrot mit, wenn sie Dienst hatte. Heute war zwar Nastjas Tag, und sie hatte ihm noch nie Brot gegeben, aber vielleicht hatte der Koch an ihn gedacht und eine Scheibe zwischen die Fläschchen gesteckt.

Nastja schöpfte zehn Portionen dünne Gemüsesuppe und Kartoffelpüree aus den Töpfen in die Schüsseln. Wanja und Andrej bekamen immer als Erste ihr Essen, und sie rechneten jeden Moment mit ihren Tellern. Andrej hatte sogar aufgehört zu schaukeln. Doch Nastja wandte sich Wanja zu und zischte ihn an: »So schlecht, wie du dich vorhin benommen hast, kriegst du heute als Letzter. Und dein Freund kann auch warten.«

Niedergeschlagen musste Wanja mitansehen, wie Nastja eine Schüssel nahm, neben Igors Gehfrei in die Hocke ging, ihn zwang, seinen Kopf nach hinten zu kippen, indem sie die Schüssel gegen sein Kinn presste, und mit einem großen Löffel begann, das Essen in ihn hineinzuschaufeln. Igor schluckte und stieß einen Schrei aus. Wanja wusste, dass ihm das heiße Essen den Mund verbrannte. Doch Nastja machte weiter.

Ohne ein Wort zu sagen, stopfte sie ihm löffelweise Kartoffelpüree in den Mund. Igor wand sich hin und her und versuchte, seinen Kopf wegzudrehen. »Du hast also keinen Hunger«, sagte Nastja daraufhin, stand auf und stellte die Schüssel zurück auf den Tisch.

Dann nahm sie Tolja aus seinem Laufstall, ließ ihn auf einen Stuhl fallen und holte eine andere Schüssel. Wanja sah dem blinden Jungen zu, wie er seine neue Umgebung abtastete und versuchte, sich zurechtzufinden. Während seine Finger den Stuhl erkundeten, stieß Nastja seinen Kopf nach hinten und begann, ihm das Gemisch aus Suppe und Püree in den Mund zu schaufeln. Der Löffel wurde schneller und schneller, und Tolja hatte große Mühe, das Essen hinunterzuschlucken. Jedes Mal, wenn er seinen Kopf wegdrehte, um sich Zeit zum Schlucken zu verschaffen, riss Nastja ihn zurück und schaufelte weiter Essen in ihn hinein. Beinahe im gleichen Tempo, wie sie es in ihn hineinpresste, floss es wieder aus seinem Mund heraus, rann sein Kinn herab und tropfte auf einen Fetzen Stoff. Im Nu war die Schüssel geleert, und Nastja ging zum nächsten Kind über.

Sie nahm eines der Fläschchen mit der braunen Suppe und schlurfte hinüber zur Fensterbank, auf der Waleria lag. Sie steckte dem Mädchen den Sauger in den winzigen Mund und hielt das Ende der Flasche schräg nach oben. Waleria war so schwach, dass Wanja sie kaum schlucken hören konnte. »Mach schon«, sagte Nastja ungeduldig, wandte sich von dem Mädchen ab und sah sich prüfend im Zimmer um. Walerias Schluckgeräusche wurden weniger und weniger und blieben schließlich ganz aus. Obwohl ihre Flasche noch immer fast voll war, riss Nastja sie ihr ungeduldig aus dem Mund und ging zum nächsten Kind.

Während Wanja Nastja beim Füttern der anderen Kinder beobachtete, wurde er immer hungriger. Er brauchte dringend ein Stückchen Brot. Vielleicht wenn sie ganz freundlich bitten würde … Doch als Nastja zwei Schüsseln und zwei große Löffel vor die Jungs auf den Tisch knallte, wurde ihm klar, dass es heute keine Leckerbissen geben würde. Da war kein Brot. »Macht bloß keinen Dreck«, warnte sie die beiden. Stumm löffelten Wanja und Andrej die kalte Suppe, in der rein gar nichts zum Kauen war.

Während die Jungs aßen, trug Nastja ein Kind nach dem anderen zur Wickelkommode und zog ihnen, ohne ein Wort oder einen Blick, ihre nassen Strumpfhosen und schmutzigen Stoffwindeln aus und trockene an. Anschließend verfrachtete sie jedes Kind in eines der Gitterbetten, die im angrenzenden Schlafraum standen. Der Mittagsschlaf stand an.

Wanja graute vor der Langeweile, vor den endlosen Stunden, die er nun ans Bett gefesselt sein würde. Während er wartete, dass die Reihe an ihn kam, überlegte er fieberhaft, wie er das Unvermeidliche hinauszögern könnte. Wenn Tante Walentina Dienst hatte, durfte er immer noch eine Weile bei ihr sitzen, wenn sie die anderen ins Bett gebracht hatte. Dann brachte sie ihm Lieder oder Gedichte bei. Nastja tat das nie. Gerade hatte sie Andrej fortgetragen. Während er vorgab, noch nicht mit dem Essen fertig zu sein und die allerletzten Reste seines Pürees zusammenkratzte, suchte Wanja nach einer Möglichkeit, sie in ein Gespräch zu verwickeln.

Als sie sich zu ihm hinunterbeugte, um ihn hochzunehmen, fragte er: »Hast du dir deinen Teppich gekauft?«

Nastja sah ihn verblüfft an. »Woher weißt du von meinem Teppich?«

»Ich habe gehört, wie du der Ärztin erzählt hast, dass du einen Teppich im Geschäft gesehen hast und dass du ihn dir nach Dienstschluss kaufen willst.«

»Ja, ich hab ihn mir gekauft.«

»Ist er schön?«

»Ja.« Es entstand eine Pause, als sie ihn auf den Arm nahm.

»Was ist ein Geschäft, Nastja?«

»Ein Ort, an dem man Sachen kaufen kann. Aber jetzt wird geschlafen.«

»Aber ich bin gar nicht müde.« Nastja zeigte keine Reaktion. Sie hatte es viel zu eilig, ihn in sein Bett zu bringen.

Als sie die Tür hinter sich schloss, blieb Wanja nichts zu tun, als durch die Gitterstäbe seines Betts die Risse in der Wand anzustarren. Mit einem Finger fuhr er die Linien entlang, ließ ihn über die Gitterstäbe hüpfen und verfolgte die Risse bis ans Ende des Betts. Der Gedanke an die vor ihm liegende endlose Zeit war niederschmetternd. Er wusste, dass es bereits dunkel sein würde, wenn man ihn wieder aus dem Bett holte. Die anderen Kinder waren unruhig und lagen jammernd in ihren Betten, die entlang der Wände aufgestellt waren.

Er versuchte, das Gejammer der anderen Kinder auszublenden, und konzentrierte sich stattdessen auf den Gedanken an das Abenteuer, das er am Vormittag erlebt hatte. Er beschwor das Bild der jungen Frau mit den langen Haaren herauf, wie sie sanft das Baby hielt und ihm vorsang. Er sah sie ihm zulächeln und stellte sich vor, dass sie auch ihm vorsang. Erneut fragte er sich, wer sie war. Warum war sie nicht gekleidet wie die anderen Betreuerinnen? Warum hatte sie ihn nicht angeschrien oder bestraft, weil er seine Gruppe verlassen hatte? Er überlegte hin und her, doch er fand keine Antwort.

Nachdem er die Szene mehrfach hatte Revue passieren lassen, suchte er nach etwas anderem, an das er denken konnte: die Matrjoschkapuppen fielen ihm ein. In seiner Vorstellung spielte er wieder mit ihnen, aber diesmal waren sie nicht kaputt oder rissig, und es fehlten auch keine Teile. Er baute sie in einer Reihe auf dem Tisch auf, von der kleinsten, die gerade mal so groß war wie sein Daumen, bis zur größten, die so groß war wie Waleria in ihrer Babywippe. Es waren so viele, dass sie gerade noch auf den Tisch passten. Sie bildeten eine Mauer auf seiner Seite des Tisches, hinter der er sich vor Andrej verstecken und ihn so zum Lachen bringen konnte.

Dann begann er, die Puppen über den Tisch zu Andrej rollen zu lassen. Aber diesmal hatte der Freund nicht diesen leeren Ausdruck auf dem Gesicht, sondern warf sich nach rechts und links, um die Puppen aufzufangen – und zwar alle: die kleinen, die über die Tischplatte sausten, ebenso wie die großen, die schwerfällig dahinkullerten. Andrej bekam jede einzelne zu fassen und kugelte sie zurück zu Wanja, der sie wiederum von der Tischkante fallen ließ, sie aber noch rechtzeitig auffing, bevor sie auf dem Boden aufschlugen. Und Nastja bekam von alldem nichts mit!

Für heute bestand keinerlei Hoffnung mehr, dass Nastja ihm noch einmal die Matrjoschkapuppe geben würde. Aber wie sah es morgen aus? Morgen war Tanjas Tag. Er war sich nicht ganz sicher, was Tanja anbetraf, aber er könnte sie fragen. Und übermorgen war endlich wieder Tante Walentinas Tag. Sie würde ihn ganz sicher mit der Puppe spielen lassen. Das war etwas, worauf man sich freuen konnte.

Zwei Tage später saß Wanja an seinem Tisch und sehnte den Dienstbeginn seiner Lieblingsbetreuerin herbei. Tanja hatte ihren weißen Kittel bereits ausgezogen und warf einen ungeduldigen Blick auf ihre Uhr. Da ging die Tür auf, und herein kam Tante Walentina in ihrem abgetragenen Mantel, in der Hand einen Regenschirm und eine prall gefüllte Plastiktüte.

Wanja sah Walentina zu, wie sie ihren Mantel aufhängte und in der Plastiktüte zu kramen begann. Sie holte ein mit Papier umwickeltes Päckchen daraus hervor und legte es vor ihn auf den Tisch. Wanja zitterten vor Vorfreude die Finger, als er das Butterbrotpapier öffnete. Darunter kam eine dicke Scheibe Salami zum Vorschein.

»Nachher hab ich noch eine Banane für dich«, flüsterte sie ihm zu. Er strahlte.

»Tante Walentina, du bist meine Lieblingsbetreuerin«, sagte er mit vollem Mund.

»Iss schön weiter«, sagte sie und ging in den Schlafraum. Als sie zurückkam, hatte sie Kirill auf dem Arm, den Jungen, der tagein, tagaus in einem Babyhopser hing. Sie setzte ihn sich auf den Schoß und zog ihn langsam an, erst das T-Shirt und die Strumpfhose, dann die Hose und den Pulli. Auf ihrem Gesicht lag ein gedankenverlorener Ausdruck.

»Tante Walentina, warum bist du heute so traurig?«, fragte Wanja.

»Kirill wird uns verlassen. Er geht in ein Internat.«

Wanja hatte dieses Wort schon einmal gehört und wollte wissen, was es bedeutete. »Was ist ein Internat?«, fragte er daher. Walentina gab keine Antwort. In diesem Moment flog die Tür auf, und Swetlana kam hereingestürmt, die Frau, die immer Zettel in der Hand hatte. Während die beiden Frauen ein paar Worte wechselten, steckte Walentina Kirills Arme in die Ärmel einer Jacke, küsste ihn liebevoll auf die Stirn und reichte ihn Swetlana. Die Tür knallte zu, und er war verschwunden.

Wanja hatte dies nicht zum ersten Mal gesehen: Swetlana kam herein, nahm ein Kind mit und brachte es nie wieder zurück. Vielleicht würde sie als nächstes Andrej holen, und er würde ohne seinen Freund zurückbleiben müssen. Er verdrängte diesen Gedanken und sah stattdessen Walentina an, um sie noch einmal zu fragen, was ein Internat war. Aber sie war gerade damit beschäftigt, ein anderes Kind zu wickeln, und ihr Blick sagte ihm, dass sie diese Frage nicht beantworten wollte.

Ein paar Minuten später öffnete sich die Verbindungstür zum Babyzimmer von Gruppe 1, und die stellvertretende Chefärztin kam mit einem kleinen blonden Mädchen auf dem Arm herein. »Sie haben ja jetzt ein freies Bett. Die ist für Sie«, sagte sie zu Walentina und warf einen Blick auf eine braune Karte. »Name: Kurdjajewa. Frühgeburt. Ihre Mutter hat sie nach der Geburt weggegeben. Alter: fünfzehn Monate; kann noch immer nicht ohne Hilfe sitzen. Offensichtlich stark zurückgeblieben. Ganz klar jemand für Ihre Gruppe.«

Walentina setzte das Mädchen in den Gehfrei, der auf Wanjas Seite des Raumes an den Laufstall gebunden war, und wandte sich der Schreibarbeit zu.

»Hallo, ich bin Wanja. Wie heißt du?«

Das Mädchen sah Wanja aus intelligenten Augen an und gab sich alle Mühe, etwas zu sagen, doch alles, was es zustande brachte, war ein erstickter M-m-m-Laut. Wanja konnte ihr ansehen, wie gern sie bei ihm und Andrej am Tisch gesessen hätte.

»Und das ist Andrej«, sprach Wanja weiter. »Schau, Tante Walentina hat jedem von uns ein Spielzeug gegeben.«

Er zeigte ihr sein Spielzeug: die eine Hälfte eines kaputten Plastiktelefons. Wanja hatte das Unterteil, während Andrej den Hörer in der Hand hielt, an dem die Schnur fehlte. Das Mädchen wurde ganz aufgeregt, als Wanja mit seinen Fingern die Wählscheibe drehte und ein zirpendes Geräusch erklang. Ihr Blick sagte: Lass mich mitspielen. Wanja erklärte ihr, wie man die Wählscheibe bediente, und zeigte ihr das Gesicht, das vorn auf dem Spielzeug aufgemalt war. Er war so darin vertieft, dass er die Gestalt, die plötzlich hinter ihm stand, gar nicht bemerkte.

»Oh, Mascha, gefällt dir das?«, fragte eine ihm unbekannte Stimme. Eine Hand schnappte sich von oben das Telefon und gab es dem Mädchen. Wanja klappte die Kinnlade herunter. Die Frau hatte ihm nun den Rücken zugewandt, ging in die Hocke und bemutterte den Neuzugang. »Jetzt üben wir sprechen, Mascha. Sag Mama. M-m-m-m.« Gehorsam wiederholte Mascha: »M-m-m.«

Wanja war von dem Schauspiel gefesselt. Sein Blick folgte der jungen Frau, als sie aufstand und zu Walentina hinüberging. »Bitte entschuldigen Sie meine Unhöflichkeit. Ich bin Wika. Ich bin eine freiwillige Helferin und unterstütze eine Freundin drüben im Babyzimmer. Ich habe viel Zeit mit Mascha verbracht. Ist es in Ordnung, wenn ich sie besuchen komme, jetzt, da sie in Gruppe 2 ist? Ich kann auch Ihnen helfen.«

»Oh, Hilfe kann ich hier immer gebrauchen. Wie Sie sehen, bin ich ganz allein mit einem Dutzend Kinder, die gefüttert und gewickelt werden wollen. Und das vierundzwanzig Stunden am Tag. Und die Jüngste bin ich auch nicht mehr«, sagte Walentina lachend. »Sie können bleiben und mir mit dem Mittagessen helfen.«

Während sich die beiden miteinander unterhielten, erkannte Wanja, dass das die junge Frau war, die er dabei beobachtet hatte, wie sie im Nebenzimmer den Babys vorgesungen hatte – die Frau, die ihm seit seinem Abenteuer mit der angelehnten Tür keinen Moment aus dem Kopf gegangen war. Und jetzt war sie in seinem Zimmer – seine Aufregung wuchs.

Während er sie dabei beobachtete, wie sie Mascha ungeschickt mit einem Löffel fütterte, wobei die Hälfte auf dem Boden landete statt in Maschas Mund, war er einfach nur froh, sie in seiner Nähe zu haben. Still übte er ihren Namen: Wika, Wika.

»Wir hatten noch nie eine freiwillige Helferin«, sagte Walentina, während sie gemeinsam die Kinder fütterten. »Fremde haben hier normalerweise keinen Zutritt.«

»Ich bin mir auch gar nicht sicher, ob ich wirklich erwünscht bin. Manchen hier scheine ich sogar im Weg zu stehen.«

Walentina lächelte sanft. »Das glaube ich nicht, Liebes.«

Die beiden Frauen plauderten weiter. Wie berauscht sog Wanja jedes Wort in sich auf, wenngleich ihm keine Beachtung geschenkt wurde, denn Mascha, der Neuzugang, stand im Zentrum des Interesses. Aber das störte ihn nicht. Er hatte beschlossen, sich Wika zur Freundin zu machen.

Als Wanja am nächsten Morgen aufwachte, brauchte er einen Moment, bis er wusste, warum er glücklich war. Es konnte nicht daran liegen, dass Walentina heute kommen würde, denn sie hatte ja gestern Dienst gehabt. Dann fiel ihm Wika ein. Sie war keine von den Frauen in den weißen Kitteln, deren Dienstpläne er auswendig kannte. Wika konnte jederzeit auftauchen. Zum ersten Mal hatte er sie an Nastjas Tag gesehen, dann war sie an Walentinas Tag erschienen – es sprach also nichts dagegen, überlegte er, dass sie auch heute kommen könnte. Den ganzen Tag lang schaute er jedes Mal erwartungsvoll auf, wenn sich die Tür öffnete, in der Hoffnung, Wikas liebes Gesicht zu sehen, und jedes Mal war die Enttäuschung groß. Als es schließlich dunkel wurde, war er sich sicher, dass sie nicht mehr kommen würde.

Auch am nächsten Morgen kam sie nicht, und er suchte Trost darin, leise ihren Namen vor sich herzusagen. Da steckte sie plötzlich ihren Kopf zur Tür herein, und er hörte sich rufen: »Wika! Wika! Bist du gekommen, um Mascha zu besuchen?«

»Du hast dir ja meinen Namen gemerkt«, freute sich Wika. »Und wie heißt du?«

»Ich bin Wanja.«

»Genau. Du hast Mascha das Telefon gezeigt. Und ja, ich bin hier, um sie zu besuchen.«

Mit langen Schritten durchquerte sie den Raum, nahm Mascha aus dem Gehfrei und wiegte sie in ihren Armen. Auf Maschas für gewöhnlich traurigem Gesicht zeigte sich ein Lächeln.

»Wer sind Sie? Wer hat Ihnen erlaubt, hier reinzukommen?« Wanjas Herz setzte einen Schlag aus, als Nastja aus dem Schlafraum auftauchte. Vor lauter Aufregung hatte er ganz vergessen, dass sie heute Dienst hatte. Mit dem Mädchen auf dem Arm drehte sich Wika zu Nastja um.

»Entschuldigen Sie bitte, ich hätte mich vorstellen sollen. Ich bin hier, um Mascha zu besuchen.«

»Arbeiten Sie hier?«

»N-n-nein.«

»Dann haben Sie hier nichts zu suchen.«

»Aber ich helfe bei den Babys in Gruppe 1. Ich komme schon seit Monaten.«

Nastjas Haltung wurde weniger feindselig, als sie eine Gelegenheit witterte: »Nun, ich könnte eine Pause gebrauchen. Sie können zehn Minuten auf die Kinder aufpassen.«

Die Tür schloss sich hinter ihr, und zu Wanjas Freude setzte sich Wika mit Mascha auf den Knien auf einen kleinen Stuhl zu ihm an den Tisch. Sie drehte das Mädchen so, dass es sie ansehen konnte, schaute ihr in die Augen und begann, den M-m-m-Laut zu machen. »Mach mit, Mascha, ich weiß, dass du es kannst.« Mascha schwieg. Wika berührte mit den Lippen die Wange des Kindes und wiederholte den Laut. Mascha schwieg weiterhin.

»Komm schon, Mascha, du hast das so toll gemacht, als du drüben bei den Babys warst.« Mascha starrte sie nach wie vor an, gab aber keinen Mucks von sich.

Wika seufzte. Sie zog Mascha die Socken aus, setzte ihre nackten Füße auf den Boden und legte ihre Hände auf die Tischplatte, wobei sie das Mädchen unter den Achseln stützte. »Deine Beine müssen schön stark werden«, sagte sie. Mascha sackte zusammen.

Wika sah verzweifelt aus. Auf Wanjas Gesicht spiegelte sich der gleiche Ausdruck, während Wika sich nach etwas umsah, womit sie Mascha stimulieren konnte. Ihr Blick blieb an einem Babystuhl mit Pferdekopf und zwei Griffen hängen, der in einer Ecke stand. Sie holte ihn herüber an Wanjas Tisch, setzte Mascha darauf und legte ihr die Finger um die Griffe. In dieser Position war das Kind in der Lage, allein aufrecht sitzen zu bleiben. »Kluges Mädchen! Du reitest auf einem Pferd.« Mascha hielt die Griffe fest umschlossen, und ihre Augen begannen zu leuchten.

Wika machte ein Geräusch wie ein galoppierendes Pferd und ermunterte Wanja, mitzumachen. Dann fing sie an zu klatschen und mit der Zunge zu schnalzen. Seit einer Ewigkeit hatte Wanja keinen solchen Spaß mehr gehabt.

»Was soll der Krach? Sie haben sie aufgeregt. So bringe ich sie nachher nie zum Einschlafen.« Nastja war aus der Pause zurück und entschlossen, die Party zu beenden. »Und warum haben Sie ihr die Socken ausgezogen?«, fragte sie Wika. »Sie wird sich erkälten.«

»Sehen Sie nur, wie glücklich sie ist. Dieser Stuhl tut ihr wirklich gut. Vielleicht könnten Sie sie ab und zu hineinsetzen …«

»Als ob ich nicht schon genug zu tun hätte mit all dem Wickeln, Waschen und Füttern.«

Und damit nahm Nastja Mascha von dem Pferdestuhl und setzte sie zurück auf den ihr zugeteilten Platz: den angebundenen Gehfrei. Augenblicklich begann Mascha herzzerreißend zu weinen.

»Warum verschwenden Sie überhaupt Ihre Zeit mit ihr?«, fragte Nastja und tippte sich mit dem Finger zwei Mal an die Schläfe, eine boshafte Geste, die wohl bedeuten sollte, dass Mascha schwachsinnig sei.

Wika erkannte, dass man ihr womöglich verbieten würde, Mascha wiederzusehen, und unternahm einen letzten Versuch, mit der Betreuerin auf gutem Fuß zu stehen. »Ich kann Ihnen mit dem Mittagessen helfen, wenn Sie möchten«, bot sie an.

»Nein. Ich komme allein zurecht. Zeit für Sie zu gehen. Und machen Sie sich nicht die Mühe, wiederzukommen.«

Wika gab Mascha einen Kuss auf die Stirn, nahm ihre Tasche, winkte Wanja kurz zu und war verschwunden. Und wieder einmal wurde es still um Wanja.

Den ganzen Nachmittag lag Wanja wach in seinem Bett und dachte an Wika. Nastja hatte ihr gesagt, sie solle nicht wiederkommen. Er würde sie nie wiedersehen. Der Verlust lastete schwer auf seiner Brust und ließ ihm kaum Luft zum Atmen. Er stellte sich vor, wie er aus seinem Gitterbett sprang, nach drüben in den Tagesraum schritt, sich vor Nastja aufbaute und verkündete: »Zeit für Sie zu gehen. Und machen Sie sich nicht die Mühe, wiederzukommen!« Dann würde Tante Walentina an Nastjas Tag kommen. Wie herrlich wäre das!

Er zuckte zusammen, als Nastja kam und ihn aus seinem Bett nahm. Während sie ihn wickelte, hielt er die Augen geschlossen. Als er wieder an seinem Tisch saß, starrte er sie jedes Mal hasserfüllt an, wenn sie ihm den Rücken zukehrte. Er war so wütend, dass er, als die Tür aufging, gar nicht wie sonst reagierte und sich umdrehte, um zu sehen, wer hereinkam. Zu spät sah er aus den Augenwinkeln jemanden in Jeans und Pullover an sich vorbeilaufen. Sein Herz machte einen Sprung, denn er dachte, es müsse Wika sein. Doch als er sich umdrehte, musste er zu seiner Enttäuschung feststellen, dass dort zwar zwei Frauen ohne Kittel standen, aber keine von beiden Wika war. Zwar hatte eine von ihnen lange Haare wie Wika, doch sie waren blond; die andere sprach mit einer lustigen Stimme.

Sie waren zusammen mit einer Betreuerin hereingekommen, die Wanja zuvor erst zweimal in Gruppe 2 gesehen hatte, deren Namen er aber trotzdem kannte: Schanna. Sie schien sich unbehaglich zu fühlen, und er konnte spüren, dass sie die Besucher loswerden wollte. Doch die Frau mit den kurzen Haaren stellte weiter Fragen. Schließlich bugsierte Schanna die beiden Frauen in Richtung Tür, wobei sie ihnen erklärte, dass die Kinder gleich ihr Abendessen bekommen würden. Wanja war überrascht, da das Abendessen immer erst nach Nastjas Nachmittagspause gebracht wurde, die sie noch gar nicht gehabt hatte. Als sie die Tür erreicht hatten, ergriff Wanja die Gelegenheit beim Schopf.

»Bitte komm wieder«, sagte er zu der Frau mit den kurzen Haaren.

Zu seiner Freude drehte sich die Frau um und kam zu ihm. Sie gab ihm ein Auto und griff, auf seine Frage hin, ob sie auch ein Auto für Andrej hätte, ein weiteres Mal in ihre Tasche und holte ein zweites hervor. Wanja hatte noch nie zuvor mit einem Spielzeugauto gespielt, ebenso wenig Andrej. Beide ließen ihre Autos über die Tischplatte sausen und lächelten einander an. Sie waren so darin vertieft, dass Wanja beinahe vergessen hätte, die Frau nach ihrem Namen zu fragen – sie sagte, sie heiße Sarah – und ihr das Versprechen abzunehmen, wiederzukommen. Das würde sie, versicherte sie.

Kurz vor dem Abendessen nahm Nastja ihnen die Autos weg und legte sie auf ein hohes Regal. Als Wanja am nächsten Morgen aufwachte, galt sein erster Gedanke seinem Auto. Er setzte sich auf, streckte eine Hand aus und stellte sich vor, sein Auto auf dem Geländer des Gitterbetts hin- und hersausen zu lassen. Dann ließ er es eine große Kurve an der Wand entlang fahren.

»Nastja, kann ich jetzt mein Auto haben?«, fragte er, als sie in den Schlafraum kam.

»Auto? Welches Auto?«

Wanja wurde es unbehaglich zumute. Nervös griff er nach den Gitterstäben und zog sich hoch. »Du weißt doch, das Auto, das Sarah mir geschenkt hat.«

»Sarah? Ich kenne keine Sarah.«

Wanja geriet in Panik. »Die mit der lustigen Stimme, die mir gestern das Auto geschenkt hat. Und Andrej hat sie auch eines geschenkt.«

Nastja beugte sich über ein Gitterbett, um ein Kind herauszuheben. »Ich weiß nichts von irgendwelchen Autos«, sagte sie ungerührt. »Das musst du geträumt haben.«

2.
EINE STIMME AUS DER STILLE
Oktober 1994 bis Juni 1995

Sarah lernte Wanja rein zufällig kennen. Genau genommen hätte sie ihn beinahe übersehen. Es geschah am Ende eines langen Tages – ihr erster Besuch im Babyhaus 10, als sie vollkommen unvorbereitet in eine Welt eintauchte, die in der Zeit von Charles Dickens stehengeblieben zu sein schien. Wenn Sarah zehn Jahre später an den Herbst 1994 und ihre damalige Ankunft in Moskau zurückdenkt, erinnert sie sich, dass sie keine bestimmte Vorstellung davon hatte, wie ihr Leben dort aussehen könnte: »Zusammen mit unseren beiden schulpflichtigen Kindern war ich meinem Mann Alan, einem Zeitungskorrespondenten, nach Russland gefolgt, und fragte mich nun, womit ich die vor mir liegenden vier Jahre verbringen sollte. Eines Tages ließ ich mich überreden, mit zum »Treffen der Neuankömmlinge« zu gehen, das vom International Women's Club organisiert wurde und den ausländischen Frauen als Vorwand diente, sich herauszuputzen und Dunkin' Donuts – ebenfalls frisch in Moskau eingetroffen – in der Residenz des amerikanischen Botschafters zu essen. Draußen standen die russischen Frauen nach allem Möglichen Schlange. Drinnen hatten wir die Möglichkeit, uns für Ikonenmalerei, indische Küche, Yoga, russische Literatur oder andere sinnvolle Aktivitäten anzumelden.

Zwischen all den in Gucci gehüllten Botschaftergattinen machte ich zufällig die Bekanntschaft einiger britischer Frauen, die T-Shirts aus Kisten verkauften. Sie gehörten der Fürsorgegruppe des International Women's Club an, die es sich zur Aufgabe gemacht hatte, russischen Bürgern zu helfen, deren Existenz infolge des Zusammenbruchs des Kommunismus zerstört worden war. Sie suchten verzweifelt nach Personen, die gut Russisch sprechen und als Dolmetscher fungieren konnten, und ich wollte ihnen ihre Bitte nicht abschlagen. Ich ahnte nicht, dass die Folgen dieser Begegnung den weiteren Verlauf meines Lebens derart bestimmen würden, dass ich am Ende der vierjährigen Korrespondentenzeit meines Mannes noch nicht in der Lage sein würde, mit ihm weiterzuziehen.«

So kam es, dass Sarah an jenem wolkenverhangenen Dezembertag von Louisa, einer amerikanischen Freundin, in ihrer Wohnung abgeholt wurde, um bei einem Besuch in einem Babyhaus zu dolmetschen. Moskau befand sich zu dieser Zeit in einem schlimmen Zustand. Von den Veränderungen, die aus der Stadt Jahre später ein neonbeleuchtetes Boomtown machen würden, war noch nichts zu sehen, und Schnee, unter dem die kaputten Gehwege und mit Schlaglöchern durchsiebten Straßen hätten versteckt werden können, war auch noch keiner gefallen.

Im hinteren Teil von Louisas glänzend rotem Jeep Cherokee stapelten sich Kinderwintermäntel und -stiefel, Töpfchen sowie Packungen mit Bunt- und Filzstiften – alles gekauft von Geldern, die die Fürsorgegruppe gesammelt hatte – sowie Dosen mit Keksen, die Louisa selbst gebacken und glasiert hatte.

Während Louisa ihren Wagen den Moskauer Autobahnring entlangsteuerte und über vier Fahrstreifen nach rechts zog, um auf die u-förmige Abbiegerspur zu gelangen, war sie sich bewusst, dass sie Befremden erregte: Sie war der einzige weibliche Fahrer auf der Straße und vermutlich die einzige Frau in ganz Moskau am Steuer eines großen und teuren Geländewagens. Mit ihren langen blonden Haaren fiel sie nur noch mehr auf. Sie fuhren gerade die Nowoslobodskaja Straße entlang, als ein zerbeulter Lada seine ganze Kraft aufbot, um den Jeep zu überholen, und vier untersetzte Männer in Lederjacken Louisa böse Blicke zuwarfen, die es wagte, der männlichen Vorherrschaft auf den Straßen die Stirn zu bieten.

Louisa kämpfte sich weiter durch den Verkehr und erklärte

währenddessen, dass das Babyhaus 10 zwar das am einfachsten zu erreichende Waisenhaus sei, aber auch das, zu dem man am schwersten Zutritt erlangte. Grund dafür war Adela, die exzentrische Chefärztin, die Fremden gegenüber äußerst misstrauisch war. Sie hielt alle ausländischen Frauen für Missionarinnen amerikanischer Sekten und war überzeugt, dass eine Dolmetscherin sie mit dem bösen Blick geschlagen hatte. Seither hatte die Chefärztin alle Besuche der Fürsorgegruppe boykottiert, indem sie das Babyhaus regelmäßig unter Quarantäne stellte, sobald man dort anrief, um einen Besuchstermin auszumachen. Diesmal, erklärte Louisa Sarah, würden sie unangemeldet kommen.

Sie erreichten das Ende einer mit Schlaglöchern übersäten Gasse und hielten an einem hohen grünen Tor, dessen Farbe abgeblättert war. Durch ein kleineres Tor an der Seite gelangten sie auf das Grundstück des Babyhauses. Sarah bot sich ein trostloser Anblick: Unter kahlen Linden standen einige große Holzlaufställe mit abgewetzten Dächern, gemustert im russischen Bauernstil. Was die Außenanlage des Babyhauses einst verschönert haben musste, moderte nun nur noch vor sich hin. Zwischen den Bäumen verstreut fanden sich eine Schaukel ohne Sitzfläche, ein Sandkasten, der Wind und Wetter ausgesetzt war, sowie einige herrenlose Plastikgefährte, allesamt ohne Lenker oder Griffe. Das Babyhaus selbst war ein gelbes, zweistöckiges Gebäude – ein ehemals elegantes Herrenhaus, dessen mit Pilastern und Stuckverzierungen geschmückte Fassade durch den Anbau von Bretterverschlägen, Vorratskammern und Kohlenbunkern zwangsläufig verunstaltet worden war. Der marode Zustand des Hauses wies auf eine staatliche Nutzung hin.

Im Babyhaus 10 lebten zweiundsechzig Kinder im Alter von null bis fünf Jahren. Doch Sarah sah oder hörte nichts von ihnen. Dieser Ort wirkte nicht wie die Heimat glucksender Babys und glücklicher Kleinkinder, sondern wie eine Endstation. Die Hauptstraße, auf der sich dicht an dicht Ladenbesucher, Straßenhändler und Bettler drängten, war gerade einmal fünfzig Meter entfernt, doch das Babyhaus schien wie in einer anderen Welt zu liegen.

Sarah und Louisa gingen die Treppe zu einer großzügigen Veranda hinauf, die vollgestellt war mit allerlei Sperrmüll wie Möbeln, alten Kinderwagen und Plastikspielzeug, allesamt viel zu kaputt, um noch repariert werden zu können, doch zur Entsorgung schien sich niemand aufraffen zu können.

Neben der Tür saß eine stark geschminkte junge Frau in einem weißen Kittel rauchend auf einer Bank und starrte in die Ferne. Sie zeigte keinerlei Interesse an den beiden fremden Frauen, als diese die Außentür öffneten, einen kurzen Korridor entlangliefen und durch eine zweite Tür im Inneren des Babyhauses verschwanden. Dem Ort hing ein eigentümlicher Geruch nach gekochtem Kohl und Urin an. Die Luft war abgestanden. Eine ältere Frau in weißem Kittel, mit großer Brille und einem Stethoskop um den Hals kam auf sie zu, in der Hand trug sie ein Blatt Papier. Sie erkannte Louisa und nahm die Dose mit den Keksen entgegen.

»Wir haben die Mäntel und Stiefel mitgebracht, um die Sie gebeten haben«, sagte Louisa.

»Adela muss die Sachen in Empfang nehmen. Ich werde sie suchen gehen.« Damit ließ sie die beiden Frauen im Flur stehen. Noch immer war kein einziges Kind zu sehen, aber in der Ferne hörte Sarah ein Weinen.

Langsam lief sie in Richtung des Jammerns den Flur entlang. Im Vorbeigehen las sie die Schilder an den Türen: CHEF-ÄRZTIN, STELLVERTRETENDE CHEFÄRZTIN, LO-GOPÄDIE, MASSAGE. Hinter all diesen Türen war es still. Sie versuchte, eine zu öffnen. Abgeschlossen. Ein Stück weiter den Flur hinauf stieß sie schließlich auf die Quelle des Weinens. Es kam aus einem Zimmer, das als »ISOLATIONS-RAUM« ausgewiesen war. Die Tür hatte ein Fenster. Drinnen sah Sarah drei Zellen. In der hintersten Zelle stand ein etwa zweijähriger Junge in einem Kinderbett und rüttelte auf- und abspringend an den Gitterstäben. Er sah aus, als hätte er seit einer Ewigkeit geweint, und brachte nun, vor lauter Erschöpfung, nur noch vereinzelte Schluchzer zustande. Die Zelle war vollkommen kahl. Im Bett lag kein Teddy. An den Wänden hingen keine Bilder.

Geschockt von diesem Anblick, prallte Sarah zurück und konnte nicht anders, als eine Frau mit weichen Gesichtszügen anzusprechen, die gerade das Zimmer der stellvertretenden Chefärztin verließ.

»Entschuldigen Sie bitte. Was ist denn mit dem kleinen Jungen los?«, fragte Sarah. »Er scheint vollkommen aufgelöst.«

»Seine Mutter hat ihn heute Morgen hergebracht. Sie schafft es nicht mehr«, sagte die Frau. »Sie ist Studentin. Sie braucht eine Pause, um ihr Studium zu beenden. Wir haben ihr gesagt, sie soll in ein paar Jahren wiederkommen. Dann ist er einfacher im Umgang.«

»Aber warum ist er ganz allein da drinnen?«

»Neuankömmlinge müssen drei Wochen in Isolation verbringen. Sie könnten die anderen Kinder anstecken.«

»Aber er sieht gar nicht krank aus …«

»So sind nun mal die Vorschriften – drei Wochen Quarantäne. Dann wird er einer Gruppe zugeteilt.«

»Aber er hat gar nichts zum Spielen.«

»Spielzeug ist nicht erlaubt. Zu viele Keime«, sagte die Stellvertreterin.

Sarah wollte ihr weitere Fragen stellen, doch da sah sie Louisa auf sich zusteuern, die sehr besorgt aussah. »Hab ich dir nicht gesagt, dass du keine unangenehmen Fragen stellen sollst?«, flüsterte sie Sarah zu. »Sie werden uns nie wieder hier hereinlassen.«

In diesem Moment kam die Frau mit der großen Brille von draußen herein, gefolgt von einer alten Frau mit rußverschmierter Stirn und einer grünen Haube auf dem Kopf, aus der graue Haarsträhnen herausschauten. Ihre Hände steckten in dicken, tiefschwarzen Handschuhen, und in der Hand trug sie einen Kohleeimer.

Sarahs erster Gedanke war, dass diese drollige Frau eine Reinigungskraft sein musste. Erst als sie ihr vorgestellt wurde, stellte sich heraus, dass Sarah hier niemand Geringeren vor sich hatte als Adela, die Chefärztin des Babyhauses, verantwortlich für das Leben von zweiundsechzig Kinderseelen.

»Der Heizkessel muss repariert werden«, sagte Adela und zog ihre Arbeitshandschuhe aus. Unruhig blickte sie zwischen den Besuchern und ihrer Stellvertreterin hin und her.

»Adela, wir haben die Mäntel und Stiefel mitgebracht, um die Sie gebeten haben«, sagte Sarah. »Sie sind im Auto. Wenn Sie jemanden mit rausschicken, der uns das Tor öffnet, fahren wir den Wagen vors Haus.«

Trotz ihrer gehobenen Position ging Adela selbst mit nach draußen, entriegelte das Tor und zerrte es über den unebenen Boden. Louisa fuhr den Wagen hinein und parkte vor dem Eingang neben dem alten Auto des Babyhauses, einem schmutzigweißen Wolga Kombi mit einem roten Kreuz auf der Seite, der gegen die glänzend rote Karosserie des Cherokee geradezu armselig wirkte. Während Adela die Spenden auslud und ins Haus trug, blieb das Personal, ein Häufchen Frauen in weißen Kitteln, zögerlich am Eingang stehen.

Nachdem alle Artikel gezählt und von Adela quittiert worden waren, fragte Louisa, ob es noch mehr gäbe, was die Fürsorgegruppe für das Babyhaus besorgen könnte. Adela blickte starr zu Boden und murmelte: »Wir haben alles, was wir brauchen.« Danach herrschte betretenes Schweigen, woraufhin sich die Frau mit der großen Brille zu Wort meldete. »Adela Wladimirowna. Wie wäre es mit einer Waschmaschine? Unsere ist seit Monaten kaputt.«

»Ja, genau. Das brauchen wir. Klären Sie das mit Louisa.«

Eine Tasche mit Spenden befand sich noch im Wagen. Sarah ergriff die Gelegenheit. »Hier sind noch Spielsachen. Können wir sie den Kindern geben?«

Eine andere Frau im weißen Kittel trat einen Schritt vor. Sie stellte sich ihnen als Schanna, »Chef-Defektologin«, vor, und verfügte zweifellos über eine gewisse Autorität. Sarah fragte sich, was ihr kryptischer Titel wohl zu bedeuten hatte.

Die Defektologin führte die Besucher den Flur entlang und

eine Steintreppe hinauf, deren kaltes, braun gestrichenes Geländer auf stählernen Pfosten auflag. Am oberen Ende der Treppe gab es eine Sitzecke mit Teppich, roten Plastiksofas und einer verkümmerten Pflanze auf einem Blumenständer. Niemand saß hier, und noch immer gab es keine Spur von einem Kind. Schließlich erreichten sie eine große Tür mit der Aufschrift GRUPPE 3. Drinnen lief etwa ein Dutzend vier- bis fünfjährige Jungen und Mädchen umher. Sie steckten in hellbraunen oder blassblauen Strumpfhosen, darüber trugen sie Kleidungsstücke, die allesamt nicht zusammenpassten, was darauf schließen ließ, dass keiner von ihnen etwas Eigenes besaß. Ein Mädchen stach aus der Gruppe heraus – offenbar war sie der Liebling der Betreuerin, denn sie hatte ein gepunktetes Kleid an, eine große weiße Schleife im Haar und spazierte mit einer Puppe im Arm herum. Sarah entdeckte auf den Gesichtern einiger Kinder einen Ausschlag; die Jungen hatten Blutergüsse und Schrammen.

Eine einzelne Betreuerin saß in einem weißen Kittel mit dem Rücken zu den Kindern an einem Schreibtisch und schrieb etwas in ein Heft. Auf dem Boden stand ein Spielhaus, drum herum lagen ein paar kaputte Plastiktiere. Die hübscheren und interessanteren Spielsachen lagen in einer Glasvitrine. Zum Spielen waren sie ganz klar nicht gedacht. Einer der Jungs schlug gerade mit einem undefinierbaren Stück Plastik auf einen anderen ein. Die Betreuerin sah von dem Heft auf, warf einen Blick über die Schulter und schrie den Jungen an: »Hör auf damit!« Den Besuchern schenkte sie keinerlei Beachtung.

Die Kinder scharten sich um die fremden Frauen, griffen in die Taschen, die sie bei sich trugen, und riefen: »Hier, hier! Ich, ich!«

Als eine Rangelei um Louisas Kekse ausbrach, zeigte die Defektologin mit einer ausladenden Handbewegung auf die Kinder im Raum und sagte: »Sie sind oligophren, alle.«

Sarah fragte, was das Wort bedeutete. »Geistig zurückgeblieben«, sagte die Frau. Sie deutete auf ein Mädchen mit dunklerer Hautfarbe in einem karierten Unterhemd. »Nehmen Sie die, zum Beispiel. Ihre Mutter ist drogenabhängig und der Vater zurück nach Kuba. Früher besuchte wenigstens die Großmutter sie noch, aber nicht mal mehr sie kommt noch. Soweit wir wissen, ist sie tot.«

Als die Kleine diese hässlichen Worte hörte, verzog sich ihr Gesicht zu einem Weinen, was die Defektologin jedoch nicht zu bemerken schien. Sie zeigte auf einen Jungen in einem violetten T-Shirt und einer rosafarbenen kurzen Hose. »Der ist seit seiner Geburt bei uns. Er wurde am Bahnhof gefunden. Seine Mutter hat ihn in Moskau zur Welt gebracht und ist dann zurück nach Lettland verschwunden. Und der hier: Seine Mutter lebt in einem Internat. Der Hausmeister hat sie geschwängert.«

In den darauffolgenden Monaten, in denen Sarah weitere Babyhäuser besuchte, lernte sie, dass dieses grausame, gefühllose Verhalten der Betreuerinnen die Regel war. »Ich konnte nicht glauben, dass sie über die Kinder sprach, als ob diese sie nicht hören könnten oder zu dumm wären, sie zu verstehen. Sie besaß ein so freundliches und mütterliches Gesicht, doch wenn es um die Kinder ging, schienen ihr alle Mutterinstinkte abhandenzukommen. Ihre Botschaft war klar: Die Kinder waren von Geburt an verflucht und würden niemals in der Lage sein, ihre Unzulänglichkeiten zu überwinden.

»Ich nahm ein kleines Mädchen auf den Arm. Sie hatte kurze, lieblos abgeschnittene Haare. Ich setzte sie mir auf die Knie und gab ihr ein Spielzeugpferd mit Reiter. Ich erwartete, dass sie ähnlich lieblich wie meine Tochter riechen würde, die etwa im gleichen Alter war. Doch stattdessen stieg mir der Geruch von ungewaschener Kleidung und Vernachlässigung in die Nase. Ich erinnere mich, dass ich mich fragte, wie es sein konnte, dass eine so große Einrichtung nicht einmal eine Waschmaschine hatte, um die Kleidung der Kinder sauberzuhalten.«

Nachdem sie die Defektologin um Erlaubnis gebeten hatten, leerten Sarah und Louisa einen Teil der mitgebrachten

Spielsachen in der Mitte des Raumes auf dem Fußboden aus. Sofort stürzten sich die Kinder auf die Schätze. Berauscht von den leuchtenden Farben nahmen sie die knallbunten Figuren eifrig auseinander und setzten sie wieder zusammen, betätigten Hebel, drückten Knöpfe und veranstalteten ein wildes Klingel-, Brumm- und Hupkonzert.

Sarah merkte schnell, dass dieses muntere Durcheinander nicht in das strenge System des Babyhauses passte, und bereits nach wenigen Minuten gab ihnen die Defektologin zu verstehen, dass es Zeit war, zu gehen. Im Hinausgehen sagte sie zu der Betreuerin: »Ich komme später wieder, um die Spielsachen zu holen und in mein Zimmer zu bringen. Das ist pädagogisches Spielzeug, mit dem sie nur spielen dürfen, wenn ich sie beaufsichtige. Wir wollen ja nicht, dass es kaputtgeht.«

Sarah wollte schon protestieren, da stieß ihr Louisa einen Ellbogen in die Rippen. Nach ihnen verließ auch die Betreuerin das Zimmer. »Zeit für meine Pause«, murmelte sie, zückte einen Schlüssel, schloss die zwölf Kinder ein und verschwand die Treppe hinunter. Sarah war kurz davor zu fragen: »Aber wer passt jetzt auf die Kinder auf?«, biss sich dann aber auf die Zunge.

Auf dem Weg zur Treppe kamen sie an einer Tür mit der Aufschrift GRUPPE 2 vorbei. »Sind in diesem Zimmer auch Kinder?«, fragte Sarah die Defektologin. »Wir könnten ihnen die restlichen Spielsachen geben.«

»Oh, nein, da drinnen sind nur die schlimmen Fälle – die Unheilbaren. Die brauchen keine Spielsachen. Sie sind nicht in der Lage, damit zu spielen.« Doch irgendetwas an ihrer Haltung bestärkte Sarah in ihrem Vorhaben, in dieses Zimmer zu schauen. »Dürfen wir sie trotzdem besuchen?«

Widerwillig öffnete die Defektologin die Tür. Stille empfing sie. Nach dem Trubel im vorigen Zimmer schien dieses auf den ersten Blick leer zu sein. Dann sah Sarah, dass sich etwa ein Dutzend Kinder in dem Raum befanden, von denen sich keines bewegte. »Sie können nur liegen. Sie sind alle sehr krank«, sagte die Defektologin.

In einem Laufstall lag regungslos ein kleines blondes Mädchen.

»So eine Süße. Wie alt ist sie?«, fragte Sarah. Sie schätzte die Kleine auf etwa ein Jahr.

Die Defektologin wandte sich um und gab die Frage an die Betreuerin weiter, die in einer Namensliste an der Wand nachschaute und dann sagte: »Iwanowa – sie ist vier. Ihr zentrales Nervensystem ist geschädigt.«

»Aber sie verfolgt uns mit den Augen.«

»Das ist nur ein Reflex. Es hat nichts zu bedeuten«, beharrte die Defektologin.

Neben dem Laufstall standen aufgereiht drei Gehfreie mit jeweils einem Kind darin. Die Gestelle waren mit einem Stück Stoff an den Laufstall gebunden und wirkten wie Rennautos, die sich nebeneinander an der Startlinie postiert hatten – doch diese drei würden nirgendwohin aufbrechen. Die Köpfe der Kinder waren in den Nacken gekippt, was darauf schließen ließ, dass sie seit Stunden so dasaßen.

Auf der Fensterbank saß ein kleines Mädchen in einer Babywippe, doch sie war offenkundig zu schwach, um zu wippen. Mit großen, glasigen Augen starrte sie unter langen Wimpern hervor. »Das ist Kowaltschuk. Sie hat Herzprobleme.«

»Hat sie denn keinen Vornamen?«, fragte Sarah und streckte die Hand aus, um dem Mädchen über die Wange zu streicheln, das daraufhin zurückschreckte und den Kopf wegdrehte.

»Bei ihr ist da oben nichts drin«, sagte die Betreuerin und tippte sich an die Schläfe. »Ihre Mutter hat sie direkt nach der Geburt weggegeben.«

In einem anderen Laufstall krabbelte ein Junge mit einem Plastikstecken in der Hand herum, an dessen Ende ein kleines Rad befestigt war.

»Wer ist das?«, fragte Sarah.

Die Betreuerin studierte wieder die Liste an der Wand.

»Das ist Simonow. Er ist blind.«

Blind bedeutet nicht zurückgeblieben, dachte Sarah. Und warum nennen sie die Kinder nicht beim Vornamen? Sarah war kurz davor, ihre Gedanken laut zu äußern, doch Louisas finsterer Blick belehrte sie eines Besseren.

In dem Laufstall lag ein Spiegel mit einem harten Holzrahmen. Wozu brauchte ein blindes Kind einen Spiegel? Und was hatte etwas so Gefährliches in einem Laufstall zu suchen? Dieser ganze Raum war absurd: ein Spiegel für einen blinden Jungen, festgebundene Gehfreie, die es den Kindern unmöglich machten, laufen zu lernen, Babywippen, die nicht wippten, Säuglinge, die Angst hatten, berührt zu werden, Vierjährige, die so klein waren wie Einjährige.

Sarah hatte große Mühe, weiterhin nichts zu alldem zu sagen. Sie spürte Wut in sich aufsteigen. Trotz Louisas warnender Blicke wollte sie diese Frauen anschreien. Warum liegen diese Kinder hier nur herum? Warum beschäftigt sich niemand mit ihnen? Wie kommen Sie darauf, dass sie nicht genau das Gleiche brauchen, was alle Kinder brauchen? Haben Sie denn keine eigenen Kinder?

Sarah ignorierte Louisas immer finsterer werdenden Blick und überlegte gerade noch fieberhaft, wie sie all das am besten auf Russisch formulieren konnte, als ein blonder Junge in einem Laufstall anfing, mit dem Kopf gegen die Gitterstäbe zu schlagen. Sarah spürte die Hand der Defektologin auf ihrem Rücken, die sie in Richtung Tür schob. In diesem Moment hörte sie eine Stimme sagen: »Bitte komm wieder.«

Überrascht, in diesem stillen Raum ein Kind sprechen zu hören, drehte Sarah sich um. Woher kam die Stimme? Sie schaute nach links unten und entdeckte einen kleinen Tisch neben der Tür, an dem zwei etwa dreijährige Jungen saßen. Sie ignorierte den bösen Blick der Defektologin und ging in die Hocke. »Hallo, ihr beiden. Ich habe euch gar nicht gesehen.« Der Junge meldete sich wieder zu Wort: »Schau mal, wir haben heute ein Spielzeug gekriegt.«

Vor ihm lag ein Plastikspielzeug mit vier großen Knöpfen. Drückte man auf einen von ihnen, schoss ein Tier nach oben – das passende Spiel für ein Kind von etwa sechs Monaten, aber nicht mehr für eines von drei Jahren.

Sarah kramte in ihrer Tasche und fand ein kleines Metall-auto. »Das passt viel besser zu einem Jungen in deinem Alter.«

Der kleine Junge wurde ganz aufgeregt, als sie es vor ihm auf dem Tisch hin- und herrollen ließ, und brannte darauf, es selbst herumfahren zu lassen. Beide Jungen trugen Jeans und saßen an ihrem Tisch wie kleine alte Männer. Sarah sah, dass sie in viel zu kleinen Strumpfhosen steckten, was zur Folge hatte, dass sich ihre Zehen darunter zusammenrollten. Der Anblick erinnerte sie an die eingebundenen Füße chinesischer Frauen.

»Gefällt dir dein Auto?«, fragte sie.

»Ja, aber hast du auch eins für Andrej?« Er zeigte auf seinen Freund, einen hübschen kleinen Jungen mit einer Beule an der Stirn.

»Er hat Glück, ich hab noch eins.«

Der sprechende Junge lächelte sie gewinnend an. Er schielte leicht.

»Wie heißt du?«, fragte er.

»Sarah.«

Er wiederholte den ihm fremden ausländischen Namen vollkommen korrekt. Die Defektologin wurde zunehmend ungeduldig.

»Ich muss jetzt gehen«, sagte sie.

»Du kommst doch wieder? Bitte komm wieder.« Er sah ihr direkt in die Augen.

Sie versprach ihm wiederzukommen. »Aber wie heißt du?«

»Wanja. Ich heiße Wanja.«

Februar 1995

Wochen waren vergangen und Sarah hatte keine Zeit gefunden, Wanja wie versprochen wieder zu besuchen: erst kamen Weihnachten und Silvester, dann eine Reihe Geburtstage in der Familie … Die Freude im Gesicht ihrer Tochter Catherine an ihrem sechsten Geburtstag – mit Blindekuh und Stoptanz, dem Zauberer von der Britischen Botschaft, einem Barbie-Kuchen, den Louisa gebacken hatte, und einem Berg Geschenke –

über all dem lag der Schatten des Bildes von Wanja in dem stillen Zimmer. Nur ein einziges von Catherines Geschenken hätte ihn eine ganze Woche lang in Aufregung versetzt.

Sie hatte als Dolmetscherin inzwischen einige andere Babyhäuser besucht. »Mit jedem Besuch sah ich mehr kleine Kinder, die schlecht be- oder gar misshandelt wurden. Mich nahm das alles derart mit, dass ich im Anschluss nur noch in mich zusammensacken und mir den tröstlichen Mist im Satellitenfernsehen anschauen konnte. Es war so viel einfacher, sich darauf zu konzentrieren, wie man ein Gericht aus einer Hähnchenbrust, zwei grünen Paprika und einer Banane zubereitete, als das Gesehene zu verarbeiten.«

Doch die Erinnerungen an ein klar und deutlich sprechendes Kind in diesem stillen Zimmer mit den unheilbaren Fällen vermochten selbst die Fernsehsendungen nicht auszulöschen. In jedem Babyhaus gab es einen oder mehrere Räume wie diesen, für Kinder, die niemals gelernt hatten zu laufen. Die Räume wurden vor Besuchern verschlossen gehalten, und der Umgang der Angestellten mit ihnen machte deutlich, dass diese Kinder in ihren Augen weniger wert waren als andere Menschen. In keinem dieser Zimmer hatte Sarah je ein Kind angetroffen, das so flüssig sprechen konnte wie Wanja. Und nie war sie einem Kind begegnet, das nach einem Spielzeug für seinen Freund gefragt hätte. Bei jedem ihrer Besuche in einem Babyhaus bettelten die Kinder um Spielsachen oder Süßigkeiten, doch stets nur für sich selbst. Sarah ließ die Frage nicht los, wie es Wanja gelungen war, eine solche Emotionalität zu entwickeln.

Eines Morgens im Februar, sie stand gerade in ihrer Wohnung am Fenster und beobachtete den Strom vorbeifahrender Fahrzeuge auf dem Moskauer Autobahnring, gingen ihr diese und andere Fragen wieder und wieder im Kopf herum. Ihre Kinder waren in der Schule und Alan nebenan im Büro des *Daily Telegraph*. »Heute ist es soweit«, entschied sie.

Der Weg zum Babyhaus erschien ihr kein Problem, Adela dagegen ein sehr großes. Sarah wusste, dass ein einziger Fehler genügte, um ihr den Zutritt zu Wanja und den anderen Kindern für immer unmöglich zu machen. Sie brauchte also einen Plan: Sie musste etwas finden, das sie Wanja mitbringen konnte. Doch einen Vorrat an selbstgebackenen Keksen, wie Louisa ihn hatte, besaß sie nicht. Wie ein Dieb schlich sie ins Zimmer ihrer Kinder und suchte nach etwas Ausrangiertem. Schließlich wurde sie ganz hinten im Schrank fündig: eine kleine Spanplatte, ein Hammer, Nägel, bunte Holzplättchen. Sarah packte alles in ihre Tasche.

Sie empfand es als unpassend, in einem teuren Auto am Babyhaus vorzufahren, und entschloss sich daher, zu laufen. Sie plante einen Fußmarsch von etwa zwanzig Minuten ein.

Doch eine Dreiviertelstunde später rutschte und schlitterte sie immer noch über die vereisten Bürgersteige Moskaus. Rings um das Babyhaus breitete sich das neue Russland aus und machte das Waisenhaus zu einer Insel inmitten einer gigantischen Baustelle, auf der alte Gebäude abgerissen und Wohnungen für die Neureichen geschaffen wurden. Durch die Abrissarbeiten wirkte das Babyhaus noch isolierter von der übrigen Stadt. Riesige, in Betonblöcken verankerte Metallzäune hatten etwa die halbe Gasse, die zum Tor des Babyhauses führte, in Beschlag genommen, sie ähnelte einem einzigen Hindernisparcours, bei dem man Gefahr lief, ständig in Gräben zu rutschen oder über Bauschutt zu stolpern.

Während Sarah sich ihren Weg die Gasse entlang bahnte, bemerkte sie vor sich eine Frau, der es deutlich schwerer fiel, sich auf den Beinen zu halten. Sarah ging langsamer und beobachtete, wie die Frau von rechts nach links torkelte. Es war halb elf Uhr morgens, und die Frau war offenbar bereits betrunken. Der Richtung nach zu urteilen, in die sie ging, arbeitete sie im Babyhaus und würde womöglich schon bald ganz allein die Betreuung von einem Dutzend Babys oder Kleinkindern übernehmen. Sie wankte durch das Tor und verschwand.

Als Sarah sich dem Babyhaus näherte, hörte sie eine laute Männerstimme – ein seltener Klang in dieser Frauenwelt. Vor dem Eingang parkte ein Krankenwagen.

Der Fahrer des Wagens brüllte eine Angestellte an, die am oberen Ende der Verandatreppe stand. Soweit Sarah verstehen konnte, weigerte er sich, ein Kind ins Krankenhaus zu bringen.

»Warum verschwenden Sie meine Zeit?«, schrie er. »Haben sie allen Ernstes gedacht, ich würde sie mitnehmen? Ich habe schon genug zu tun, da brauche ich mich nicht noch mit Waisenkindern herumzuärgern.«

Trotz seines aggressiven Tons bemühte sich die Frau, ihn umzustimmen.

»Aber sie ist ganz blau angelaufen. Sie liegt im Sterben. Es ist ihr Herz.«

»Und welches Krankenhaus wird sie, bitte schön, aufnehmen? Keins. So viel sollten Sie inzwischen begriffen haben«, donnerte der Fahrer.

Sarah schlich sich an eine andere Angestellte heran, die hinter einer Säule stand und die Szene schweigend beobachtete. »Was ist hier los? Wo ist Adela?«

»Oh, sie ist irgendwo drinnen.«

Im Schutze der Auseinandersetzung schlüpfte Sarah ins Haus. Vorsichtig lief sie an den abgeschlossenen Zimmern vorbei und klopfte an die Tür der Chefärztin. »Wer ist da?«, fragte eine zaghafte Stimme.

»Ich bin's, Sarah. Was ist da draußen los?«

Stille. Dann wurde ein Schlüssel im Schloss gedreht und die Tür einen Spalt geöffnet. Sarah erhaschte einen flüchtigen Blick auf Adelas Gesicht, in dem sich Panik spiegelte. Die Tür ging wieder zu. Adela hatte sich offenbar in ihrem Büro verschanzt, um der Konfrontation mit dem Fahrer aus dem Weg zu gehen.

»Adela, bitte lassen Sie mich rein«, bat Sarah. Die Tür ging auf, und diesmal ließ Adela sie hineinhuschen. Sie zitterte buchstäblich vor Angst, als sie die Tür hinter ihnen abschloss.

Dann platzte die ganze Geschichte aus ihr heraus. In der Nacht zuvor war Waleria, das Mädchen von der Fensterbank in Gruppe 2, blau angelaufen und hatte kaum mehr Luft bekommen. Am Morgen hatte Adela dann einen Krankenwagen gerufen. Nach einer Stunde war noch immer niemand gekommen. Waleria bekam immer schlechter Luft, woraufhin sie in den Isolationsraum im Erdgeschoss gebracht wurde. Adela rief ein weiteres Mal beim Notruf an und flehte, jemanden vorbeizuschicken. Als der Fahrer dann endlich da war, warf er einen Blick auf Waleria und weigerte sich, sie mitzunehmen, weil sie aus einem Babyhaus kam und er ganz Moskau nach einem Krankenhaus absuchen müsste, das sie aufnehmen würde.

Draußen wurde ein Motor angelassen. Adela und Sarah schauten aus dem Bürofenster und sahen, wie der Rettungswagen vom Grundstück rollte, leer. Im Isolationsraum rang Waleria nach Luft.

Sarah kam eine Idee, und sie fragte Adela, ob sie telefonieren dürfte. Sie wählte Alans Büronummer im *Daily Telegraph*.

»Alan, wir haben hier einen Notfall.«

»Was du nicht sagst. Ganz Russland ist ein einziger Notfall. Der Armee droht eine Meuterei, und Jelzin ist mal wieder bei einem Saufgelage verschüttgegangen.«

Sie ging nicht darauf ein und drängte weiter. »Ein kleines Mädchen braucht deine Hilfe. Es liegt im Sterben. Du kommst doch an eine Liste mit Moskauer Herzchirurgen ran, oder? Bring sie hierher. Wir müssen dringend eine Herzoperation veranlassen. Eine Männerstimme hat mehr Einfluss.«

Adela hockte auf der Kante eines kleinen Sofas, starrte auf den Boden und sorgte sich, dass die Einmischung der Ausländer sie in Schwierigkeiten bringen könnte. Eine halbe Stunde später kam Alan mit der Liste im Babyhaus an und begann, von Adelas Büro aus verschiedene Herzchirurgen anzurufen. Seltsamerweise hatten diese nichts dagegen, von einem Ausländer gestört zu werden. Russland war zu diesem Zeitpunkt ausgelaugt, und Ausländer besaßen Geld und vielleicht auch eine Lösung für all die Probleme des Landes.

Innerhalb einer Stunde erklärte sich ein Professor Iljin, ein Kinderkardiologe, prinzipiell bereit, die Operation durchzuführen. Sprachlos saß Adela auf ihrem Sofa und lauschte dem

Gespräch. Sie schien maßlos erstaunt, dass man mit diesem einfachen Telefon in ihrem Büro solche Kapazitäten anrufen konnte. Adela war wahrhaft der Prototyp einer sowjetischen Angestellten: Für sie war das Telefon ein Werkzeug ihrer Vorgesetzten, mit dem diese ihr Anweisungen oder Maßregelungen zukommen ließen. Es war kein Mittel zur wechselseitigen Kommunikation. Und am allerwenigsten war es ein Instrument zur aggressiven Einmischung, wie Reporter es nutzten, um die Ruhe der Mächtigen zu stören.

Waleria wurde also eine Herzoperation in Aussicht gestellt. Sie war zumindest vorläufig vom Abstellgleis gerettet worden. Darüber hinaus war es Sarah und Alan gelungen, Adelas Vertrauen zu gewinnen, und obwohl sie der westlichen Welt gegenüber nach wie vor zutiefst misstrauisch war, verweigerte sie ihnen nicht länger den Zutritt zum Babyhaus – auch dann nicht, als ihre merkwürdige Freundschaft im Laufe der kommenden Jahre mehrfach auf die Probe gestellt wurde.

Die frisch geknüpften Bande zwischen der Chefärztin und den beiden Ausländern wurde mit einem Glas Kefir begossen, zu dem Adela sie zum Dank einlud. Da sie wusste, dass Sarah und Alan Briten waren, gestand Adela, dass sie Fan der Schauspielerin Vivien Leigh sei, woraufhin Alan ihr Herz mit der Geschichte gewann, dass seine Mutter einst bei Harrods neben Vivien Leigh am Tresen mit den Handschuhen gestanden und im Anschluss berichtet hatte, ihre Haut wirke geradezu transparent, so zart sei sie. Adela war davon ebenso begeistert wie von Alans russischem Akzent, der ihm als Schüler von einem emigrierten Grafen beigebracht worden war.

Doch von einem Augenblick zum anderen schlug Adelas Stimmung um, und sie begann, ihnen von einer Insel von Teufelsanbetern zu erzählen, die erstaunliche Ähnlichkeit mit Großbritannien aufwies. Die Insel war von Gott gestraft und daraufhin vom Meer verschluckt worden. Adela warf ihren Gästen einen Blick zu, der zu sagen schien: »Ihr seid meine Freunde, aber was euer Land anbetrifft, bin ich mir nicht so sicher.«

»Gibt es in England viele Ungläubige?«, fragte sie Alan.

»Adela, bei uns steht an jeder Straßenecke eine Kirche«, antwortete er, unterschlug dabei jedoch die Tatsache, dass sie fast alle leer waren.

Sie war offensichtlich nicht überzeugt und legte mit einer Geschichte los, die keinen Zusammenhang zu dem bisherigen Thema erkennen ließ. Hundert russischen Pilgern war es unlängst gelungen, ohne Pässe, Flugtickets oder Visa ins Heilige Land zu reisen. Sie waren einfach in Moskau in ein Flugzeug gestiegen, das sie auf wundersame Weise nach Jerusalem gebracht hatte, wo sie mit offenen Armen empfangen worden waren. Sie beendete die Anekdote ebenso plötzlich, wie sie sie begonnen hatte, ohne jede Erklärung. Im Laufe der Zeit wurden Alan und Sarah wahre Meister darin, Adelas Rätsel zu entschlüsseln. In diesem Fall erklärte sie ihnen auf ihre zaghaftscheue Art, dass Gott tagtäglich Wunder wirkte, jedoch nur für russisch-orthodoxe Christen, nicht für Anglikaner, Baptisten oder Katholiken. Sie tat sich schwer mit der Vorstellung, dass direkt vor ihren Augen zwei Abgesandte von der Insel der Teufelsanbeter maßgeblich an der Wirkung eines medizinischen Wunders beteiligt gewesen sein sollten.

»Während der kommenden Monate stellte ich mir oft die Frage, wie Adela es geschafft hatte, die Position der Chefärztin eines Babyhauses, der Leiterin einer großen Belegschaft einzunehmen. Viele Jahre später fand ich heraus, dass ihr der Posten zugefallen war, nachdem ihr Vorgänger – ein Mann – beschuldigt worden war, mit einer Reinigungskraft angebandelt zu haben. Er wurde entlassen, und da Adela ein treues Mitglied der Kommunistischen Partei war, übernahm sie seinen Posten. Vielleicht lastete ihr nun der jahrelange Dienst in der gottlosen Kommunistischen Partei auf dem Gewissen.«

»Kann ich Wanja jetzt guten Tag sagen?«, fragte Sarah, als sie ihren Kefir ausgetrunken hatten und Alan zurück ins Büro gefahren war, um über die Meuterei in der russischen Armee zu schreiben. »Ich habe ein kleines Geschenk für ihn.«

»Ja, aber zuerst möchte ich Ihnen etwas zeigen«, sagte

Adela. »Keines der anderen Babyhäuser hat so etwas. Folgen Sie mir.«

Während sie hinter Adela einen dunklen Flur entlanglief, fragte sich Sarah, was diese ihr wohl zeigen wollte. Die Kinder brauchten so vieles. Vielleicht ein Lauflernwägelchen für Wanja? Oder physiotherapeutische Geräte für jene Kinder, die ihr Leben im Liegen zubrachten? Sie hielten vor einer Tür, die wie der Eingang zu einem Lagerraum wirkte.

Adela schloss die Tür auf, und es dauerte eine Weile, bis sich Sarahs Augen an die Dunkelheit gewöhnt hatten. Kerzen flackerten hinter rotem Glas, spendeten aber nur schwaches Licht. Bis auf den matten Glanz von Messing konnte sie nichts erkennen. Dafür roch sie umso mehr: den schweren und kräftigen Geruch von Weihrauch. Dieser Raum mochte früher ein Lager gewesen sein, doch nun war er geweihte Erde, eine Kapelle, von deren Decke eine Öllampe herabhing und Licht auf eine Ikone der Jungfrau Maria warf. An den Wänden schimmerten weitere goldene Heiligenbilder. Ein stärkerer Kontrast zu der düsteren Eintönigkeit des übrigen Babyhauses war schwer vorstellbar.

»Wie schön«, sagte Sarah und schluckte ihre Enttäuschung herunter. »Ich habe noch nie eine Kapelle in einem Babyhaus gesehen.«

Adela hatte ihr Geheimnis preisgegeben: Sie hatte ihre gesamte Kraft in die Einrichtung dieser Kapelle gesteckt, und damit betrachtete sie alle Bedürfnisse der Kinder als gestillt. Endlich war klar, worum es ihr in erster Linie ging: die Seelen der Kinder zu retten.

Adela bekreuzigte sich vor dem Altar. »Jeden Dienstag kommt der Priester, um die Kinder zu segnen. Er kommt von weit her, er muss um fünf Uhr morgens aufstehen und sich auf den Weg machen«, verkündete sie stolz. »Alle Kinder sind getauft.«

Etwas in ihrem Gesichtsausdruck veränderte sich. Sarah hatte den Eindruck, als befürchtete sie, zuviel preisgegeben zu haben. Sie hatte ihr ganzes Leben unter dem Diktat des

Sowjetkommunismus gelebt, der die Bürger der westlichen Welt allesamt als CIA-Spione deklariert hatte. Genauso schnell, wie sie sich dazu entschlossen hatte, Sarah die Kapelle – und ihr Herz – zu öffnen, schloss und verriegelte Adela die Tür wieder.

»Ich kann Wanja doch noch besuchen, oder?«, fragte Sarah.

»Sie kennen ja den Weg«, murmelte Adela und verschwand in ihrem Büro.

Wanjas Gesicht hellte sich auf, als er sie sah. »Sarah!«, rief er. »Ich wusste, dass du wiederkommst.«

»Es tut mir nur leid, dass es so lange gedauert hat. Ich habe dir etwas mitgebracht, das dir hoffentlich gefallen wird.«

Sie ging neben seinem Tisch in die Hocke und holte das Spielzeughammer-Set aus ihrer Tasche. Wanja nahm den Hammer in die Hand, und innerhalb weniger Sekunden hielt er die Nägel senkrecht zwischen Daumen und Zeigefinger geklemmt und klopfte sie in die Spanplatte. Voller Begierde nach Beschäftigung hielt er seinen Kopf über die Platte gebeugt und hämmerte ohne Unterlass Nägel ins Holz.

Als es Zeit wurde zu gehen, sagte Sarah: »Ich versuche, schon bald wiederzukommen.«

»Ich werde die ganze Zeit an dich denken«, erwiderte Wanja.

Juni 1995

In den Wochen nach dem Vorfall mit dem Krankenwagen und dem Mädchen mit den Herzproblemen wurde Sarah in die bizarre Welt des Babyhauses 10 aufgenommen. »Im Rückblick stelle ich fest, dass ich schamlos die Rolle der Engländerin mit der russischen Seele gespielt habe, und das Personal akzeptierte das, da die Fürsorgegruppe des IWC zu einer Zeit, da Russland am Boden lag, dringend benötigte Dinge beschaffen konnte. Die anderen Babyhäuser stellten weit mehr Forderungen als das Babyhaus 10. Im Nu hatten sie die Großzügigkeit ausländischer Spender erkannt und baten um große Fernsehgeräte für das Personal, um Videogeräte, neue Vorhänge, Teppiche und neue Möbel für das Büro des Heimleiters. Adela dagegen bat schüchtern um Zucker, Trockenmilch, Waschmittel und ein Gemüsemesser für die Küche. Ich war sehr erstaunt, als ich erfuhr, dass die Küche für die Versorgung von über sechzig Kindern nur ein einziges Messer besaß.

Die anderen Babyhäuser erhielten außerdem Geschenke infolge von Auslandsadoptionen, wozu es im Babyhaus 10 jedoch niemals kam, da die gut gekleideten Abgesandten der Adoptionsagenturen es schnell aufgaben, mit der abweisenden Adela ins Geschäft zu kommen. Auch das Aufpäppeln von hübscheren Kindern im Vorfeld von Adoptionen wie in anderen Babyhäusern gab es hier nicht. Eine Moskauer Bank hatte sich sogar bereit erklärt, ein Programm zu finanzieren, bei dem ein Psychologe das Personal verschiedener Moskauer Babyhäuser in moderner Kinderbetreuung unterrichten sollte – ein Schnellkurs, in dem die Versäumnisse von siebzig Jahren Kommunismus wettgemacht werden sollten. Doch die bloße Vorstellung eines Psychologen im Haus – selbst eines russischen – erschreckte Adela zu Tode, und sie weigerte sich, trotz des Angebots einer finanziellen Unterstützung, an dem Programm teilzunehmen. Alles, was mit den Worten ›Experiment‹ oder ›Forschung‹ zu tun hatte, lehnte sie prinzipiell ab.

Dank des neuen Verhältnisses, das Adela und ich zueinander hatten, war es mir möglich, einigen ausländischen Medizinern Zutritt zum Babyhaus zu verschaffen, um die Kinder untersuchen zu lassen. Adela gefiel diese Art von Besuchern gar nicht, aber sie stellte sich auch nicht quer. Ich war der Meinung, dass sich eine westliche Diagnose positiv auf die Einstellung der Betreuerinnen im Haus auswirken würde.«

Wie naiv diese Vorstellung war, wurde Sarah im Sommer 1995 klar. Zwei australische Physiotherapeutinnen, die sich im Rahmen einer Konferenz in Moskau aufhielten, erklärten sich bereit, an ihrem einzigen freien Vormittag das Babyhaus zu besuchen. »Lassen wir den Roten Platz eben sausen«, sagten sie. Die Verfassung, in der sie die Kinder in Wanjas Zimmer antrafen, schockierte sie zutiefst, und sie konnten nicht begreifen, warum Andrej und Wanja niemals ermutigt worden waren, zu laufen. Tatsächlich hatten sie den Eindruck, als ob ihre Füße ganz bewusst in zu kleine Strumpfhosen gesteckt wurden, um ihnen das Laufenlernen unmöglich zu machen. Sogar die Diagnose »infantile Zerebralparese« zogen sie in Zweifel. Nachdem sie das Babyhaus wieder verlassen hatten, konnte eine der Physiotherapeutinnen die Tränen nicht länger zurückhalten: »Es gibt keinen Grund, warum diese beiden Jungs nicht laufen lernen sollten. Das ist pure Vernachlässigung.«

Als Nächstes sollte ein Arzt gefunden werden, der die Kinder untersuchte. Die Fürsorgegruppe machte Dr. Ronald Swanger ausfindig, einen New Yorker Kinderarzt, der in Moskau lebte und sich einverstanden erklärte, ins Babyhaus zu kommen.

Um ein Haar wäre sein Besuch gescheitert. Sarah war an diesem Tag als Dolmetscherin nicht verfügbar, und als Dr. Swanger allein am Babyhaus eintraf, wurde er an der Treppe von Adela mit den Worten empfangen, er solle wieder gehen, da das Haus unter Quarantäne stünde. Am nächsten Tag kam Sarah mit ihm zusammen, und diesmal wurde ihm der Zutritt nicht verweigert. Adela allerdings verschanzte sich in ihrem Büro und zog es vor, sich nicht anzuhören, was dieser Eindringling über den Zustand der Kinder zu sagen hatte. Wie immer war es ihre Stellvertreterin, die die Besucher herumführte.

Dem Personal war jemand wie Dr. Swanger nie zuvor begegnet. Mit seiner überdimensionalen Brille, durch die der schelmische Ausdruck in seinen Augen noch betont wurde, musste er auf die Frauen gewirkt haben wie ein Clown. Er verstieß gegen alle Verhaltensregeln, die hier für Erwachsene galten: So setzte er sich etwa auf den Boden und streckte den Kindern die Zunge raus, die ihm daraufhin ein schwaches Lächeln schenkten.

Mit seinem theatralischen Aussehen und seinen übertriebenen Gesten zog er die Betreuerinnen in seinen Bann wie ein Filmstar. Wo war sein weißer Kittel? Wo sein würdevolles

Auftreten? Da saß er im Schneidersitz auf dem Boden und erlaubte den Kindern, seine Arzttasche zu durchwühlen. Schon wenn er sie nur berührte, hellten sich ihre Mienen auf. In seiner Gegenwart vergaß sogar die stellvertretende Chefärztin, wer sie war, und setzte sich zu ihm auf den Boden.

Dr. Swanger schloss sich den fatalistischen Prognosen des Babyhauses keineswegs an, doch er trug seine Meinung mit ruhiger Stimme vor und zeigte sich optimistisch und entschlossen. Jedes der angeblich unheilbaren Kinder habe Potential und könne ein besseres Leben haben – eine Operation hier, ein Proteinshake da, oder auch nur die Liebe einer Mutter.

Einem kleinen Jungen mit Down-Syndrom fehlte seiner Auffassung nach einzig die häusliche Umgebung, daher bat er die stellvertretende Chefärztin: »Könnten Sie sich nicht mit seiner Mutter in Verbindung setzen und ihr sagen, wie gut es ihm geht?«

Viele der Kinder benötigten kleinere Operationen, um Gaumenspalten oder grauen Star zu therapieren. Doch die stellvertretende Chefärztin hatte stets eine Ausrede parat, warum die Operationen nicht veranlasst worden waren. Dieser Junge hatte die Windpocken und konnte daher nicht operiert werden. Bei jenem Jungen lag das Herz auf der falschen Seite.

Über Waleria, das »blau angelaufene Mädchen«, das der Krankenwagenfahrer nicht hatte mitnehmen wollen, war Dr. Swanger im Vorfeld als einziges unterrichtet worden. Kurz nach Sarahs und Alans Einsatz war Waleria zu einer Untersuchung ins Krankenhaus gebracht worden und wartete nun im Babyhaus auf einen Termin für die Operation. Dr. Swanger hatte ihren Fall mit Dr. Iljin besprochen. Der Chirurg war in der Lage, in jedem noch so schlecht ausgestatteten Operationssaal, ohne Gummihandschuhe und passende Antibiotika, medizinische Wunder zu vollbringen. Doch selbst die beste medizinische Versorgung der Welt würde Waleria nicht helfen, wenn sie keinen Grund hatte zu leben.

»Sie hat nur eine einzige Überlebenschance«, sagte Dr.

Swanger. »Wenn sie aus dem Krankenhaus entlassen wird, muss sie vierundzwanzig Stunden am Tag, rund um die Uhr von jemandem betreut werden, dem sie am Herzen liegt – jemand, der sie stimuliert, füttert und sich ihrer annimmt.« Das klang nach eben jener Person, die nicht verfügbar war: eine Mutter.

Betrübt musste Sarah mit ansehen, wie die klugen Ratschläge des amerikanischen Arztes auf taube Ohren stießen. Zwar lauschte ihm das Personal mit gespannter Aufmerksamkeit, doch sahen sie in ihm offenbar eine Art Alleinunterhalter, und niemand machte sich die Mühe, seine Anregungen zu notieren.

Seine ruhige, neutrale Art wurde vor eine Zerreißprobe gestellt, als er ein vierjähriges Mädchen namens Anna untersuchte, das aufgrund einer Rückenmarkverletzung von der Hüfte abwärts gelähmt war. Obwohl die beiden nicht die gleiche Sprache sprachen, lachten und scherzten sie miteinander. Als Dr. Swanger ihre Ohren untersuchen wollte, gab er ihr sein Otoskop, damit sie zuvor in seine Ohren schauen konnte und so ihre Angst verlor.

Als er sich ihren Rücken ansah, stand ihm der Schreck ins Gesicht geschrieben. Sie brauchte dringend ein Korsett, da ihre ständig krumme Sitzposition den Zustand ihres Rückens verschlechterte. Die stellvertretende Chefärztin erklärte, dass sie ein Korsett gehabt habe, es aber nicht habe tragen wollen, da es ihr zu hart war. Wortlos holte er Stift und Papier aus seiner Tasche und fertigte eine Skizze von einem einfachen Korsett an, das man problemlos selbst herstellen könnte und das verhindern würde, dass sich der Zustand ihrer Wirbelsäule weiter verschlechterte. Vor allem aber, sagte er, brauche sie einen Rollstuhl – im Babyhaus etwas, das es noch nie gegeben hatte.

Fröhlich verabschiedete sich Dr. Swanger von Anna und machte sich auf den Weg nach oben zu Gruppe 2, dem anderen Zimmer mit den unheilbaren Fällen.

»Anna ist ein so kluges Mädchen«, sagte Sarah zu der stellvertretenden Chefärztin, als sie die Treppe hinaufgingen. »Sie erinnert mich an Wanja. Kennen sich die beiden?«

»Sie sind in verschiedenen Gruppen.«

»Aber sie würden einander so gut tun. Sie könnten sich unterhalten.«

»Nein, das geht nicht. Sie können beide nicht laufen – die Belastung für die Betreuerinnen wäre entschieden zu groß. Wir müssen die schweren Fälle auf verschiedene Gruppen aufteilen.«

Als sie das Zimmer betraten, sah Wanja sofort von seinem Tisch auf. Er freute sich, ein neues Gesicht zu sehen, besonders ein männliches.

»Und wer ist dieser junge Mann?«, fragte Dr. Swanger.

»Pastuchow. Frühgeburt. Infantile Zerebralparese, wie Sie sehen können«, sagte die stellvertretende Chefärztin.

Sarah unterbrach ihre Funktion als Dolmetscherin. »Dr. Swanger. Das ist Wanja. Wir haben uns angefreundet. Ich wünschte, Sie würden seine Sprache sprechen. Er liebt es, sich zu unterhalten.«

»Hi Wanja. Ich bin Ronald.«

Während Wanja den Namen des Arztes voller Konzentration wiederholte, ging dieser neben ihm in die Hocke.

»Junger Mann, du schielst. Das sollten wir in Ordnung bringen.«

Er wandte sich an die stellvertretende Chefärztin. »Es ist eine ganz einfache Operation. Sie sollte so bald wie möglich durchgeführt werden.«

»Wir wollten das veranlassen«, sagte sie und suchte nach einer Ausrede. »Aber sein Gesundheitszustand ist zu schlecht.«

»Und du läufst gar nicht?«, fragte Dr. Swanger irritiert und begann, Wanjas Füße zu untersuchen. Er zog ihm die mit Bändchen verschnürten Socken aus, unter denen seine Füße in einem viel zu kleinen Strampelanzug steckten. »Am besten wäre es für dieses Kind, barfuß zu gehen. Mit unterstützender Physiotherapie könnte der Junge lernen zu laufen.«

Pflichtbewusst dolmetschte Sarah diesen revolutionären

Vorschlag. Sie sagte ihm, dass sie hier noch nie eine Betreuerin erlebt hatte, die ein Kind ermuntert hätte zu laufen. Wie die australischen Physiotherapeutinnen konnte auch Dr. Swanger keine Rechtfertigung für die Diagnose »infantile Zerebralparese« erkennen.

»Könnte er nicht adoptiert werden?«, fragte er weiter.

Die Stellvertreterin gab keine Antwort. Erst viele Jahre später würde Sarah zufällig in einem Gespräch mit genau dieser Frau eine Antwort bekommen. Ohne die geringste Spur von Reue gab sie zu, dass sie Adela davon abgeraten hatte, Wanja zur Adoption freizugeben, als dieser zwei Jahre alt gewesen war. Sie hatte Adela daran erinnert, dass infantile Zerebralparese im frühkindlichen Alter schwer festzustellen sei, und dass es nur eine Frage der Zeit war, bis man sie bei Wanja nachweisen würde. Die Adoptiveltern zu täuschen wäre nicht richtig, hatte sie argumentiert. Adela, schwach wie immer, hatte sich ihrer Meinung angeschlossen.

Mit diesen wenigen Worten war Wanjas Schicksal besiegelt worden. Er würde den Rest seiner Tage in dem Zimmer mit den unheilbaren Fällen verbringen, wo nur eines sicher war: dass die Resignation der Betreuerinnen ihn zu einem behinderten Kind machen würde.

Keine von Dr. Swangers Anregungen wurde aufgegriffen oder gar umgesetzt. Es fand kein Gespräch mit der Mutter des Jungen mit dem Down-Syndrom statt, es gab kein Korsett für Anna, keine Augenoperation für Wanja. Das Leben im Babyhaus ging weiter seinen gewohnten Gang. Alles, was blieb, war die Erinnerung an einen exotischen amerikanischen Arzt.

3.
PILZE UND PAPAGEIEN
1994 bis 1995

Sarah wusste nicht, dass zu dem Zeitpunkt, als sie mit ihren Besuchen im Babyhaus 10 begann, Wika dort bereits seit einigen Monaten ein und aus ging. Wanjas Schicksal war es, das die beiden Frauen zusammenführte. Doch dazu kam es erst, als er sich in größter Lebensgefahr befand.

Es war das Jahr 1994, und die eisernen Regeln der Sowjetzeit begannen sich zu lockern, wodurch sich Möglichkeiten eröffneten, die es zuletzt vor siebzig Jahren, also noch vor dem Beginn der kommunistischen Ära gegeben hatte. Vielleicht war das der Grund, weshalb Wika das Babyhaus inzwischen so problemlos regelmäßig aufsuchen konnte, auch wenn Adela Ärger mit den Behörden drohte, falls diese davon erführen.

»Ich hatte gerade den christlichen Glauben für mich entdeckt und war auf der Suche nach etwas, das meinem Leben einen Sinn gab«, erinnert sich Wika. »Mein fünfjähriges Physikstudium hatte ich beendet. Doch statt mir eine Arbeit zu suchen, trug ich mich für einen Abendkurs ›Neues Testament‹ in meiner Kirche ein. Ich erzählte meinem Priester nichts von meiner Absicht, freiwillig in einem Babyhaus zu helfen, da ich befürchtete, er würde mein Handeln nicht gutheißen und es lieber sehen, wenn ich in der Gemeinde oder gar der Kirche selbst arbeitete. Doch ich war der Überzeugung, dass Christen in der Gemeinschaft tätig sein sollten. Meine Besuche im Babyhaus behielt ich daher für mich.

Ich freundete mich mit einer Frau an, die als Betreuerin im Babyhaus arbeitete und mich eines Tages dorthin mitnahm. Niemand versuchte, mich daran zu hindern, Unterstützung fand ich allerdings auch keine. Meine Freundin arbeitete bei den Neugeborenen in Gruppe 1. Ich vernarrte mich regelrecht in ein kleines Mädchen namens Mascha. Die Ärzte hatten sie aufgegeben. Noch vor Vollendung ihres ersten Lebensjahres hatten sie sie als körperlich und geistig unheilbar krank abgeschrieben. Doch ich konnte sehen, dass sie einfach nur Liebe und Zuwendung brauchte. Sie besaß ein so intelligentes Gesicht und unternahm erste Sprechversuche.«

Während Wika ihre ganze Aufmerksamkeit Mascha schenkte, erregte sie selbst jemandes Aufmerksamkeit. Eines Tages sei ein kleiner Lockenkopf in der Tür zum Nebenzimmer aufgetaucht, erinnert sie sich. »Er schaute herein, dann rief ihn eine barsche Stimme zurück. Er hatte gehofft, von mir bemerkt zu werden, doch er durfte sein Zimmer nicht verlassen – eine Vorschrift, die strikt eingehalten wurde.«

Wikas Freundin, die sie mit ins Babyhaus genommen hatte, verbitterte zusehends. Außer Füttern und Wickeln konnte sie nichts für die Kinder tun. Die Leitung des Babyhauses unternahm alles Erdenkliche, um Bindungen zwischen Personal und Kindern bereits im Keim zu ersticken. Als ihre Freundin eine Beziehung zu einem kleinen Mädchen aufbaute, wurden die beiden getrennt. Das Babyhaus schob die Kinder laufend zwischen den Gruppen hin und her, trennte sie von vertrauten Betreuerinnen und Freunden. Am nachteiligsten wirkte sich die starre Einteilung in »gesund« und »krank« auf die Kinder aus. Die Kranken kamen in Gruppe 2. Einmal deutete Wikas Freundin auf die Tür zur Gruppe 2 und sagte: »Diese Kinder werden alle sterben.« Zu diesem Zeitpunkt verstand Wika noch nicht, wovon ihre Freundin sprach. »Ich dachte, sie hätte den Verstand verloren«, erinnert sich Wika. Wenig später kündigte jene Freundin ihre Stellung.

Eines Tages musste Wika schockiert feststellen, dass Mascha in Gruppe 2 verlegt worden war. Ihr erster Eindruck von diesem Zimmer ist ihr bis heute in Erinnerung geblieben: »Es herrschte eine bedrückende Stille, wie in einem Krankenzimmer voller Sterbender. Mascha war kaum in diesem Raum angekommen, da begann sie bereits, all ihre bisher erworbenen Fähigkeiten einzubüßen. In Gruppe 1 hatte sie gelernt zu greifen und zu kauen, wenn auch später als normal. Sie konnte sogar selbständig mit einem Löffel essen. Doch die Betreuerinnen in Gruppe 2 hatten keine Geduld mit ihr, sagten, sie würde zu lange brauchen, um allein zu essen, und steckten ihr ein Fläschchen in den Mund. Sie banden sie in einem Stuhl fest, so dass sie sich nicht bewegen konnte. Eine der Betreuerinnen sagte zu mir: ›Was hat es für einen Sinn, ihr etwas beizubringen? Was Sie auch tun, mit vier Jahren ist für sie sowieso Schluss. Sie ist verloren.‹ Es gab nur ein Anzeichen von Leben in diesem Zimmer, und das war der lockenköpfige Junge, der sich mir als Wanja vorstellte. Er merkte sich meinen Namen und schenkte mir jedes Mal ein Lächeln, wenn ich Mascha besuchen kam. Ich konnte nicht begreifen, wie er es schaffte, an solch einem entsetzlichen Ort zu lächeln.«

Wika erinnert sich, wie er ihr stets auf liebevolle Art in den Ohren gelegen hatte, sie solle ihn doch auch einmal mit nach draußen nehmen. Er begriff sofort, dass sie Mascha in den Garten brachte, und hatte es sich zum Ziel gesetzt, ebenfalls nach draußen zu kommen. Doch Wika ließ seinen Wunsch unerfüllt. Sie dachte, er brauche sie weniger als Mascha.

Jedes Mal, wenn Wika mit Mascha zurückkam, fragte Wanja: »Gehst du jetzt mit mir nach draußen, Wika?« Sie sagte immer nein. Eines Tages ertrug sie sein niedergeschlagenes Gesicht nicht mehr und gab nach. Als Wika ihn von seinem Stuhl hob, konnte er einen Freudenschrei nicht unterdrücken.

Es war ein sonniger, wenn auch leicht diesiger Tag mit vereinzelten Wolken am Himmel. Als sie Wanja durch die Tür nach draußen trug, erkannte Wika sofort, dass er Sonnenlicht nicht gewöhnt war, da er seine Augen mit den Händen abschirmte. Es war, als hätte er zeitlebens eine Augenbinde getragen, die ihm soeben jemand abgenommen hatte. Neugierig bestaunte er den heruntergekommenen Spielplatz.

Wika beschloss, ihm eine kleine Unterrichtsstunde in Sachen

Natur zu geben und ihm die Namen der Bäume beizubringen. Sie brachte ihn zu einer Linde und zeigte ihm den dunklen Stamm und die hellgrünen Blätter. »Also, Wanja. Das ist eine Linde. Siehst du die Blätter? Sie sind herzförmig. Und im Sommer werden sie ganz klebrig.« Sie half ihm, ein Blatt zu berühren, und er war fasziniert davon.

Sie sah sich auf dem Grundstück nach einem anderen Baum um. »Welche Bäume kennst du noch?«

Wanja schwieg. Wika gab ihm Hilfestellung – Tanne, Eiche, Ahorn? Bestürzt musste sie erkennen, dass er keine Ahnung hatte, wovon sie sprach.

Irgendwann würde er zur Schule gehen. Er musste Bäume und Blumen kennen. Sie setzte ihn auf die Erde und suchte nach Blumen, doch außer Unkraut und ein bisschen Gras wuchs unter den Bäumen im Garten nichts.

Als sie sich nach Wanja umdrehte, sah sie, wie er seine Hand nach einer gelben Blume ausstreckte, einem einsamen goldenen Fleck im Schatten der Bäume. Sie pflückte die Blume und gab sie ihm. Er fasste sie am Stängel und bestaunte die verschachtelte Anordnung der Blütenblätter. »Das ist Löwenzahn. Er strahlt wie die Sonne, nicht wahr?«

»Sonne«, wiederholte Wanja. »Was ist die Sonne?«

Mit diesen vier Worten hatte Wanja eine schreckliche Wahrheit enthüllt. Für ihn war »draußen« ein anderer Planet, auf den er nie einen Fuß gesetzt hatte, da er nie zuvor »draußen« gewesen war. Alles, was er kannte, war das, was sich innerhalb der vier Wände von Gruppe 2 befand.

»Ich war fassungslos«, sagt Wika. »Egal, auf was um uns herum ich deutete, er kannte es nicht. Nicht den Himmel und nicht die Wolken, die über uns aufzogen, nicht das Gras, auf dem wir saßen, oder die Schaukeln, die regungslos neben uns hingen, oder das Tor, das ihn von der Außenwelt trennte. Verzweifelt suchte ich nach irgendetwas, das er kennen könnte. Einzig der schmutzigweiße Wolga Kombi, der vor dem Eingang stand, rief eine Reaktion hervor – Auto –, da er einmal mit einem Spielzeugauto gespielt hatte.«

Wika fühlte das Gewicht der Aufgabe, die sie sich gestellt hatte, schwer auf ihren Schultern lasten. Was sollte sie ihm zuerst beibringen, wo mit dem Unterricht beginnen? »Wir fangen mit den Farben an«, beschloss sie.

Sie setzte Wanja ins Gras, stand auf und ging los, um das Grundstück nach etwas Buntem abzusuchen.

Es zogen immer mehr Wolken auf und die Atmosphäre wurde bedrückender. Eine einzige rote Mohnblume wuchs in dem mageren Boden. Im Sandkasten fand sie einen blauen Eimer. Es begann zu regnen, doch Wika suchte weiter nach Farben und geriet dabei immer weiter in den hinteren Teil des Gartens, von wo sie Wanja nicht mehr sehen konnte. Plötzlich donnerte es markerschütternd, der Himmel öffnete seine Schleusen, und dicke Regentropfen prasselten auf sie hernieder. Wika rannte los, um Wanja zu holen. Als sie um die Ecke bog, sah sie ihn auf dem Boden knien. Er hatte den Kopf in den Nacken geworfen, die Arme ausgestreckt und strahlte, während ihm der Regen das Gesicht runterlief und sein T-Shirt durchnässte.

Er sah aus wie ein Junge, der in einem ausgedörrten Land den lang ersehnten Monsun begrüßt. Doch dieser Junge lebte in Russland, einem feuchten Land. Er kannte den Regen nicht, weil er sein gesamtes bisheriges Leben in einem einzigen Zimmer verbracht hatte.

Wika rannte zu ihm, nahm ihn auf den Arm, tanzte mit ihm und teilte seine Freude. »Regen, Wanja. Das ist Regen.«

»Regen«, wiederholte er und legte den Kopf in den Nacken, um so viel wie möglich davon zu spüren. »Ich liebe dich, Regen.«

In diesem Moment erkannte Wika, dass Wanja genauso hilfsbedürftig war wie Mascha. Er war ein so eifriger kleiner Junge, der sich in einer beinahe geräuschlosen Welt selbst das Sprechen beigebracht hatte. Und dennoch wurde er so schmählich vernachlässigt. Mit fünf Jahren hatte er keine Vorstellung von Sommer und Winter, wie alt er war oder in welcher Stadt er lebte. Wie sollte er ohne dieses Wissen je in der Schule zurechtkommen?

Es gab nur eine einzige Betreuerin, die Wikas Sorge um Wanja teilte, und das war Walentina. Von allen Angestellten im Babyhaus war sie die Einzige, die nicht der Meinung war, dass körperlich behinderte Kinder auch geistig zurückgeblieben waren. Alles, was Walentina über Kindererziehung wusste, hatte sie von ihrer Mutter gelernt, die groß geworden war, bevor die Bolschewiken der Institution Familie den Kampf angesagt hatten. Walentina hatte keine Ausbildung, aber sie verstand rein intuitiv mehr von Wanjas Bedürfnissen als sämtliche Fachleute im Babyhaus, die sich einem System beugten, in dem behinderte Kinder weggesperrt wurden.

Nach Ansicht des Personals waren die Kinder in Gruppe 2 nicht zu retten. Sie hatten sie abgeschrieben. Trotzdem brachte Walentina Wanja alte russische Gedichte und Lieder bei, die sie von ihrer Mutter und Großmutter gelernt hatte. Und sie freute sich über die lustigen Dinge, die er immer sagte. Wenn sie im Anschluss an ihren Dienst nach Hause kam, fragte ihr Mann stets: »Was hat dein kleiner Wanja denn heute gesagt?« Trotz der anstrengenden Vierundzwanzig-Stunden-Schichten zwang sie Wanja, sich hinzustellen, und übte Laufen mit ihm. Die anderen Betreuerinnen legten ihm, einem Fünfjährigen, Windeln an, doch sie brachte ihm bei, aufs Töpfchen zu gehen.

Im Laufe der Monate lernte Wika, ihre Besuche mit Walentinas Diensten abzustimmen, die alle vier Tage arbeitete. Walentina war mit einem Oberst der russischen Armee verheiratet und hatte überall in der Sowjetunion in Militärkrankenhäusern gearbeitet. Als ihr Mann aus dem Dienst ausschied, war sie aufgrund seiner mageren Rente gezwungen, weiter arbeiten zu gehen, und fand eine Anstellung im Babyhaus. Ihrem Anspruch an sich selbst blieb sie stets treu, auch wenn die Bezahlung schlecht und die Arbeit zermürbend war.

Eines Tages Ende Dezember bat sie Wika, bei ihrem nächsten Besuch vor dem Ende des Mittagsschlafes zu kommen, da sie ihre Hilfe bei der Ausführung eines Planes benötige. »Es soll eine Überraschung für Wanja werden.« Als Wika, wie gewöhnlich zu spät, im Babyhaus ankam, fand sie Wanja in Unterwäsche auf seinem Stuhl sitzend vor. Walentina hatte ihn früher aus seinem Bett geholt und zog gerade ein mit braunem Papier umwickeltes Päckchen aus ihrer Tasche hervor.

»Wika, du kommst gerade noch rechtzeitig. Ich habe mir schon Sorgen gemacht«, sagte Walentina. »Wanja und ich, wir brauchen dich, damit du auf die anderen Kinder aufpasst. Wir zwei haben nämlich einen wichtigen Termin.« Wanja konnte vor lauter Aufregung gar nicht mehr stillsitzen. Zu ihm gewandt sagte Walentina: »Schau mal, was ich für dich gemacht habe. Ich habe die halbe Nacht daran gesessen.«

Sie wickelte das Päckchen aus und zog ein olivgrünes Hemd hervor. Sie hielt es hoch, damit er es sich ansehen konnte. Nie zuvor hatte Wanja ein eigenes Kleidungsstück besessen.

»Es ist ein Uniformhemd. Mein Mann ist Oberst bei der Armee. Er hat drei Sterne. Und du hast einen – du bist also ein Major.«

Das Hemd hatte zwei Brusttaschen, eine Reihe Messingknöpfe und auf beiden Schultern glänzte ein fünfeckiger Stern, der seinen soeben erworbenen Dienstgrad anzeigte. Wanjas Augen begannen zu leuchten, als Walentina ihm das grüne Hemd überzog und liebevoll zuknöpfte.

Sie griff erneut in ihre Tasche und präsentierte eine schicke Hose mit Bügelfalte. »Die ist von meinem Enkel. Sie ist ihm zu klein.« Sie half ihm, mit seinen dünnen Beinchen in die Hose zu schlüpfen. Als Nächstes zog sie Hosenträger hervor. »Und die sind von meinem Mann. Ich habe sie für dich kürzer gemacht«, sagte sie und befestigte sie an Wanjas Hose. Es folgte eine grüne Krawatte, die sie ihm umband und über seiner Brust glattstrich. Zuletzt kämmte sie seine Locken streng zurück, wie es sich für einen Major gehörte. »Wie elegant du mit deinen breiten Schultern aussiehst.« Sie drückte ihn an ihren üppigen Busen. »Mein kleiner Major.«

»Zu Ihren Diensten, Kamerad!«, sagte Wika und salutierte vor ihm. Wanja hatte augenscheinlich keine Ahnung, was ein Major war, aber es gefiel ihm, wie er aussah. Zum ersten Mal in seinem Leben war er hübsch angezogen.

Walentina hatte außerdem Stift und Papier von zu Hause mitgebracht. Sie legte ein Blatt vor ihn auf den Tisch und legte seine Finger um den Stift. »Jetzt gibst du Befehle für die Soldaten aus.« Beide Frauen traten einen Schritt zurück und bewunderten ihn. Wie schick er aussah!

In diesem Moment betrat Adela das Zimmer. Sie wirkte noch zerstreuter als sonst, und obwohl sie ihren Blick quer durch den Raum wandern ließ, schien sie Wika gar nicht wahrzunehmen. »Stühle«, murmelte sie. »Wir brauchen mehr Stühle. Das Fest fängt gleich an.«

Es dauerte einen Moment, bis sie den Jungen, der mit einem Stift in der Hand malend am Tisch saß, erkannte. »Wen haben wir denn da? Großer Gott – einen Schüler!« Sie klatschte in die Hände. »Wie erwachsen du aussiehst, Wanja!« Sie hielt kurz bewundernd inne, bevor sie mit je einem Stuhl rechts und links in der Hand eilig wieder den Raum verließ.

Nun lüftete Walentina ihr Geheimnis: Sie würde Wanja mit zum Neujahrsfest nehmen, und er würde etwas vorsingen, das sie ihm beigebracht hatte – das Neujahrslied »Der kleine Tannenbaum«.

»Und Andrej und Mascha? Können die auch mitkommen?«, fragte Wanja.

»Die Kinder aus Gruppe 2 sind nicht eingeladen«, erklärte ihm Walentina, »aber wir zwei gehen trotzdem hin. Und du wirst dorthin laufen.«

Sie hielt ihn an den Händen und half ihm beim Aufstehen und beim Zurücklegen des Weges zur Tür und in den Flur. Dort ließ sie seine rechte Hand los und sagte ihm, er solle sich damit an der Wand abstützen. Mühsam setzte er einen Fuß vor den anderen. Vom Ende des Flurs drang ein russisches Volkslied, gespielt auf einem Akkordeon, zu ihnen herüber. Wanja war viel zu aufgeregt, um sich mit Gehversuchen abzuquälen, und wollte sich auf die Knie fallen lassen, um zu krabbeln. Doch Walentina hielt ihn aufrecht.

»Ein Major krabbelt nicht«, betonte sie. Er sah zu ihr auf und flehte sie an, getragen zu werden, doch Walentina gab nicht nach. »Wenn du zu dem Fest willst, musst du laufen.«

Wika sah ihnen nach, wie sie sich zentimeterweise den Flur entlangarbeiteten. Es schien, als sei Walentina in diesem Moment die Großmutter, die Wanja nie hatte. Alles, was sie durch ihre eigenen Kinder an Erfahrung gesammelt hatte, verwandte sie nun auf diesen kleinen Jungen, den die Fachwelt längst aufgegeben hatte. Endlich erreichten sie das Ende des Flures und betraten den Raum, der für besondere Anlässe vorgesehen war und nun wie verwandelt wirkte. In einer Ecke stand ein mit silbernem und goldenem Lametta geschmückter Weihnachtsbaum, der beinahe bis zur Decke reichte. Über den eingestaubten Kakteen auf den Fensterbänken lagen lieblich duftende Tannenzweige. Die Kinder saßen hintereinander in Reihen auf kleinen, schwarz, rot und golden lackierten Holzstühlen.

Die Akkordeonspielerin war eine Freundin von Adela, eine blonde Schauspielerin, die sich als Snegurotschka, Schneeflöckchen, mit einem eisblauen Kleid voller silbern funkelnder Stickereien verkleidet hatte. Leicht wie ein Schmetterling die Flügel bewegte sie ihre Arme und Hände, während sie auf dem Akkordeon spielte. Die älteren Betreuerinnen wirkten durch »Schneeflöckchens« schwungvolle Melodien wie verwandelt, sprangen von ihren Stühlen, stemmten die Arme in die Hüften und tanzten ausgelassen.

Als die Musik verstummte, schauten sich die Angestellten nach Adela um, die jedoch nirgends zu sehen war. Dann trat »Schneeflöckchen« als Zeremonienmeisterin vor. »Wer möchte ein Gedicht aufsagen?«, fragte sie. Ein kleines Mädchen mit einer großen weißen Schleife im Haar stand auf und sagte mit leiser Stimme ein paar Zeilen auf.

»Noch jemand?«, fragte sie. Keines der Kinder rührte sich. Walentina meldete sich zu Wort. »Ja – Wanja hat etwas vorbereitet.« Die Angestellten sahen einander verwundert an, als Walentina Wanja half, nach vorn zum Weihnachtsbaum zu laufen. Offenkundig fragten sie sich: War das nicht ein Junge aus Gruppe 2? Und was hatte es mit der schicken Uniform auf sich, die er trug? Walentina setzte sich auf einen Stuhl und nahm Wanja auf den Schoß. »Und nun kommt Wanja mit ›Der kleine Tannenbaum‹«, kündigte sie ihn an.

Alle warteten gespannt auf den Beginn des bekannten russischen Kinderliedes. Doch Wanja ließ sich Zeit. Was dann schließlich aus seinem Mund kam, war etwas völlig anderes.

»O du alter Kakadu!

Stets gedenk ich Kackadeiner.«

Wildes Gekicher ertönte. Wanja lächelte seine Zuschauer an. Berauscht, für eine kleine Sensation gesorgt zu haben, fuhr er fort:

»Ich misstraue Kackadir.

Und verwünsche Kackadich.«

Das Personal brach in Gelächter aus. Walentina sah verlegen drein und schimpfte leise: »Warum hast du dieses Gedicht aufgesagt, Wanja? Du solltest doch ›Der kleine Tannenbaum‹ singen.« Sie wurde rot – sie hatte ihm das freche Kakadu-Gedicht zwar beigebracht, jedoch nie im Leben damit gerechnet, dass er es vor der versammelten Belegschaft aufsagen würde.

Es war ein bisher einmaliges Ereignis in der Geschichte des Babyhauses. Ein ungeladener Gast, ein Junge, dem ein Leben inmitten der Stummen zugedacht war, war soeben zur Hauptattraktion auf dem alljährlichen Neujahrsfest geworden. Während die »normalen« Kinder mucksmäuschenstill auf ihren Stühlen saßen und gebeten werden wollten, hatte einer der »Kranken« völlig unaufgefordert die Betreuerinnen unterhalten und dabei auch noch begeistert. Dieser hilflose Junge hatte seine Gabe unter Beweis gestellt, mit jedem Menschen, den er traf, eine persönliche Beziehung aufzubauen. Doch was noch viel wichtiger war: Er hatte das System, das dem Babyhaus zugrunde lag, ins Wanken gebracht – die Unterteilung in krank und gesund, bildungspflichtig und bildungsunfähig, Zukunft ja oder nein. Einige Betreuerinnen, die über sein Gedicht gelacht hatten, hatten diese institutionelle Gesinnung jedoch zu sehr verinnerlicht, um die Wahrheit zu erkennen.

Zehn Tage später platzte Adela frühmorgens während Walentinas Dienst in den Raum der Gruppe 2 herein und fragte aufgeregt, warum Wanja noch nicht wach und fertig angezogen für die Kommission sei, die auf ihn wartete. Das Wort Kommission versetzte Walentina einen Schock. Gemeint war die Kommission des Psychiatrischen Krankenhauses Nr. 6, die alle Kinder im Alter von vier Jahren begutachtete und deren Urteil das Schicksal der Kinder ein für alle Mal besiegelte. Aus irgendeinem Grund war Wanjas Beurteilung seit zwei Jahren überfällig. Jetzt, mit beinahe sechs, gab es jedoch kein Entrinnen mehr.

Schnell zog Walentina ihn an und wollte ihn gerade zum Frühstück – Haferbrei und etwas zu trinken – auf seinen Stuhl setzen, da sagte Adela, die wie ein aufgescheuchtes Huhn um sie herumrannte, dass sie die Kommission unmöglich noch länger warten lassen könnten. Nicht einmal die Haare durfte Walentina ihm mehr kämmen. »Dafür ist keine Zeit«, sagte Adela, nahm Wanja auf den Arm und eilte aus dem Raum.

Walentina lief zur Tür und schaute Adela nach, wie sie mit Wanja über der Schulter genau den Flur hinunterstolperte, den er nur wenige Tage zuvor voller Stolz in seiner Majorsuniform selbst entlanggelaufen war, auf dem Weg zu seinem großen Auftritt beim Neujahrsfest. Doch diesmal war sein Blick nicht nach vorn gerichtet, als Adela ihn in den Raum trug. Kurz bevor sie über die Schwelle traten, riss Wanja den Kopf nach oben und warf Walentina einen flehenden Blick zu. Sie streckte ihm ihre Arme entgegen, doch die Tür ging zu.

Walentina war in der Hierarchie des Babyhauses zu unbedeutend, um Wanjas Beurteilung beiwohnen zu dürfen, auch wenn sie ihn von allen Betreuerinnen am besten kannte. Dort, wo beim letzten Mal der lamettageschmückte Weihnachtsbaum gestanden hatte, waren nun der Länge nach vier Tische aufgebaut, hinter denen fünf Frauen in weißen Kitteln saßen.

Adela platzierte Wanja auf einen Stuhl gegenüber der Tischreihe und zog sich in den hinteren Teil des Raumes zurück. Starr vor Angst saß Wanja den fremden Frauen gegenüber. Seine Frisur war eine Katastrophe – ein Teil der Haare klebte ihm im Gesicht, die anderen standen in alle Richtungen zu Berge. Sein Blick wanderte von einem Gesicht zum anderen, verzweifelt auf der Suche nach jemandem, mit dem er Kontakt aufnehmen konnte. Er drehte sich nach Adela um, doch sie war mit dem Samowar beschäftigt, um den Mitgliedern der Kommission Tee zuzubereiten.

Adelas Stellvertreterin trat vor, in der Hand eine Akte mit Wanjas Krankengeschichte. Was sie vorlas, klang nach einem hoffnungslosen Fall: geboren im sechsten Schwangerschaftsmonat, Wiederbelebungsmaßnahmen, infantile Zerebralparese, Mutter Alkoholikerin, mit achtzehn Monaten von den Eltern in staatliche Obhut gegeben.

Inmitten des Berichts erhob sich ein Mitglied der Kommission von seinem Platz und fing wortlos an, neben, über und hinter Wanjas Kopf mit den Fingern zu schnippen.

Die Stellvertreterin setzte ihren Bericht fort. Trotz regelmäßiger Massagen, sagte sie, habe der Junge nie gelernt zu laufen.

An dieser Stelle meldete sich Wanja zu Wort. »Ich bin zum Neujahrsfest hierhergelaufen.«

Die Mitglieder der Kommission tauschten überraschte Blicke aus. Doch Adelas Stellvertreterin sagte, er erzähle Unsinn und sei nicht in der Lage, ohne fremde Hilfe zu laufen.

Die Vorsitzende der Kommission forderte eine Frau aus ihrem Team auf, Wanjas Füße zu untersuchen. Die schob seine Hose hoch und begann, seine Beinmuskulatur durch Zwicken zu testen. Dann versuchte sie, seine Füße auf und ab zu biegen. Seinen Aufschrei ignorierte sie. Sie sagte, er verfüge über keinerlei Muskeltonus in den Beinen, und seine Sehnen seien zu stark verkürzt, als dass er jemals laufen könnte.

Eine andere, ältere Frau, die Logopädin, fragte Adela, warum sich in Wanjas Akte keine Aufzeichnungen zur

Sprachtherapie fänden. Ohne ihm ihren Namen zu nennen, fing sie an, Bilder hochzuhalten, die Wanja benennen sollte.

Auf dem ersten Bild war eine Birke abgebildet, und auf die Frage der Logopädin, um was für einen Baum es sich hier handelte, antwortete Wanja in Erinnerung an die einzige Baumart, die auf dem Grundstück des Babyhauses wuchs: »Das ist eine Linde.«

Auch die Abbildung auf dem nächsten Bild kannte er. Es war eine Matrjoschkapuppe. Aber er verstand die Frage nicht, die ihm die Frau stellte: »Woraus ist sie gemacht?« Er dachte nach und dachte nach. Dann sagte er: »Puppen machen Spaß.«

Es wurde immer schlimmer. Die Frau hielt das Bild einer Ampel hoch und fragte ihn, bei welcher Farbe man gehen dürfe. Doch Wanja hatte noch nie eine Ampel gesehen, denn er war noch nie draußen auf der Straße gewesen.

Als Nächstes zeigte sie ihm einen Laib Brot, was er ebenfalls nicht kannte, da er Brot bislang nur in Form von Scheiben gesehen hatte. Es folgten ein Pilz, eine Ameise, die Türme des Kremls, eine Angel und, zu guter Letzt, ein Papagei.

Zum Abschluss fragte ihn die Frau, welcher Tag heute sei. »Heute ist Tante Walentinas Tag«, antwortete Wanja.

Er konnte die missbilligenden Blicke der Frauen nicht verstehen. »Und welcher Tag ist morgen?«, fragte sie, und er antwortete: »Morgen ist Nastjas Tag«, und fügte ungefragt hinzu, dass am Tag danach Tanjas Tag sei. Die letzte Frage lautete: »In welcher Stadt lebst du?« Wieder überlegte Wanja lange. Dann sagte er: »Ich lebe hier, im Babyhaus.«

»Und wo ist das?«

»Ganz in der Nähe.«

Damit war der Test beendet. Die Mitglieder der Kommission begannen, sich zu beraten, wobei die Worte »schwachsinnig«, »bildungsunfähig«, »ausgeprägter Kretinismus« und »unterentwickelte Sprache« fielen. Dann wurde die Diskussion von der Vorsitzenden vorzeitig beendet, indem sie verkündete: »Er kommt in ein Internat.« Eine junge Ärztin legte mutig Einspruch ein und schlug vor, ihn in einem Heim für Kinder mit infantiler Zerebralparese unterzubringen, wo er ein wenig Unterricht erhalten könnte. Doch die Vorsitzende wollte davon nichts wissen. Wanja könne nicht ohne Hilfe laufen, betonte sie, die anderen Kinder würden ihn umrennen, und es wäre viel zu viel Arbeit für das Personal.

Die Vorsitzende der Kommission erklärte die Beurteilung für beendet und forderte Adela auf, Wanja wegzubringen. Adela verließ ihren Posten neben dem zischenden Samowar, nahm Wanja auf den Arm, und erst in diesem Moment, als sein Schicksal bereits besiegelt war, setzte sie sich für ihn ein. »Er kennt jede Menge Lieder und Gedichte«, begann sie zaghaft. »Wenn Sie möchten, kann er sie aufsagen.« Doch niemand beachtete sie. Alle waren schon mit der Akte des nächsten Kindes beschäftigt.

Zwei Wochen vergingen, und Wika wusste noch immer nichts von dem Besuch der Kommission und Wanjas Feuerprobe. Sie war mit den Vorbereitungen des orthodoxen Weihnachtsfestes beschäftigt, das in Russland am Abend des 6. Januar gefeiert wird. Bei ihrem nächsten Besuch traf sie Walentina in schlechter Verfassung an. Sie hatte geweint. Es gab schreckliche Neuigkeiten. Walentina hatte es an diesem Morgen bei der Dienstübergabe erfahren. »Haben Sie schon gehört, wohin man Ihren kleinen Liebling schickt?«, hatte eine der Betreuerinnen gehöhnt. »Seine Papiere sind da. Er kommt zusammen mit den anderen schlimmen Fällen in ein Internat.«

Walentina sagte zu Wika, dass sie seit dieser Nachricht wie unter Schock stünde. Wika war ebenso entsetzt. »Aber er wird dort keinerlei Förderung erhalten. Wie können sie ihm das antun?«

»Er kommt an einen finsteren Ort«, sagte Walentina. »Jetzt, da seine Papiere da sind, können wir nichts mehr für ihn tun. Es ist zu spät.«

»Ich sagte ihr, dass es doch etwas gäbe, was ich tun könnte«, erinnert sich Wika. »Ich lief los und holte Wanja aus seinem Bettchen. Er war sehr aufgeregt, mich zu sehen, und wollte sofort ein Spiel spielen. Doch dann bemerkte er, wie traurig ich war. Er protestierte nicht, als ich ihn hinüber zum Fenster trug, nach oben deutete und ihm erklärte, dass dort der Himmel sei. ›Himmel‹, wiederholte er ernst.«

»Gott ist im Himmel, Wanja. Und was sollst du Gott sagen?«

»Was soll ich ihm sagen? Sag es mir.«

»Wenn du in Schwierigkeiten bist, Wanja, dann musst du zu Gott beten, und er wird dir einen Schutzengel schicken, der auf dich aufpasst.«

Während der nächsten Wochen besuchte Wika Wanja noch häufig in dem Wissen, wie es um ihn bestellt war, doch sie konnte nichts dagegen unternehmen. Wanja selbst spürte immer deutlicher, dass ihm irgendetwas Schlimmes unmittelbar bevorstand. Jedes Mal, wenn Wika gehen musste, fragte er sie verängstigt: »Du kommst doch wieder, Wika? Du wirst doch wiederkommen, Wika?«

4.

DEN ENGELN ENTGLITTEN
Februar 1996

»Warum ziehst du mir einen Mantel an?«, fragte Wanja. »Komme ich ins Krankenhaus?«

»Das wirst du noch früh genug erfahren«, brummte Nastja, während sie den viel zu großen Mantel zuknöpfte.

Bereits seit dem Mittagessen war irgendetwas im Gange. Wie immer hatte Nastja die anderen Kinder nach dem Essen in ihre Betten gebracht; nur Wanja hatte sie auf seinem Stuhl sitzen lassen. Nun versuchte er zu verstehen, warum man ihn für draußen fertig machte. Keine der Ärztinnen war am Morgen vorbeigekommen, um Nastja zu sagen, dass er ins Krankenhaus müsse. Ein Besuch im Krankenhaus war der einzige Grund, warum die Kinder in Wanjas Gruppe je das Zimmer verließen, außer natürlich, wenn Wika kam und ihn mit nach draußen nahm, wie sie es in der letzten Zeit öfter getan hatte.

Gerade zog ihm Nastja seine Hausschuhe aus und versuchte, seine Füße in viel zu kleine Stiefel zu zwängen. Obwohl an beiden Schuhen der Reißverschluss kaputt war, brachte sie seine Füße nicht hinein. Sie fluchte leise, während sie an den Stiefeln herumzerrte. Als sich seine Zehen schließlich vollkommen verkrampft hatten, zuckte sie mit den Schultern und gab auf.

Sein demütigendes Outfit krönte sie mit einer rosa Wollmütze aus Synthetikfaser, die sie ihm auf den Kopf setzte.

»Ich bin doch kein Mädchen!«, protestierte Wanja. Doch Nastja ignorierte ihn, ließ ihn komplett angezogen auf seinem Stuhl sitzen und ging weg.

»Du rührst dich nicht von der Stelle. Ich bin gleich wieder da.«

Wie soll ich mich denn in diesen Stiefeln und der schweren Jacke bewegen?, dachte Wanja. Ich käme vielleicht vom Stuhl runter, aber krabbeln könnte ich so ja auf keinen Fall.

Während er darauf wartete, dass Nastja zurückkam, erinnerte er sich an das letzte Mal, als er fein gemacht worden war – nicht so ruppig wie von Nastja heute, sondern liebevoll von Tante Walentina. Er dachte an das schöne Hemd mit den goldenen Sternen auf den Schultern, das sie für ihn gemacht hatte. Und sie hatte ihn »mein kleiner Major« genannt. Nach dem Fest hatte sie ihn wieder umgezogen, seine neuen Kleider sorgfältig zusammengelegt und in ihrer Tasche verschwinden lassen. Es war ein schlimmer Anblick gewesen. Doch sie wussten beide, dass die Kleider in kürzester Zeit verschwunden gewesen wären, wenn Walentina sie im Babyhaus gelassen hätte.

Andrej rief vom angrenzenden Gemeinschaftsschlafraum aus seinen Namen und riss ihn aus seinem Tagtraum. Die Tür stand offen, und als sich Wanja nach vorn lehnte, konnte er Andrejs Gesicht zwischen den Holzsprossen seines Gitterbetts aufblitzen sehen.

»Andrej«, rief er. »Sie hat mir einen Mantel, Stiefel und eine Mütze angezogen. Ich glaube, ich komme ins Krankenhaus. Vergiss nicht, an mich zu denken. Ich werde immer an dich denken.«

Andrej fing an zu weinen.

»Ich werde an dich denken, Andrej.«

Die Tür flog auf, und Swetlana kam aufgeregt hereingestürmt. Wie immer hatte sie Zettel in der Hand. Wanja bemerkte, dass auch sie einen Mantel trug. Sie nahm Wanja hoch und sagte: »Wir müssen uns beeilen. Der Wagen wartet schon.«

»Wohin gehen wir, Swetlana?«, fragte Wanja, als sie ihn die Treppe hinuntertrug.

»Woher weißt du, wie ich heiße?«, fragte sie überrascht.

»Ich habe gehört, wie dich die anderen Betreuerinnen so genannt haben.«

»Oh, ja, genau. Du bist der, der sich alles merkt. Aber jetzt sind deine Papiere da, und du kommst in ein Internat.« Sie seufzte.

Da war es wieder, dieses Wort. Aber was bedeutete es? Kirill war auch in ein Internat gekommen und nie wieder zurückgekehrt.

Als sie draußen waren, schlug Wanja Kälte ins Gesicht und ließ ihn beim ersten Einatmen nach Luft schnappen. Wie anders der Garten doch ausgesehen hatte, als er mit Wika hier gewesen war. Der Boden war mit etwas schmutzigem Weißem bedeckt. Das musste Schnee sein, dachte er sich. Wika hatte ihm erst gestern gesagt, sie könne ihn nicht mit nach draußen nehmen, da es kalt war und Schnee lag. Jetzt wusste er, was damit gemeint war: Schnee.

Der Wolga stand vor dem Eingang. Swetlana trug Wanja um den Kombi herum zum Kofferraum und legte ihn auf eine Trage. »Darf ich auf deinem Schoß sitzen, Swetlana?«, bettelte Wanja.

»Nein. Das ist gegen die Vorschriften«, sagte der Fahrer und schlug die Hecktür zu. Das Auto fuhr los. Nach kurzer Zeit bremste es ab, dann fuhr es wieder an, bremste ab, fuhr wieder an. Wanja konnte noch andere Motoren hören. Das müssen andere Krankenwagen sein, die Kinder ins Krankenhaus bringen, dachte er. In seiner Vorstellung waren auf der Straße nur Kinder unterwegs. Er war nie zuvor in etwas anderem als diesem Behelfskrankenwagen gefahren, von Autos auf den Straßen wusste er nichts.

Er hätte sich gern aufgesetzt und aus dem Fenster geschaut. Er wollte so gern die anderen Krankenwagen sehen und einen Blick auf die Kinder erhaschen. Doch selbst wenn er sich hinsetzen könnte, würde er doch nichts erkennen. Der Wolga hatte seltsame Fenster, durch die man rein gar nichts sah. Er versuchte, die Welt mit den Ohren zu verstehen. Vorne konnte er Swetlana mit dem Fahrer reden hören. Und wenn der Krankenwagen anfuhr oder bremste, hörte er den Motor lauter oder leiser werden. Schließlich spürte er, dass der Wagen schneller wurde und nur noch selten abbremste. Plötzlich gab es einen starken Ruck, und Wanja wurde zur Seite geschleudert. Es polterte. Wanja wurde heftig durchgerüttelt, was ihm sehr weh tat. Dann kam der Wolga zum Stehen, und es wurde still. Nun waren keine anderen Motorengeräusche mehr zu hören, nur ein Hund, der bellte.

»Was für ein Kaff.« Der Fahrer klang wütend. »Wo bitte schön ist es denn?«

»Ich weiß es nicht. Ich war noch nie dort. Es ist das erste Mal, dass ein Kind vom Ministerium dorthin geschickt wird.« Swetlana klang, als hätte sie Angst vor dem Mann.

Wanja hörte Papier rascheln. In noch leiserem Tonfall sagte Swetlana eine Reihe von Wörtern, mit denen er nichts anfangen konnte: »Gebiet Moskau, Leniner Bezirk, Ort: Filimonki, Psycho-Neurologisches Internat Nr. 5. Mehr steht hier nicht.«

»Na, wenn uns das nicht weiterhilft …« Der Fahrer klang nun noch wütender. Mit einem Ruck setzte sich der Krankenwagen wieder in Bewegung. Da hörte Wanja Swetlana laut sagen: »Schauen Sie da, ein Schild – INTERNAT.« Wieder holperte es auf und ab, dann hielten sie an. Er hörte, wie Autotüren auf- und wieder zugingen. Kurz darauf öffnete der Fahrer die Kofferraumtür, und Swetlana nahm ihn heraus und auf den Arm. Es dämmerte mittlerweile. Er blickte auf und sah ein hohes Gebäude, das bis in den Himmel zu reichen schien.

Neben einer Tür entdeckte Swetlana zwei Frauen, und mit Wanja im Arm hastete sie auf sie zu. »Entschuldigung, arbeiten Sie hier?«

»Nein, ich bin nur zu Besuch«, sagte eine der beiden. »Ich besuche meine Schwester.« Sie machte eine nickende Kopfbewegung in Richtung der anderen Frau, deren Hand sie hielt. Die Frau grinste, und Wanja stellte fest, dass sie keine Zähne hatte.

»Wissen Sie dann vielleicht, wo der Kindertrakt ist?«

»Welcher Kindertrakt? Ich habe hier noch nie ein Kind gesehen, und ich komme jede Woche.«

In diesem Moment kam eine Frau in einem weißen Kittel und mit einem großen Schlüsselbund in der Hand aus der Tür.

»Wer sind Sie?«, fragte sie Swetlana. Mit ihrem leuchtend roten Lippenstift erinnerte sie Wanja an Tanja – mit der Ausnahme, dass diese Frau einen goldenen Zahn ganz vorn im Mund hatte. Sie schien alles andere als erfreut, die beiden zu sehen.

»Wir sind vom Babyhaus 10.«

»Was? Ein Neuzugang? Heute? Davon weiß ich nichts. Der Heimleiter ist schon nach Hause gegangen. Ich bin seine Stellvertreterin.«

»Es tut mir leid, dass wir so spät kommen. Wir haben uns verfahren«, sagte Swetlana. »Aber dieser Junge ist für Sie: Pastuchow, sechs Jahre. Hier sind seine Papiere, schauen Sie.«

Als sie die Unterlagen sah, gab die Frau nach. »In Ordnung, folgen Sie mir.«

Wanja wurde allmählich unruhig. Sie hatten ihn offenbar nicht in ein Krankenhaus gebracht. Dafür hatte die Fahrt viel zu lange gedauert. Außerdem standen keine anderen Krankenwagen vor der Tür. Wenn nur Tante Walentina hier wäre, um ihm alles zu erklären. Swetlana sprach überhaupt nicht mit ihm.

Sie betraten das Gebäude. Es war dunkler als das Babyhaus. Sie liefen erst eine, dann eine zweite Steintreppe hinauf und einen langen Flur entlang, in dem es widerlich stank. Im Halbdunkel konnte er die Umrisse von Personen erkennen. Sie schaukelten hin und her, wie die Kinder in Gruppe 2, doch das hier waren Erwachsene. Aus einer der Türen kam ein Mann. Erschreckt stellte Wanja fest, dass er vollkommen nackt war.

Die Stellvertreterin hielt vor einer verschlossenen Tür und fummelte an dem laut klappernden Schlüsselbund herum. Sie drängte Swetlana durch die Tür und schloss wieder ab. Dann bogen sie nach rechts in einen weiteren Flur. In der Ferne sah Wanja eine kleine Gestalt. War das ein Kind, so jemand wie er? Als sie näher kamen, musste er enttäuscht feststellen, dass die kleine Person ein altes Gesicht hatte. Es war eine Frau, bekleidet mit einem grauen Unterhemd. Ihre gespenstisch weißen Glieder waren mit Blutergüssen übersät. Sie sagte nichts, als die drei an ihr vorbeiliefen.

Am Ende des Flurs ging es wieder eine Treppe hinauf, die noch steiler war als die vorigen und dunkler, da es hier keine Fenster gab. Swetlana begann zu schnaufen. Wanja wurde allmählich schwer. Die Stellvertreterin drosselte das Tempo.

»Da wären wir – Kindertrakt«, murmelte sie und zog erneut ihren Schlüsselbund hervor. Sie drehte den Schlüssel zweimal im Schloss herum und stieß die Tür auf. Sichtlich in Eile öffnete sie eine weitere Tür zu einem großen Zimmer.

Von dem, was er auf dem Weg durch die Anstalt gesehen hatte, ohnehin bereits traumatisiert, starrte Wanja nun vollkommen entsetzt auf das, was sich vor ihm auftat: Der Raum war vollgestopft mit Gitterbetten. Keine Holzbetten, wie im Babyhaus, sondern größere Modelle mit hohen Metallstäben, die aussahen wie Käfige. In jedem Bett lag eine nackte Matratze; keine Laken, keine Decken. Auf den Matratzen lag jeweils ein Kind. Manche von ihnen waren nackt. Andere trugen lediglich ein schmutziges Unterhemd. Sie lagen in ihrem eigenen Urin. Eines lag in seinem Kot. Ein anderes schlug mit dem Kopf gegen die Metallstäbe des Gitterbetts. Alle jammerten und weinten.

Bevor er irgendetwas sagen konnte, hatte die Stellvertreterin Swetlana den Jungen abgenommen, ihm Mantel und Stiefel heruntergerissen und ihn in ein leeres Bett fallen lassen. Während er sich mühsam an den Gitterstäben hochzog, fiel sein Blick auf den hin- und herschaukelnden Jungen in dem Bett neben ihm. Er war in ein Laken verschnürt und daher nicht in der Lage, seine Arme zu bewegen.

Wanja hielt das Metall fest umklammert und schaute sich völlig verzweifelt nach Swetlana um. Sie stand an der Tür, sah ihn aber nicht an.

»Swetlana, Swetlana. Was mache ich hier?«, rief er. »Warum hat sie mich in dieses Bett gesteckt?«

»Oh, er kann sprechen?«, sagte die Stellvertreterin überrascht. »Sie haben uns einen Schwätzer gebracht – einen Unruhestifter? Als hätten wir nicht schon genug Probleme.«

Die plötzliche Erkenntnis traf Wanja wie ein Faustschlag.

»Du lässt mich doch nicht hier, oder?« Swetlana sah ihn immer noch nicht an.

»Sind Sie sicher, dass Sie das richtige Kind gebracht haben?«, wandte sich die Stellvertreterin an Swetlana.

»Oh, ja. Die Kommission hat ihn vor zwei Monaten beurteilt und angewiesen, ihn hierherzuschicken. Hier habe ich das Schreiben vom Ministerium.« Swetlana blätterte nach dem Dokument.

Auf der anderen Seite des Raumes schrie Wanja: »Lass mich nicht hier, Swetlana! Tante Walentina würde es nicht wollen. Ich bin doch ihr kleiner Major!« Aber Swetlana schaute nicht zu ihm herüber. Fieberhaft suchte er nach etwas, womit er sie davon überzeugen konnte, ihn wieder mit zurück ins Babyhaus zu nehmen. »Adela wird sich langweilen ohne mich. Ihr gefallen meine lustigen Geschichten.«

Doch Swetlana drehte sich nicht mehr zu ihm um. Die Stellvertreterin bugsierte sie nach draußen und schloss die Tür hinter sich. Mit aller Kraft schleuderte Wanja seinen Körper gegen die Metallstäbe des Gitterbetts und schrie, so laut er nur konnte. »Lass mich nicht hier, Swetlana!« Er hörte, wie der Schlüssel im Schloss umgedreht wurde.

Es war mitten in der Nacht. Er hatte über Flucht nachgedacht, versucht, das Seitenteil seines Betts aufzubekommen, aber es war fest verschlossen. Dann hatte er die Gitterstäbe umklammert und versucht, sie mit allem, was sein schwacher Körper an Kraft mobilisieren konnte, auseinanderzuziehen. Schließlich war er vollkommen erschöpft auf der blanken Matratze zusammengebrochen. Ihm dämmerte, dass er, falls er es tatsächlich schaffen sollte, sich aus dem Bett zu befreien, als Nächstes vor dem Problem stand, die Tür aufzubekommen. Vom vielen Denken tat ihm der Kopf weh. Nun bemerkte er erst, wie kalt ihm war. Sie hatten ihm seine Kleider weggenommen, und eine Decke gab es nicht. Er begann zu weinen, doch es war niemand da, um ihn zu trösten. Er sehnte Wika herbei, die ihn herausheben, im Arm halten und wegbringen sollte. Was hatte sie ihm gesagt, was er tun sollte? Sie hatte ihn ans Fenster gebracht und ihm gesagt, er solle in den Himmel schauen und zu Gott beten.

Er fasste nach den Gitterstäben und sah sich nach einem Fenster um. Doch in seiner Nähe war keines, so dass er den Himmel von seinem Bett aus nicht sehen konnte. Außerdem war es sowieso dunkel. Und das Fenster war vergittert. Was hatte sie gesagt? Bete zu Gott, und dein Schutzengel wird kommen. Aber wie sollte der Engel durch das Gitter vor dem Fenster kommen? Er beschloss, trotzdem zu beten, kniete sich auf die Plastikmatratze, hielt die Stäbe umschlossen und den Blick fest auf das pechschwarze Fenster gerichtet. »Bitte, Gott, schick mir meinen Schutzengel.« Er sagte es wieder und wieder, bis er, mit dem Kopf gegen das kalte Metall gelehnt und die Finger noch immer um die Stäbe geklammert, einschlief.

Doch sein Schutzengel kam nicht. Weder in dieser Nacht noch am nächsten Tag, und auch nicht in der nächsten Woche. Es schien, als wäre Wanja den Engeln entglitten, als könnten sie ihn hier, in diesem Vorhof der Hölle, wo man ihn nach und nach seiner Menschlichkeit beraubte, nicht mehr erreichen.

Als Erstes nahmen sie ihm seine Haare. Sie rasierten sie komplett ab, so dass er aussah wie ein Sträfling. Es folgten seine Sprachfähigkeit, die sich ohne Gesprächspartner zunehmend verschlechterte, und seine Stimme, die bald nur noch einem Flüstern glich. All die elenden Szenen von Misshandlung und Vernachlässigung, die er beobachten und selbst erleiden musste, ließen sein Selbstvertrauen und seine Zuversicht schwinden. Zuletzt fingen seine Hände von den Beruhigungsmitteln, die sie ihm verabreichten, unkontrollierbar an zu zittern. Er befand sich im freien Fall nach ganz unten, dorthin, wo ein Mensch aufhört, ein menschliches Wesen zu sein und einen Punkt erreicht, von dem es kein Zurück mehr gibt.

5.
ÜBERMENSCHLICHES
März bis Juni 1996

Ganze drei Wochen vergingen, bis Sarah erfuhr, dass Wanja in eine Irrenanstalt, denn nichts anderes verbarg sich hinter dem Begriff Internat, verlegt worden war. »Ein unverzeihlicher Fehler«, sagt Sarah heute.

»Ich wünschte, ich wäre wachsamer gewesen, doch es war damals so viel los in meinem Leben. Ich bemühte mich, diese versteckt gehaltene Welt vernachlässigter Kinder zu verstehen, in die ich so zufällig gestolpert war. Je mehr Babyhäuser ich besuchte, desto verzweifelter wollte ich den Sinn dieser Einrichtungen begreifen, in denen das Personal dem Leid der Kinder in ihrer Obhut gegenüber blind zu sein schien. Ich besaß keine medizinische Ausbildung, doch ich kam zu der Überzeugung, dass es oftmals die Babyhäuser selbst waren, die für die Behinderungen der Kinder verantwortlich waren. Jedes Kind, das mit einer Behinderung, und war sie noch so geringfügig, auf die Welt kam oder in seiner Entwicklung zurückblieb, wurde in den Sog einer Abwärtsspirale gerissen und der Kategorie ›Pflegefall‹ zugeteilt. In meinen Augen war es vielmehr das System, das hier krankte, nicht die Kinder.«

Infolge einer ganzen Reihe scheinbar unbedeutender Ereignisse begann Sarah, die Dinge besser zu verstehen. »Über Weihnachten rief mich Stephanie Wood, die Frau des britischen Botschafters, an, und fragte, ob ich einen Kuchen, der vom Kinderfest in der Botschaft übrig geblieben war, in ein Babyhaus bringen wolle. Pflichtbewusst fuhr ich mit dem Kuchen ins Babyhaus 10, wo sich das Personal staunend um ihn versammelte. Als ich wieder ging, war mir klar, dass die Realität nichts gemein hatte mit Stephanies Vorstellung von hungrigen Kindern, die sich selig lächelnd und mit schokoladenverschmierten Mündern einen leckeren Kuchen schmecken ließen. Der Kuchen würde dem Personal die langen Pausen, während die Kinder ihren Mittagsschlaf hielten, versüßen. Wieder zu Hause, wollte Alan meine Entrüstung darüber nicht teilen. Er sagte, das Personal verdiene kaum genug, um sich die Anfahrt zur Arbeit leisten zu können, weshalb sie eine solche Leckerei ebenso verdienten wie jeder andere auch.

›Aber darum geht es doch gar nicht‹, entgegnete ich aufgebracht. ›Egal, wie wenig sie verdienen, die Kinder sollten an erster Stelle stehen.‹«

Zu dieser Zeit kam die Fürsorgegruppe des IWC mit russischen Menschenrechtsaktivisten in Kontakt, die die Anstaltsfürsorge für falsch hielten und die Familien dazu ermutigen wollten, ihre Kinder zu Hause zu betreuen. Den widrigen Umständen zum Trotz – bescheidene finanzielle Mittel, heruntergekommene Räumlichkeiten – richteten die uneigennützigen und umsichtigen Mitglieder dieser Organisationen Kindertagesstätten zur Betreuung behinderter oder psychisch kranker Kinder ein, um es den Eltern so zu ermöglichen, sie zu Hause großzuziehen. Diese wundervollen Menschen brauchten Unterstützung. Von Seiten des Staates erhielten sie natürlich nichts.

»Eines Nachmittags unterhielt ich mich mit dem russischen Kindermädchen meiner Nachbarn, während wir unseren Kindern im Gorki-Park beim Eislaufen zusahen«, erzählt Sarah weiter. »Ich schätzte ihren scharfen Verstand und die Einblicke, die ich durch sie gewann. Ausnahmslos jeder – beim Präsidenten angefangen – hatte zu jener Zeit in Russland den falschen Job. Das allgemein herrschende Chaos hatte zur Folge, dass bestimmte Stellen mit rein zufällig ausgewählten Kandidaten besetzt wurden. Das Kindermädchen meiner Nachbarn hätte als Fernsehmoderatorin arbeiten können, hätte man sie nicht in der letzten Runde der Bewerbungsgespräche aufgrund ihrer schiefen Zähne aussortiert. Und da sie es sich nicht leisten konnte, ihre Zähne richten zu lassen, arbeitete sie nun in einer gut zahlenden ausländischen Familie als Kindermädchen – so wie viele andere fähige Frauen auch, die in ihren studierten oder erlernten Berufen keine Anstellung fanden. Sie hatte sich offenbar vorgenommen, mit mir zu sprechen, da sie es als ihre Pflicht ansah, mich aufzuklären. Sie fragte mich, warum ich Spenden für Babyhäuser sammelte. Es war kein Geheimnis, dass es den Menschen, die dort arbeiteten, nicht um die Kinder, sondern um das ging, was sie stehlen konnten. Erhielten sie Fleisch, wanderte es auf direktem Weg in die Taschen der Angestellten, und die Kinder bekamen Brot und Kartoffeln. Gleiches geschah mit Bettwäsche, die umgehend verschwand. Das gesamte System war korrupt, und mit meinen Spenden unterstützte ich es und machte alles nur noch schlimmer.

Was sie sagte, deckte sich exakt mit dem, was ich beobachtet hatte. Mir wurde immer klarer, dass die Zukunft der Kinderbetreuung auf Seiten der russischen Menschenrechtsaktivisten lag, nicht auf Seiten des Staates.«

Andere Mitglieder der Fürsorgegruppe dachten in die gleiche Richtung. Die Veränderungen, die in der Gruppe vor sich gingen, erregten den Argwohn ihrer Gönnerinnen im International Women's Club. Die Arbeit der Fürsorgegruppe war zu »professionell« geworden – eine verpönte Vokabel im Wortschatz des IWC.

»Im Rückblick erkenne ich, dass wir der diplomatischen Hierarchie bzw. dem recht altmodischen Verhaltenskodex des IWC nicht ausreichend Respekt zollten. Eine der Leiterinnen unserer Gruppe, eine patente vierundzwanzigjährige Psychologin, schockierte die Damen des IWC damit, dass sie nicht mit ihrem Partner verheiratet war. Ich kann mir genau vorstellen, was die Damen davon hielten. Unter diesen Umständen legte man keinen Wert darauf, dass die Frau im Namen des IWC arbeitete.

Ich gebe offen zu, dass ich mich in Gesellschaft jener russischen Enthusiasten, die mit autistischen Kindern in feuchten

Kellerräumen arbeiteten, wesentlich wohler fühlte, als mit den tonangebenden Damen vom IWC. Nach wochenlangem unschönem Tratsch und Denunziationen wurden wir in einem Disziplinarverfahren – entgegen dem sonst üblichen diplomatischen Geschwafel – als ›Krebsgeschwür, das entfernt werden müsse‹, gebrandmarkt und aus dem IWC ausgeschlossen. Glücklicherweise war das vollkommen unbedeutend. Ungeachtet der Bedenken des IWC gründeten wir zur Fortsetzung unserer Arbeit sofort eine eigene Wohltätigkeitsorganisation, die wir sogleich amtlich eintragen ließen. All das nahm mich für ein paar Wochen ganz in Anspruch.«

Sarahs nächster Besuch im Babyhaus 10 Ende März hätte eigentlich ein freudiges Ereignis werden sollen: die Lieferung eines Rollstuhls für Anna, jenes aufgeweckte, kluge Mädchen, von dem Dr. Swanger, der amerikanische Kinderarzt, bei seinem Besuch so bezaubert gewesen war. Ganze neun Monate waren seither vergangen, doch nun würde sie endlich mobil sein. Staunend beobachtete Anna, wie die Ärzte einer britischen Wohltätigkeitsorganisation den Stuhl zusammenbauten, den Sitz auspolsterten und sie schließlich hineinsetzten. Innerhalb kürzester Zeit wusste sie mit dem Gefährt umzugehen. Freudestrahlend steuerte sie es vorwärts und rückwärts, nach rechts und nach links. Die sich um Anna scharenden Betreuerinnen rangen erstaunt die Hände. Aus dem kleinen Wesen, das zeitlebens reglos auf einem Plastikstuhl oder in der Ecke eines Laufstalls gesessen hatte, war ganz plötzlich, vor den Augen aller Versammelten, ein »richtiges« Kind geworden.

Ohne Vorwarnung unternahm Anna einen Vorstoß in Richtung Freiheit. Eigenhändig steuerte sie den Rollstuhl aus dem Zimmer hinaus, in dem sie vierundzwanzig Stunden täglich verbrachte, und den Flur entlang, wo sie zunächst auf dem Teppich, dann mit zunehmender Geschwindigkeit auf dem Linoleumboden dahinsauste. Begleitet wurde sie auf ihrer Fahrt von einer Gruppe lachender Bewunderer. Dank des Rollstuhls würde sie später, wenn es wärmer war, zusammen mit den Kindern, die laufen konnten, nach draußen dürfen; die Zeiten, in denen sie drinnen allein zurückgelassen wurde, waren vorbei. Während Sarah ihr zusah, ahnte sie nicht, dass ein Rollstuhl allein nicht ausreichen würde, um Anna vor dem elenden Schicksal zu bewahren, das sie erwartete. Um diesem zu entgehen, hätten ihr schon Flügel wachsen und sie weit forttragen müssen, in ein Land, in dem man ihr Potential erkannte und förderte.

Beim Anblick der Freude auf Annas Gesicht bekam Sarah Gewissensbisse. Es war bereits das zweite Mal, dass sie der Wohltätigkeitsgruppe, die den Rollstuhl organisiert hatte, das Babyhaus zeigte. Bei ihrem letzten Besuch war es allerdings zu spät geworden, um nach oben in Gruppe 2 zu gehen und Wanja zu besuchen.

Wie immer, wenn ausländische Fachleute im Haus waren, war von Adela keine Spur. Sarah sprang, zwei Stufen auf einmal nehmend, die Treppe hinauf und öffnete leise die Tür zu Gruppe 2. Sofort merkte sie, dass irgendetwas nicht stimmte. Der Raum wirkte leer und unbelebt. Sie sah Andrej vorwärts und rückwärts schaukelnd an seinem Platz am Tisch sitzen, der Kummer stand ihm ins Gesicht geschrieben. Der andere Platz am Tisch war leer.

»Wo ist Wanja?«, fragte Sarah Andrej.

Als Andrej den Namen seines Freundes hörte, hob er ruckartig den Kopf, verfiel jedoch gleich wieder in Schwermut, als er Wanja nirgends entdecken konnte.

Das Mittagessen stand kurz bevor, und eine Betreuerin war gerade dabei, irgendeine Flüssigkeit in Schüsseln zu füllen.

»Wo ist er?«, fragte Sarah sie barsch.

»Wo ist wer?«

»Wanja.«

»Oh, der. Der hat seine Papiere gekriegt.« Sie sprach über ihn, als sei er eine Person aus ferner Vergangenheit, und nicht jemand, dessen strahlendes Wesen noch bis vor Kurzem dieses Zimmer erhellt hatte. »Sie haben ihn in ein Internat gebracht.«

»Welches?«

»Woher soll ich das wissen?«

Die Betreuerin drehte sich um und griff nach einem Fläschchen für Mascha. Seit ihr Pferdestuhl kaputtgegangen war, war sie, wenn sie nicht im Bett lag, an ihren angebundenen Gehfrei gefesselt.

Sarah ging neben Andrej in die Hocke. Er sah sie aus matten Augen an. Sie streichelte ihm über den Arm. »Wie du deinen Wanja vermissen musst.«

»Wanja«, wiederholte er kaum hörbar. Dieses grausame System hatte zwei kleine Jungen voneinander getrennt, die wie Brüder gewesen waren.

»Wird Andrej auch dorthin kommen, wo Wanja jetzt ist?«, fragte Sarah. Gerade bekam Mascha ihr Mittagessen. Es war, als ob die Betreuerin ein Tier fütterte. Ohne einen Blick oder ein Wort gab sie Mascha am ausgestreckten Arm die Flasche und brachte ihr dabei vermutlich weniger Interesse entgegen, als ein Bauer seinem Kalb oder Lamm. Sie wandte sich wieder Sarah zu.

»Weiß ich nicht. Das kommt darauf an, wo ein Platz frei ist.«

»Aber Andrej braucht Wanja.«

»Das tut nichts zur Sache.«

Damit war das Gespräch für die Betreuerin beendet. Die Flure waren wie ausgestorben, als Sarah die Treppe nach unten und in Richtung Ausgang lief. Im Vorbeigehen konnte sie aus den Zimmern der Defektologin, der Logopädin und der Masseurinnen Stimmen und Geschirrgeklapper hören. Es brachte sie immer mehr in Rage, dass keine von ihnen sich mit den Kindern befasste. In jeder Gruppe war eine einzige ältere Betreuerin für ein Dutzend Kinder zuständig. Warum halfen diese faulen Therapeutinnen nicht wenigstens beim Füttern?, dachte Sarah. Und wo war überhaupt Adela? Anna war nicht das einzige Kind, das einen Rollstuhl brauchte, doch niemand vom Personal hatte den Besuchern eine Liste gegeben. Hier bot sich ihnen die einmalige Gelegenheit, die Lebensbedingungen der Kinder im Babyhaus zu verbessern, doch niemand machte sich die Mühe, sie zu ergreifen. Eine ältere Dame aus Wales hatte Dutzende Kuchen gebacken und ihren Speicher ausgeräumt, um den Erlös für den Rollstuhl zu spenden. Und alles, was diese Frauen hier taten, war, das Geschenk teilnahmslos entgegenzunehmen.

Sarah stieß die gepolsterte Tür nach draußen auf. Eine frische Frühlingsbrise empfing sie. Der Schnee war beinahe getaut und der Garten voller Matschpfützen. An den Ästen der Linden konnte man bereits winzige Triebe sehen, die bald zu Blättern werden würden. Nach den langen Wintermonaten erneuerte sich die Natur nun von selbst, und bald würde der Sommer kommen. Doch im Inneren dieses Hauses stand die Natur still. Für diese Kinder herrschte das ganze Jahr über Winter.

Sarah war schon fast am Tor, da hörte sie hinter sich jemanden eilig durch die Pfützen stapfen. Sie war erstaunt, als sie erkannte, dass es Adela war, die ihr mit verrutschter Arzthaube und matschdurchtränkten Hausschuhen hinterherlief.

»Sarah, Sarah. Ich muss mit Ihnen reden. Bitte kommen Sie zurück ins Haus.«

Sie muss mir an ihrem Bürofenster aufgelauert und mich weggehen sehen haben, dachte Sarah. Was konnte sie nur wollen?

Adela führte sie zurück ins Haus und in ihr Büro, dessen Tür sie hinter ihnen abschloss. In einer Ecke lag ein Stoß alter Kleider – nicht mehr als Lumpen. »Die Kleider sind für das Internat«, sagte Adela. »Die Kinder dort haben keine. Es ist das Internat, in dem Wanja ist. Ein schrecklicher Ort.«

Adelas Geschichte wurde zunehmend wirrer, doch nach und nach kam alles ans Licht. Wanja war in Filimonki, einer Irrenanstalt für Erwachsene. Nachdem Swetlana ihn dort abgegeben und Adela von den Zuständen berichtet hatte, schämte sich Adela für das, was sie zugelassen hatte, und schickte daraufhin ihre Tochter nach Filimonki, damit sie sich dort umsah. Die Tochter war mit schockierenden Nachrichten zurückgekehrt: Wanja wurde nackt in einem Gitterbett gefangen gehalten. Er litt entsetzlich und flehte sie an, ihn zurück ins Babyhaus zu bringen. Und es sollte noch schlimmer kommen.

»Meine Tochter sprach dort mit einem Mädchen. Sie erzählte von Männern, die mit dem Bus gekommen waren. Sie bezahlten Geld … Sie haben das kleine Mädchen …« Sie brachte die Worte nicht über die Lippen, doch ihre Geste war unmissverständlich.

»Sie wollen sagen, dass die Männer für Sex mit dem Mädchen bezahlt haben?«

Adela nickte. Dann griff sie nach einem Stift und einem Stück Papier und begann, etwas aufzuschreiben. Als sie fertig war, drückte sie Sarah den Zettel in die Hand.

»Hier steht die Adresse. Und was Sie tun müssen.«

Sarah nickte nur stumm, als Adela die Tür aufschloss und sie hinausließ.

Draußen faltete sie Adelas Notiz auseinander. »Pastuchow I. A. 15. 03. 90. Psycho-Neurologisches Internat Nr. 5, Filimonki. Bus Nr. 611 von der Metrostation Jugo-Sapadnaja, weiter mit Überlandbus Nr. 15«, stand dort.

Dorthin hatten sie Wanja also gebracht. In eine Irrenanstalt, etliche Kilometer von hier entfernt. Ganz unten hatte Adela noch geschrieben: »Bringen Sie ihn ins Babyhaus 10 zurück.« Das war ihre Anweisung: Sarah sollte ihm nicht nur ein paar Kleider bringen, sie sollte ihn aus dieser Irrenanstalt für Erwachsene retten. Doch wie um alles in der Welt sollte sie, eine Ausländerin, das anstellen? Über welche übermenschlichen Kräfte, glaubte Adela, verfügte sie?

»Hätte Adela mich darum gebeten, Wanja zu besuchen«, erinnert sich Sarah, »hätte ich mich sofort auf den Weg gemacht. Doch ihn aus dieser entlegenen Einrichtung herauszuholen, überstieg meine Vorstellungskraft. Ich konnte Besuche von Ärzten organisieren, Spenden für Operationen sammeln und Kontakte zwischen russischen Aktivisten und westlichen Spezialisten herstellen. Aber mich darum zu bitten, den Kampf gegen die Behörden aufzunehmen, war zu viel verlangt. Ich wusste nicht, wo ich anfangen sollte. Ich kam mir vor wie eine Figur im Märchen, die von einer als freundliche alte Frau getarnten Hexe gezwungen wird, Übermenschliches zu vollbringen.

Und so landete das Stück Papier mit den darauf gekritzelten Anweisungen auf meinem Schreibtisch und verschwand schon bald unter Zetteln mit realistischeren Anfragen.

Es hätte so viel Leid und Schmerz verhindert werden können, hätte Adela die virtuelle Familie, die Wanja um sich versammelt hatte – Wika, Walentina und mich – gemeinsam mobilisiert, und wäre sie mit uns zusammen in den Kampf gegen die Bürokratie gezogen. Doch das tat sie nicht. Sie war eine sowjetische Funktionärin, gewohnt, Befehle von oben auszuführen, und nicht, sich dagegen aufzulehnen, selbst wenn sie wusste, dass ihre Vorgesetzten einen verhängnisvollen Fehler begingen. Mir wurde klar, dass Adela im stalinistischen Russland groß geworden war, wo man eigenes Gedankengut für sich behielt. Noch immer wusste ich nichts von Wikas Existenz und sie nichts von meiner.«

Während Sarah Adelas Anweisung völlig gelähmt gegenüberstand, ahnte sie nicht, dass Wika genau die gleiche Aufgabe übertragen worden war. Und mit ihrem jugendlichen Eifer hatte diese sich bereits aufgemacht, das Unmögliche möglich zu machen.

6.
ALLEN GLEICHGÜLTIG
Mai 1996

Ähnlich Sarahs anfänglicher Ohnmacht brauchte auch Wika einige Zeit, bis sie sich stark genug und in der Lage fühlte, Wanja zu besuchen.

»Anfang März kam ich ins Babyhaus«, erinnert sich Wika, »und traf Adela und ihre Stellvertreterin beunruhigt an. Sie teilten mir mit, dass Wanja am Tag zuvor den Anweisungen des Ministeriums gemäß in ein Internat überwiesen worden war. Vollkommen geschockt war Swetlana von dort zurückgekehrt. Das Internat übertraf alles, was sie bisher gesehen hatte. Wanja war geradezu hysterisch geworden, hatte sich gegen die Eisenstäbe des Gitterbetts geworfen und Swetlana angefleht, ihn nicht dort zu lassen.

›Vielleicht sollte ich ihn besuchen gehen‹, platzte es unbesonnen aus mir heraus, woraufhin Adela meine Hand nahm, mir in die Augen sah und mich eindringlich bat, es zu tun. Dann nahm sie einen Stift, schrieb etwas auf ein Stück Papier und drückte es mir mit den Worten in die Hand: ›Gehen Sie, gehen Sie zu ihm.‹

Wochen gingen dahin. Mein Gewissen plagte mich, und ich erfand Ausreden: Hin- und Rückfahrt würden einen ganzen Tag in Anspruch nehmen. Im Rückblick erkenne ich, dass ich voller Selbstzweifel war. Was konnte ich, eine junge Frau, schon für Wanja tun? Wer war ich denn, dass ich einfach in ein Internat für Erwachsene hineinplatzen konnte? Ich schob es immer wieder auf.

Eines Morgens wachte ich auf und spürte, dass ich es nicht länger hinausschieben konnte. Der Gedanke an Wanja, so, wie

Adela ihn beschrieben hatte, nackt und hinter hohen Metallstäben, zwang mich zu handeln. Ich rief meinen Chef an und
meldete mich krank, obwohl ich lange hatte suchen müssen,
um diese Stelle zu finden, und ich das Geld dringend brauchte.
Mein neuer Chef klang verärgert.«

Wika fuhr mit der U-Bahn bis zur Endstation und kramte
in ihrer Tasche nach der Wegbeschreibung, die Adela ihr gegeben hatte. Sie sollte den Bus Nr. 611 nehmen. Sie bahnte sich
einen Weg durch die Menge zur Bushaltestelle. Die Fahrt
führte vorbei an vierzehnstöckigen Wohnblöcken, die sich
kilometerlang hinzogen. Dahinter taten sich Felder und Wald
auf. Irgendwo auf freier Strecke hielt der Bus. Wika lief den
anderen Fahrgästen hinterher und stieg zwei Treppen zu einer
Überführung hinauf. Auf der anderen Seite der Schnellstraße
war von Zivilisation noch immer keine Spur.

Sie fragte sich, wo in aller Welt sie nur war, folgte den anderen aber weiter. Sie kletterte in eine Senke hinab, einen gras-
bewachsenen Hügel wieder hinauf und schlängelte sich einen
Pfad entlang, der an einem asphaltierten Streifen endete. Dort
standen nebeneinander drei Überlandbusse, uralte Gefährte,
deren Motoren freilagen, damit die Fahrer einfach heraus-
springen und sie reparieren konnten, wenn sie wieder einmal
ausfielen. Wika ging zu dem Bus mit der Nummer 15, stieg ein
und wartete auf die Abfahrt.

Nach und nach füllte sich der alte Bus. Ein Mann stieg ein,
in der Hand nichts außer einer Flasche Head&Shoulders-
Shampoo. Wika fragte sich, ob er ebenfalls auf dem Weg nach
Filimonki war. Wahrscheinlich wollte er einen Verwandten ba-
den. Als Nächstes nahm eine Frau mit einem Einkaufsnetz
voller Bananen neben ihr Platz. Vielleicht, dachte Wika, wollte
sie die ihrem Sohn mitbringen. Bald war der Bus voll besetzt.

Sie schaute aus dem Fenster, das derart schmutzig und zerkratzt war, dass sie das Gefühl hatte, durch verschmutzte Bril-
lengläser zu sehen. Draußen zog nun die offene Landschaft an
ihr vorbei, und der Anblick des saftig grünen Frühlingsgrases
auf den Feldern hob ihre Stimmung.

Sie erreichten ein Dorf, und der Bus hielt vor einem verfallenen Holzhaus, das eigenartig schief stand, als ob es drohte, im Boden zu versinken. Im Vorgarten türmte sich Schrott, und ein angeketteter Hund bellte unermüdlich.

»Ist das hier Filimonki?«, fragte sie die Frau mit den Bananen.

»Nein, der nächste Halt.«

Der Bus verließ das Dorf und wand sich eine von Unkraut und brachliegenden Feldern gesäumte Straße entlang. Hinter einer Kurve tat sich ein Tal auf, und auf der anderen Seite des Tals wurde ein monströser Schandfleck in der Landschaft sichtbar, ein gigantischer Komplex aus sechsstöckigen Gebäuden. Wika war sofort klar, dass dieser bedrohliche, kasernenartige Bau das Internat sein musste, und sie fragte sich, wie sie Wanja dort nur ausfindig machen sollte. Dann entdeckte sie einen Kirchturm aus Backstein hinter den Häuserblocks. Wenn es dort eine Kirche gab, dachte Wika im Stillen, dann war es am Ende vielleicht doch kein so schrecklicher Ort.

Der Bus hielt an, und sie stieg, gefolgt von dem Mann mit der Shampooflasche, die Stufen hinunter.

»Gehen Sie auch in das Internat?«, fragte sie ihn.

»Nein. Aber ich kann Ihnen den Weg dorthin sagen: über die Straße, durch das Feld, und dann sehen Sie schon das Schild.« Er wandte sich in die andere Richtung und ging davon. Der Bus fuhr an, und Wika blieb allein zurück. Entschlossenen Schrittes machte sie sich auf den Weg durch das Feld, wobei ihr das Gras angenehm um die Beine strich. Sie überlegte, Wanja für ein Picknick mit nach draußen zu nehmen. Sie hatte ein paar Kekse sowie mehrere Äpfel und Gurken dabei.

Der Weg führte weiter durch ein Birkenwäldchen, und durch die schlanken, silbernen Stämme konnte Wika sehen, dass die sechsstöckigen Gebäude durch erhöhte Gehwege miteinander verbunden waren. Sie näherte sich dem Tor und verlangsamte ihren Schritt. Von hier hatte sie einen guten Blick auf die riesige rote Backsteinkirche, die inmitten des

Komplexes stand. Der Mut verließ sie, als sie bemerkte, in welch verwahrlostem Zustand Kirche und Turm waren: Es existierten weder ein Dach noch Fensterscheiben, und die Ziegelsteine waren über die Jahrzehnte von Regen und Frost geschwärzt. Aus dem Kirchturm wuchsen Zweige. Die Natur forderte ihr Terrain zurück. Zu Wikas Überraschung war das Tor zum Grundstück der Anstalt nicht verschlossen, und so betrat sie es einfach.

Unschlüssig, in welche Richtung sie sich wenden sollte, blieb sie stehen. Einen Haupteingang gab es offensichtlich nicht. Auch wusste sie nicht, was sie erwarten würde – vermutlich etwas in der Art des Babyhauses: alle Kinder unter Aufsicht und weggesperrt. Doch die erwachsenen Insassen schienen hier abgestellt, um allein zurechtzukommen. Sie sah eine Frau mit kahlrasiertem Schädel und nur mit einem Unterhemd bekleidet, die verzweifelt versuchte, einem Mann zu helfen, der nicht ohne Hilfe laufen konnte. Seinen Kopf von links nach rechts werfend, zog er ein buntes Stück Plastik, das an einer Schnur festgebunden war, hinter sich her. Immer wieder sackte er zusammen und fiel auf die Erde. Die Frau beugte sich zu ihm hinunter, um ihm wieder aufzuhelfen, schimpfte mit ihm und sah sich nach Hilfe um, wobei ihr flehender Blick an Wika hängen blieb. Wika stand da wie festgewurzelt. Sie hatte drei Frauen, ebenfalls mit rasierten Schädeln, entdeckt, die auf sie zukamen. Es waren Erwachsene, doch sie waren klein wie Zwölfjährige. Eine von ihnen trug eine zugeknöpfte Strickjacke, an der ein Knopf fehlte, und Wika konnte sehen, dass sie keine Unterwäsche trug. Mit ausgestreckten Armen steuerten die Frauen auf Wika zu, befühlten ihre Haare und ihre Kleidung und murmelten unentwegt unverständliches Zeug. Die wenigen Zähne, die sie noch hatten, waren verfault.

Im Hintergrund stand, an eine Wand gelehnt, der größte Mann, den Wika je gesehen hatte. Seine Lippen bewegten sich, und er brabbelte vor sich hin, während seine Hände unentwegt zuckten. Er trug ein Pyjamaoberteil, und seine Hose wurde mittels eines Stücks Stoff gehalten, das um seine Hüfte gebunden war. Immer mehr von diesen seltsamen Menschen scharten sich um Wika. Sie geriet in Panik. Gerade legte ihr eine Frau einen Arm um die Taille und stellte sich auf die Zehenspitzen, um sie zu küssen.

Wika war kurz davor, sich umzudrehen und wegzulaufen, da hörte sie eine Männerstimme rufen: »Lasst sie in Ruhe.« Die Frauen stoben auseinander, und ein Teenager in schlecht sitzenden, schmutzigen Kleidern trat auf Wika zu. »Suchen Sie jemanden?«

»Ich möchte Wanja Pastuchow besuchen.«

Der junge Mann sah sie fragend an.

»Er ist sechs Jahre alt«, fuhr sie fort. »Er kam vor zwei Monaten hierher.«

Er dachte einen Moment lang nach. »Meinen Sie den, der sprechen kann?«

»Ja! Wie geht es ihm?«

»Ich bringe Sie zum Kindertrakt.«

Als die Frauen sich anschickten, sie zu verfolgen, gab ihnen der Teenager durch ein Zeichen zu verstehen, dass sie sich fernhalten sollten. Er führte Wika durch einen Flur, eine Treppe hinauf, einen Gang entlang und noch eine Treppe hinauf, bis sie jegliche Orientierung verloren hatte. Dann nahmen sie eine weitere Treppe nach oben und blieben vor einer verschlossenen Tür stehen. Der junge Mann klopfte.

Während sie in dem fensterlosen Treppenhaus darauf warteten, dass die Tür geöffnet wurde, fragte sie ihn nach seinem Namen.

»Ilja.«

»Ist Wanja wirklich hinter dieser Tür?«

Ilja gab keine Antwort. Stattdessen klopfte er ein weiteres Mal, diesmal mit mehr Nachdruck.

Eine Frau in einem weißen Kittel öffnete die Tür einen Spalt und sah sie feindselig an. Wika lächelte und sagte: »Ich möchte Wanja besuchen.« Die Frau verzog keine Miene und ließ sie widerwillig eintreten. Sie wies Ilja an, Wika den Weg zu zeigen, und verschwand den Flur hinab. Ilja führte Wika zu einer Tür. Nichts hätte sie auf das vorbereiten können, was sie dahinter erwartete.

»Als Erstes schlug mir der Geruch entgegen, und ich prallte zurück. Es stank wie in einem Stall. Der kahle Raum war vollgestopft mit Gitterbetten. Ich nehme an, dass ich mit einem fröhlichen ›Wika, Wika‹, Wanjas Willkommensruf, gerechnet hatte. Doch als ich mich umsah, konnte ich keinen freudig lächelnden Lockenkopf entdecken. Alles, was ich sah, waren unzählige Gitterbetten, in denen Kinder Qualen litten. Manche lagen vollkommen bewegungslos da, andere schaukelten von einer Seite zur anderen. Wieder andere schlugen ihre Köpfe gegen die Gitterstäbe oder waren in Zwangsjacken verschnürt, ihre Hintern waren nackt.«

Vollkommen geschockt blickte sich Wika nach einer Betreuerin oder auch nur einer Reinigungskraft um, die ihr Wanja zeigen sollte. Doch in dem Zimmer war kein Erwachsener. Ilja deutete in die hintere Ecke des Raumes, und Wika bahnte sich einen Weg durch die Gitterbetten, verzweifelt auf der Suche nach dem Kind, das sie einst kannte. Dann entdeckte sie, auf einer blanken Plastikmatratze kniend, einen Jungen, der stumm vorwärts- und rückwärtsschaukelte. Am unteren Ende der Matratze schwamm eine Lache Urin. Der Schädel des Jungen war kahlrasiert, und er trug lediglich ein T-Shirt. Langsam hob er seinen Kopf, um sie anzusehen, und auf seinem leeren Gesicht zeigte sich ein schwaches Lächeln, als er sie erkannte.

»Wanja, was haben sie dir angetan?«, stieß Wika hervor. Sie hob ihn aus dem Bett und drückte ihn fest an sich. Sie konnte ihre Tränen nicht zurückhalten. Er öffnete den Mund, brachte jedoch nur ein einziges Wort zustande: »Wika.«

»Such ihm bitte etwas zum Anziehen, Ilja«, sagte sie zu dem jungen Mann. »Ich muss ihn hier rausbringen.« Sie trug Wanja auf den Flur, wo es nicht ganz so penetrant nach Kot und Urin stank.

Ilja führte sie in einen kleinen, wie ein Leichenschauhaus weißgekachelten Raum, in dem zwei kleine Tische und ein paar Eisenstühle standen. Auf dem Boden lag ein zerschlissener Fetzen Teppich. »Hier können Sie sich hinsetzen«, sagte Ilja. »Ich muss den Kindern jetzt ihre Fläschchen geben.«

Sie setzte Wanja auf einen der Stühle. Als sie sich aufrichten wollte, stieß sie mit ihrem Kopf gegen ein Lüftungsrohr, das nutzlos von der Decke herabhing. Doch dieser Schmerz war nichts verglichen mit der seelischen Qual, die Wanjas Zustand in ihr auslöste.

Kraftlos kaute Wanja auf einer der mitgebrachten Gurken herum. Er hatte Mühe, auf dem Stuhl sitzen zu bleiben, ohne zur Seite zu kippen. Es war, als würde der Tod schrittweise von ihm Besitz ergreifen. Wika hatte eine Unterwelt betreten, die Kinder hier waren tot, obwohl ihre kleinen Herzen noch schlugen und sich ihre Körper bewegten. Sie dachte daran, wie nah Wanja und sie sich gewesen waren. Doch nun ragte zwischen ihnen eine Mauer auf – ein Grabstein. Im Babyhaus hatte er so viel Selbstvertrauen ausgestrahlt. Nun war aus ihm ein Niemand geworden.

Gewissensbisse quälten Wika, weil sie ihren Besuch so lange aufgeschoben hatte. Wenn sie doch nur stärker wäre, dachte sie, und älter und mutiger, dann hätte sie all das verhindern können.

Sie hatte ein Bilderbuch dabei: die Geschichte von den drei kleinen Schweinchen, Wanjas Lieblingsbuch.

»Wie macht das Schwein?«, fragte sie ihn. »Erinnerst du dich? Das haben wir immer zusammen gemacht.«

Wanja überlegte und schien etwas sagen zu wollen, doch aus seinem Mund kam kein einziger Laut. Sie las weiter. Die Worte kamen wie von selbst, während sich in ihrem Kopf alles drehte von dem Schock, den Wanjas Anblick in diesem furchtbaren Zimmer in ihr ausgelöst hatte. »Da sagt der Wolf: ›Ich werde strampeln und trampeln, ich werde husten und prusten und dir dein Haus zusammenpusten.‹« Wenn nur ein Wolf kommen und diese Anstalt zusammenpusten könnte. Dann würde sie Wanja aus den Trümmern befreien und von hier fortbringen.

Die Betreuerin, die ganz allein für die Kinder zuständig zu sein schien, betrat den Raum. In der Hand trug sie ein Fläschchen mit einer grauen Flüssigkeit, das sie Wika wortlos reichte. Es handelte sich um Wanjas Mittagessen.

»Entschuldigen Sie. Könnten wir bitte eine Schüssel und einen Löffel bekommen? Ich helfe ihm beim Essen.«

Die Frau warf ihr einen finsteren Blick zu und kam kurze Zeit später mit der gleichen grauen Flüssigkeit in einer Schüssel sowie einem Vorlegelöffel aus Aluminium zurück, der viel zu groß war für Wanjas Hände und seinen kleinen Mund. Er griff nach dem Löffel, und wie Wika entsetzt feststellen musste, zitterten seine Hände derart, dass er nicht in der Lage war, den Löffel von der Schüssel zum Mund zu führen, ohne sich mit der Flüssigkeit zu bekleckern. Was war nur mit ihm geschehen?

Als die Betreuerin zurückkam und die Flecken auf Wanjas T-Shirt sah, sagte sie: »Wie ich es mir gedacht habe, er kann nicht alleine essen. Jetzt muss alles gewaschen werden.« Wika fühlte sich entsetzlich. Sie hatte soeben jegliche Chance vertan, dass Wanja hier je wieder selbständig würde essen dürfen. Und unentwegt graute ihr vor dem Moment, wenn sie ihn zurück auf seine schmutzige und stinkende Matratze würde legen müssen.

Ilja betrat den Raum und riss sie aus ihren Gedanken. Er hatte zwei gelangweilt aussehende Freunde mitgebracht, die die Besucherin in Augenschein nehmen wollten. Trotz ihrer intelligenten Gesichter machten sie einen gröberen Eindruck als Ilja. Der eine hatte ein schmutziges Gesicht, trug keine Socken und eine zu kurze Hose, die den Blick auf dürre Knöchel freigab. Der andere schien der Anführer zu sein. Er trug eine abgeschnittene Jeans, die er vermutlich selbst gekürzt hatte.

»Ha'm Sie Zigaretten?«, fragte der selbstbewusstere von den beiden, ohne sich mit einer Begrüßung aufzuhalten.

»Nein.« Wika kramte in ihrer Tasche nach den Äpfeln und bot sie ihnen an. Jeder nahm sich einen und steckte ihn sich in die Tasche. Der ohne Socken hatte eine selbstgedrehte Zigarette in der Hand – ein Krümel Tabak, eingerollt in einen Fetzen Papier.

»Sind Sie seine Mutter?«, fragte der Junge mit der abgeschnittenen Jeans.

»Nein.« Sie überlegte, wie sie ihre Beziehung zu Wanja erklären sollte. »Ich bin seine Patin.« Während sie sich unterhielten, fütterte Wika Wanja mit kleinen Apfelstückchen, die er gedankenverloren kaute. Das Kauen schien eine weitere Fähigkeit zu sein, die ihm abhandenzukommen drohte.

Sie fragte die drei Jungs, warum sie in der Anstalt waren. Der Selbstbewusste antwortete, dass er aus dem Kinderheim ausgerissen und zur Strafe hierhergekommen war. Er plane, bald auch von hier abzuhauen.

»Und wovon willst du leben?«, fragte Wika.

»Ich hab ein Händchen dafür, an Geld zu kommen«, prahlte er.

Ilja erzählte ihr, dass er ebenfalls aus einem Kinderheim fortgelaufen war und Zuflucht bei einem Priester gefunden hatte. Doch dann war er erwischt und hierhergebracht worden. Das lag nun bereits zwei Jahre zurück, und mittlerweile hatte er die Hoffnung aufgegeben, je wieder von hier wegzukommen. Er zog einen Schnürsenkel unter seinem T-Shirt hervor, an dem ein Kreuz befestigt war, und erzählte, dass er jeden Gottesdienst in der Krypta der Kirchenruine besuche und davon träume, Priester zu werden.

Eigentlich galten alle Anstaltsinsassen als bildungsunfähig, doch bevor Ilja hierhergekommen war, hatte er lesen und schreiben gelernt. Er ließ sich von Wika Stift und Papier geben, und während sich die anderen weiter unterhielten, schrieb er eine Nachricht an seinen Priester, in der er ihn bat, ihn besuchen zu kommen. Er reichte Wika den Zettel mit der Bitte, ihn zu überbringen. Alle Buchstaben darauf waren großgeschrieben, und zwischen den Wörtern fehlten die Leerzeichen.

Er brannte darauf, Wika vorzuführen, wie gut er lesen konnte, nahm *Die drei kleinen Schweinchen* und begann, laut vorzulesen, wobei er sich mit den längeren Wörtern abquälte, als folgten deren Buchstabenzusammensetzungen einem geheimen Code.

Die Betreuerin schaute zur Tür herein und teilte Wika mit, dass nun Schlafenszeit sei und Wanja zurück in sein Bett müsse.

»Ich mache das«, versprach Ilja, und die Betreuerin schien ihm zu glauben. Ilja erklärte, dass die Betreuer die Jugendlichen für sie arbeiten ließen. Sie mussten sich um die bettlägerigen Kinder kümmern und die Drecksarbeit erledigen.

Als sich Ilja zu Wanja hinabbeugte, um ihn hochzunehmen, legte Wika ihm eine Hand auf den Arm und fragte: »Könntest du ihn nicht ab und zu nach draußen bringen? Es täte ihm so gut, an die frische Luft zu kommen.«

»Wir dürfen sie nicht mit nach draußen nehmen.«

»Kannst du ihn dann ein wenig herumkrabbeln lassen? Er muss seine Beine trainieren.«

»Sie dürfen nicht aus den Betten raus.«

»Aber du kannst mit ihm reden.«

»Ja, das kann ich tun.«

Sie gab Wanja einen Kuss auf die Stirn und versprach ihm, bald wiederzukommen.

Als sie in Richtung Tür lief, hörte sie eine leise Stimme, fast nur ein Flüstern, hinter sich: »Wika.« Wanja wollte ihr etwas sagen. Sie hatte Angst, er würde sie bitten, ihn mitzunehmen.

»Grüß Tante Walentina und Adela von mir.«

Völlig erschöpft kehrte Wika am Abend in die Wohnung ihrer Großmutter zurück. Die Ereignisse des Tages ließen sie nicht los, und in der Nacht fand sie keinen Schlaf. Jedes Mal, wenn sie die Augen schloss, erschien ihr ein anderes Kind aus diesem Zimmer, in dem es kein normaler Mensch länger als eine Minute aushielt. Bei Einbruch der Dämmerung gab sie es auf und machte sich auf den Weg in die Kirche zur Morgenandacht. Nachdem sie das Halbdunkel der Kirche betreten hatte, ließ sie ein paar Rubel in die Spendenbüchse fallen, nahm sich eine lange, dünne Wachskerze, zündete sie an und steckte sie in das Sandkästchen, das vor dem Marienbildnis stand. »Für Wanja«, flüsterte sie und sprach ein Gebet.

Während sie den vertrauten Harmonien des Chores lauschte,

den einzelnen Stimmen, die für ein paar Takte hervortraten, um sich anschließend wieder mit den anderen zu vereinen, wurde ihr klar, dass sie einen großen Fehler gemacht hatte. Sie hatte versucht, alles allein zu regeln. Ihre Arroganz hatte sie davon abgehalten, andere um Hilfe zu bitten.

Nach dem Gottesdienst vertraute sich Wika dem Priester und den anderen Mitgliedern der Gemeinde an. Elena, eine Frau, die Wika bislang kaum wahrgenommen hatte, erzählte ihr, dass es außerhalb von Moskau, in einem Ort namens Dmitrow, das Kinderheim Nr. 19 gäbe, in dem Kinder mit infantiler Zerebralparese lebten und Unterricht erhielten. Wika fragte, was sie tun müsse, damit Wanja dort aufgenommen würde. Als Erstes müsse sie den Leiter des Kindertrakts von Filimonki um eine Kopie von Wanjas Diagnose bitten und diese nach Dmitrow bringen, lautete die Antwort.

Am nächsten Tag meldete sich Wika erneut krank und machte sich ein weiteres Mal auf den langen Weg nach Filimonki, diesmal, um den Anstaltsleiter aufzusuchen und ihn um Wanjas Krankenakte sowie eine Änderung seiner Diagnose zu bitten. Während sie vor dessen Büro saß und darauf wartete, eintreten zu dürfen, spürte sie ihre Müdigkeit, und sie wünschte sich, etwas gefrühstückt zu haben. Auf der anderen Seite des Raums schlürfte die Sekretärin laut ihren Tee. In der Hoffnung, dadurch älter als ihre vierundzwanzig Jahre zu wirken, trug Wika das Kostüm, das sie sonst zur Arbeit trug, und hatte sich die Haare zurückgebunden.

»Wassili Iwanowitsch lässt nun bitten.« Die Sekretärin öffnete die Tür zum Büro des Anstaltsleiters, hinter der sich eine zweite, dick gepolsterte und mit schwarzem Leder bespannte Tür befand. Wika öffnete die schwarze Tür und trat ein.

Der Leiter saß hinter einem gewaltigen Schreibtisch. Darauf standen drei Telefone in verschiedenen Beige- und Grautönen, direkt neben ihm ein rotes. Rechtwinklig zum Schreibtisch erstreckte sich zur Raummitte hin ein Tisch mit Stühlen, doch der Mann bat Wika nicht, sich zu setzen, sondern widmete sich weiter dem Stoß Papieren, der vor ihm lag. Dann blickte er kurz auf. Sein Gesicht war fleischig. Sein beleibter Körper steckte in einem grauen Anzug. Er wandte sich wieder seinen Schriftstücken zu und begann, eines nach dem anderen mit einer schwungvollen Bewegung zu unterschreiben. Als er fertig war, griff er zum Hörer des roten Telefons und bellte seine Sekretärin im Vorzimmer an, sie solle ja nicht vergessen, dem Fahrer zu sagen, dass die Papiere binnen einer Stunde im Ministerium zu sein hätten. Nachdem er aufgelegt hatte, wandte er sich Wika zu.

»Nun, junges Fräulein, was führt Sie zu mir?«, fragte er in herablassendem Ton. Wika stand noch immer vor seinem Schreibtisch und wartete darauf, Platz nehmen zu dürfen. Sie atmete tief durch und sagte dann, sie sei gekommen, um mit ihm über einen Jungen zu sprechen, der sich in seiner Obhut befand; ein Junge aus dem Kindertrakt im fünften Stock.

Die Erwähnung des Kindertrakts nahm der Leiter zum Anlass, Wika davon zu berichten, wie viel Ärger ihm allein dessen Einrichtung beschert hatte. Und alles nur, weil die Kinderheime voll waren. Das Ministerium war an ihn herangetreten und hatte ihn bekniet, Platz bereitzustellen. Das Ganze hatte ihm große Unannehmlichkeiten bereitet – ganz auf die Schnelle hatte er neues Personal finden müssen –, aber er hatte es geschafft.

Wika wusste nicht, was sie darauf sagen sollte, und fuhr daher mit ihrem Anliegen fort. »Der Junge heißt Wanja, Wanja Pastuchow. Er ist bei den Kindern, die den ganzen Tag im Bett verbringen. Doch das ist ein schrecklicher Fehler. Er gehört nicht dort hin. Er ist intelligent und kann sprechen. Er benötigt Unterricht und Hilfe, um laufen zu lernen.«

»Unsinn«, erhielt sie zur Antwort. »Alle Kinder, die hierhergeschickt werden, wurden von der Kommission für bildungsunfähig erklärt. Mit anderen Worten, sie sind schwachsinnig und unheilbar – alles, was sie brauchen, ist Versorgung. Und die bekommen sie von uns. Wir füttern sie, und wir halten sie sauber, dessen kann ich Sie versichern.«

Seine Worte waren wie ein Schlag ins Gesicht. Wika mobilisierte all ihre Kräfte, um fortzufahren:

»Aber Sie werden feststellen, Wassili Iwanowitsch, dass sich die Kommission bei Wanja geirrt hat. Ich bin gekommen, Sie um seine Krankenakte zu bitten, damit er nach Dmitrow ins Kinderheim Nr. 19 überwiesen werden kann, wo man ihn unterrichten wird.«

Der Leiter erkannte, dass sich Wika nicht so einfach abwimmeln lassen würde, und befahl seiner Sekretärin, ihm Wanjas Akte zu bringen. Während sie warteten, sagte er, dass ihm das Kinderheim in Dmitrow vollkommen unbekannt sei und er ganz sicher noch nie jemanden dorthin überwiesen habe.

Nachdem ihm die Akte gebracht worden war, überflog er deren Inhalt und verkündete dann triumphierend: »Na, sehen Sie. Hier haben wir die Diagnose, und sie wurde erst vor Kurzem gestellt. Oligophrenie infolge ausgeprägten Kretinismus. Praktisch ein Schwachsinniger. Wie ich es gesagt habe.« Er sah sie herablassend an. »Laienhaft ausgedrückt, junges Fräulein, bedeutet das, dass er nicht fähig ist, zu lernen.«

Ohne weiter auf eine Aufforderung zu warten, nahm sich Wika einen Stuhl und setzte sich. Sie musste einen letzten Versuch wagen, zu diesem Mann durchzudringen. »Ich kenne Wanja. Ich habe ihn zwei Jahre lang jede Woche im Babyhaus besucht. Er lernt schnell. Er kennt Lieder und Kinderreime. Dass die Kommission zu dieser Diagnose gekommen ist, liegt einzig daran, dass er in einem Zimmer untergebracht war, in dem außer ihm kein Kind sprechen konnte.«

»Dann glauben Sie also, es besser zu wissen als unsere Spezialisten?«

Sie fuhr fort. »Er darf nicht vierundzwanzig Stunden am Tag in einem Bett eingesperrt sein. Er braucht Anregung. Er muss leben.«

Der Mann im grauen Anzug war sichtlich verärgert. Er stieß seinen Stuhl zurück und sagte: »Ich werde mir den Jungen selbst ansehen. Mal sehen, ob ich Ihrer Diagnose zustimme.«

Nach zehn Minuten kehrte er zurück, setzte sich wieder

hinter seinen Schreibtisch und zückte einen Stift. Er schien sich beruhigt zu haben. »Ich habe ihn mir angesehen. Sie kriegen Ihr Schreiben.«

»Oh, danke, vielen Dank, Wassili Iwanowitsch.« Er begann zu schreiben. »Und Sie ändern seine Diagnose, verbessern sie, so dass er zur Schule gehen kann, ja? Man wird ihn nicht aufnehmen, wenn Ihre Diagnose ›schwachsinnig‹ lautet.«

Der Anstaltsleiter hörte auf zu schreiben und starrte sie feindselig an. »Ich werde seine Diagnose ganz bestimmt *nicht* ändern. Er ist nicht nur schwachsinnig, sondern noch dazu dreckig und nicht in der Lage, sich um sich selbst zu kümmern. Er hat eine Rotznase und weiß nicht, wie man aufs Töpfchen geht.«

Während er weiterschrieb, blieb Wika nichts weiter übrig, als auf den Boden zu starren und für ihn zu beten, dass er endlich aufhören möge, den Kindern in seiner Obhut gegenüber blind zu sein, und anfinge, sie als Menschen zu betrachten und nicht als hoffnungslose Fälle. Plötzlich verstummte das Kratzen des Stifts, und sie hörte den Mann sagen: »Wenn natürlich Sie oder ich gezwungen wären, unter solchen Bedingungen zu leben, weiß Gott, in was wir uns verwandeln würden.«

Wika traute ihren Ohren nicht. Entsetzt blickte sie auf und starrte den Mann an. Sie suchte nach einem Anzeichen, dass er zugänglicher geworden war. Hatte er das eben wirklich gesagt? Über Jahre hinweg sollte sie diese Frage nicht loslassen. Doch als wären die eben gesprochenen Worte nie aus seinem Mund gekommen, fuhr er fort, sein verheerendes Zeugnis über Wanja auszustellen.

Dann hielt er inne. Ihm war etwas eingefallen. »Wer sind Sie überhaupt? Eine Verwandte?«

Wika musste schnell überlegen. Sollte sie lügen und behaupten, sie wäre Wanjas Tante? »Ich bin seine Patin«, sagte sie schließlich.

»Dann sind Sie ein Niemand. Und ich muss Ihnen rein gar nichts ausstellen.«

Er nahm das Blatt Papier und riss es in zwei Hälften. »Ich habe genug von Ihnen. Wenn Sie mich weiter belästigen, werde ich Ihnen ebenfalls eine schlechte Diagnose stellen. Und jetzt raus hier.« Mit rot angelaufenem und wutverzerrtem Gesicht erhob er sich von seinem Stuhl: »Wir haben Leute in dieser Anstalt, die sind Ihnen gar nicht unähnlich. Und wir hätten auch noch ein Plätzchen für Sie frei.«

Gedemütigt verließ Wika das Büro. Sie fühlte sich wie ein getadeltes Schulmädchen. Niedergeschlagen machte sie sich auf den Weg in den fünften Stock, doch dann verharrte sie. Wie sollte sie Wanja jetzt gegenübertreten? Sie hatte das Gefühl, ihn im Stich gelassen zu haben. All ihre Bemühungen waren vergeblich gewesen. Sie machte kehrt und lief so schnell sie konnte zum Ausgang und hinaus an die frische Luft. Sie wandte sich nach links in das Birkenwäldchen, setzte sich ins Gras und blickte, gegen einen Baum gelehnt, über die grünen Felder in die Ferne.

Elena, die Frau aus ihrer Gemeinde, hatte ihr einen Rettungsplan an die Hand gegeben, doch sie hatte soeben alles ruiniert. Niemand beobachtete sie, und sie ließ ihren Tränen freien Lauf. Warum hatte sie sich nicht als Wanjas Tante ausgegeben? Und warum hatte sie den Leiter gebeten, seine Diagnose zu ändern, und ihn dadurch gegen sich aufgebracht?

Den Kummer, den ihr diese Konfrontation bereitete, trägt Wika bis heute in sich: »Ich hatte das Gefühl, mit dem, was ich gesagt hatte, Wanjas Schicksal besiegelt zu haben. Bald würde er das Sprechen verlernt haben. Seine Gliedmaßen würden aufgrund der mangelnden Bewegung versteifen, so wie ich es bei anderen Kindern gesehen hatte. Ich dachte, es wäre das Beste, wenn Gott ihn schon bald zu sich holte. Ich stellte mir Wanja im Himmel vor, wie er bei Sonnenschein über eine Wiese tollte.«

Ihr ursprünglicher Plan hatte vorgesehen, mit dem Schreiben des Leiters in das Kinderheim Nr. 19 zu fahren und dort darum zu bitten, dass man Wanja zu sich hole. Aber Wika hatte kein Schreiben. Es war ihr nicht gelungen, Wanjas

Diagnose zu ändern, und auf Hilfe von Seiten des Anstaltsleiters bestand keinerlei Aussicht. Sie riss ein Büschel Gras aus
dem Boden. Die vergangenen fünf Jahre hatte sie damit verbracht, einen Abschluss in Physik zu machen, doch wozu war
das gut, wenn in der Welt, in der sie lebte, diese Bürokraten
nur dann einen Finger rührten, wenn man ihnen schöntat?
Was hatte sie ihr Physikprofessor gelehrt? Selbst wenn du
glaubst, die Antwort bereits zu kennen, musst du dennoch die
Frage stellen, um alle anderen Möglichkeiten ausschließen zu
können. Ein negatives Ergebnis bedeutete nicht, dass das Experiment missglückt war. Ihr wurde klar, was sie zu tun hatte.
Sie musste ins Kinderheim Nr. 19 fahren und die Frage stellen.

Sie stand auf, klopfte sich das Gras vom Rock und eilte in
Richtung Bushaltestelle.

Als Wika das Kinderheim Nr. 19 erreichte, war es mit ihrer
Zuversicht jedoch nicht mehr weit her. Sie kam mit leeren
Händen. Alles, was sie ihnen geben konnte, war ihr Wort, dass
Wanja in der Lage war, unterrichtet zu werden. Das Einzige,
was ihr jetzt noch Mut machte, war die Versicherung ihrer
neuen Freundin aus der Gemeinde, dass die Angestellten des
Kinderheims gute Menschen waren, die ihr zuhören würden.

Als Erstes wurde Wika nach Wanjas Diagnose gefragt. Sie
wagte es nicht zu lügen. »Mit solch einer Diagnose können
wir ihn nicht aufnehmen«, sagte der Leiter sofort. »Unsere
Kinder gehen zur Schule.«

Wika sagte dem Mann, dass Wanja genau das bräuchte: Unterricht. Doch er ließ sich nicht umstimmen.

Nach dem Gespräch setzte sich Wika draußen auf eine
Bank und begann zu weinen. Sie musste eine ganze Weile so
dagesessen haben, denn irgendwann erschien der Leiter des
Kinderheims in Begleitung eines Angestellten. Wika versuchte
zu verbergen, dass sie geweint hatte, doch die beiden bemerk-
ten es natürlich.

»Der Junge scheint Ihnen am Herzen zu liegen«, begann
der Leiter und sagte, sie würden Wanja einen Besuch abstat-

ten, wenn Wika ihnen ein Auto besorgte, dass sie hin- und wieder zurückbrächte.

Wika besaß kein eigenes Auto, doch es gelang ihr, einen Wagen zu organisieren, der die beiden zwei Tage später abholte. Sie selbst fuhr mit dem Bus und traf die Männer an der Anstalt. Als Wanja zu ihnen gebracht wurde, musste Wika feststellen, dass sich sein Zustand seit ihrem letzten Besuch weiter verschlechtert hatte. Er war traumatisiert, erkannte Wika kaum und fürchtete sich vor den beiden Fremden.

Die beiden Männer forderten Wanja auf, Quadrate von Dreiecken zu unterscheiden und auszusortieren. Wika betete still, während sie Wanja beobachtete. Er meisterte einen Teil dessen, was man von ihm verlangte, doch dann wurde der Test schwieriger. Sie gaben ihm Papier und Bleistift und baten ihn, einen Kreis zu zeichnen. Seine Hände zitterten. Er versuchte mit aller Kraft, den Kreis zu malen, doch es gelang ihm nicht. Wika konnte den beiden Männern ansehen, dass ihre Entscheidung bereits gefallen war. Sie versuchte ihnen zu erklären, dass sich all seine Fähigkeiten verschlechtert hatten, seit er in Filimonki war. »Möglicherweise hat er Potential«, erwiderte der Leiter, »doch in seinem augenblicklichen Zustand ist er nicht geeignet.« Es täte ihm leid, aber er könne den Jungen unmöglich aufnehmen.

»Ich machte mir solche Vorwürfe«, erzählt Wika. »Hätte ich die Gemeinde früher um Hilfe gebeten, wäre Wanja nie in das Internat gekommen und nie in diese Verfassung geraten. Mein Stolz hatte mich glauben lassen, dass ich die Sache in Eigenregie würde regeln können.«

Wika musste erkennen, dass es Zeitverschwendung war, weiter in Russland nach einem Ort zu suchen, an dem man Wanja unterrichten würde. Dieses Land, so wurde ihr klar, hatte diesen außergewöhnlichen Jungen, dieses Geschenk Gottes, aufgegeben. Daher machte sie sich nun auf, den vermutlich einzigen Menschen ausfindig zu machen, der Wanja in dieser Lage noch helfen konnte: seine Mutter.

7.

DIE GESCHICHTE EINER MUTTER
Juni 1996

»Es dauerte eine Ewigkeit, bis wir die Mjakininski Straße 2 gefunden hatten«, beginnt Wika ihre Schilderung dieses furchtbaren Tages im Juni. »Erneut musste ich Wanja den Vorrang vor meiner Arbeit geben. Ich hatte meinem Chef versprochen, mir nur den Vormittag freizunehmen, doch als es Mittag wurde und wir die gesuchte Adresse noch immer nicht gefunden hatten, war mir klar, dass ich es an diesem Tag nicht mehr zurück ins Büro schaffen würde. Mjakinino war ein sehr kleiner Ort, dennoch hatten wir es geschafft, uns zu verfahren, und jeder Passant, den ich ansprach, sagte mir, es gäbe diese Straße überhaupt nicht. Straßenschilder gab es in dem Ort keine, und die Holzhäuser standen wahllos zwischen den Bäumen verstreut. Je mehr Zeit verstrich, desto unruhiger wurde ich, dass der freundliche Mann, der mir angeboten hatte, auf dieser heiklen Mission als mein Fahrer zu fungieren, die Geduld verlieren und zurück nach Moskau fahren wollen würde. Und dabei hatte ich noch nicht einmal in Gang gesetzt, wozu ich aufgebrochen war.«

Zum mittlerweile dritten Mal hielt der Fahrer auf der Hauptstraße, und sie baten eine vorbeilaufende Frau um Hilfe.

»Das ist nicht hier unten im Ort«, sagte sie. »Die Straße liegt in der neuen Siedlung oben auf dem Hügel. Fahren Sie links die steile Straße hinauf, und dann sehen Sie es schon. Es ist das einzige Haus mit drei Stockwerken.«

Sie war eindeutig der Typ Frau, der es sich zur Aufgabe gemacht hatte, über alles und jeden im Ort Bescheid zu wissen. »Wen suchen Sie denn da oben?«

»Natascha Pastuchowa«, sagte Wika. Die Frau machte große Augen.

»Natascha Pastuchowa – die werden Sie dort nicht finden. Sie hat die Wohnung vermietet. Ich hab sie schon seit Monaten nicht mehr gesehen.«

Wika und der Fahrer fuhren ein weiteres Mal die holprige Hauptstraße hinunter und bogen dann in die steile bergan führende Straße zur Siedlung ein. Oben auf dem Hügel stand eine Gruppe von vier kleinen Wohnblocks aus weißen Mauersteinen. Beim Aussteigen sagte der Fahrer zu Wika: »Ich bin hier, falls Sie mich brauchen.«

Nur einer der Wohnblocks hatte drei Stockwerke, und Wika lief vorbei an Birken und einem Kinderspielplatz auf den Eingang zu. Der bärtige Mann, der sie fuhr, arbeitete für eine amerikanische Adoptionsagentur. Er hatte Wika erklärt, dass es nur einen einzigen Menschen gäbe, der Wanja aus der Anstalt retten könnte, und das war seine leibliche Mutter. Dank seiner Position in der Agentur hatte der Mann Nataschas Adresse herausgefunden, und als Wika ihm gesagt hatte, dass sie niemanden hätte, der sie begleitete, hatte er eingewilligt, sie zu fahren. Nun lag es an Wika, Natascha davon zu überzeugen, um ihres Sohnes willen etwas Furchtbares zu tun.

Vor Nataschas Wohnungstür angekommen, klingelte Wika. Sie war sich nicht sicher, ob die Klingel auch funktionierte, und horchte an der Tür. Dahinter war es vollkommen still. Sie klingelte noch einmal. Diesmal hörte sie drinnen etwas rascheln und kurz darauf eine Frauenstimme fragen: »Wer ist da?«

»Mein Name ist Wika. Sind Sie Natascha, Natascha Pastuchowa?«

Schweigen. Dann sagte die Frau hinter der Tür: »Ja, die bin ich. Was wollen Sie?«

»Ich komme wegen ihres Sohnes, Wanja.«

Die Tür wurde aufgeschlossen, und dahinter kam eine zarte Frau mit braunen Locken zum Vorschein. Sie trug ein ausgeblichenes Hauskleid und Pantoffeln und gab Wika zu verstehen, dass sie ihr ins Wohnzimmer folgen solle. Die Einrichtung des Raumes beschränkte sich auf einen kaputten Sessel, einen Couchtisch voller Glasränder, einen auf einem Küchenstuhl platzierten Fernseher und ein mit Brandlöchern übersätes Sofa, an dessen Ende eine zusammengefaltete Decke und ein Kissen lagen.

Natascha setzte sich auf die Sesselkante, und Wika nahm auf dem Sofa Platz. Sie hatte die gleichen braungelockten Haare wie Wanja und seinen Mund. Die Wohnung war sauber, wirkte jedoch unbewohnt.

»Geht es Wanja gut? Er ist doch nicht tot, oder?«, fragte Natascha mit leiser Stimme.

»Nein, aber er braucht Ihre Hilfe.«

Wika erzählte, wie sie Wanja im Babyhaus kennengelernt hatte, wo er das Personal bezaubert und einem anderen kleinen Jungen das Sprechen beigebracht hatte. Doch trotz seiner offenkundigen Intelligenz und seiner Auffassungsgabe sei Wanja als bildungsunfähig eingestuft und in eine Anstalt überwiesen worden, wo er nun den ganzen Tag in einem Gitterbett verbringen müsse. Es gehe stetig mit ihm bergab. Natascha sagte zu alldem kein Wort, hing jedoch an Wikas Lippen.

Wika berichtete weiter, dass sie einen Herrn von einer amerikanischen Adoptionsagentur kennengelernt habe. »Er scheint mir ein netter Mann zu sein. Er sagt, er will dafür sorgen, dass Wanja an den Beinen operiert und seine Diagnose geändert wird. Anschließend wird er im Ausland Adoptiveltern für ihn suchen. Das ist Wanjas einzige Chance.«

Wika schaute Natascha nun direkt in die Augen und sagte: »Doch nichts davon ist möglich, wenn Sie nicht Ihre elterlichen Rechte aufgeben. Werden Sie das für Wanja tun?«

In schmerzliche Erinnerungen versunken, blieb Natascha zunächst stumm. Wika fuhr fort: »Werden Sie das für Ihren Sohn tun? Werden Sie Ihre elterlichen Rechte um Wanjas willen aufgeben?«

»Helfe ich ihm damit auch wirklich?«

»Ja. Es gibt keinen anderen Weg.«

»Gut. Ich tue es um seinetwillen.«

Bis heute denkt Wika ungläubig an dieses Gespräch zurück. »Damals war mir überhaupt nicht bewusst, wie grotesk unsere Unterhaltung war. Ich war vollkommen darauf konzentriert, Natascha davon zu überzeugen, ihre elterlichen Rechte aufzugeben. Wenn ich heute zurückblicke, erkenne ich erst, wie grausam dieses System war. Im Moment seiner größten Not bestand die Aufgabe seiner leiblichen Mutter einzig darin, Wanja mit ihrer Unterschrift aufzugeben.«

Das war die absurde und abscheuliche Logik des russischen Kinderfürsorgesystems – ein Erbe der unter dem kommunistischen Regime üblichen Abwertung der Kleinfamilie. Kinder, die nie zu körperlich leistungsfähigen Arbeitern heranwachsen würden, wurden in die Obhut des Staates gegeben – was einem Wegstecken gleichkam, ohne Kontakt zu ihren Familien und ohne Zugang zu Bildung oder ärztlicher Behandlung.

Mit dem Übergang vom Sozialismus zum Kapitalismus tat sich für diese Kinder nun eine Lücke auf, durch die es einigen Privilegierten möglich wurde, ins Ausland zu entschlüpfen. Bestand die Aussicht, ein Kind zu »exportieren«, und war dies mit einem Gewinn für die ausländische Adoptionsagentur verbunden, ließ man dem Kind mit einem Mal medizinische Versorgung angedeihen, die es unter anderen Umständen nie erhalten hätte. Nun taten russische Ärzte ihr Bestes, um die beschädigte Ware in ein exporttaugliches Qualitätserzeugnis zu verwandeln. Die Rolle der Mutter beschränkte sich bei all dem darauf, ihre Rechte aufzugeben und damit die Adoptionsmaschinerie in Gang zu setzen.

Natascha verstand die verdrehte Logik der Situation. Eltern, die sich dafür entschieden, ihr behindertes Kind bei sich zu Hause zu behalten, erhielten keinerlei Unterstützung von Seiten des russischen Sozialsystems. Wanjas Zukunft lag im Ausland. Und es war ihre Pflicht, ihm zu helfen. Das sah sie ein. Doch auf das, was Wika als Nächstes von ihr verlangte, war sie nicht vorbereitet. Die Forderung zerrte all die Schuldgefühle ihrem Sohn gegenüber ans Tageslicht.

»Ich tue es um Wanjas willen«, wiederholte Natascha. »Ich werde gleich einen Brief an die Behörden schreiben.« Sie blickte sich in dem kahlen Zimmer um. »Nur habe ich kein schönes Papier, auf das ich schreiben könnte.«

»Sie verstehen nicht. Sie müssen mit in die Anstalt kommen und die Erklärung direkt vor dem Leiter abgeben.«

»Kann ich sie nicht hier schreiben, und Sie geben sie ihm?«

»Nein, es muss den offiziellen Weg gehen. Sie müssen Ihren Ausweis vorlegen.«

»Aber nicht heute.«

»Aber draußen wartet extra ein Wagen. Ich habe ihn nur heute. Die Fahrt mit öffentlichen Verkehrsmitteln ist sehr umständlich.«

»Es gibt noch ein anderes Problem. Mein Ausweis ist nicht hier. Ich habe ihn einer Freundin zur Aufbewahrung gegeben.«

»Nun, dann lassen Sie uns losfahren und ihre Freundin suchen gehen.«

Natascha wurde klar, dass jede weitere Diskussion zwecklos war, und verschwand im Schlafzimmer, um sich umzuziehen. Obwohl sie nachgegeben und eingewilligt hatte, mit nach Filimonki zu kommen, machte sich Wika nach wie vor Sorgen, dass sie es sich anders überlegen könnte.

Als sie kurze Zeit später ins Wohnzimmer zurückkam, waren Nataschas Haare frisiert, und sie trug einen schwarzen Rock und eine abgetragene Lederjacke, die einst teuer gewesen sein musste. Die beiden Frauen gingen zum Wagen und fuhren den Hügel hinab in den nächsten Ort, wo sie vor einem kleinen Mehrfamilienhaus hielten. Hier wohnte Nataschas Freundin, Mama Wina. Wika fragte sich, wer diese Frau wohl war – offensichtlich eine Respektsperson, wenn man ihr den eigenen Ausweis anvertraute.

Vor dem Haus saßen einige alte Frauen neben dem Eingang auf einer Bank. »Mama Wina ist nicht daheim. Sie ist vor einer Stunde in den Supermarkt gegangen.«

Ohne ein Wort zu sagen, stieg Natascha wieder ins Auto.

Der Supermarkt lag zwei Autominuten entfernt. Doch statt in den Laden hineinzugehen, lief Natascha in Richtung einer Grünfläche auf der anderen Straßenseite. Wika folgte ihr. Erstaunt sah sie zu, wie sich Natascha auf den Boden kniete, krabbelnd in den Büschen verschwand und mit einer betrunkenen Frau im Schlepptau wieder aus dem Unterholz auftauchte. Die Frau hatte Mühe, sich aufzurappeln. Das also war Mama Wina. Während sie schwankend vor ihnen stand, tauchte hinter ihr auf allen vieren ein obdachloser Alkoholiker auf.

Lachend erinnert sich Wika daran, wie entsetzt sie damals gewesen war. »Einen Moment lang sah ich mich durch die Augen meiner Großmutter: Ein unschuldiges Mädchen, das die Gesellschaft von Herumtreibern sucht, die ihre Tage saufend im Park zubringen.«

Natascha gelang es, die beiden Betrunkenen auf den Rücksitz zu verfrachten, und zusammen fuhren sie zurück zu Mama Winas Wohnung. Dort lag in einer Schublade Nataschas Ausweis. Als sie wieder draußen am Auto standen, streckte Natascha Wika den Ausweis entgegen und sagte: »Hier – nehmen Sie ihn. Und fahren Sie ohne mich.«

Wika ermahnte sie, dass dies hier Wanjas einzige Chance sei und dass sie mitkommen müsse.

Kaum war Natascha eingestiegen, da brach sie in Tränen aus. Sie erzählte Wika ihre ganze Geschichte. »Es war, als würde sie eine Beichte ablegen«, sagt Wika. Natascha hatte bereits zwei Kinder gehabt, als sie mit Wanja schwanger wurde. Das erste, Wadim, hatte sie mit gerade einmal achtzehn Jahren bekommen, als sie mit ihrem ersten Mann verheiratet gewesen war. Doch sie war zu jung für die Mutterrolle, daher kümmerte sich Nataschas Mutter um den Jungen. Vier Jahre später wurde, nachdem sie ihren zweiten Mann Anatoli kennengelernt hatte, ihre Tochter Olga geboren. Diesmal war sie eine viel bessere Mutter. Doch dann geschah etwas Furchtbares. Innerhalb von einem Monat starben zunächst ihr Vater und dann ihre Mutter. Damit verlor Natascha jegliche Unterstützung. Ihr Exmann nahm Wadim zu sich, und Olga kam in ein Kinderheim.

Dann stellte Natascha fest, dass sie erneut schwanger war. Zusammen mit Anatoli zog sie zurück in die Wohnung ihrer Eltern. Beide gaben das Trinken auf und waren fest entschlossen, noch einmal von vorn anzufangen. Doch ohne ihre Mutter tat sich Natascha schwer. Sie vermisste sie sehr.

Natascha erzählte, dass sie während der Schwangerschaft nicht ausreichend auf sich geachtet habe und dass es ihre Schuld sei, dass Wanja eine Frühgeburt war. Mit gerade einmal sechs Monaten und etwas mehr als zwei Pfund kam er auf die Welt. Es grenzte an ein Wunder, dass er überhaupt überlebte. In der Entbindungsklinik teilte man ihr mit, dass die meisten Frühchen an infantiler Zerebralparese litten und er eine große Belastung für sie und ihre Familie darstellen würde. Sie übten Druck auf Natascha aus, drängten sie, ihre elterlichen Rechte aufzugeben und Wanja in die Obhut des Staates zu übergeben. Sie begannen sogar bereits, ihr den Brief zu diktieren, den sie dafür schreiben musste. Doch sie hatte sich geweigert, ihr Baby aufzugeben.

Einfach war es allerdings nicht gewesen. Seit seiner Geburt musste Wanja ständig ins Krankenhaus. Er bekam eine Lungenentzündung, die er nur knapp überlebte. Natascha besuchte ihn so oft wie möglich. Doch Olga durfte nicht mit ins Krankenhaus, und ihr Mann musste arbeiten. Irgendwann hatten die Nachbarn genug davon, ständig auf Olga aufzupassen. Alles wäre so viel leichter gewesen, wenn ihre Mutter noch gelebt hätte.

Die Ärzte teilten Natascha mit, dass ihr Sohn niemals laufen oder sprechen lernen würde. Als Wanja trotzdem Fortschritte machte, weigerten sich die Ärzte, diese anzuerkennen. Natascha übte unermüdlich mit ihm und brachte ihm bei, zu stehen. Doch die Ärzte rieten ihr weiterhin, ihn wegzugeben.

»Er war ein so hübscher Lockenkopf. Jede Woche habe ich ihn zur Massage gebracht. Einmal sagte die Masseurin etwas Nettes über ihn: ›Was für breite Schultern er hat. Ein richtiger Mann.‹ Aus dieser Bemerkung schöpfte ich monatelang Kraft.

Doch dann brachte ich ihn in ein Krankenhaus, und eine Pflegerin sagte zu mir: ›Sie haben weiß Gott was zur Welt gebracht, und jetzt sollen wir ihn gesund machen. Warum bringen Sie ihn hierher?‹«

In Nataschas Worten schwang so viel Schmerz mit, dass man ihr selbst nach all den Jahren noch anmerkte, wie sehr sie die Wunde in ihrem Herzen quälte.

»Nach diesem Vorfall verfiel ich in eine tiefe Depression. Und die Nachbarn waren auch keine Hilfe. Sie sagten mir, ich solle ihn in ein Babyhaus bringen. Wenn ich doch nur nicht so schwach gewesen wäre. Ich fing wieder an zu trinken. Sein ganzer Zustand ist meine Schuld. Er schielt, und auch daran bin ich schuld. Ich habe ihm das Fläschchen nicht richtig gegeben.«

Wika erklärte ihr, dass Schielen ganz andere Ursachen habe und Natascha sich deshalb keine Vorwürfe machen solle. Aber sie hörte gar nicht zu und fuhr fort. All die schlimmen Erinnerungen, die sie mit Hilfe des Alkohols versucht hatte auszulöschen, sprudelten nur so aus ihr heraus. Sie gestand Wika, dass sie Olga einmal mit Wanja allein gelassen hatte und er vom Sofa gefallen war.

Wika versuchte sie zu beruhigen, überall fielen mal Kinder von Sofas, doch Natascha ignorierte sie und bestand darauf, dass sie allein die Schuld daran trug und Olga noch viel zu klein gewesen sei, um auf ihren Bruder aufzupassen.

Nach minutenlangem Schluchzen wandte sie sich schließlich wieder Wika zu und fragte: »Wird ihn wirklich jemand wollen? Wird ihn jemand zu sich nehmen und ihm ein gutes Leben schenken? Es gibt nichts auf der Welt, was ich mir mehr wünsche.«

Eine Stunde später saßen sie im Büro des Anstaltsleiters von Filimonki – dort, wo Wika vor gerade einmal zwei Wochen so gedemütigt worden war. Zu Wikas Überraschung begrüßte sie der Mann, dessen Gesicht infolge ihrer Unverschämtheiten vor Wut rot angelaufen war, diesmal mit einem Lächeln. Schnell verstand sie, warum sich seine Haltung verändert hatte: Er hatte ein verwundbareres Ziel für seine Attacken gefunden.

Er wandte sich an Natascha. »Also, was wollen Sie von mir?«

»Ich bin hier, um meinem Sohn zu helfen«, antwortete sie mit kaum hörbarer Stimme.

»Dafür dürfte es ein wenig spät sein«, schnaubte der Mann.

»Bitte, ich möchte, dass er die nötigen Behandlungen erhält und adoptiert wird.« Verängstigt sah sie zu Wika hinüber.

»Haben Sie ihn denn gesehen? Wissen Sie, in welcher Verfassung er ist?«, fragte der Leiter.

»N-n-nein.« Natascha wurde ganz blass.

»Na, dann schauen wir ihn uns doch mal an.« Er griff zum Hörer des roten Telefons und bellte: »Bringen Sie Pastuchow zu mir.«

Ein paar Minuten später betrat eine Frau im weißen Kittel das Büro. Sie hatte Wanja auf dem Arm, der bleich war wie ein Gespenst und dessen Blicke aufgrund der fremden Umgebung und der unbekannten Menschen wild hin und her jagten. Er war derart verängstigt, dass er noch nicht einmal Wika erkannte. Die Betreuerin ging in die Mitte des Raumes und blieb dort stehen.

»Drehen Sie ihn um«, befahl der Leiter. Wie ein Bauer, der ein Tier auf dem Markt anpreist, drehte die Betreuerin Wanja um. Doch im Unterschied zu einem Viehhändler bestand ihre Aufgabe darin, den Jungen von seiner schlechtesten Seite zu präsentieren. »Schauen Sie ihn sich gut an. So sieht er aus, Ihr Sohn.«

»Natascha war genauso traumatisiert wie Wanja«, erinnert sich Wika. »Sie saß einfach nur da und starrte ihn an. Der Mann von der Adoptionsagentur, der zwischen uns saß, blickte zwischen Natascha und mir hin und her. Ich musste dieser Demütigung ein Ende setzen. Ich sprang auf und lief zu Wanja, versuchte, ihm seine Befangenheit zu nehmen und ihn zum Sprechen zu ermuntern. Doch er sagte kein Wort. Was ich auch tat, er gab auf keine Frage, die der Leiter ihm stellte, eine Antwort. Das System hatte die Prophezeiungen der Ärzte, die sie Wanja sechs Jahre zuvor gemacht hatten, wahr werden lassen.«

Niemand kam auf die Idee, Wanja zu sagen, dass seine Mutter anwesend war und dass sie sich, trotz all der Fehler, die sie gemacht hatte, noch immer um ihn sorgte und jeden Tag an ihn dachte. Was Natascha selbst betraf, so war sie viel zu eingeschüchtert und gelähmt, um sich zu erkennen zu geben.

Wanja wurde zurück in den Kindertrakt gebracht, zurück in sein Gitterbett, und Natascha setzte nun doch den Brief auf, wie es das Gesetz vorschrieb. Dem Diktat des Anstaltsleiters folgend, schrieb sie jene Worte – »Ich, Natascha Iwanowna Pastuchowa, gebe die elterlichen Rechte an meinem Sohn auf« –, die sie sich sechs Jahre zuvor in der Entbindungsklinik so tapfer geweigert hatte zu schreiben. Im Rückblick wird Wika klar, dass das von den Kommunisten so gering geschätzte Band zwischen Mutter und Sohn bereits zerrissen war, lange bevor Natascha mit diesem Brief die Rechte an ihrem Sohn aufgab. Das erniedrigende Martyrium im Büro des Anstaltsleiters war die letzte Begegnung zwischen Mutter und Kind.

Zurück im Auto, sagte der Mann von der Adoptionsagentur, dass er Natascha nicht bis nach Hause fahren könne und sie deshalb an der U-Bahn absetzen würde. Beim Aussteigen rutschte Natascha der Ausweis aus dem zerrissenen Innenfutter ihrer Lederjacke und fiel in den Rinnstein. Wika bemerkte es und gab ihn ihr zurück. Natascha schob ihn in die gleiche Tasche zurück, dann verschwand ihre zerbrechlich wirkende Gestalt in der wuselnden Menge.

8.

DIE RATTE
April bis Juni 1996

Schläfrig von dem starken Beruhigungsmittel, das man ihm verabreicht hatte, lag Wanja in seinem mit Eisenstäben vergitterten Bett. Nach den vielen Ausflügen in den braun gekachelten Raum hatte er sich inzwischen an dieses matte Gefühl gewöhnt. Das erste Mal war er dorthin gebracht worden, nachdem ihm eine Betreuerin ein Fläschchen in den Mund hatte stecken wollen. Empört hatte er den Kopf zur Seite gedreht und erklärt: »Ich bin zu alt für ein Fläschchen. Ich esse am Tisch!« Sekunden später war er gepackt, aus seinem Gitterbett gehoben und in einen anderen Raum gebracht worden, wo man ihn bäuchlings auf eine Bank gelegt hatte. Kurz darauf hatte er einen stechenden Schmerz im Po gespürt. Dann verfrachtete man ihn zurück in sein Zimmer. Aber zu essen war ihm gar nichts mehr gebracht worden – nicht einmal das Fläschchen.

Heute war er selbst zu müde, um nach dem Töpfchen zu fragen. Obwohl seine Bitte stets ignoriert wurde, gab er nicht auf, danach zu fragen. Er hasste es, wie die anderen Kinder auf die Plastikmatratze zu pinkeln, doch er hatte keine andere Wahl. Zunächst war es warm, wenn die Flüssigkeit eine Pfütze auf der Matratze bildete, doch dann wurde es kalt, und er sehnte jemanden herbei, der alles trockenwischte, was meist den halben Tag dauerte. Beschämt dachte er an Tante Walentina, die ihm beigebracht hatte, aufs Töpfchen zu gehen, und die ihn zur Strafe nicht mehr geküsst hatte, wenn er es mal nicht mehr bis dorthin geschafft hatte.

In seinem betäubten Zustand hörte er ein Kratzen. Es klang wie die Ratten, die nachts im Zimmer umherrannten. Er bot seine ganze Kraft auf, um den Kopf zu heben. Da, am Ende seiner Matratze, saß ein riesiger Nager und starrte ihn aus großen Augen an. Wanja wollte sich aufsetzen und schreien, doch die Medikamente hatten ihn zu sehr geschwächt und seine Zunge gelähmt. Er versuchte nach der Ratte zu treten, doch seine Beine reagierten nicht. Als handele es sich um ihr eigenes Bett, thronte die Ratte am Fußende und schien über seine Bewegungsunfähigkeit zu spotten. Sie ließ sich nach vorn auf alle vier Pfoten fallen und trippelte am Rand der Matratze entlang auf seinen Kopf zu. Wanja ängstigte sich zu Tode. Die Ratte wollte sein Gesicht. Sie würde ihn beißen, und er konnte nichts dagegen tun. Er kniff die Augen fest zusammen und konnte spüren, wie das Tier an ihm vorbeiflitzte. Dann huschte sie an einem Bein des Gitterbetts hinab und auf den Boden.

Wieder gab er der Wirkung der Medikamente nach. Alles, was er wollte, war einfach nur daliegen. Er versuchte nicht länger, seine Arme und Beine zu bewegen. Die Augen hielt er geschlossen. Die Zeit verging, wie viele Stunden es waren, wusste er nicht. Plötzlich krachte etwas Schweres auf seinen Brustkorb, und er rang nach Luft. Er riss die Augen auf und erkannte Slawa, den Jungen, der normalerweise fest verschnürt in dem Gitterbett neben ihm lag. Irgendwie war es ihm gelungen, sich aus seinen Fesseln zu befreien und von seinem Bett in Wanjas hinüberzuklettern, wo er sich dann auf ihn geworfen hatte. Nun wippte er auf Wanjas Brust auf und ab. Wanjas Beine waren zu schwach, um den Jungen zu treten, doch er mobilisierte alles, was sein kleiner Körper an Kraft aufbringen konnte, und versuchte, ihn von sich runterzuziehen. Da packte Slawa Wanjas Arm und biss zu. Wanja schrie auf. Slawas Kiefer steuerte nun Wanjas Kopf an, und schon hatte er sich in eines seiner Ohren verbissen. Mit beiden Armen zerrte Wanja an seinem Angreifer, wobei ihn die Wunden an Ohr und Arm schrecklich schmerzten.

Slawa schien über die gesammelten Kräfte aller Dämonen zu verfügen, die in seinem Kopf ihr Unwesen trieben. Wanja bekam kaum mehr Luft, und gerade, als er dachte, keine Sekunde länger Widerstand leisten zu können, wurde das erdrückende Gewicht von seiner Brust genommen. Endlich konnte er wieder frei atmen. Sein Ohr wurde aus Slawas Zähnen befreit, und er hörte eine Männerstimme sagen: »Schluss jetzt. Lass los.« Starke Finger lösten nun auch Slawas Umklammerung, in der sich noch immer Wanjas Arm befand. Sein Kopf plumpste zurück auf die harte Plastikmatratze, und er sah, wie Slawa wild um sich schlagend weggetragen und in sein Gitterbett gelegt wurde. Der junge Mann, der den Kampf beendet hatte, kehrte zu Wanja zurück und schaute sich sein angebissenes Ohr und den Arm an.

»Das säubern wir besser«, sagte er und hob ihn aus dem Bett. Unverwandt starrte Wanja den jungen Mann mit den zerzausten rotblonden Haaren und den Sommersprossen an. Um seinen Hals hing an einem Schnürsenkel ein Kreuz. Wanja hatte noch nie zuvor einen Teenager gesehen und konnte seinen Retter, der halb Junge, halb Mann zu sein schien, gar nicht genug bewundern.

Während der junge Mann mit langen Schritten den Flur entlanglief, entspannte sich Wanja in dessen Arm. War das etwa sein Engel?, fragte er sich. Sah so ein Engel aus?

Sie gingen in einen Raum, den Wanja noch nicht kannte. Er war weiß gekachelt und voller Wasserhähne. Der Teenager schaute sich nach etwas um, worauf er Wanja setzen konnte, dann platzierte er ihn in ein Waschbecken. »Ich bin gleich wieder da. Pass auf, dass du nicht alles vollblutest.« Er grinste, und Wanja sah, dass ihm ein Schneidezahn fehlte.

Mit über den Rand baumelnden Beinen saß Wanja in dem Waschbecken und ignorierte das Pochen in Arm und Ohr. Statt Schmerzen verspürte er Freude. Nach so langer Zeit in der Anstalt hatte ihn endlich jemand angelächelt.

Der Teenager kehrte mit einer großen braunen Flasche und einem Wattebausch in der Hand zurück. Er kippte etwas von der Flüssigkeit auf die Watte, die sich daraufhin knallgrün verfärbte, und tupfte Wanjas Wunden ab, bis sein Unterarm ebenfalls ganz grün war. Die Flüssigkeit brannte, und Wanja zuckte bei jeder Berührung zusammen.

»Nicht weinen, Kleiner. Bis zu deiner Hochzeit ist alles wieder gut.«

»Bis zu deiner Hochzeit ist alles wieder gut«, echote Wanja. »Das sagt Tante Walentina auch immer, wenn ich mir wehtue.«

»Du kannst sprechen? Hast du auch einen Namen?«

»Wanja. Und wie heißt du?«

»Ilja.«

»Bist du mein Schutzengel?«

Ilja sah ihn verdutzt an. »Wie meinst du das?«

»Wika hat gesagt, wenn ich in Schwierigkeiten bin, muss ich einfach nur meinen Schutzengel rufen, und dann kommt er. Slawa hat mich gebissen, und du hast mich gerettet. Du musst mein Schutzengel sein.«

»Hab ich etwa Flügel und einen Heiligenschein?« Ilja lachte. Es war das Lustigste, was er seit langem gehört hatte.

»Dann bist du also nicht mein Schutzengel?« Wanja konnte seine Enttäuschung nicht verbergen. Er dachte einen Moment lang nach. Er war noch nie einer männlichen Betreuerin begegnet. »Hast du heute Dienst?«

»So ähnlich. Sie lassen mich ziemlich oft hinter euch herwischen.«

Ilja stellte die Flasche ab und beugte sich zu Wanja herunter, um ihn hochzunehmen. Wanja wurde panisch, dass er jeden Moment zurück zu den jammernden, schaukelnden Kindern in sein Gitterbett gebracht werden würde. »Kannst du mich nach draußen bringen, Ilja?«, bettelte er verzweifelt. »Nur ganz kurz.«

»Ich darf dich nicht nach draußen bringen.«

Wanja war verwirrt. »Aber du arbeitest doch hier.«

»Du hast da was nicht verstanden, Wanja. Ich lebe hier, genau wie du.« Als er Wanjas Gesichtsausdruck sah, machte er einen Vorschlag.

»Pass auf. Ich bringe eben die Flasche zurück, und dann gehen wir fernsehen. Gleich fängt meine Lieblingssendung an.

Ich passe heute auf euch auf, es wird also niemand merken, dass du nicht in deinem Bett bist.«

Ilja trug Wanja den Flur hinunter, an dessen Ende sich eine triste Sitzecke auftat. Sie setzten sich auf eine dünn gepolsterte Bank vor einen alten Fernseher, auf dem eine kümmerliche Pflanze in einem weißen Plastiktopf stand. Wanja war glücklich, dass er nicht zurück ins Bett gebracht worden war. Ilja machte den Fernseher an, und kurz darauf dröhnte eine mitreißende Melodie durch den düsteren Flur.

Wanjas Augen wurden immer größer. In rascher Folge sah man muskulöse junge Männer in der Sonne, schöne Häuser mit üppigen Gärten und das funkelnde Meer mit seltsam geformten Bäumen im Sand.

»Das ist Santa Barbara in Amerika«, sagte Ilja. »Dort scheint immer die Sonne. Es gibt weder Regen noch Schnee, und alle Menschen sind reich.«

Auf dem Bildschirm war nun ein Junge in Wanjas Alter mit ordentlich gekämmten Haaren zu sehen, ähnlich der Frisur, die Tante Walentina ihm gemacht hatte, als er ein Major sein durfte. Außerdem waren da zwei Frauen, die beide völlig anders aussahen als alle Frauen, die Wanja bislang gesehen hatte. Sie trugen keine weißen Kittel, waren also eher wie Wika und Sarah, nicht wie Betreuerinnen. Doch im Unterschied zu Wika und Sarah war ihre Kleidung bunt und glitzerte.

Die eine Frau war blond, die andere dunkelhaarig, und sie schrien sich an. Wanja war es gewohnt, von den Betreuerinnen angeschrien zu werden. Doch diese beiden schrien einander an, und der Junge schien gar keine Angst zu haben. Er erinnerte Wanja an Andrej, wenn er diesen leeren Ausdruck im Gesicht hatte.

Die Dunkelhaarige kreischte: »Er ist mein Sohn! Halten Sie sich fern von ihm!« Und die Blonde kreischte zurück: »Er hat immer mir gehört. Sie haben ihn mir gestohlen! Ich bin seine leibliche Mutter.« Sie hatte dem Jungen eine Hand auf die Schulter gelegt. Sie beschützte ihn. Die dunkelhaarige Frau sah nun traurig aus und verließ das Zimmer.

Wanja sah, dass Ilja von dem, was auf dem Bildschirm geschah, schwer ergriffen war. Er zitterte und konnte nicht sprechen. Wanjas Blick wanderte zurück zum Fernseher, und er versuchte, der Geschichte zu folgen.

Der Junge mit den gekämmten Haaren wurde nun einem Mädchen vorgestellt, das etwas älter war als er. »Brandon, das ist deine Schwester«, sagte die neue Mutter, und der Junge sagte: »Ich habe mir immer eine Schwester gewünscht.« Die Mutter, der Junge und das Mädchen fielen einander in die Arme. »Jetzt wird uns nie wieder etwas trennen«, sagten sie.

Damit endete die Sendung, und Ilja schaltete den Fernseher aus. Er versuchte es zu verbergen, doch Wanja konnte sehen, dass er weinte. Als er sich beruhigt hatte, wandte er sich Wanja zu und sagte: »Das ist Amerika. Dort geben Mütter ihre Kinder nicht auf. Sie kämpfen darum, sich um ihre Kinder kümmern zu dürfen.«

Wanja verstand nicht, was Ilja ihm da sagte. Was war denn nur dieses Amerika?, fragte er sich.

Die Kinder in Wanjas Zimmer waren ungewöhnlich lebhaft. Der Grund dafür war ganz einfach, auch wenn Wanja ihn nicht wissen konnte: Die Beruhigungsmittel waren ausgegangen. Jene Kinder, die sitzen oder knien konnten, schaukelten hin und her und schlugen ihre Köpfe gegen die Eisenstäbe ihrer Gitterbetten. Die anderen lagen auf ihren Matratzen und winselten jämmerlich. Eine einzelne überforderte Betreuerin war für alle Kinder im Raum verantwortlich. Die Fenster waren abgedunkelt, doch ab und zu blitzte die Sonne durch die Fensterläden und malte helle Streifen auf den Boden. Fliegen schwirrten umher und ließen sich auf den mit Exkrementen verschmutzten Matratzen, auf den nackten Gesäßen und an den Augen der Kinder nieder.

Etliche Male hatte Wanja bereits versucht, mit den Kindern in den Gitterbetten rechts und links von ihm Kontakt aufzunehmen. Das kleine blonde Mädchen, das sie Iwanowa nannten, versuchte nie, sich hinzusetzen, und machte den ganzen

Tag nur eine einzige Bewegung: Sie drehte den Kopf hin und her. Ihr Körper war vollkommen versteift und ihre Beinmuskulatur derart verkürzt, dass sie ihre Knie stets gebeugt halten musste. Sie hatte ihr Gesicht von ihm abgewandt, und Wanja konnte die kahle Stelle an ihrem Hinterkopf sehen – das Resultat des ständigen Scheuerns über die Matratze. Sie sprach kein einziges Wort, und im Laufe der vergangenen Tage hatte Wanja bemerkt, dass sie immer seltener wimmerte und nun vollkommen verstummt war. Die Chance, je von ihr angelächelt zu werden, war damit dahin. Sie bekam nach wie vor drei Mal am Tag ein Fläschchen, doch ihr schien der Wille abhandengekommen zu sein, daran zu saugen. Wanja konnte beobachten, wie die Betreuerinnen sich immer weniger damit aufhielten, sie zum Trinken zu animieren.

Auf der anderen Seite lag Slawa. Seine starken Arme waren mit einem Stück Stoff an seinen Körper gebunden, das am Rücken zusammengeknotet und von dort an einem der Eisenstäbe seines Gitterbetts befestigt war. Dadurch war es ihm nicht einmal möglich, sich frei in seinem Bett zu bewegen, und sein Bewegungsradius war auf ein heftiges Vorwärts- und Rückwärtsschaukeln reduziert. Ohne Hoffnung auf eine Antwort rief Wanja dennoch seinen Namen und lächelte ihm unermüdlich zu, auch wenn Slawa bislang kein einziges Mal reagiert hatte. Im Gegensatz zu Wanja schien ihm der Kontakt zu anderen Menschen nichts zu bedeuten. Tatsächlich gab es keinerlei Anzeichen, dass er seinen Nachbar selbst nach all der Zeit erkannte.

Slawa hatte einen Bluterguss an der Stirn, der sich gerade von rot nach violett verfärbte. Vermutlich hatte er ihn sich beim Schleudern des Kopfes gegen die Gitterstäbe zugezogen. Wanja hatte noch nie zuvor eine so große Beule gesehen und starrte sie fasziniert an. Er dachte daran, wie Slawa ihn überfallen und ihn in Arm und Ohr gebissen hatte, und an den glücklichen Moment, als der junge Mann seine Wunden versorgt und das brennende, grüne Zeug daraufgetan hatte. Er fragte sich, ob Ilja heute arbeiten würde. Wenn ja, würde er ihn zu sich rufen und ihn bitten, Slawa das grüne Zeug auf die Stirn zu tupfen. Und dann könnte Wanja ein Gespräch mit Ilja anfangen und sich mit ihm über andere Dinge unterhalten, denn Slawa sprach kein einziges Wort, so dass Ilja jemand anderen zum Reden brauchen würde.

Die Aussicht auf eine Unterhaltung ließ Wanja unruhig werden. Gespannt sehnte er das Geräusch klappernder Fläschchen herbei – dem Zeichen für die kurz bevorstehende Mittagsfütterung. Dann nämlich würde Ilja erscheinen. In der festen Überzeugung, dass sein Freund jeden Moment hereinkommen würde, wandte er sich in Richtung Tür.

Gebannt verharrte er auf allen vieren und starrte die Tür an. Er war so konzentriert, dass er sich, als die Tür schließlich aufging, fragte, ob er in einen dieser Tagträume verfallen war, in die er sich stets verlor, nachdem er in dem braun gekachelten Raum gewesen war. Denn nicht Ilja kam durch die Tür, sondern ein großer Mann mit langen, abstehenden, schwarzgrauen Haaren auf dem Kopf. Auch um den Mund wuchsen ihm Haare. Alles an dem Mann war riesig: seine Nase, seine Hände, seine ganze Statur. Er zog eine Plastikflöte aus der Brusttasche seines Hemdes hervor, steckte sie sich in den Mund und suchte mit seinen langen Fingern nach den kleinen Löchern. Die winzige Flöte wirkte geradezu lächerlich klein in seinen großen Händen. Als er hineinblies, ertönte eine Melodie. Während er spielte, schwankte er schwerfällig wie ein Tanzbär von einem Fuß auf den anderen, zwängte sich zwischen den Gitterbetten hindurch, beugte sich über die Eisenstäbe und spielte alle Kinder einzeln an. Wanja sah, dass jedes Gesicht im Raum dem tanzenden Flötenspieler zugewandt war. Sogar Slawa hatte aufgehört zu schaukeln und lauschte der Musik.

Während die anderen Kinder den Mann reglos beobachteten, federte Wanja in seinem Bett auf und ab. Er hatte Angst, dass der Mann ihn übersehen könnte. Er durfte das Zimmer nicht wieder verlassen, ohne Hallo gesagt zu haben. Es war so wichtig. Es war das Wichtigste überhaupt: dass der Flötenspieler an sein Bett kam und Wanja mit ihm sprechen konnte.

Glücklicherweise hüpfte der Mann in seine Richtung, hielt vor Wanjas Gitterbett und beugte sich zu ihm hinunter. Wanja richtete sich auf und starrte dem musizierenden Riesen ins Gesicht, der die Augen während des Spiels geschlossen hielt, als wollte er den Rest der Welt vergessen, während seine Finger über die Löcher der Flöte tanzten. Plötzlich schlug er die Augen auf, zeichnete mit der Flöte einen großen Bogen durch die Luft und sammelte noch einmal all seine Konzentration. Anschließend nahm er die Flöte aus dem Mund und streichelte Wanja über den Kopf.

»Hallo, junger Mann. Wie mir scheint, gefällt dir meine Musik.«

»Oh, ja. Sehr sogar.«

»Du kannst sprechen! Wie heißt du?«

»Wanja. Und ich weiß auch, wer du bist. Du bist mein Schutzengel, stimmt's?«

Der Flötenspieler lachte. »Eigentlich bin ich Klavierspieler. Aber ich bin natürlich auch gern dein Schutzengel.«

»Wika hat mir gesagt, dass du kommen würdest, wenn ich in den Himmel schaue und bete. Aber ich kann den Himmel nicht sehen wegen der Fensterläden.«

»Ich kenne Wika. Sie hat mir gesagt, wie ich hierherkomme.«

»Und kennst du auch Sarah?«

»Natürlich.«

»Sag ihr liebe Grüße von mir. Und dass ich an sie denke.«

»Das werde ich. Und jetzt spiele ich noch ein Lied, nur für dich.«

Wieder war der Raum von der fröhlichen Melodie des Flötenspielers erfüllt. Wanja war so glücklich, die Aufmerksamkeit dieses netten Mannes erregt zu haben. Während er der Musik lauschte, überlegte er, was er noch zu ihm sagen könnte.

Niemand hatte mitbekommen, dass die Tür aufgegangen war, doch plötzlich wurde die Musik von einer schimpfenden Stimme unterbrochen: »Wer sind Sie? Was machen Sie hier?«

»Ich bin Musiker. Ich bin gekommen, um den Kindern etwas vorzuspielen.«

»Sie haben hier nichts zu suchen. Fremde haben keinen Zutritt.«

»Aber die Kinder sind vollkommen allein in diesem Zimmer.«

Wanja erkannte die Frau. Es war die mit dem schweren Schlüsselbund, die ihn am Tag seiner Ankunft in dieses Gitterbett gesteckt hatte.

»Ich habe den Kindern etwas Obst mitgebracht.« Der Musiker deutete auf eine Plastiktüte, die er neben der Tür abgestellt hatte.

»Sie haben alles Nötige. Sie werden dreimal am Tag gefüttert und brauchen kein frisches Obst. Und ehrlich gesagt kennen sie den Unterschied sowieso nicht.«

»Ich habe auch ein paar Malbücher dabei.«

»Schauen Sie sich doch mal um. Sehen die aus, als könnten sie malen? Wie ich schon sagte, sie haben alles, was sie brauchen.«

»Wie können Sie so etwas sagen?« Wanja sah, dass der Besucher immer wütender wurde. Er begann zu schreien, doch es war anders, als wenn die Betreuerinnen die Kinder anbrüllten, und es machte Wanja keine Angst. »Sie geben den Kindern rein gar nichts«, schrie er. »Was sie brauchen, ist Liebe, Anregung, Unterricht. Es sind menschliche Wesen.«

»Das hier ist keine Bildungseinrichtung. Und abgesehen davon fehlt uns das Personal. Heute bin ich allein mit zwei Pflegern für die Betreuung von sechzig Kindern zuständig.«

»Dann sollten Sie sich über Hilfe von außen freuen.«

»Wie ich bereits sagte, das hier ist eine geschlossene Einrichtung.«

»Was hier vor sich geht, ist kriminell. In Finnland würden diese Kinder zur Schule gehen.«

Mit dem Ende der Musik hatten die Kinder noch durchdringender als zuvor zu weinen und zu schreien begonnen.

»Da hören Sie, was Sie angerichtet haben. Sie haben sie aufgeregt. Wie sollen wir sie jetzt wieder beruhigen? So werden sie heute Nachmittag kein Auge zutun. Sie müssen jetzt gehen.«

Seufzend bückte sich der Flötenspieler nach seinen Taschen mit den Geschenken. Als er sich wieder aufrichtete, sah er Wanja an. Ich werde dich nicht vergessen, schien sein Blick zu sagen. Dann drehte er sich um und verließ das Zimmer.

9.
NACHRICHT AUS DEM GULAG
Mai bis Juni 1996

Freitagabend war bei Sarah zu Hause Kinoabend. Während ihre Kinder zusammen mit Freunden Videos schauten, saßen die Mütter bei einer Flasche Wein in der Küche und plauderten. An diesem Abend drehte sich alles um Wanjas Freund Andrej und dessen unverhofftes Glück. Sarah nahm nach wie vor Besucher mit ins Babyhaus 10, und eine dieser Besucherinnen hatte Andrej in ihr Herz geschlossen. Als sie hörte, dass er kurz davor stand, wie Wanja in eine Irrenanstalt verlegt zu werden, rief sie ihre Schwester in den USA an und bat sie eindringlich, Adoptiveltern für ihn zu suchen, bevor es zu spät war.

Erstaunlicherweise hatte die Schwester bereits nach wenigen Telefonaten eine Familie in Florida gefunden, die seit längerem eine Adoption plante. Sie hatten bislang nicht über ein Kind aus Russland nachgedacht, doch nachdem sie den Anruf erhalten hatten, kamen sie zu der Überzeugung, dass Gott sie zu Andrej geführt habe.

Eine derart schnelle Lösung gab es für Wanja leider nicht. Sarahs Freundin Viv stellte ihr die unangenehme Frage, warum sie ihn noch immer nicht in dem Internat besucht hatte. »Meinst du nicht, dass du das endlich tun solltest? Wenigstens hinfahren und nach ihm sehen. Wir könnten zusammen mit meinem Wagen fahren«, schlug sie vor.

»Ich zögerte noch immer«, erinnert sich Sarah. »Ich hatte das Gefühl, nichts für Wanja tun zu können. Russland hatte ihn zu einem langsamen Tod verurteilt, und Kinder aus diesen Anstalten wurden nicht adoptiert, daher bestand für ihn keinerlei Möglichkeit, ins Ausland zu gelangen. Und was Adelas Bitte betraf, ihn ins Babyhaus zurückzubringen: Wenn sie es nicht konnte – und sie war immerhin Chefärztin –, wie um alles in der Welt sollte ich es dann schaffen? Mit einem Besuch, so glaubte ich, würde ich ihm nur falsche Hoffnungen machen.« Doch Wanja ließ sie nicht so einfach davonkommen.

Ein paar Wochen später klingelte kurz vor Mitternacht Sarahs Telefon. Sie kannte nur eine Person, die um diese Zeit noch anrief: Sergej, ein ehemaliger Konzertpianist, der sich inzwischen für die Rechte von Kindern engagierte. Er war der inspirierendste Mensch, den Sarah kannte – aber auch jemand, der einen wirklich zur Verzweiflung bringen konnte. Nachdem auch sein zweites Kind mit dem Down-Syndrom zur Welt gekommen war, hatte er es sich zur Aufgabe gemacht, herauszufinden, was mit behinderten Kindern in Russland geschah. Seine Entdeckungen hatten ihn derart erschüttert, dass er die Moskauer Down's Syndrome Association (DSA) gegründet hatte. Ohne Geld oder politische Unterstützung kämpfte er im Alleingang dafür, ein Bewusstsein für das Elend Zehntausender in Anstalten weggesperrter Kinder in Russland zu schaffen. Sein Aktivismus kannte keine Grenzen: Jeder Rubel, den er besaß, floss in seine Arbeit, und sämtliche Freunde und Bekannte wurden zu jeder Tages- und Nachtzeit für seine Sache herangezogen. Er verlangte grundsätzlich einhundert Prozent, was bedeutete, dass er niemals zufrieden war, egal, wie viel Hilfe ihm angeboten wurde. Sarah machte sich darauf gefasst, mit einer Bitte konfrontiert zu werden, die zu erfüllen ihr unmöglich sein würde.

»Ich habe eine Nachricht für dich.« Er sprach mit leiser Stimme und stotterte leicht, was sein Anliegen nur noch dringlicher machte. »Ich war heute in einer Anstalt außerhalb von Moskau, ein entsetzlicher Ort. Ich habe Musik für die Kinder gemacht und einen Jungen getroffen, der sagte, er kenne eine Sarah. Ich nehme an, er meint dich damit. Er lässt dich grüßen und dir ausrichten, dass er an dich denkt.«

»Das klingt nach Wanja. Ich habe ihn früher im Babyhaus

10 besucht. Ich habe ihn nicht vergessen, und ich weiß, dass ich ihn besuchen sollte. Ich werde versuchen, am Wochenende hinzufahren. Gut, dass du angerufen hast.«

»Du musst ihn besuchen. Er fragt nach dir.«

»Das werde ich. Versprochen.«

Am nächsten Tag rief Sarah Viv an, um auf ihr Angebot mit dem Auto und der moralischen Unterstützung zurückzukommen.

Adelas Wegbeschreibung nach Filimonki war nicht gerade detailliert: eine Metrostation und zwei Buslinien. Sarah und Viv mussten sich durchfragen, was alles andere als einfach war, denn hier draußen gab es kaum Passanten. Doch schließlich kamen sie zu der Bushaltestelle INTERNAT. Sie folgten einer unbefestigten Straße nach links und fanden ein Schild mit der Aufschrift INTERNAT sowie einem Pfeil, der nach rechts zeigte. Jemand war gegen den Pfosten gefahren und hatte ihn verbogen, so dass der Pfeil nun nach unten wies.

Im Unterschied zum Babyhaus 10, das mitten im Zentrum der Stadt versteckt gehalten wurde, stand diese Anstalt, einem Wahrzeichen gleich, inmitten der endlosen Weite der russischen Landschaft. Nur die treuesten Verwandten würden sich auf den langen Weg bis an diesen verlassenen Ort machen.

Sie parkten an dem Schild und gingen den Rest des Weges zu Fuß. Die Anstalt war weder mit einem verriegelten Tor gesichert noch schien es einen Wachmann zu geben, was in Anbetracht der vollkommen abgeschiedenen Lage wohl auch unnötig gewesen wäre. Sarah und Viv betraten das Internat durch die nächstgelegene Tür und blickten sich ratlos um, als ein Teenager in schmutziger, schlechtsitzender Kleidung und mit einer selbstgedrehten Zigarette im Mundwinkel auf sie zugelaufen kam. Er erklärte sich bereit, sie zum Kindertrakt zu bringen, und führte sie durch ein Labyrinth von Fluren und Treppen, bis sie schließlich ganz oben in einem fensterlosen Treppenhaus vor einer Metalltür ankamen. Der Teenager hämmerte gegen die Tür, und die drei mussten eine ganze Weile warten, bis endlich eine Betreuerin erschien. Sarah mimte die dumme Ausländerin. Ohne Luft zu holen, erklärte sie der Betreuerin, dass sie gekommen sei, um einen Jungen zu besuchen, den sie aus dem Babyhaus 10 kannte, dass sie ihm ein Geschenk mitgebracht habe und dass sie ihn unbedingt sehen müsse, auch wenn es nur kurz sei. Um zu verhindern, dass ihr die Betreuerin die Tür vor der Nase zuschlug, wiederholte sie, als sie fertig war, ihre Geschichte gleich noch einmal. Die Frau bestand darauf, dass sie für einen Besuch die Erlaubnis der diensthabenden Ärztin einzuholen hätten, und rief eine Pflegerin, die sie nach unten ins Büro brachte.

Die diensthabende Ärztin saß in einem gemütlich eingerichteten Zimmer voller Teppiche und Pflanzen vor einem großen Farbfernseher.

»Sie war ausgesprochen feindselig«, erinnert sich Sarah. »Mir war klar, dass ich eine Menge Überzeugungsarbeit würde leisten müssen, um Wanja sehen zu dürfen. Also redete ich unaufhörlich und erzählte ihr, dass ich Wanja aus seinem Babyhaus kannte, wo ich ihn regelmäßig besuchte und wir uns angefreundet hätten. ›Das Babyhaus ist eine Sache‹, erklärte sie, ›das Internat eine andere.‹ Ich fuhr fort, dass mich die Chefärztin des Babyhauses persönlich geschickt habe. Und dass ich Wanja ein Geschenk mitgebracht hätte. Das bewirkte immerhin eine Reaktion. Sie wollte wissen, um was für ein Geschenk es sich handelte. Schließlich sagte sie, wir könnten ihn nicht besuchen, da der Kindertrakt unter Quarantäne stünde. Nach dem Blick zu urteilen, den sie der Pflegerin dabei zuwarf, war das gelogen. Ich blieb hartnäckig, und schließlich gab sie nach. ›Sie dürfen nicht ins Kinderzimmer‹, wies sie die Pflegerin an. ›Und jemand muss die ganze Zeit über bei ihnen bleiben.‹«

Als sie wieder oben angelangt waren, schloss die Pflegerin die Metalltür auf, und Sarah und Viv folgten ihr durch den Flur, bis sie vor einer weiteren Tür hielten, die von der Pflegerin geöffnet wurde. Wie bereits Wika vor ihnen, erstarrten sie beim Anblick des Grauens, der sich ihnen nun bot: Wie Tiere in Käfigen saßen dort auf Plastikmatratzen nackte Kinder hinter hohen Gitterstäben. Sie lagen in ihren eigenen Exkrementen. Einige steckten in behelfsmäßigen Zwangsjacken.

»Ich rang nach Luft, als ich Kinder erkannte, die ich bei meinen Besuchen in anderen Babyhäusern kennengelernt hatte«, erinnert sich Sarah. »In einem Gitterbett gleich neben der Tür lag Dima aus dem Babyhaus 17 in einer riesigen Lache Urin. Er erkannte mich ebenfalls und fing an, aufgeregt in der Pfütze herumzupatschen. Auch das normal aussehende Kleinkind, das in einem Gitterbett in der Ecke auf- und absprang, kam mir bekannt vor. Es war Aljoscha aus dem Babyhaus 4.«

Sarah suchte die Betten nach Wanja ab, doch bevor sie ihn entdecken konnte, wurde sie von der Pflegerin nach draußen bugsiert und die Tür geschlossen.

Auf dem Weg in ein kleines Besuchszimmer flüsterte Viv ihr zu: »Sie wissen, dass es falsch ist, und wollen nicht, dass wir es sehen.«

Wanja wurde von einem anderen Teenager gebracht, der ihm hastig und wahllos irgendwelche Kleidungsstücke übergestreift hatte, die einst bunt gewesen, mittlerweile jedoch vollkommen ausgeblichen waren: ein schwarz-grün kariertes Hemd, eine schlabberige Schlafanzughose und eine viel zu kleine Strickjacke.

Wie immer sagte Wanja das, was ihm am wichtigsten war, als Erstes. »Ich bin so müde.« Er sprach mit kaum hörbarer Stimme, und ihm war anzusehen, wie er gegen das starke Beruhigungsmittel ankämpfen musste, um nicht einzuschlafen. Zu schwach, um aufrecht sitzenzubleiben, fiel er in seinem Stuhl zurück wie ein alter Mann.

Sarah zeigte ihm ein Bild von Andrej und fragte ihn, wer das sei. Zuerst war er der Meinung, er sei es selbst, doch schließlich sagte er: »Andrej.«

Es waren noch keine drei Minuten vergangen, als bereits die Betreuerin hereinkam, um sie zu kontrollieren. Sarah fragte, ob die Kinder Spielsachen hätten. Die Frau antwortete, es gäbe ein extra Spielzimmer für die Kinder. Als Wanja das hörte, sah er sie mit einem Blick an, der sagte: Lügnerin. Die Angestellte gab ihnen noch fünf Minuten.

Von da an wurden die Abstände, in denen die Frau die Besucher in Augenschein nahm, immer kürzer und die Atmosphäre noch unbehaglicher. »Wir waren fest entschlossen, noch einen Blick in das Zimmer zu werfen, in dem Wanja, wie uns nun klar wurde, vierundzwanzig Stunden am Tag verbrachte. Als wir hereinkamen, begann Dima wieder in seiner Urinlache herumzupatschen. Ich streckte ihm eine Hand entgegen, wurde dann jedoch unfreundlich aufgefordert, zu gehen. Als ich Wanja der Betreuerin übergab, sagte er leise: ›Ich werde an dich denken.‹«

Die Teenager wollten Sarah und Viv aus dem Gebäude hinausbegleiten, doch die Betreuerin ließ sie nicht gehen. Sie brachte die beiden Frauen zur Treppe, zerrte die Jugendlichen wieder mit sich hinein und verriegelte die Tür von innen.

Als Sarah und Viv draußen angelangt waren, hörten sie Stimmen von oben. Es waren die Jugendlichen, die durch die Gitterstäbe des fünften Stocks riefen und winkten; ihre Gesichter konnten die Frauen nicht sehen. »Bitte kommen Sie wieder«, riefen sie. »Kommen Sie morgen wieder. Morgen ist es besser. Kommen Sie wieder, bitte.«

Wie unter Schock liefen die beiden Frauen zurück zum Auto. Viv versuchte verzweifelt, das Gesehene zu verstehen. »Während die Angestellten im Babyhaus an Tierpfleger erinnern«, sagte sie, »verhält sich das Personal in dieser Einrichtung wie Gefängniswärter. Ich hatte das Gefühl, einen Gefangenen zu besuchen.«

»Einen besonders gefährlichen Gefangenen, einen Mörder«, fügte Sarah hinzu, während sie durch die Felder fuhren. »Das Schlimmste ist, dass die Anstalten so abgeschieden und damit außer Sichtweite der Normalbürger liegen. Wie einst die Konzentrationslager der Nazis. So können die Menschen leicht sagen, sie wüssten von alldem nichts.«

»Die Welt muss davon erfahren, Sarah.«

»Ja. Aber wie?«

»Dein Mann ist Journalist. Bring ihn dazu, darüber zu schreiben.«

»Als ob ich das nicht schon versucht hätte. Unzählige Male habe ich es ihm nahegelegt, aber jedes Mal sagt er, das wären keine Neuigkeiten. Alles, was die Zeitung von ihm will, sind Artikel über die Rückkehr der Kommunisten.«

»Erzähle ihm, was wir heute gesehen haben. Vielleicht sollte er selbst mal hinfahren.«

Sarah und Viv erreichten die Innenstadt. An jeder Ecke versprachen Plakate den Menschen eine glanzvolle Zukunft, wenn sie Jelzin wiederwählten. Zig Millionen Dollar flossen in diese Werbekampagnen, mit dem Ziel, die russischen Wähler davon zu überzeugen, dass alles im Begriff war, besser zu werden. Für die Armen und Schwachen sah die Realität jedoch ganz anders aus. Für sie änderte sich rein gar nichts, während die Mächtigen immer reicher wurden. Die bevorstehende Präsidentschaftswahl war Sarah egal. Für sie gab es nur ein einziges Thema: Wie konnte sich eine Gesellschaft als frei bezeichnen, wenn sie Tausende Kinder ohne ersichtlichen Grund einsperrte?

Sarah hatte an diesem Tag noch etwas zu erledigen und bat Viv, sie in der Nähe des Babyhauses abzusetzen. Zum ersten Mal machte sie sich keine Sorgen, wieder fortgeschickt zu werden; sie war von Adela mit einer Aufgabe betreut worden und kam nun, um Bericht zu erstatten. Zu ihrer Überraschung standen unter den Linden zwei Laufställchen, in denen die sogenannten unheilbaren Kinder frische Luft schnappten, was ihnen selten genug gegönnt wurde. Sie lagen allesamt genau so da, wie sie auch drinnen ihr Dasein fristeten, mit dem Unterschied, dass sie nun in die Sonne blinzelten. Sie waren blass wie Gespenster und erinnerten an nachtaktive Wesen, die ans Licht gezerrt worden waren. Drei Kleinkinder saßen in Laufstühlchen, die ausnahmsweise nicht an den Laufställen festgebunden waren, sich aber dennoch nicht bewegen ließen, da die Räder im Gras feststeckten.

Adela hantierte gerade an einem der Laufställe herum. Ein

Seitenteil hatte sich gelockert, und sie verschnürte die Ecken mit einem alten Stück Strippe. Als Sarah näher kam, blickte sie auf.

»Ich war gerade bei Wanja«, platzte Sarah ohne Begrüßung heraus.

»Wie geht es ihm?« Dankbar, dass man ihrem Wunsch nachgekommen war, faltete Adela die Hände.

»Sie haben recht, Adela, es ist ein entsetzlicher Ort. Schlimmer noch. Und ich kann nicht verstehen, warum Wanja dort ist.«

Wie aus dem Nichts tauchten ein paar Angestellte auf, um zuzuhören.

»Es ist ein Konzentrationslager. Ein anderes Wort gibt es dafür nicht.« Sarahs drastischer Vergleich ließ die Angestellten nach Luft schnappen, und Adela schloss die Augen, als wollte sie Sarahs Worte nicht hören.

»Ich verstehe das nicht«, fuhr Sarah fort und achtete ausnahmsweise einmal nicht auf das, was sie sagte. »Wie können Sie Ihre Kinder an derartige Orte schicken?«

Adela schwieg beharrlich. Eine der Betreuerinnen meldete sich zu Wort: »Nicht wir schicken sie dorthin. Wir unterstehen dem Gesundheitsministerium. Diese Anstalten aber unterstehen einem anderen Ministerium, dem Sozialministerium. Dort wird entschieden, wohin die Kinder kommen.«

»Aber Sie wissen über die Zustände in den Anstalten Bescheid?«

»Nein. Wir waren noch nie dort. Wenn die Kinder das Babyhaus verlassen, sehen wir sie nie wieder.«

Adela murmelte irgendetwas Unverständliches und ging ins Haus, woraufhin auch die Betreuerinnen verschwanden. Sarah blieb allein zurück. Der kurze Wortwechsel hatte ihr schlagartig die Augen geöffnet. Sie hatte nie begreifen können, warum sich das Personal des Babyhauses so gleichgültig gegenüber dem Schicksal der Kinder verhielt. Warum waren Dr. Swangers Anregungen nicht umgesetzt worden? Warum brachte man den Kindern weder sprechen noch laufen bei? Warum wurden nicht einmal die einfachsten Operationen veranlasst? Warum hatte man Wanjas Schielen nicht korrigiert?

»In diesem Augenblick bekam ich auf all diese Fragen eine Antwort: Eine dauerhafte Betreuung der Kinder war für das Personal gar nicht vorgesehen. Die Babyhäuser waren lediglich eine Zwischenstation, von wo aus die Kinder weiter an ein unbekanntes Ziel geschickt wurden – ein Ziel, von dem vermutet wurde, dass es schrecklich war, Genaueres wollte man jedoch gar nicht wissen. Das war der Grund, weshalb sie keinerlei Beziehung zu den Kindern aufbauten: Sie wollten sich selbst schützen, denn sie wussten, dass sie die Kinder nie wiedersehen würden. Das Babyhaus war ein Lagerhaus zur Aufbewahrung der Kinder, bis irgendwann ein Schriftstück eintraf und sie vom Personal an die angegebene Adresse geschickt wurden.

Doch einem dieser Kinder, einem außergewöhnlichen Jungen, der sich seiner Vernichtung durch dieses entsetzliche System widersetzte, war es gelungen, die Anstaltsmauern zu durchdringen, und nun schickte er Nachrichten zurück. Dieser schwache, kleine Junge kämpfte ausgehungert, sediert und vollkommen allein um sein Leben. Doch auch ihn drohte das System allmählich seiner Kraft zu berauben.«

Mit einem Blatt Papier wedelnd kehrte Adela in den Garten zurück. Staunend las Sarah die handgeschriebenen Zeilen: »Mein Name ist Wiktoria Kitajewa. Ich sorge mich um einen Jungen (6 Jahre), Wanja Pastuchow, dem es jetzt schlecht geht, aber er ist sehr klug und ein guter Junge. Können Sie mich anrufen auf der Arbeit oder daheim vor 8 oder nach 22 Uhr?«

»Wer ist diese Frau, Adela?«

»Das ist Wika. Sie hat sich mit Wanja angefreundet, als er hier war.«

»Gehört sie zum Personal?«

»Nein, sie kam freiwillig, so wie Sie. Eine junge Frau, sie kam einfach zu Besuch.«

»Aber warum habe ich sie nie kennengelernt? Warum haben Sie mir nicht schon viel früher von ihr erzählt?«

Darauf hatte Adela keine Antwort. »Wika hat Wanja im

Internat besucht. Sie versucht, ihm zu helfen. Jetzt möchte sie, dass Sie sie anrufen. Ich kann kein Englisch, aber ist das hier nicht eine Telefonnummer?«

»Ich werde sie anrufen. Aber ich verstehe immer noch nicht, warum Sie sie erst jetzt erwähnen.«

Adela murmelte irgendetwas von der Küche und verschwand zurück ins Haus.

Sarah konnte es nicht fassen. Sie hatte sich immer gewünscht, Kontakt zu einem Menschen hier zu bekommen, der das Potential dieser Kinder erkannte. Aber wann sollte sie sich mit der Frau treffen? In zwei Tagen wollte sie mit ihren Kindern über den Sommer wegfahren. Ganze Monate waren nutzlos verstrichen. »Zumindest anrufen kann ich sie vor meiner Abreise noch«, beschloss Sarah.

10.
SAURE TRAUBEN
Juli bis Oktober 1996

Als Wikas Wecker am Samstagmorgen um halb acht klingelte,
hätte sie sich am liebsten noch einmal umgedreht und weiter-
gedöst. Sie hatte aufgrund der unerträglichen Hitze, die in den
Sommermonaten in der Dachgeschosswohnung ihrer Großmutter herrschte, kaum ein Auge zugetan. Doch dann fiel ihr
Sarahs Mann Alan ein, der heute bei ihr vorbeikommen
wollte. Er hatte ein paar Abende zuvor bei ihr angerufen und
sie gebeten, ihn nach Filimonki zu begleiten, um Wanja zu besuchen. Wika stöhnte. Ihr steckte noch immer das Martyrium
mit Natascha in den Knochen. Darüber hinaus hatte ihr der
Mann von der Adoptionsagentur mitgeteilt, dass von Seiten
des Ministeriums mit einer sechsmonatigen Wartezeit zu rech-
nen sei, bis Wanja adoptiert werden konnte. Wika bezweifelte,
dass er so lange durchhielt. Sie wusste einfach nicht, was sie
noch tun sollte.

Als Alan angerufen hatte, wollte Wika zunächst ihrem ersten Impuls folgen und ihm sagen, dass er allein fahren solle.
Doch seine freundliche, bescheidene Art hatte sie umge-
stimmt. »Wenn Sie mich bei meiner Großmutter abholen«,
sagte sie, »komme ich mit«, woraufhin er sich für acht Uhr
morgens angekündigt hatte. Das war in einer halben Stunde,
und sie war noch nicht einmal angezogen.

Zum Glück bereitete Wikas Großmutter in der Küche bereits Tee zu. Hastig klappte Wika das Schlafsofa zusammen,
das die beiden sich teilten, und verstaute das Bettzeug. Dabei
rief sie ihrer Großmutter zu, dass sie eine weitere Tasse und
etwas zu essen auf den Tisch stellen sollte, doch alles, was

noch da war, belief sich auf eine kleine Schüssel mit Würfelzucker, einen Teller Frühlingszwiebeln und eine eingestaubte
Packung Waffeln.

Wika nahm einen Rucksack und sah sich nach dem kleinen
Paar Stiefel um, das ihr ein Mitglied der Gemeinde für Wanja
gegeben hatte. Da sie nichts für ein Picknick mit Wanja zu
Hause hatte, würde sie Alan bitten müssen, unterwegs zu hal-
ten, um etwas zu besorgen. Als es klingelte, drückte Wika den
Türöffner und ließ Alan ins Haus.

Nachdem sie ihm die Wohnungstür geöffnet hatte, war ihr
erster Gedanke: Wie soll ich diesen großen, schlaksigen Mann
in dem karierten Hemd nur als meinen Cousin ausgeben? Er
sah so unleugbar englisch aus. Statt eines kurzärmeligen
Hemds, wie es ein Russe üblicherweise an einem Samstag im
Sommer trug, hatte er seine langen Ärmel bis zu den Ellbogen
hochgekrempelt.

»Sind Sie fertig?«, fragte er.

»Noch nicht ganz. Kommen Sie doch auf eine Tasse Tee
herein, dann stelle ich Ihnen meine Großmutter vor.«

Wika ließ Alan am Tisch Platz nehmen und beobachtete, wie
er ihre beengten Lebensverhältnisse in Augenschein nahm.
Vielleicht war er in einem Schloss groß geworden, überlegte
sie. Er hörte sich jedenfalls so an mit seinem aristokratischen
russischen Akzent, und dann waren da noch seine auf Hochglanz polierten braunen Schuhe mit dem ins Leder gestanzten
Lochmuster. Er sagte nichts, um ihr die Sache zu erleichtern.
Beim Eingießen verfehlte sie die Tasse und verschüttete den
Tee über den ganzen Tisch. Der Zauber, den sie am Telefon ver-
spürt hatte, war verflogen, und alles, was sie jetzt spürte, war
seine Ungeduld, sich endlich auf den Weg zu Wanja zu machen.

Er stand auf. »Ich habe Orangensaft und Trauben aus dem
Supermarkt dabei. Wir können unterwegs noch etwas anderes
besorgen«, sagte er. Wika warf noch rasch ein paar Sachen in
ihren Rucksack und verabschiedete sich dann von ihrer Großmutter, nicht ohne sie daran zu erinnern, in ihrer Bibel zu lesen.

Beim Einsteigen entdeckte Wika auf dem Rücksitz von

Alans Wagen eine große, schwarze Kamera, wie sie professionelle Fotografen benutzen. »Die können Sie unmöglich mit in die Anstalt nehmen. Wenn dort herauskommt, dass Sie Journalist sind, wirft man Sie raus. Und mich lassen sie dann auch nie wieder rein.«

»Aber ich muss Fotos machen. Keine Bilder, keine Story.«

Wika wurde klar, dass die Sache nicht leicht werden würde. Sie versuchte Alan zu erklären, dass sie geschickt vorgehen mussten. Seit dem Besuch von Sergej, dem Musiker, waren die Angestellten besonders misstrauisch. Sein heimlich aufgenommenes Video über die Anstalt war gerade erst im russischen Fernsehen gezeigt worden. Der Anstaltsleiter hatte getobt und zur Strafe die Gehälter des Personals um die Hälfte gekürzt. Es war Wika gewesen, die Sergej gesagt hatte, wo er das Internat finden würde, doch das wusste dort zum Glück niemand. Wika war sich bewusst, dass sie auf keinen Fall etwas tun durften, was sie mit Sergej in Verbindung brachte.

Während sie sich weiter durch die verstopfte Straße kämpften, auf der die Menschen aus der Stadt und ins Wochenende flüchteten, herrschte betretenes Schweigen. Wika machte Alan auf einen Markt am Straßenrand aufmerksam. Sie parkten und liefen vorbei an Ständen, die Wodka, Gin Tonic in Dosen, Zigaretten und Schokoriegel anboten, in Richtung einiger Händler, die Produkte aus den eigenen Gärten verkauften. Wika hielt bei einer Bäuerin, die Gurken, Frühlingszwiebeln und Rote Bete vor sich auf dem Tisch liegen hatte. Daneben stand ein einzelner Plastikbecher mit schwarzen Johannisbeeren. Sie waren prall und reif, genau das, was Wanja brauchte, dachte Wika. Alan bestand darauf, sie zu bezahlen, und nach einem halbherzigen Versuch, mit der Bäuerin zu handeln, reichte er ihr ein Bündel Geldscheine, das Wikas Großmutter eine ganze Woche zum Leben gereicht hätte.

Er fragte Wika, ob sie ein Brötchen wolle, und ohne nachzudenken deutete sie auf eine Platte Pelmeni, Teigtaschen gefüllt mit würzigem Fleisch, die ein georgischer Mann mit Adlernase und stoppeligem Schnurrbart zum Verkauf anbot. »Ich hätte gern lieber eins von denen.« Schlagartig schämte sie sich für ihr vermessenes und gieriges Verhalten. Der Verkäufer zwinkerte ihr zu und lächelte sie, seine Goldzähne entblößend, lüstern an, woraufhin Wika nur noch stärker errötete.

Auf dem Weg zurück zum Auto kamen sie an einem Schild mit der Aufschrift FAST FOOD vorbei. Wika hatte diesen englischen Ausdruck nie zuvor gehört und fragte unbesonnen: »Ist damit Essen gemeint, das man während des Fastens essen kann?« Alan musste lachen. »Wenn man sich den Fastenkalender der orthodoxen Kirche so anschaut, wäre das ein echter Kassenschlager.«

Der Einkaufsbummel – ein süßes Brötchen, zwei Teigtaschen sowie die überteuerten schwarzen Johannisbeeren – hatte die Atmosphäre zwischen ihnen aufgelockert. Alan fragte Wika, was sie beruflich mache, und sie erzählte ihm, dass sie in einer finnischen Baufirma als Sekretärin arbeitete. Ihr eigentliches Interesse galt jedoch dem abendlichem Bibelstudium, das manchmal bis nach Mitternacht dauerte und ihr die Energie zum Arbeiten raubte. Ihr Chef verlor allmählich die Geduld mit ihr, und die Tage, die sie sich freinahm, um zu Wanja zu fahren, machten alles nur noch schlimmer.

»Warum besuchen Sie ihn dann?«, fragte Alan.

»Sie sind der Erste, der mich das fragt«, antwortete sie lediglich. »Mit Ihrem Artikel werden Sie ihm helfen, nicht wahr? Was werden Sie schreiben?«

»Das weiß ich noch nicht. Ich muss mich dort erst einmal umsehen. Rührselige Geschichten sind normalerweise nicht mein Terrain. Der britischen Presse geht es nicht darum, zu helfen, sondern aufzuwühlen. Die Geschichte wird ein Testlauf, mal sehen, wie die Leute reagieren.«

»Was meinen Sie mit Testlauf?«

»Wir warten einfach ab, was sich anschließend so tut.«

Sie erreichten die Ausläufer der Stadt, und der Verkehr begann, flüssiger zu laufen. Sie könnten Wanja für ein Picknick mit nach draußen nehmen, dachte Wika, während sie durch die offene Landschaft fuhren. Das würde ihm Spaß machen.

An der Anstalt angekommen, schien es, als ob die Natur den Atem angehalten hätte. Die Sonne war verschwunden, und in Erwartung des Regens waren Vögel und Insekten verstummt. Das Tor war trotz der Sicherheitsvorkehrungen, die infolge von Sergejs Besuch getroffen worden waren, nicht verschlossen. Doch Wikas Freude darüber war verfrüht, denn als sie das Gebäude betraten, sahen sie sich mit zwei neuen Wachmännern konfrontiert, die ganz in Hollywoodmanier verspiegelte Sonnenbrillen trugen. Wika fragte sich, wie sie mit dem Ausländer im Schlepptau an ihnen vorbeikommen sollte. Sie entschied sich, erst gar nicht stehenzubleiben, und erklärte den beiden im Vorbeigehen, dass sie zur leitenden Ärztin wollten, deren Namen sie sich zum Glück gemerkt hatte. Alan sagte nichts, und die Männer ließen sie tatsächlich passieren.

Es gab weitere neue Sicherheitsmaßnahmen, die die Isolation der Kinder von der Außenwelt noch verstärkten. So war die Glasscheibe in der Tür zum Kindertrakt mit einer Holzlatte zugenagelt worden. Wika klopfte und rief. Nach ein paar Minuten erschien eine Betreuerin.

»Ohne Erlaubnis können Sie nicht hereinkommen.«

»Aber ich habe Wanja schon öfter besucht«, sagte Wika. »Der Leiter kennt mich.«

»Die Vorschriften wurden geändert.«

»Aber ich habe die ganze Woche versucht anzurufen, um eine Erlaubnis einzuholen. Es ist nicht meine Schuld, dass das Telefon kaputt ist.«

Die Betreuerin gab nach. »Sie haben fünfzehn Minuten.«

Aufgrund der Hitze stank es drinnen noch beißender nach Urin und Kot als bei ihrem letzten Besuch. Wika brachte Alan in den weißgekachelten Raum und sagte ihm, er solle dort warten.

»Was ist mit dem Zimmer, in dem die Kinder in Käfigen gehalten werden? Ich muss das sehen.«

»Nein. Das würde sie misstrauisch machen. Sie müssen tun, was ich Ihnen sage, oder wir werden rausgeworfen.«

Wika ging los, um Wanja zu holen, und brachte ihn, gefolgt von der Betreuerin, in das Besuchszimmer. Wika fragte die Frau, ob sie Wanja mit nach draußen nehmen könnten: »Er braucht frische Luft und Sonne.«

Doch die Betreuerin verweigerte ihr die Erlaubnis. »Es fängt jeden Moment an zu regnen. Die Kinder sind von der Hitze ganz erschöpft. Wir können nicht riskieren, dass sie nass werden.«

Sie verließ das Zimmer, und Alan fragte: »Was können so ein paar Tropfen Sommerregen schon anrichten? Vierundzwanzig Stunden am Tag hier drinnen eingesperrt zu sein schadet ihnen viel mehr.«

Wika ließ Wanja auf einen Stuhl vor dem Fenster knien und setzte sich neben ihn, so dass er hinunter in den betonierten Hof schauen konnte. Bis auf ein paar streunende Hunde war dort alles ruhig. Als die ersten Tropfen fielen, streckte Wika eine Hand durch die Gitterstäbe und hielt sie anschließend Wanja hin. »Regen. Erinnerst du dich an den Regen?«, fragte sie ihn, doch Wanja interessierte sich viel mehr für die schwarzen Johannisbeeren. Mit höchster Konzentration nahm er eine nach der anderen aus dem Becher, steckte sie sich in den Mund und genoss den intensiven süßen Geschmack.

Draußen ging inzwischen ein Wolkenbruch nieder, dem die Regenrinnen an der Hausfassade nicht gewachsen waren.

Wanja wandte sich vom Fenster ab und fragte Wika: »Wie geht es Andrej?« Allmählich fand er seine Sprache wieder.

»Es geht ihm gut. Aber er vermisst dich sehr.«

»Sag ihm, dass ich an ihn denke. Wann kommt er denn?«

»Ich weiß es nicht, Wanja. Ich weiß nicht, wann du Andrej wiedersehen wirst.« Sie brachte es nicht übers Herz, ihm die Wahrheit zu sagen: dass Andrej nie hierherkommen würde. Sie drehte sich zu Alan um und sagte auf Englisch: »Sie wissen, dass Andrej nach Amerika geht?«

»Ja, zu einer Familie nach Florida.«

»Er wäre sonst auch hierhergekommen. Lange hätte er hier nicht überlebt.« Sie erzählte Alan, dass Wanja es gewesen war, der Andrej alles beigebracht hatte. Ohne ihn hätte Andrej niemals gelernt zu sprechen.

Wika legte die restlichen Johannisbeeren in einer Reihe auf den Tisch und forderte Wanja auf, sie zu verteilen. Wie eine ausgetrocknete Pflanze, die endlich gegossen wurde, erwachte er langsam wieder zum Leben, teilte die Beeren aus und sagte an den richtigen Stellen bitte und danke.

»Sehen Sie, was für ein intelligenter Junge er ist?«

»Ja. Kein Unterschied zu meinem Sohn.«

Die Betreuerin betrat mit einer Schüssel dünner Suppe und einem Stück hartem Brot den Raum und setzte beides vor Wanja ab. »Wenn Sie schon mal da sind, können Sie ihn auch füttern. Danach müssen Sie gehen.«

Wika fragte, ob sie auch das kleine Mädchen, das in dem Bett neben Wanja lag, füttern dürften, und ging los, um sie zu holen. »Das ist Sweta«, sagte sie, und setzte sie Alan auf den Schoß. »Wir müssen ihr etwas zu essen einflößen. Sie isst so gut wie nichts, wurde mir gesagt.«

Sie steckte Sweta einen Löffel Suppe in den Mund, woraufhin das Mädchen vor Schmerz zusammenzuckte und den Kopf wegdrehte.

»Es ist vermutlich zu heiß«, sagte Alan. »Als Vater sage ich Ihnen, dass Sie erst pusten müssen, um es abzukühlen.«

»Und als studierte Physikerin sage ich Ihnen, dass mir dieses Prinzip geläufig ist.«

Umsorgt von einem Vater und einer Physikerin gewann Sweta ihren Appetit zurück.

Alan kam auf eine Idee für den Artikel und erzählte Wika davon: »Zwei kleine Jungs werden in einem Babyhaus zu Brüdern. Doch ihr jeweiliges Schicksal könnte unterschiedlicher nicht sein: Während der eine in einer russischen Irrenanstalt auf dem Land eingekerkert wird, steuert der andere auf Florida und ein Leben in Freiheit zu. Die Geschichte zweier Jungs – so verpacken wir es. Das kann selbst der hartherzigste Redakteur nicht ablehnen. Aber ich brauche ein Foto. Ohne das richtige Bild kann ich die Geschichte nicht bringen.«

Er war bereits im Begriff aufzustehen, als er scheinbar überrascht feststellte, dass Sweta noch immer auf seinem Schoß saß. Er registrierte, dass sie, und dementsprechend seine Schenkel, vollkommen durchnässt waren.

»Wika, ich muss unbedingt meine Kamera holen«, sagte er. »Ich brauche ein Bild von Wanja.«

»Nein. Das bedeutet nur Probleme«, sagte sie bestimmt.

»Wika, Wika«, meldete sich nun Wanja zu Wort. Niemand beachtete ihn.

»Sie wissen nicht, wie das bei der Presse läuft. Ohne das richtige Bild bringe ich Wanjas Geschichte nicht in der Zeitung unter.«

»Und Sie wissen nicht, wie schwer es ist, hier hereinzukommen.« Zur Untermauerung ihres Standpunkts fuchtelte Wika mit dem Löffel in der Luft herum und verspritzte die Suppe über den ganzen Boden. »Die können mir jederzeit die Tür vor der Nase zuknallen.«

»Ich bin hierhergekommen, um etwas für den Jungen zu tun, und nicht nur, um mich vollpinkeln zu lassen.« Wütend starrten sich die beiden über Swetas Kopf hinweg an.

»Wika, Wika! Onkel Alan!« Diesmal schenkten sie Wanja Beachtung. Verblüfft, dass er sich den englischen Namen gemerkt hatte, drehten sie sich zu ihm um. Er lächelte sie an und zeigte zum Fenster. »Es hat aufgehört zu regnen. Gehen wir jetzt raus?«

Vom Personal, das die Besucher bis eben noch gedrängt hatte, baldmöglichst wieder zu gehen, war nun keine Spur mehr. Nachdem sie die Kinder gefüttert hatten, machten die Betreuerinnen nun Pause, und so brachte Wika zunächst Sweta zurück, dann nahm sie Wanja und trug ihn den Flur hinunter, wo sie auf Ilja, den jungen Mann, der ein Kreuz an einem Schnürsenkel um den Hals trug, trafen.

»Ilja, ich hatte gehofft, dich heute zu sehen. Wir nehmen Wanja mit nach draußen.«

»Ich komme mit.«

Draußen hatte der Regen die Welt reingewaschen. Dankbar,

dem Fäkaliengeruch entkommen zu sein, atmeten sie die frische Luft in tiefen Zügen ein, und schlenderten an der Ruine der roten Backsteinkirche entlang. Am Fuß der Mauern spross üppig das Unkraut, und rings herum standen hohe, unbeschnittene Bäume, die wirkten, als versuchten sie, das Gemäuer vor neugierigen Blicken zu schützen. Einzig die Kirchturmspitze und die blinden Fensterhöhlen des Mittelschiffs trotzten dem Laubwerk und überragten es.

Jenseits der Kirche standen auf einer ungemähten Wiese verstreut Apfelbäume. Ilja wischte eine Bank trocken, damit Wanja sich setzen konnte. Während er dasaß und ins Sonnenlicht blinzelte, nahm Wika die Stiefel aus ihrem Rucksack und versuchte, sie Wanja anzuziehen.

»Hat er hier denn keine Stiefel?«, fragte Alan.

»Er ist rund um die Uhr im Bett. Keines dieser Kinder hat Schuhe. Oder Kleidung. Sie werden nur angezogen, wenn sie Besuch bekommen.«

Wika stellte Wanja auf die Beine, stützte ihn unter der einen Schulter und bat Ilja, ihn auf der anderen Seite zu halten. Sie versuchten, ihn zum Laufen zu animieren, auch wenn Wika genau wusste, dass diese kleine Übung nutzlos war. Wanja brauchte täglich Übung und Förderung, nicht nur ab und an die Hilfe von Laien, die es gut mit ihm meinten.

Alans Blick fiel auf einen kleinen Anbau, der, im Gegensatz zum Rest der Kirche, in gutem Zustand war: gelber Anstrich, ordentliches Ziegeldach, Stahltür mit zwei nagelneuen Vorhängeschlössern. Über der Tür stand ein einzelnes Wort: LEICHENHALLE.

»Ist das wirklich eine Leichenhalle?«, fragte Alan Ilja.

»Ja. Und es gehört zu meinen Aufgaben, die Toten dorthin zu bringen.«

»Kommt das oft vor?«

»Oh, ja. Mehrmals pro Woche. Auch aus dem Kindertrakt.« Es gefiel ihm, die Besucher mit der grausamen Wahrheit über das Leben in der Anstalt zu schockieren.

»Einfach unglaublich«, sagte Alan nun auf Englisch, damit

der Junge ihn nicht verstehen konnte. »Alles, was den Kindern hier sicher ist, ist ein Platz in dieser Leichenhalle, und jedes Mal, wenn sie nach draußen dürfen, werden sie daran erinnert.«

Alan sagte, dass er zum Auto gehen und seine Kamera holen wolle. Iljas Augen begannen zu leuchten. »Sie haben ein Auto? Kann ich mitkommen?« Als sie zurückkamen, waren Wanjas Lebensgeister dank der Aufmerksamkeit, die ihm geschenkt wurde, wiedererwacht. Dem Journalisten jedoch gefiel das gar nicht.

»Mach schon, Wanja«, rief Alan, während er durch den Sucher schaute. »Jetzt nicht mehr lächeln. Ich brauche ein trauriges Gesicht. Wir müssen die Leser des *Daily Telegraph* anrühren. Mit einem Bild von einem lachenden Jungen funktioniert das nicht.«

Wika lachte. »Er lächelt, weil er glücklich ist, bei uns zu sein«, sagte sie.

»Können Sie ihn nicht dazu bringen, traurig zu schauen?«

»Er leidet gerade nun mal nicht.«

»Sie müssen noch eine Menge über die Presse lernen, Wika«, sagte Alan. »Geben Sie mir eine Traube.«

»Die sind noch nicht ganz reif. Zum Schluss bekommt er noch Bauchweh davon.«

»Perfekt. Wanja, iss eine Traube.«

Wanja nahm die Traube, steckte sie sich in den Mund und biss voller Begeisterung zu. Als der saure Saft aus der Frucht spritzte, verzog er gequält das Gesicht. Alan drückte auf den Auslöser.

»Großartig. Ich wusste, dass du es kannst. Jetzt kannst du sie ausspucken.«

An Wika gewandt, sagte er: »Das wird den Leuten ans Herz gehen. Ich denke, wir sind hier fertig. Wir können los.«

Eine halbe Stunde später saßen sie wieder im Wagen. Wika bekam plötzlich großen Hunger und schlug vor, die Teigtaschen sofort zu essen. Doch Alan wollte erst ein wenig Abstand zwischen sich und die Anstalt bringen. Ein paar Kilometer weiter hielt er an einem Birkenwäldchen. Da der Boden noch feucht war, blieben sie bei geöffneten Türen im Wagen sitzen, tranken Orangensaft und aßen Teigtaschen.

Alan bot Wika eine Zigarette an, die sie gern annahm. »Sie verderben mich noch ganz«, sagte sie.

»Nein. Sie verderben mich. Ich sollte mich aus derartigen Sachen raushalten. Meine Aufgabe ist es, die Leser in ihren Vorurteilen gegenüber Russland zu bestärken. Gute Werke zu tun gehört nicht dazu.«

»Warum machen Sie es dann trotzdem?«

»Die gleiche Frage habe ich Ihnen heute Morgen auch gestellt, aber keine Antwort bekommen. Also kriegen Sie jetzt auch keine.«

»Aber Sie werden doch über Wanja schreiben? Es ist seine einzige Hoffnung.«

»Ich werde mein Bestes tun. Aber solange der Wahlkampf andauert und in Moskau Busse in die Luft fliegen, kann ich nichts über ihn bringen. Er wird sich gedulden müssen.« Alan schaltete das Autoradio an, um die Kurznachrichten zu hören.

Zum wiederholten Male wurden Wikas Hoffnungen zunichtegemacht. Merkte dieser Journalist denn gar nicht, wie schwer ihr jeder einzelne Besuch in Filimonki fiel? Hätte sie doch nur das Geld für den Bus, dann würde sie allein nach Hause fahren.

Sie warfen ihre Zigarettenstummel in das feuchte Gras und fuhren, jeder in seine eigenen Gedanken versunken, zurück nach Moskau.

Vierundzwanzig Stunden später war Wika noch immer enttäuscht darüber, wie gleichgültig sich der Journalist Wanjas Schicksal gegenüber verhalten hatte. Sie musste einfach wissen, ob er den Artikel schreiben würde. Obwohl es schon kurz vor Mitternacht war, griff sie zum Telefon und wählte Alans Nummer. Abermals war er der charmante Engländer und sagte, er könne Wanja gar nicht vergessen, da der Geruch der Anstalt noch immer in seinem Notizbuch hinge. Er habe mit seinem Redakteur gesprochen, der zu bedenken gab, dass die Geschichte in England für Aufregung sorgen könnte, und die Leser in Scharen bei der Zeitung anrufen und ihre Hilfe anbieten würden.

»Aber wäre das denn nicht gut?«, fragte Wika. »Vielleicht meldet sich jemand, der Wanja adoptieren will.«

Alan erklärte ihr, dass die Zeitung da nicht mit hineingezogen werden wolle und auch gar nicht das Personal habe, um all die Leseranrufe entgegenzunehmen. Dennoch war es ihm gelungen, den Redakteur davon zu überzeugen, den Artikel während des Sommerlochs im August zu bringen.

Wika legte auf. Sie konnte nicht fassen, dass Alan den Ernst der Lage noch immer nicht begriffen hatte. Jeder Tag, den Wanja länger in dem Internat verbrachte, brachte ihn dem Tod ein Stückchen näher. Sie hatte das Gefühl, die Einzige zu sein, der das klar war.

Mitte August erschien Alans Artikel dann schließlich unter der Überschrift MUTTER RUSSLANDS VERGESSENE WAISEN. Die erschütternden Bilder von einem Jungen in Zwangsjacke und mehreren Kindern mit Down-Syndrom, die ohne Spielsachen in einem Laufstall zusammengepfercht waren, stammten aus dem Internat Nr. 30, einer grauenvollen Anstalt am Stadtrand von Moskau, in der die Kinder unter ähnlichen Bedingungen lebten wie in Filimonki. Andrej nahm eine eigene Spalte in dem Artikel ein. Unbeschwert lachend und mit vom Sonnenlicht gesprenkeltem blondem Haar hielt er sich einen Plastiktelefonhörer ans Ohr, durch den er mit seiner zukünftigen Familie in Florida zu plaudern schien. Das Bild daneben stand in scharfem Kontrast dazu. Es zeigte Wanja, der mit rasiertem Schädel und gerunzelter Stirn in die Kamera schaute und zu fragen schien: »Warum bin ich hier? Womit habe ich dieses Schicksal verdient?« Nur einem besonders scharfsichtigen Leser wäre die kleine Wölbung in seiner Backe aufgefallen, in der sich eine saure Traube versteckte.

Die Reaktion der britischen Öffentlichkeit auf den Artikel war überwältigend. Eine Frau erklärte sich bereit, Wanja zu adoptieren, doch Adoptionen aus dem Ausland nach Großbritannien gestalteten sich schwierig, besonders von Russland aus, da zwischen den beiden Ländern kein Abkommen bestand. Ihre Aussicht auf Erfolg ging praktisch gegen null. Wanja wartete also weiter auf seinen Schutzengel.

Im Oktober erhielt Wika ihre Kündigung. Sie ging noch einmal alles durch, was sie für Wanja getan hatte, und stellte fest, dass sie auf allen Ebenen gescheitert war. Ihr Versuch, ihn in einem Kinderheim unterzubringen, war am Widerstand der dortigen Heimleitung gescheitert. Mit all ihrer Überredungskunst hatte sie Natascha dazu gebracht, ihre elterlichen Rechte aufzugeben, damit Wanja adoptiert werden konnte, um anschließend zu erfahren, dass dies nur der erste Schritt in einem langwierigen Verfahren war. Sie hatte Journalisten in die Anstalten geführt, damit sie sich selbst ein Bild von den Bedingungen machen konnten, unter denen die Kinder lebten, doch nichts war geschehen. Wanja steuerte weiterhin unaufhaltsam auf seinen Tod zu, Wika hatte keine Kraft, um weiterzukämpfen. Sie betete, bat um Erleuchtung und erkannte mit einem Mal, dass die Schuld an Wanjas Schicksal gar nicht bei ihr lag. Er war weder ihr Sohn noch hatte sie ihn in die Obhut des Staates gegeben oder in die Irrenanstalt überwiesen. Sie konnte nichts für ihn tun. »Ich hatte den Nullpunkt erreicht. Mir wurde klar, dass ich ein Niemand war. Ich sagte mich von allem los.«

Nun musste sie die Nachricht nur noch den Menschen im Babyhaus beibringen. Sie hatte das Gefühl, es ihnen schuldig zu sein, da auch sie sich um Wanja sorgten. Wika zwang sich aufzustehen, bereitete sich eine starke Tasse Tee mit drei Stück Zucker zu, griff zum Telefon und wählte die Nummer des Babyhauses. Sie musste es lange klingeln lassen, und als endlich jemand abhob, erkannte sie die schüchterne Stimme vor lauter Knistern kaum.

»Adela, sind Sie es?«

Wieder konnte sie die Person am anderen Ende nicht verstehen und schrie daher: »Adela, ich muss mit Ihnen über Wanja sprechen.«

»Ja, es ist ein Wunder, nicht wahr?«, sagte die Stimme.

Wika runzelte die Stirn. Wovon sprach Adela?

»Aber Adela, ich habe nichts ausrichten können. Ich habe versagt. Es tut mir so leid.«

Das Knistern in der Leitung wurde noch stärker. Sie verstand lediglich Wortfetzen, die sich anhörten wie: »Er ist hier. Er ist zurück.«

»Wer? Wo zurück?« Wika sank zu Boden.

»Wanja ist hier, zurück im Babyhaus. Sie haben ihn heute Morgen zurückgebracht«, fuhr Adela fort. »Er ist gerade angekommen. Kommen Sie, und schauen Sie selbst.«

In weniger als einer Stunde war Wika im Babyhaus 10. Als sie in den Flur trat, traf sie dort niemanden an, doch vom anderen Ende drang lautes Schreien zu ihr herauf, und sie lief los. Sie kannte dieses Schreien, doch es konnte unmöglich Wanja sein. Warum sollte er ausgerechnet heute vollkommen hysterisch sein? Eine Frau in einem weißen Kittel kam ihr entgegen.

Sie sah Wika vorwurfsvoll an. »Oh, Sie sind es. Vielleicht können Sie uns das erklären. Er will zurück ins Internat. Haben Sie uns nicht gesagt, das wäre ein so schrecklicher Ort?«

Jetzt erkannte Wika, dass es tatsächlich Wanja war, der da schrie: »Ich will nach Hause!«

»Wo ist er?«

»Man hat ihn in die Gruppe 6 gebracht. Adela ist gerade nach oben gelaufen, um Walentina zu holen. Vielleicht bringt sie ihn ja zur Besinnung.«

Wika rannte in den Raum der Gruppe 6. Mit hochrotem Kopf und tränenüberströmtem Gesicht wand sich Wanja in den Armen einer unbekannten Betreuerin. Dabei zeigte er nach oben und schrie: »Heim, heim, heim.« Wika hatte ihn noch nie in solch einem Zustand erlebt. Er war derart außer sich, dass er sie noch nicht einmal wahrnahm. Immer mehr Angestellte des Babyhauses scharten sich um ihn und starrten ihn stumm und verständnislos an. Ein derart eigensinniges Verhalten war ihnen bislang noch nicht untergekommen.

Doch sie mussten nicht lange auf eine Erklärung warten. Walentina erschien im Türrahmen, dicht gefolgt von einer zitternden Adela, der die Verantwortung für die Bewältigung der Krise schwer zu schaffen machte. Kaum hatte Wanja seine Lieblingsbetreuerin erblickt, stürzte er sich in ihre Arme und sank an ihre üppige Brust. Die Ruhe war wiederhergestellt. Mit der Erhabenheit eines Ozeanriesen trug Walentina Wanja zurück nach oben in das Zimmer, das sein einziges Zuhause darstellte. All die furchtbaren Strapazen der vergangenen acht Monate waren in seiner leidenschaftlichen Bitte, »heim« zu Walentina zu dürfen, aus ihm herausgebrochen. Für jedes andere Kind wäre der stille Raum mit den unheilbaren Fällen der letzte Platz auf Erden, an dem es leben wollte. Doch für Wanja, der soeben aus dem Gitterbett einer Irrenanstalt zurückgekehrt war, war dies sein Zuhause.

Was Wika so verzweifelt versucht hatte zu erreichen, war plötzlich und vollkommen unerwartet eingetreten. Aber wie? Sie musste sich das erklären lassen. Adela war von ihren Gefühlen zu überwältigt, um sich verständlich zu äußern. Also erkundigte sich Wika beim Personal, wie es zu Wanjas Rückkehr ins Babyhaus hatte kommen können – etwas, das laut Aussage aller anderen undenkbar war.

»Es wurde ein neues Gesetz verabschiedet«, sagte Adelas Stellvertreterin. »Es ermöglicht Wanja, zur Weiterbehandlung und Prüfung seiner Diagnose ins Babyhaus zurückzukehren.«

»Was ist mit den anderen Kindern aus dem Internat? Sind sie auch wieder in ihren Babyhäusern?«, fragte Wika.

»Nein. Das neue Gesetz wurde nur in Wanjas Fall angewandt. Die anderen wurden alle ins Internat 30 gebracht.«

Wika versuchte, aus den verworrenen und bruchstückhaften Informationen schlau zu werden. Scheinbar waren die Behörden gezwungen gewesen, den Kindertrakt in Filimonki zu schließen, nachdem die dortigen Missstände aufgedeckt worden waren. Die Kinder waren daraufhin ins Internat 30, eine Anstalt am Stadtrand von Moskau, gebracht worden. Der Platz wurde für die erwachsenen Insassen benötigt.

Doch eine Frage blieb weiterhin offen. Wie war Wanja diesem Schicksal entronnen? Alle waren sich einig, dass es so etwas noch nie gegeben hatte. Die Rückkehr eines Kindes in ein Babyhaus war beispiellos. Adela sprach nur noch von einem »Wunder«.

»In diesem schicksalhaften Sommer 1996 lernte ich etwas ganz Entscheidendes dazu«, erinnert sich Wika. »Selbst wenn man auf aussichtslosem Posten kämpft, darf man nicht aufgeben. Doch erst wenn man sich eingesteht, dass man machtlos ist, erhört Gott die Gebete. Wanjas Rückkehr war in der Tat ein Wunder.«

11.
MIT KNAPPER NOT ENTRONNEN
Teil 1

August bis Dezember 1996

Der Artikel über Wanja hatte einen einzigen Haken: der Zeitpunkt seiner Veröffentlichung. Er erschien wie angekündigt im August, doch zu dieser Zeit machten Alan und Sarah gerade Urlaub in der abgeschiedenen Villa eines verschrobenen Englischprofessors in Griechenland – ohne Strom und Telefon. Die einzige Möglichkeit, die beiden zu erreichen, war das Telefon einer Taverne am Strand, deren Nummer Alan hinterlassen hatte. Das Problem war nur, dass dort niemand Englisch verstand.

Der Artikel erschien an einem Samstag, und während des gesamten Wochenendes stand das verstaubte Wandtelefon in der Taverne nicht mehr still. Doch alle Anrufer scheiterten an der Sprachbarriere. Erst am Montag, als Sarah zufällig gerade in dem Lokal zu Mittag aß, hatte eine Anruferin aus England Glück. Sie hieß Linda und erzählte Sarah, dass Wanja ihrem eigenen Sohn Philip, heute vierzehn sei, verblüffend ähnlich sehe. Auch bei ihm hätten die Ärzte infantile Zerebralparese diagnostiziert, die er aber inzwischen überwunden habe. Sie selbst sei von Beruf Physiotherapeutin und wisse daher genau, was zu tun sei, um Wanja das Laufen beizubringen. »Ich kann nicht den Rest meines Lebens damit verbringen, schöne Dinge zu tun, wenn ich gleichzeitig weiß, dass dieser kleine Junge die Hölle durchleidet.«

Sarah erklärte der Frau, dass nichts von alldem möglich sei, bevor sie nicht die Hürde der Adoption von Russland nach Großbritannien genommen hätte – eine kostspielige und langwierige Angelegenheit. Hinzu kam, dass die Adoption eines

Kindes, das in einer Anstalt gewesen war, unter Umständen gar nicht möglich war. Doch nichts, was Sarah sagte, brachte die Frau von ihrem Vorhaben ab, im Gegenteil: Sie kündigte an, unverzüglich mit dem Sammeln von Spenden zu beginnen und einen Pass zu beantragen.

Mit gemischten Gefühlen legte Sarah auf. Alles klang nach der perfekten Mutter für Wanja. Allerdings hatte Sarah nie die Absicht gehabt, in eine internationale Adoption verwickelt zu werden. Sie war nach wie vor der Meinung, dass dieser begabte und willensstarke Junge nach Russland gehörte, auch wenn sein Platz dort erst noch gefunden werden musste. Der Anruf machte ihr klar, wie naiv Alan und sie gewesen waren. Sie hatten Wanja zum Aushängeschild all jener verlassenen russischen Kinder gemacht, die aufgrund einer Fehldiagnose ein ähnlich schreckliches Schicksal erleiden mussten. Dass dies zwangsläufig in Adoptionsangeboten münden würde, hatten sie nicht bedacht. Wika hingegen war ihr längst einen Schritt voraus: Sie hatte bereits alle innerstaatlichen Optionen geprüft und erkannt, dass Wanjas Zukunft im Ausland lag.

Und tatsächlich hielt jene Engländerin namens Linda Wort und verbrachte die kommenden Monate damit, Geld für eine Reise nach Moskau zu sammeln.

Was Wanja betraf, so bedeutete seine Rückkehr ins Babyhaus nicht den Beginn eines neuen, sondern vielmehr den Sprung zurück in sein altes Leben, zurück in das Zimmer mit den unheilbaren Fällen. Dort erging es ihm wie zuvor; die versprochene »Weiterbehandlung« – weshalb er ja angeblich ins Babyhaus zurückgeschickt worden war – wurde nie wieder thematisiert. Niemand aus dem Team von Defektologen, Logopäden, Masseuren oder Ärzten zeigte Interesse daran, ihn zu fördern, und auch Adela wies ihr Personal nicht dazu an. Doch Wanja war froh darüber, wieder mit seinem Freund Andrej zusammensein zu können und alle vier Tage die Liebe seiner Betreuerin Walentina zu genießen. Was sich jedoch verändert hatte, war Wanjas körperliche Verfassung. Die Monate in der Anstalt von Filimonki hatten ihn ausgezehrt, er war bis auf die Knochen abgemagert, seine Hände zitterten und wirkten riesig im Vergleich zu seinen dürren Armen und Beinen, er war totenbleich und hatte dunkle Ringe unter den Augen.

Etwa zu dieser Zeit brachte Sarah eine junge Frau mit ins Babyhaus. Sie war mit einem Diplomaten verheiratet, ausgebildete Kindergärtnerin und wollte gern musiktherapeutisch mit den Kindern arbeiten. Für gewöhnlich ergriff Adela beim Anblick fremder Besucher die Flucht und versteckte sich in ihrem Büro, doch an diesem Tag steuerte sie geradewegs auf Sarah und ihre Begleiterin zu. Sie war sichtlich erregt und auf der Suche nach jemandem, bei dem sie sich Luft machen konnte.

Ohne die beiden Frauen zu begrüßen, platzte sie heraus: »Momentan ist einfach alles nur schwierig.« Sarah machte ein betroffenes Gesicht.

»Gestern hatte die Betreuerin aus Gruppe 3 einen Anfall. Sie hat wie wild um sich geschlagen – ich konnte sie gar nicht beruhigen. Sie hat mehr Geld verlangt, da sie, wie sie sagt, mit ihren zwei Töchtern sonst nicht über die Runden komme. Aber ich habe nichts, was ich ihr geben könnte. Und ich verstehe es auch nicht. Sie hat vor Kurzem eine Million Rubel bei einem Gewinnspiel gewonnen. Aber sie sagt, sie brauche noch mehr. Und das Schlimmste ist, dass sie jetzt vielleicht nicht mehr zur Arbeit kommt.«

Sarah konnte ihrer Freundin vom Gesicht ablesen, was sie dachte: Wer ist diese verwirrte alte Frau? Sie überlegte, ob sie ihr Adelas Personalprobleme dolmetschen sollte, entschied sich dann aber dagegen. Die Wahrheit hätte sie nur abgeschreckt, die Kinder im Babyhaus, die ihre Hilfe so dringend benötigten, zu therapieren.

Genauso plötzlich, wie es aus Adela herausgeplatzt war, versiegte ihr Redefluss auch wieder, und widerwillig stimmte sie dem Vorschlag mit der Musiktherapie zu. Doch wie bei allen guten Dingen im Babyhaus 10 blieb es nicht lange dabei. Nach nur drei oder vier Malen wurden die Therapiestunden mit der Begründung eingestellt, die Musik rege die Kinder zu sehr auf.

Sarah hatte ihren Glauben an das Babyhaus ohnehin schon verloren, da stolperte sie in einer russischen Zeitung über einen Artikel, in dem Adelas Babyhaus als ein »Reich von Engeln« dargestellt wurde, eine Insel des Guten inmitten einer schlechten Welt, mit tüchtigen, liebevollen und fürsorglichen Angestellten. Alles, was die Journalistin – ein Mitglied der Kirchengruppe, die jeden Dienstag ins Babyhaus kam – als positiv beschrieb, empfand Sarah als schädlich und einschränkend. So wurde der hohe Zaun als Schutzvorrichtung vor Herumtreibern und Alkoholikern gerühmt. »Für mich bedeutete der Zaun vielmehr die Isolation der Kinder von der Außenwelt«, sagt Sarah, während sie ein verblasstes Exemplar des Artikels in den Händen hält. »Verwandte wurden auf diese Art ferngehalten, und die dahinter verborgene Welt ermöglichte sämtliche Formen des Missbrauchs. Ich konnte nicht glauben, dass sie das ›monotone‹ Leben im Babyhaus einen Segen im Vergleich zu der hektischen und verkommenen Welt draußen nannte. Sie fand sogar eine Entschuldigung für die Vernachlässigung der Kinder: Da sie alle ›schwer krank‹ und damit ›verloren‹ seien, brauchten sie keine ärztliche Betreuung.

Mein Befremden erregte auch ihre Meinung zu Anna, dem kleinen Mädchen, dem jene britische Wohltätigkeitsorganisation einen Rollstuhl beschafft hatte. Sie beschrieb Anna als ›aufgewecktes und neugieriges Mädchen‹, das – ebenso wie Wanja – die Diagnose ›schwachsinnig‹ erhalten habe, was die Journalistin ein intellektuelles Todesurteil nannte. Sie vergaß jedoch zu erwähnen, dass die Vernachlässigung und die Verwahrung in einem Zimmer, in dem außer Anna kein Kind sprechen konnte, unmittelbar für diese Diagnose verantwortlich waren. Zum Kochen brachte mich schließlich ihre Aussage, dass das Verhalten der Angestellten, entgegen Dr. Swangers Anraten kein Stützkorsett für Anna anzufertigen, damit zu rechtfertigen sei, dass derartige Unannehmlichkeiten für ein vollkommen perspektivloses Kind überflüssig seien.

Ich kam zu dem Schluss, dass Adela in den Augen dieser

Kirchengruppe unfehlbar sein musste – aus dem einfachen Grund, weil sie gläubig war. Wie anders war da doch Wika, die trotz ihres tiefen Glaubens sofort erkannt hatte, dass Behinderungen in Babyhäusern nicht nur nicht therapiert, sondern mitunter hervorgerufen wurden.«

Im Dezember brachten Sarah und Wika Wanja zu einer Begutachtung ins Zentrum für Heilpädagogik, einer unabhängigen Therapie- und Tageseinrichtung für Kinder mit Behinderungen in Moskau. »Der Kontrast zwischen dem Babyhaus und dieser Einrichtung hätte größer nicht sein können. Wie konnte es in einer Stadt, die das Babyhaus 10 betrieb, gleichzeitig ein solches Zentrum geben? Zum ersten Mal wurde Wanja wie ein Mensch behandelt. Nirgends sah man jemanden im weißen Kittel, und der Zentrumsleiter trug ein T-Shirt mit der Aufschrift ›Kein Kind ist bildungsunfähig‹. Nachdem sich das Personal vergewissert hatte, dass Wanja sich wohlfühlte, gaben sie ihm eine Rechentafel zum Spielen, ermunterten ihn, die Holzkugeln zu befühlen, und lobten ihn, wenn er etwas Gescheites sagte. Zum ersten Mal in seinem Leben hatte Wanja eine Sitzung bei einer Physiotherapeutin, die ihn über einen großen Gummiball streckte. Im Anschluss durfte er mit dem Personal zusammensitzen und Tee trinken – aus einer Porzellantasse mit Untertasse –, und sich selbst Zucker nehmen. Was für ein Unterschied zu jenem Fläschchen mit grauem Brei, das man ihm vor Kurzem noch durch die Eisenstäbe seines Gitterbetts gereicht hatte. Wir bekamen eine Ahnung davon, wie sein Leben aussehen könnte.

Während ich der Beurteilung dieses ausgemergelten sechsjährigen Jungen mit den dürren Beinchen zusah, versuchte ich mir vorzustellen, wie ein Außenstehender, der nichts über die (Un-)Art der staatlichen Betreuung in Russland wusste, wohl reagieren würde, wenn er Wanja in dieser Verfassung anträfe. Er wäre überrascht, dass keiner der Anwesenden zum Telefon griff und der Polizei einen Fall von schwerer Kindesmisshandlung meldete. Doch jeder im Raum wusste, dass hier kein Gesetzesverstoß vorlag, da der Staat billigte, wie mit Wanja umgegangen wurde. Nach diesem Verständnis trug stets das Kind die Schuld an seinem Zustand. Und aus Sicht der Behörden irrten die staatlichen Einrichtungen nie. Doch wir hier am Tisch wussten, dass es sich genau andersherum verhielt. Es war das System, das aus einem begabten ein gebrechliches Kind gemacht hatte.«

Zurück im Babyhaus, waren es ausschließlich freiwillige Helferinnen, die sich für Wanjas Weiterentwicklung verantwortlich fühlten. Wika konnte ihre Freundin Asja dazu bewegen, zweimal pro Woche vorbeizukommen, um Wanja und Andrej zu unterrichten. Schnell lernte Wanja die Jahreszeiten, Farben sowie russische Märchen. Innerhalb von zwei Monaten war aus ihm ein anderes Kind geworden. An einer dieser Unterrichtsstunden nahm auch Sarah teil. Asja war erlaubt worden, einen Raum zu benutzen, der mit einer Sprossenwand, einem großen Spiegel und kindgerechten Geländern zum Laufenlernen eingerichtet war. Der »eigentliche« Zweck dieses Raumes war an dem Teppich zu erkennen, der aussah, als hätte noch nie jemand einen Fuß darauf gesetzt: Es war ein Ausstellungsraum. Obwohl Wanja und Andrej beinahe ihr gesamtes Leben im Babyhaus 10 verbracht hatten, waren sie nie zuvor in diesem Therapieraum gewesen und fühlten sich wie in Aladins Schatzhöhle.

»Erstaunt beobachtete ich, dass Wanja im Unterschied zu anderen Heimkindern genau wusste, was er wollte«, erinnert sich Sarah. »Er überlegte sich vorher, ob er bei etwas mitmachen wollte oder nicht. Hatte er keine Lust dazu, krabbelte er zu einem Geländer, zog sich daran hoch, warf sich vornüber und landete mit einen Purzelbaum auf dem Rücken. Er ging immer bis an seine Grenzen. Wenn Asja ihn dann zu sich rief, sagte er: ›Einen Moment!‹, und beendete erst, was er gerade machte, bevor er sich zu ihr gesellte.«

Während die beiden Jungen den Raum erforschten, konnte man erkennen, dass sie Entwicklungsstufen aufholten, die sie nie hatten durchleben dürfen. Mit Begeisterung taten sie Dinge, an denen Zweijährige ihre Freude gehabt hätten: Kisten ein- und wieder ausräumen oder Hoppe-hoppe-Reiter spielen.

Wanja war fasziniert von einem ausgesteckten Telefon, das auf einem kleinen Tischchen stand. Sarah tat so, als würde sie mit Wika sprechen, und ermunterte Wanja, mitzumachen. Doch dieser erteilte ihr eine Abfuhr. »Sarah, das Telefon ist kaputt«, sagte er. »Wie soll ich denn da mit Wika telefonieren?«

Als Asja ein bestimmtes Lied anstimmte, ließ er alles stehen und liegen und krabbelte so schnell er konnte zu ihr hinüber. Er liebte es, den Refrain zu schmettern: »*Ich bin schon wach*«.

Während Wanja immer neue Fortschritte machte, blieb im Babyhaus alles unverändert. Niemanden kümmerte es, ob er ärztlich behandelt wurde oder nicht, und es war schließlich Sarah, der es dank der Hilfe einer anderen russischen Menschenrechtsorganisation gelang, einen Termin für Wanja beim Chefarzt des Krankenhauses Nr. 58 für Kinder mit infantiler Zerebralparese zu bekommen.

Wanja schlug weiter Purzelbäume und hörte mit halbem Ohr dem Märchen zu, das Asja erzählte, als Swetlana – die Frau, die ihn nach Filimonki gebracht hatte – den Raum betrat und sich an einen Tisch in der Ecke setzte. Sarah erinnerte sie daran, dass in zwei Tagen Wanjas Besuch im Krankenhaus Nr. 58 anstand. Swetlana schien sich darüber zu freuen und erklärte Sarah, wo sie seine Blutwerte abholen könne. »Ist es nicht toll, dass er nach Florida geht?«, fragte Sarah sie und deutete auf Andrej. »Wäre es nicht auch gut für Wanja, ins Ausland zu gehen?«

»Oh, ja. Besonders jetzt, da seine Papiere für das Internat 30 eingetroffen sind, in das er nächsten Monat kommt.«

»Was?? In diese grauenhafte Anstalt?«, rief Sarah entsetzt. »Dann könnte man ihn ja gleich dorthin zurückschicken, wo er vorher war.«

Swetlana sah sie verwirrt an. »Aber da kommt er hin.«

Wanja hatte inzwischen mitbekommen, dass die beiden Frauen über ihn sprachen, und statt weiter Purzelbäume zu schlagen, lauschte er nun aufmerksam ihrem Gespräch. Aus dem unbeschwerten Kleinkind, das gerade noch glücklich gespielt hatte, war mit einem Mal ein kleiner Erwachsener geworden, der auf der ganzen Welt nur einen einzigen Menschen hatte, auf den er sich verlassen konnte: sich selbst.

Zurück in ihrer Wohnung, konnte Sarah nicht fassen, wie beiläufig Swetlana – ausgerechnet Swetlana, die damals vollkommen traumatisiert aus Filimonki zurückgekehrt war – diese Bombe hatte platzen lassen. Wanja hatte sich kaum von den acht Monaten Gefangenschaft erholt, da schickten sie ihn bereits in die nächste Verwahranstalt für abgeschobene Kinder. Sarah war sich sicher, dass Wanja Swetlana nicht gleichgültig war und sie sich tief in ihrem Innern das Beste für ihn wünschte. Doch es musste ihr unvorstellbar erscheinen, etwas an seinem Schicksal ändern zu können – einem Schicksal, dem Wanja glücklicherweise mit knapper Not entrinnen sollte: Denn als die nächste Ladung Kinder vom Babyhaus 10 auf die Anstalten verteilt wurde, befand sich Wanja im Krankenhaus Nr. 58 und damit in Sicherheit.

Zwei Tage später zog und drückte der Chefarzt des Krankenhauses, eine imposante Gestalt mit weißer Haarmähne, an Wanjas Beinen herum. Nach allem, was man hörte, war dies das beste Krankenhaus zur Rehabilitation von Kindern mit infantiler Zerebralparese in der ehemaligen Sowjetunion. Sarah hatte angenommen, dass dort großer Betrieb herrschen würde: Kinder, die in Rollstühlen ankommen und ein paar Wochen später auf ihren eigenen Beinen wieder hinausspazieren würden. Doch in dem großen Haus war es gespenstisch still. Die endlos langen Flure waren wie ausgestorben und die Patientenzimmer standen reihenweise leer. Trotz der vielen freien Behandlungsräume untersuchte der Arzt Wanja auf dem Flur. Er besaß die typische Selbstsicherheit eines Chirurgen und erklärte, dass er Wanja operieren könne. »Warum wurde dieses Kind nicht schon viel früher zu mir gebracht?«, fragte er scharf.

Die junge Therapeutin aus dem Babyhaus, die beauftragt worden war, Wanja ins Krankenhaus zu begleiten, nahm die

Rüge vollkommen gelassen hin. Sie fühlte sich für Wanjas körperliche Verfassung offenbar nicht verantwortlich.

Wenige Tage später wurde Wanja zum ersten Mal an den Beinen operiert. Sarah war der festen Überzeugung, dass ihm in dieser renommierten Einrichtung eine erstklassige Betreuung zukam, und da sie unsicher war, ob sie nach seiner Operation willkommen sein würde, ging sie ihn nicht sofort besuchen. Eine Freundin, die selbst einen Sohn mit infantiler Zerebralparese hatte und das Krankenhaus kannte, machte Sarah daraufhin große Vorwürfe, weil sie Wanja mit seinen quälenden Schmerzen sich selbst überließ. Da rief Sarah Wika an, und die beiden Frauen verabredeten, ihn am nächsten Tag besuchen zu gehen. Auf dem Weg zum Krankenhaus hielten sie noch am Babyhaus und nahmen Walentina mit, die gerade Dienstschluss hatte und in einem schicken blauen Wollmantel mit dazu passendem Hut bereits auf sie wartete. Bevor sie abfuhren, lief Sarah noch in den »Ausstellungsraum« und holte einen riesigen Gymnastikball, der dort ungenutzt herumlag. Sie hatte ihn für das Babyhaus gekauft, in der Hoffnung, das Personal würde ihn für Übungen mit Wanja benutzen. Mit Hilfe dieses Balles sollten sich die Frauen – gleich dreier Musketiere, die Wanja zur Abwendung seines Unheils rekrutiert hatte – Zutritt zum Krankenhaus verschaffen.

Im Auto präsentierte Walentina ihr Geschenk für Wanja: ein orange-brauner Pullover, den sie aus Wollresten gestrickt hatte. Um zu verhindern, dass er im Krankenhaus verloren ging, hatte sie »W. Pastuchow« auf die Brust gestickt. Von ihrem dürftigen Gehalt von etwa 40 Dollar im Monat hatte sie ihm außerdem Äpfel, Kekse und ein Plastikspielzeug gekauft.

Am Krankenhaus angekommen, erregten die drei Frauen mit dem großen Ball die Aufmerksamkeit des Sicherheitsdienstes, der ihnen den Zugang zur Station zunächst verweigerte. Wika musste daraufhin auf der Station anrufen, wo sie sich als Mitglied einer westlichen Delegation ausgab, die gekommen sei, um wichtige medizinische Geräte abzugeben.

Auf dem Weg hinein liefen sie dem Stationsarzt in die Arme, einem Mann mit scharf geschnittenen Gesichtszügen, der sie freundlich begrüßte. Sarah überreichte ihm den Gymnastikball, mit dem er zunächst verschwand. Als er kurze Zeit später wieder zurückkam, war aus dem freundlichen Dr. Jekyll Mr. Hyde geworden. Er stellte sich ihnen in den Weg und schrie Wika an: »Wer hat Ihnen erlaubt, diesen Jungen zu besuchen? Wie kommen Sie darauf, dass er Besuch braucht? Sie sind nicht seine Mutter. Er hat eine Operation hinter sich. Außer Müttern kommt hier niemand rein.«

Er redete sich immer mehr in Rage, bis Sarah ihn unterbrach. »Aber er hat keine Mutter. Wika ist der Mensch auf der Welt, den er am meisten liebt.«

Während der Arzt weiter tobte, konnte Sarah aus dem Augenwinkel beobachten, wie Walentina ihre Stiefel auszog und in ihre Dienstuniform – weißer Kittel und Haube – schlüpfte. In dieser Tarnung huschte sie an dem Arzt vorbei und machte sich auf die Suche nach Wanja.

Schließlich einigte man sich darauf, dass Wanjas Bett auf den Flur geschoben wurde, wo die »Nichtmütter« ihn besuchen durften und mitansehen mussten, wie die anderen Kinder auf der Station von ihren Müttern mit selbst gekochtem Essen umsorgt wurden und Geschichten vorgelesen bekamen. Wanja hatte all das nicht. Er freute sich natürlich über seinen Besuch, doch mehr als ein schwaches Lächeln brachte er aufgrund der Schmerzen in den Beinen nicht zustande. Niedergeschlagen begriffen die Frauen, welch einsamer Ort ein Krankenhaus für ein Kind ohne Mutter war. Als eine Krankenschwester kam, um die Verbände an seinen Füßen zu kontrollieren, tat sie dies, ohne auch nur ein Wort mit Wanja zu wechseln.

»Im Laufe der Zeit musste ich feststellen, dass in dem Krankenhaus alles davon abhing, ob ein Kind eine Mutter an seiner Seite hatte oder nicht«, sagt Sarah. »Kinder mit Müttern erhielten Anwendungen im Schwimmbad und Krankengymnastik. Wanja jedoch war vollkommen sich selbst überlassen.

Erneut waren es Wika und ich, die sich darum kümmerten, dass er Besuch erhielt. Wika erstellte einen Besuchsplan mit Mitgliedern aus ihrer Gemeinde, und ich fand zwei hilfsbereite britische Studenten, die ein studienfreies Jahr eingelegt hatten.«

Wanja selbst blieb ebenfalls nicht untätig. Er suchte sich eine neue beste Freundin: Elvira, das aufgeweckteste Waisenkind der Station – eine kleine Schönheit in seinem Alter mit kohlrabenschwarzem Haar. Außerdem bezauberte er die Mutter eines Kindes und brachte sie dazu, ihm vorzulesen und Essen mitzubringen. Seine größte Leistung war es jedoch, dass er den Chefarzt des Krankenhauses so von sich überzeugte, dass dieser ihn, entgegen der Diagnose des Babyhauses, einen »vollkommen normalen kleinen Jungen« nannte.

12.
HÄNSEL UND GRETEL
März 1997

Wanja quiekte vor Vergnügen, als er Sarah und Wika dabei zusah, wie sie den Krankenhausflur umräumten, den er sich mit Elvira teilte. Zunächst schoben sie die einzelnen kleinen Tische zu einer langen Tafel zusammen. Dann begannen sie, von überall her Stühle in den Flur zu tragen und um den Tisch zu stellen. Das gefiel Wanja allerdings weniger, und er wurde unruhig.

»Sarah, Wika. Die Stühle dürfen nicht hin- und hergetragen werden. Sie werden mit euch schimpfen.«

Wika strich ihm liebevoll über den Kopf. »Keine Sorge, Wanja. Heute ist ein ganz besonderer Tag. Da dürfen wir es.«

Wika stellte den größten Stuhl, der sogar Armlehnen hatte, an das Kopfende der Tafel, wo er die anderen kleinen Plastikstühle überragte. »Das ist dein Platz, Wanja«, sagte sie und half ihm hinauf.

Sarah stellte eine Einkaufstasche vor Wanja auf den Tisch und sagte: »So, jetzt möchte ich, dass du eine Tischdecke und Servietten heraussuchst.« Er begann, in der Tasche zu wühlen, die voller spannender, ihm gänzlich unbekannter Dinge war. Er zog eine Packung hervor und untersuchte durch die Plastikfolie die schlaffen, bunten Gegenstände, die sich darin befanden. »Was ist das?«, fragte er.

»Danke, Wanja, du hast die Luftballons gefunden. Die blasen wir gleich auf.« Als Nächstes förderte er eine interessant aussehende Dose zutage. Es gelang ihm, den Deckel zu öffnen, und er stellte begeistert fest, dass sie randvoll mit Schokoladenkeksen war. Ohne zu zögern, griff er hinein, nahm sich einen Keks und biss herzhaft zu. Dann blickte er schuldbewusst auf und sah in Sarahs und Wikas lachende Gesichter. »Kein Angst, Wanja. Du darfst einen haben. Heute ist dein Geburtstag.«

Er biss noch einmal ab und überlegte, wo er das Wort »Geburtstag« schon einmal gehört hatte. Es musste im Babyhaus gewesen sein. Er hatte die Betreuerinnen über Tee und Kuchen reden hören. Aber Geburtstage gab es nur für das Personal. Oder konnten Kinder etwa auch Geburtstage haben?, fragte er sich.

Während er weiter vor sich hin kaute, fand Sarah die Papiertischdecke. Sie war blau und mit Autos bedruckt. Passend dazu gab es Teller und Servietten.

Jetzt wollte Wika ihm etwas zeigen. Sie hatte auch eine Dose, und als sie den Deckel hob, sagte sie: »Schau mal, was ich für dich habe, Wanja. Einen Kuchen – der erste, den ich je gebacken habe. Es ist dein Geburtstagskuchen.«

Der Tisch war nun fertig gedeckt. Zusätzlich zu den Keksen und dem Kuchen gab es kleingeschnittene Äpfel und Bananen sowie Orangensaft.

Wanja bemerkte zwei Krankenschwestern, die im Türrahmen standen und die Vorbereitungen missbilligend beäugten. Er wurde abermals unruhig. »Wir dürfen in dem Raum, in dem wir schlafen, nichts zu essen haben«, sagte er. »Es ist verboten, hier zu essen.«

»Keine Angst. Wir feiern eine Party.« Sarah folgte seinem Blick und versicherte den beiden Schwestern, dass sie anschließend alles wieder aufräumen würden.

»Vergessen Sie nicht, die Stühle wieder dorthin zurückzubringen, wo Sie sie hergeholt haben«, sagte die eine barsch.

Wika hatte inzwischen damit begonnen, die Ballons aufzublasen. Als Wanja sie mit dicken Backen und rot angelaufenem Kopf sah, musste er lachen. Sie machte eine Verschnaufpause. »Heute ist dein siebter Geburtstag. Du hattest noch nie eine Geburtstagsparty. Die heutige wird dich für alle bisher versäumten entschädigen.« Sie blies ein letztes Mal Luft in den Ballon, verknotete ihn und band ihn an das Fußende seines

Gitterbetts. »Ich habe all deine Freunde eingeladen – alle, die dich hier immer besuchen kommen.«

Ein vertrautes Gesicht tauchte am Eingang zur Station auf. Es war Wikas Freundin Olja, die Wanja jede Woche besuchte und ihm vorlas. »Olja«, schrie er auf. »Ich habe heute Geburtstag.«

»Herzlichen Glückwunsch«, sagte Olja, gab ihm einen Kuss und bat ihn stillzusitzen, während sie ihm ein kleines Holzkreuz um den Hals hängte. Dann überreichte sie ihm eine große Tüte Bonbons, die er sich mit seinen Gästen teilen sollte.

Kurz darauf erschienen zwei weitere Freundinnen von Wika, die Wanja einen Kuchen mitbrachten. »Wanja, du Glücklicher – eine Schokoladentorte!«, rief Wika. »Das war mein Lieblingskuchen, als ich in deinem Alter war.«

Doch Wanja hatte schon seinen nächsten Gast erspäht, es war Asja, die gerade in einer Stofftasche kramte. Wanja wurde vor Aufregung ganz zappelig. Zum Vorschein kam ein Schaukelpferd zum Spielen, holzgeschnitzt und mit hübschen Mustern verziert. Wanja hätte lieber ein Auto gehabt, aber er lächelte weiter vor Freude und genoss die Aufmerksamkeit, die ihm geschenkt wurde.

Plötzlich drangen die Stimmen zweier junger Engländer durch den Flur. »Hey, birthday boy. It's us.«

»Barnik! Emilia!« Wanja stieß einen Freudenschrei aus, als er die beiden britischen Studenten, Barney und Emily, sah. Barney zog einen kleinen Plastikbeutel aus seinem Rucksack hervor und reichte ihn Wanja, der die darin befindliche Baseballkappe genau musterte, bevor er sie ihm zurückgab. »Das ist deine Kappe, Barnik.«

»Jetzt gehört sie dir, Wanja. Du magst sie so, da dachte ich mir, ich schenke sie dir.« Er setzte sie Wanja auf den Kopf.

Emily hatte unterdessen die hübsche, dunkelhaarige Elvira, deren Beine bis zu den Oberschenkeln in Verbänden steckten, in den Flur geführt.

»Elvira, komm her, du sitzt neben mir!«, rief Wanja seiner Freundin zu.

Ähnlich einem Roboter setzte Elvira entschlossen ein steifes Bein vor das andere, dicht gefolgt von Emily, die sie an den Händen und damit im Gleichgewicht hielt. Als Elvira das Geburtstagskind erreicht hatte, gab Wika ihr einen Strauß Nelken in die Hand, den sie Wanja trotz der Schmerzen, die das Stehen ihren bandagierten Beinen verursachte, anmutig überreichte.

Wie aus dem Nichts kamen auf einmal ein Dutzend Kinder herbei. Sie alle trugen Strumpfhosen und alte ausrangierte Kleidung. Unter den Krankenschwestern hatte sich herumgesprochen, dass ein kleines Fest für die Waisenkinder gegeben wurde, woraufhin sie die Waisen aller Stationen zu Wanja hinaufschickten.

Sarah blickte sich unruhig um. »Genug zu essen haben wir, aber es fehlen Stühle.« Sie schickte Barney los, um die anderen Flure nach Stühlen abzusuchen.

Gerade als sich die Kinder auf die Kekse stürzen wollten, klatschte Wika in die Hände und rief: »Halt! Bevor wir essen, singen wir alle zusammen ›Karawaj‹!«

Kinder und Erwachsene bildeten einen Kreis um Wanja und begannen, um ihn herumzulaufen. Dabei stimmten sie das traditionelle russische Lied an, das von einem großen Laib Brot für das Geburtstagskind handelte.

»So groß!«, sang Wika und riss die Arme nach oben. Auch die Kinder machten sich so lang, wie sie nur konnten.

»So klein«, sang sie weiter und ging in die Hocke, was die anderen ihr sofort nachtaten.

»Und so breit.« Alle streckten die Arme weit zur Seite. In diesem Moment wurde ein weiteres Kind, das gerade schüchtern den Flur betreten hatte, in den Kreis aufgenommen.

»Und so eng.« Nun drängten sich alle ganz dicht an Wanja heran und sangen: »Liebes, liebes Brot, sag, wen du am liebsten hast!«

Mit Wikas Hilfe, die ihm soufflierte, sagte Wanja: »Ich hab euch alle lieb, aber am liebsten hab ich …« Er hielt inne und sah sich im Kreis um. Die Kinder hielten vor Spannung den Atem an.

»Elvira.«

Die beiden grinsten sich an und tauschten die Plätze. Jetzt war Elvira in der Mitte, wo sie weiterhin von Emily gestützt wurde. Und so ging es weiter, bis schließlich jedes Kind einmal in der Mitte gewesen und die Rolle des Brotes eingenommen hatte. Gegen Ende konnten auch die Ausländer den Text mitsingen.

Danach wurden die Kinder zu ihren Plätzen gebracht, und Wika dekorierte ihren Kuchen mit Kerzen, die Wanja auspusten sollte.

Bedächtig blies Wanja eine Kerze nach der anderen aus. Schnell zündete Wika sie noch einmal an und erklärte ihm, dass das Geburtstagskind sie alle auf einmal auspusten müsse. Und diesmal blies Wanja mit einem einzigen tiefen Schnaufer alle sieben Kerzen aus. »Nun darfst du dir etwas wünschen, Wanja«, sagte Sarah lächelnd. »Was ist ein Wunsch?«, fragte Wanja und sah sie mit großen Augen an. Sarah umarmte ihn und erklärte es ihm. Dann schnitt sie den Kuchen an.

Nachdem alles bis auf den letzten Krümel verputzt war, holte Sarah eine Tasche voller einzeln verpackter Geschenke hervor und reichte Wanja das größte. Mit leuchtenden Augen riss er das Papier auf und förderte ein Auto, einen grünen Jaguar, zutage, auf den Sarah in gelben Buchstaben seinen Namen geschrieben hatte – ebenfalls, um zu verhindern, dass er gestohlen wurde.

Schließlich meldete sich ein kleines Mädchen zu Wort und fragte: »Kann ich ihm auch ein Geschenk geben?«, woraufhin Sarah ihr ein kleines Päckchen reichte. Mit einem Mal rissen sich all diese Kinder, die noch nie in ihrem Leben etwas eigenes besessen hatten, darum, Wanja ein Geschenk überreichen zu dürfen. Auf wackeligen Beinen torkelten sie auf ihn zu und brachten ihm bunte Päckchen, und Wanja bedankte sich bei jedem Einzelnen von ihnen.

Im Anschluss sangen alle »Happy Birthday« auf Englisch, und auf Wanjas besonderen Wunsch legte Barney eine Kassette mit afrikanischer Popmusik ein. Wikas Traum war in Erfüllung gegangen. Die Party war ein voller Erfolg. Als Barney und Emily zwei Tage später zu Besuch ins Krankenhaus kamen, waren alle Geschenke verschwunden, doch die Erinnerungen an seine erste Geburtstagsparty konnte Wanja niemand mehr nehmen.

Wartend saßen Wanja und Elvira in der Krankenhauskantine an einem Tisch für die Waisenkinder. Es war Zeit fürs Mittagessen. Eine Krankenschwester brachte jedem von ihnen einen Teller mit einem Häufchen Reis, ein paar zerkochten Karotten und einem großen Stück Fleisch. Daneben legte sie je einen Aluminiumlöffel. Messer und Gabel bekamen die beiden nicht, und von den Schwestern, die mit verschränkten Armen herumstanden, war keine Hilfe zu erwarten. Wanja flüsterte Elvira zu: »Schau mal, dein Fleisch. Es sieht aus wie dein brauner Stiefel.« Elvira verkniff sich ein Kichern.

Die beiden rührten ihr Essen nicht an. Stattdessen starrten sie gebannt zu den Nebentischen, an denen Kinder liebevoll von ihren Müttern mit selbstgemachten Suppen, Teigtaschen und Frischkäseplätzchen gefüttert wurden. Man hatte es den Müttern sogar gestattet, das mitgebrachte Essen in der Kantine aufzuwärmen, und der Duft war unwiderstehlich. Während sie beobachteten, wie eine Mutter ihrem Sohn einen Apfel schälte und ihn dann mit kleinen Stückchen fütterte, schoben Wanja und Elvira ihr Essen auf den Tellern hin und her und hofften, dass eine der Mütter sich ihrer erbarmen würde. Doch jene Frau, die ihnen manchmal vorlas oder sogar etwas Süßes schenkte, war heute nicht da. Nach zehn Minuten wurden die Teller mit dem kalt gewordenen Essen abgeräumt, und die Schwestern schoben die beiden zurück in ihren Flur und steckten sie in ihre Gitterbetten.

»Hast du gesehen, was Saschas Mutter heute für ihn zu essen dabeihatte?«, fragte Wanja.

»Ja. Schokolade!«, antwortete Elvira.

»Red keinen Unsinn. Mamis geben ihren Kindern mittags keine Schokolade zu essen.«

»Aber es war in Silberpapier eingewickelt. Es muss also Schokolade gewesen sein.«

»Es war aber weiß. Für mich sah es aus wie Käse.«

»Wenn ich eine Mutter hätte«, begann Elvira, »würde sie mich mittags Schokolade essen lassen. Sie würde mir alles geben, was ich will.«

»Und wenn ich eine Mutter hätte, würde sie mir einen Kuchen backen«, sagte Wanja. »Und zwar einen riesigen. Mit vielen Äpfeln drin ... und ... Salami.«

»Salami kann man nicht backen, du Dummkopf.«

Wanjas Gesicht nahm einen spitzbübischen Ausdruck an. Dies war der Auftakt zu einem ihrer Lieblingsspiele. Noch immer auf dem Rücken liegend, begann er, abwechselnd mit seinen Schultern zu wackeln – er ahmte den Gang eines erwachsenen Mannes nach. Er warf einen Blick durch die Gitterstäbe seines Betts und freute sich zu sehen, dass Elvira es ihm gleichtat. Sie waren nun zwei bedeutende Ärzte auf Visite.

»Dr. Elvira, wie geht es dem Patienten Sljozkin heute?«, fragte Wanja im gebieterischsten Tonfall, den er zustande brachte. Elvira stieß einen Freudenschrei aus, als sie den Namen des ungeliebten Arztes hörte.

»Sehr schlecht«, sagte sie mit tiefer Stimme, schüttelte den Kopf und runzelte die Stirn. »Er macht nicht die geringsten Fortschritte.«

»Nicht die geringsten? Aber er hat doch gestern zwei Spritzen bekommen.«

»Oh, er ist ein sehr schwieriger Fall«, sagte Elvira. »Was meinen Sie, Doktor? Sollten wir ihm drei Spritzen geben?«

»Das reicht nicht«, verkündete Wanja. »Ich verordne Sljozkin ...« Er machte eine dramaturgische Pause. »... fünf Spritzen täglich.«

Elvira begann zu kichern, dann brachen beide in Gelächter aus.

»Bring mich nicht noch mehr zum Lachen, Wanja. Ich muss aufs Klo. Und du weißt ja, wie lange es dauern kann, bis die Schwester kommt.«

»Dann werde ich dir jetzt etwas vorlesen.« Er griff nach den Gitterstäben und zog sich in eine sitzende Position, wobei er vor Schmerz zusammenzuckte. Dann streckte er eine Hand aus und nahm ein zerfleddertes altes Buch vom Nachtschrank, aus dem er daraufhin vorgab vorzulesen.

»Es war einmal ein Schmied, der lebte mit seiner Frau und seiner wunderschönen Tochter Wassilissa zusammen.«

»Wie sah Wassilissa aus?«

»Unterbrich mich nicht. Ich lese.« Er versuchte, wie ein strenger Erwachsener zu klingen, und blickte verstohlen zu Elvira. »Sie hatte schönes, langes, dunkles Haar. Doch eines Tages geschah etwas Schreckliches. Ihre Mutter starb. Und ihr Vater heiratete eine böse Stiefmutter. Die war sehr böse zu Wassilissa. Immer bevorzugte sie ihre beiden eigenen Töchter. Der Schmied musste fortgehen und sich Arbeit suchen. Sie waren so arm, dass sie am Rand eines dunklen Waldes lebten. Als er sich auf den Weg machte, sagte er seiner Frau, dass sie die Kinder nicht in den Wald gehen lassen dürfe. Dort lebte nämlich Baba Jaga, die böse Hexe. Und sie fraß am liebsten Kinder.«

»Wie sah Baba Jaga aus?«

»Ihre Nase war so groß, dass sie ihr Kinn berührte. Und sie hatte Zähne aus Eisen, mit denen sie Funken sprühen konnte. Und ihr Haus stand auf Hühnerbeinen«, zitierte Wanja die Zeilen, die er auswendig konnte.

»Und was geschah dann?«

Wanja blickte in das Buch, als ob er nach der Stelle suchte, an der es weiterging. »Die Stiefmutter befahl Wassilissa, in den Wald zu gehen und Beeren zu pflücken. Doch Wassilissa verlief sich.«

»Oh, nein. Baba Jaga ist in dem Wald. Sie wird sie fressen!«

»Ja. Sie steht genau vor Baba Jagas Haus, und hinter ihr haben ihr die Bäume den Weg versperrt. Da streckt Baba Jaga ihren Kopf aus dem Fenster …«

»Hör auf«, flehte Elvira. »Ich weiß, wie es ausgeht. Sie entkommt. Und sie heiratet den Prinzen. Und sie trägt ein silbernes Kleid.«

»Woher willst du denn wissen, dass es silbern ist? Das steht gar nicht im Buch.«

»Ich weiß es, weil Silber meine Lieblingsfarbe ist.«

»Schluss mit dieser Geschichte. Ich lese dir eine andere vor. Die kennst du noch nicht. Sie heißt *Der kleine goldene Fisch*. Es war einmal ein armer Fischer, der lebte am Meer. Eines Tages verfing sich ein winziger Fisch in seinem Netz. Er war golden und glitzerte. Der kleine Fisch konnte sprechen und sagte zu dem Fischer: ›Ich bin zu klein für eine Mahlzeit. Wirf mich zurück ins Wasser, und ich erfülle dir einen Wunsch.‹ Und der Fischer sagte: ›Aber ich habe alles, was ich brauche.‹ Und er warf den Fisch zurück ins Wasser. Als er dann nach Hause kam, sagte ihm seine Frau, dass es sehr dumm von ihm war, den Fisch um nichts zu bitten. Sie sagte: ›Geh zurück, und bitte ihn um einen großen Palast voller Gold.‹«

Elvira langweilte die Geschichte. »Ach, Wanja, wünschen wir uns lieber selbst etwas. Also, ich wünsche mir so viel Schokolade, wie ich essen kann.«

»Und ich wünsche mir jeden Tag einen Kuchen, so einen, wie Wika ihn mir zu meinem Geburtstag gebacken hat.«

»Und ich wünsche mir einen Walkman, wie Barney einen hat, und einen Geldbeutel voller Münzen.«

»Und ich wünsche mir, in meinem eigenen Auto herumzufahren.«

»Wanja, was wünschst du dir am allermeisten?«

»Sag du zuerst.«

»Nein du.«

»Nein du.«

Die beiden Kinder verstummten. Manche Gedanken waren zu schmerzlich, um sie mit dem anderen zu teilen. Sie wussten beide, dass sie nicht wie andere Kinder waren. Sie waren anders. Andere Kinder hatten eine Mutter, die ihnen leckeres Essen brachte, die sie tröstete, wenn sie Schmerzen hatten, die sie zur Toilette brachte, wenn sie mussten, und die ihnen einen zärtlichen Gutenachtkuss gab.

13.
KOGNAK UND SCHOKOLADE
April bis September 1997

Acht lange Monate waren vergangen, seit Linda Fletcher den
Artikel über Wanja im *Daily Telegraph* gelesen hatte. Während
dieser Zeit war Wanja zunächst aus Filimonki zurück ins Babyhaus gekommen, von dort aus ins Krankenhaus Nr. 58 und
anschließend ins Sanatorium Nr. 26, einem in einem Moskauer
Park versteckt gelegenen Heim. Die zarten Bande zwischen
Elvira und Wanja waren gerade geknüpft, da wurden die beiden
wieder auseinandergerissen. Ob er sie je wiedersehen oder ins
Krankenhaus Nr. 58 zurückkehren würde, erfuhr Wanja nicht.
Die einzige Konstante in seinem Leben waren seine Unterstützer, die ihm folgten, wohin er auch ging. Manchmal dauerte es eine Weile, bis sie ihm auf die Spur kamen, doch letzten
Endes fanden sie ihn immer wieder.

Nun stand endlich Lindas Besuch an. Obwohl sie ihr Heimatland Großbritannien nie zuvor verlassen hatte, wurde sie
mit den Umständen in Moskau spielend fertig. Der letzte
Schnee war gerade getaut, doch der längst überfällige Frühling
ließ noch immer auf sich warten. In Begleitung von Sarah und
Wika fuhr Linda mit dem Zug zu jenem Moskauer Park, durch
einen Birkenwald, Wika führte sie über eine wackelige Brücke
und einen schlammigen Weg zu einer alten Villa.

Verglichen mit dem Babyhaus war die Atmosphäre im Sanatorium Nr. 26 weniger bedrückend. Hier war Wanja in Gruppe
4 untergebracht. Durch die Tür sahen die drei Frauen vier
Kinder, die Suppe löffelnd um einen Tisch saßen. Obwohl
Wanja mit dem Rücken zur Tür saß und mit dem kahlköpfi-
gen Jungen, den Linda in der Zeitung gesehen hatte, kaum

mehr etwas gemein hatte, musste sie nicht fragen, welcher von den vieren Wanja war, sondern steuerte geradewegs auf ihn zu. Wanja warf ihr einen Blick über die Schulter zu und schenkte ihr ein Lächeln, das zu sagen schien: Endlich bist du gekommen, um mich zu holen.

Die beiden kamen vom ersten Augenblick an gut miteinander aus. Bereits kurze Zeit später saßen sie zusammen auf dem mit Teppich ausgelegten Boden, und Wanja lehnte sich behaglich an Linda. Während Linda mit Wika und Sarah plauderte, spielte Wanja gedankenversunken an einer ihrer Locken herum. Zufrieden beobachtete Wika, wie schnell ihr Schützling eine Beziehung zu seiner zukünftigen Mutter aufbaute. Linda kramte in ihrer Tasche, holte ein Paar feste Turnschuhe mit Klettverschlüssen hervor und tauschte sie gegen die gestrickten rosafarbenen Babyschuhe, die er trug.

Wika erklärte dem Personal, dass Linda Wanjas zukünftige Mutter sei, woraufhin ihnen, wenn auch nur widerwillig, erlaubt wurde, Wanja für ein Foto vor den silberfarbenen Birken mit nach draußen zu nehmen.

Lindas Besuch schien unter einem guten Stern zu stehen. Zufälligerweise fiel ihr kurzer Aufenthalt in Moskau genau mit der Ankunft jener Familie aus Florida zusammen, die gekommen war, um das Adoptionsverfahren für Andrej abzuschließen. Tom war Manager eines Hotels, und Roz, seine Frau, unterrichtete die beiden Kinder, John David und Sarah, zu Hause. Den Mut und die Kraft, es mit der russischen Bürokratie aufzunehmen, schöpften sie aus ihrer Überzeugung, dass Gott sie zu Andrej geführt hatte.

Es war der Tag, an dem Tom und Roz Andrej im Babyhaus abholten. Nie zuvor waren so viele Besucher gleichzeitig dort gewesen. Sarah traf als Erste ein und brachte die amerikanische Familie mit. Zur Feier des Tages begrüßte Adela ihre Besucher persönlich, schließlich kamen die Ausländer heute in einer dienstlichen Angelegenheit, Adela hatte also nichts zu befürchten, wenn sie sie hereinließ. Als Nächstes kam Alan, der einen weiteren Artikel über die beiden Jungen zu schreiben plante und aus diesem Grund einen professionellen Fotografen dabeihatte. Zum Schluss trafen Wika, Linda und Wanja ein, der ausnahmsweise Ausgang aus dem Sanatorium erhalten hatte, um seinen Freund zu verabschieden.

Das Zusammentreffen der beiden Freunde, die sich seit drei Monaten nicht gesehen hatten, war sehr ergreifend. »Andrjuscha«, rief Wanja beim Anblick seines alten Freundes, »da bist du ja!«

Adela führte ihre Gäste in einen Raum, der, wie so viele andere auch, besonderen Anlässen vorbehalten war. An einer der Wände tat sich eine strahlende Mittelmeerlandschaft auf, mit einem tiefblauen, stillen See, gesäumt von Pinien und Felsen. Vor dieser Kulisse hatte Adela einen Tisch mit Tee, russischen Salaten und verschiedenen gekauften Kuchen aufgebaut, und lief nun geschäftig hin und her, um allen Tee einzuschenken.

Alles verlief reibungslos – wenn auch nicht ganz ohne Pannen. So hatte Andrejs zukünftige Schwester Probleme mit dem schalen, kohlgeschwängerten Geruch im Babyhaus und musste in regelmäßigen Abständen nach draußen an die frische Luft gebracht werden, um ihre Übelkeit zu bekämpfen. Außerdem waren Wanjas neue Schuhe, für die extra ein Umriss seiner Füße angefertigt und nach Manchester gefaxt worden war, bevor Linda sie gekauft hatte, auf unerklärliche Weise verschwunden, und er trug wieder die alten rosafarbenen Babyschuhe. Und nicht zuletzt stand Adela Auslandsadoptionen nach wie vor misstrauisch gegenüber, beschränkte sich aber darauf, ihre Zweifel Alan ins Ohr zu flüstern.

»Diese Amerikaner scheinen gute Menschen zu sein«, sagte sie. Doch inzwischen konnte Alan gut genug zwischen den Zeilen lesen, um zu verstehen, dass sie genau das Gegenteil meinte.

»Ja, das sind sie. Gute Christen.«

»Sie werden doch nicht seine Organe verkaufen, oder?«

»Um Himmels willen, Adela. Warum sollten sie das tun?«

»Ausländer tun solche Dinge. Ich habe davon gelesen. Sie stehlen kranke russische Kinder, schneiden sie auf und verkaufen ihre Organe für Transplantationen.«

»Sehen Sie sich diese Menschen doch an. Sie sind der festen Überzeugung, dass Gott sie zu Andrej geführt hat, damit sie ihm ein Zuhause geben.« Es war nicht der richtige Zeitpunkt, um anzumerken, dass Andrej ohne diese Auslandsadoption das Schicksal einer russischen Irrenanstalt und damit der Tod ereilen würde.

Der Fotograf regte ein Gruppenbild an und brachte alle in Position, mit den beiden Adoptivmüttern und den Jungen in der Mitte. Dabei fiel allen die unglaubliche Ähnlichkeit zwischen den beiden Jungen und ihrer jeweiligen Adoptivfamilie auf: Während Andrej die gleichen blonden Haare und dunklen Augen wie seine Adoptivschwester hatte, glich Wanja mit seinen dunklen Locken Linda.

Wie viele Kinderfeste endete auch dieses mit jeder Menge Tränen, als Wanja erfuhr, dass sein Freund mit seiner neuen Familie nach Amerika gehen würde. »Du wirst mir fehlen, Andrjuscha«, rief Wanja weinend und genoss gleichzeitig die liebevollen Versuche der Umstehenden, ihn zu trösten. Bald waren die Tränen getrocknet. Zwar hatte niemand Wanja gesagt, dass auch er adoptiert werden würde, doch er konnte spüren, dass die mütterliche Frau, die ihn im Arm hielt, künftig eine wichtige Rolle in seinem Leben spielen würde.

Tom und Roz bestanden darauf, ein letztes Gruppenfoto in Gruppe 2 zu machen. Darauf sieht man neben Walentina, die Andrej auf dem Arm hält, Roz, wie sie eine freundlich lächelnde Adela umarmt, deren Bedenken nun offensichtlich zerstreut waren.

Sarah erinnert sich bis heute, was geschah, nachdem sie auf den Auslöser gedrückt hatte und Tom und Roz Andrej aus dem Zimmer trugen. »Jemand begann plötzlich ganz jämmerlich zu weinen, und als ich mich umdrehte und nach unten schaute, sah ich, dass es Mascha war. Wie immer saß sie in einem angebundenen Gehfrei. Tränen liefen ihr übers Gesicht, und es war ihr anzusehen, dass sie genau verstand, was in diesem Moment vor sich ging. Andrej hatte eine Familie gefunden, und ihr ganzer kleiner Körper schien zu schreien:

›Nehmt mich auch mit.‹ Sie begriff, dass sie für niemanden je den Mittelpunkt bilden würde.«

In den darauffolgenden Tagen wurde Andrejs Adoption entscheidend vorangetrieben. Das Gericht gab dem Antrag der Amerikaner auf Adoption ohne weiteres statt, Andrej ließ die obligatorischen ärztlichen Untersuchungen bereitwillig über sich ergehen, die amerikanische Botschaft stellte in Windeseile ein Visum für ihn aus, und wie von selbst begann Andrej, englische Worte zu sprechen. Bald schon war er ganz verrückt nach Cheerios-Frühstücksflocken, und seine neuen Geschwister schlossen ihn täglich mehr ins Herz.

Neben all den Terminen gelang es der Familie, Andrej etwas von der Stadt zu zeigen, in der er jahrelang gelebt hatte, ohne je etwas davon gesehen zu haben. Sie führten ihn zum Roten Platz und zum Kreml und machten mit ihm eine Bootsfahrt auf der Moskwa. Es war der Versuch, das Kind mit Wurzeln vertraut zu machen, die es gar nicht hatte. Seit dem Tag seiner Geburt vor fünfeinhalb Jahren hatte er nichts anderes von der Welt gesehen als das Innere des Babyhauses 10. Von der Existenz einer Stadt um ihn herum hatte er nicht einmal gewusst.

Bei ihrem Abschied rieten Tom und Roz Linda, sich denselben Anwalt zu nehmen wie sie, einen jungen Mann namens Grigori, der ihnen von der amerikanischen Botschaft als günstige Alternative zu den großen amerikanischen Adoptionsagenturen empfohlen worden war. Grigori war in jenem Ausschuss des russischen Parlaments tätig gewesen, der das Adoptionsgesetz ausgearbeitet hatte, und gerade dabei, sich den Ruf eines Kämpfers gegen Korruption im Adoptionsgeschäft zu erwerben. Als Linda ihn in seinem winzigen Büro aufsuchte, das er vom Außenhandelsministerium angemietet hatte, berichtete er ihr von den gewaltigen Summen, die flossen, um die Mühlen der internationalen Adoptionen in Moskau zum Laufen zu bringen. So verlange eine große amerikanische Adoptionsagentur pro Kind 30 000 US-Dollar, von denen ein Teil in die Taschen der russischen Bürokraten floss. »Ich verspreche Ihnen, wenn ich Sie vertrete, fließt nicht ein einziger Cent Bestechungsgeld«, versicherte ihr Grigori. Was sich weder Linda noch Wanjas andere Unterstützer, denen sie von ihrem Gespräch mit Grigori erzählte, klarmachten, war, dass mit der Verweigerung von Schmiergeldzahlungen in einem durch und durch korrupten System Probleme vorprogrammiert waren.

Als Linda ihre Koffer für die Heimreise packte, sicherte sie allen zu, dass sie fest entschlossen sei, Wanja zu adoptieren. Sie sagte, sie habe ihn innerlich bereits in ihre Familie aufgenommen und mache sich große Sorgen, dass er nicht jeden Tag die physiotherapeutischen Behandlungen erhielt, die er brauchte. Sie wappnete sich für die bevorstehenden Prüfungen seitens der britischen Behörden, die ihre Tauglichkeit als Adoptivmutter testen würden, und plante, ihre gesamte Familie heranzuziehen, um die mehreren Tausend Pfund zusammenzusammeln, die sie weiterhin benötigte. Sie ahnte nicht, welch langer und steiniger Weg noch vor ihr lag.

Zehn Tage nach Lindas Rückkehr nach Großbritannien erhielt Alan am frühen Morgen einen Anruf aus der Londoner Redaktion des *Telegraph*. »Ihr Junge, dieser Wanja, ist heute bei uns auf der Titelseite. Wenn die Reaktionen darauf nur annähernd so verlaufen wie beim letzten Mal, werden wir in den nächsten Wochen keine ruhige Minute haben.«

»Machen Sie sich keine Sorgen«, versicherte Alan dem Anrufer. »Das war das letzte Mal, dass ich über ihn geschrieben habe. Er ist so gut wie auf dem Weg nach England. Von da an kann die Redaktion vor Ort über ihn berichten.«

Eine halbe Stunde später rief eine vollkommen überwältigte Linda bei Alan an. »Das Foto ist riesig. Es zeigt Wanja und Andrej mit Wika und mir im Hintergrund. Wanja sieht aus wie ein Engel mit seinen Locken.« Sie konnte gar nicht fassen, dass die Redaktion Wanja auf die Titelseite gesetzt hatte und nicht Tony Blair, der kurz vor seinem Einzug in die 10 Downing Street stand, oder den Mann, dem es beinahe gelungen wäre, in den Buckingham Palace einzudringen.

Weiter hinten im *Telegraph* waren noch mehr Fotos abge-

druckt, darunter ein Bild von Wanja vor der Anstalt in Filimonki, auf dem er mit rasiertem Schädel und gerunzelter Stirn
in die Kamera schaut. Der Artikel schloss mit der Angabe eines
Postfachs, an das die Leser Spenden schicken konnten.

Die Resonanz auf den Artikel war gewaltig und die Spen-
denbereitschaft in allen Bevölkerungsschichten enorm: Fünf-
pfundnoten von ärmeren Rentnern, Schecks von betuchteren
Lesern. Alle wollten ihren Teil dazu beitragen, dass Wanja ein
neues Leben erhielt.

Während Wanja in England eine kleine Berühmtheit wurde,
verlief in Russland medizinisch gesehen alles nach Plan. Im
Sommer wurde er für eine weitere Operation vom Sanatorium
Nr. 26 zurück ins Krankenhaus Nr. 58 verlegt. Nach insgesamt neun Monaten Krankenhaus und Sanatorium im Wechsel
stand im September dann seine Rückkehr ins Babyhaus an.

Tagelang überlegte Sarah, womit sie sich bei den Ärzten und
Schwestern dafür bedanken könnte, dass sie sich um Wanja
gekümmert hatten, und – was noch wichtiger war – dass sie
ihn im Falle einer Weiterbehandlung gern wieder aufnehmen
würden. Bislang hatte sie dem Krankenhaus einen Gymnastikball geschenkt, und ein Arzt hatte einen Fernseher für sein
Büro bekommen. Wika schlug vor, Fünfzigdollarnoten in
Umschläge zu stecken und diese an das Personal zu verteilen.
Von der Mutter eines Jungen mit infantiler Zerebralparese erfuhren sie, dass Bargeld nur von Kindern erwartet wurde, die
zu Hause bei ihren Eltern lebten, nicht aber von Kindern, die
sich in der Obhut des Staates befanden, und dass Tee und
Kekse vollkommen ausreichten.

Daraufhin machten sich Alan und Sarah frühmorgens auf
den Weg in die Konditorei des Hotels »Prag«. Mit seinen
Kronleuchtern und den Marmorböden hatte das Geschäft
seinerzeit sowjetischen Glanz ausgestrahlt, doch nun waren
die Böden abgelaufen und schmutzig, und die Einlegearbeiten
in den Tischen ruiniert. Doch es tat sich etwas. Eine glänzende
Espressomaschine war eingetroffen und spuckte nun Kaffee

in Plastikbecher. Merkwürdigerweise schmeckte der Kaffee noch immer genau wie zu Sowjetzeiten – einschließlich des Bodensatzes. Sarah und Alan legten ihr gesamtes Bargeld zusammen und kauften eine Prager Torte, zwei riesige Kartons Schokolade aus der soeben privatisierten Schokoladenfabrik »Roter Oktober« sowie Schokoriegel für die Kinder.

Diese Geschenke waren für die Krankenschwestern bestimmt, doch noch immer hatten sie keine Idee, was sie dem Chirurgen schenken sollten. Sie wussten, dass er ein äußerst jähzorniger Mann mit einem teuren Geschmack war, doch leider erfuhren sie zu spät von seiner Vorliebe für Zigarren. Da Wodka inzwischen als etwas galt, das man höchstens dem Hausmeister schenkte, mussten sie sich etwas anderes, ganz Besonderes einfallen lassen. Also lief Alan zum nächstgelegenen Bankautomaten, kehrte mit einem dicken Bündel Banknoten zurück und erwarb eine Flasche Rémy Martin. Damit würde der Chirurg Wanja zweifellos in guter Erinnerung behalten und ihn, wenn nötig, wieder in sein Krankenhaus aufnehmen.

Zufrieden mit ihren Einkäufen fuhren sie weiter ins Krankenhaus. Sie hatten mit Wika verabredet, sich draußen zu treffen, doch sie kam wie immer zu spät.

Also gingen Sarah und Alan allein hinauf in den dritten Stock, wo sie an lauter leeren Zimmern vorüberliefen. Es schien niemand dort zu sein. Sie beschlossen, erst noch die Neurologin aufzusuchen, bevor sie zu Wanja gingen. Sie saß in einem geräumigen Zimmer mit einem großen Fernseher, der ohne Ton lief. Die tiefe Stille, die sie in dem Raum umfing, gab ihnen das Gefühl, als sei die Arbeit der Ärzte getan und kein russisches Kind würde noch auf seine Behandlung warten.

Als sich die beiden nach Wanja erkundigten, sagte die Neurologin tatsächlich etwas Ermutigendes – das hatte es in einer staatlichen Einrichtung bislang noch nicht gegeben. Sie sei beeindruckt von den langen Sätzen, die Wanja formulieren könne. Schließlich ging sie sogar so weit, sich zu den Vernachlässigungen zu äußern, die er sowohl in emotionaler als auch in entwicklungspsychologischer Hinsicht erleiden musste.

»Das einzig Positive daran ist«, sagte sie, »dass gerade die Tatsache, dass ihm dies nicht endgültig schaden konnte, erkennen lässt, wie viel Potential in ihm steckt.«

Zum ersten Mal sprach eine Ärztin über ihn wie über einen Jungen, der eine Zukunft besaß. Außerhalb der Mauern des Babyhauses und der Anstalt war es den Krankenhausärzten offenbar möglich, in ihm das intelligente Kind zu sehen, das er war.

Die Neurologin verriet ihnen, dass sie sich mit ihren Kollegen zusammengetan habe, um den Leiter der Psychiatrie von Wanjas Fähigkeiten zu überzeugen. »Wir haben seine Diagnose verbessert«, verkündete sie stolz. »Er gilt nicht länger als schwachsinnig. Seine Diagnose lautet nun nur noch ›körperlich behindert‹. Nächstes Jahr kann er zur Schule gehen.«

Sarah versprach, die guten Neuigkeiten gleich Linda zu überbringen. Dann nutzte sie die Gelegenheit, um der Ärztin einen Karton Schokolade zu überreichen. Das Gespräch endete dennoch unerfreulich.

»Im Dezember kommt er dann wieder zu uns«, sagte die Neurologin. »Bis dahin kümmert man sich im Babyhaus um ihn, legt ihm seine Schienen an und trainiert täglich mit ihm.«

»Das bezweifle ich«, erwiderte Sarah. »Die Betreuung im Babyhaus war bislang vollkommen unzureichend.«

Die Ärztin blickte sie gequält an. Sie wollte sich die Wahrheit über den Müßiggang des Personals in den Babyhäusern offenbar nicht eingestehen.

Als sie wieder auf den Flur traten, wurden sie von einem kleinen Jungen empfangen, der am anderen Ende einen Gehwagen vor sich herschob und ihnen breit grinsend zurief: »Sarah, Alan! Schaut mal!« Sein Jubelschrei schien durch das gesamte Krankenhaus zu hallen. Die Beine in Gipsschienen verpackt, kam er mit hocherhobenem Kopf aufrecht stehend auf sie zugelaufen. Das Kind, das noch vor Kurzem auf dem Boden herumgekrochen war oder hatte getragen werden müssen, gab es nicht mehr. Obwohl ihn jeder Schritt sichtlich schmerzte und er nur äußerst langsam vorwärtskam, war er entschlossen, seinem Publikum zu zeigen, was in ihm steckte. Er warf einen Blick über die Schulter und rief der inzwischen eingetroffenen und glückselig lächelnden Wika zu: »Du kriegst mich nicht! Du kriegst mich nicht!« Mit vor Anstrengung verzerrtem Gesicht schleifte er seine steifen Beine zentimeterweise vorwärts. In seiner Vorstellung jedoch sauste er den Flur hinunter. Es war unmöglich, von dem starken Willen dieses Jungen nicht tief ergriffen zu sein.

Vollkommen erschöpft stand Wanja einige Zeit später am Fenster und wartete auf die Ankunft des grauen Wolga, der ihn zurück ins Babyhaus bringen sollte. Nachdem sich Alan und Sarah von Wika und ihm verabschiedet hatten, gingen sie zum Fahrstuhl, wo ihnen eine verwirrte alte Dame mit einer grünen Arzthaube auf dem Kopf direkt in die Arme lief. Es war Adela, die zur Überraschung aller persönlich gekommen war, um Wanja abzuholen. Sie war ganz durcheinander, weil sie sich verspätet hatte, und murmelte etwas davon, dass sie direkt von einer Beerdigung käme.

Am nächsten Tag erzählte Wika Sarah und Alan bei einer Tasse Tee die seltsame Geschichte von Wanjas Entlassung aus dem Krankenhaus und seiner Ankunft im Babyhaus 10. Erstaunt und gerührt hatte Adela zugesehen, wie liebevoll sich das Personal von Wanja verabschiedet hatte. Die Mutter eines anderen Kindes – es war die, die Wanja mit selbstgekochtem Essen versorgt hatte – sprang plötzlich auf ihn zu, schloss ihn weinend in die Arme und küsste ihn zum Abschied. Im Babyhaus angekommen, wurde er von keiner der Angestellten begrüßt. Niemand sprach auch nur ein einziges Wort mit ihm. Diesmal schreckte Adela ausnahmsweise einmal nicht davor zurück, ihre Belegschaft zurechtzuweisen: »Im Krankenhaus hat man ihm beigebracht, zu laufen, und alle haben sich von ihm verabschiedet. Und Sie – Sie können bei seiner Rückkehr noch nicht einmal hallo zu ihm sagen.« Wika war vor Staunen der Mund offen stehengeblieben.

Trotz Adelas neu gewonnenem Durchsetzungsvermögen und einer Fünfzigdollar-Spende, mit deren Hilfe sichergestellt werden sollte, dass wenigstens eine der Physiotherapeutinnen des Babyhauses ihre Arbeit tat, änderte sich in Wanjas Leben kaum etwas. Aus irgendeinem Grund wurde er erneut in Gruppe 6 untergebracht, einem Raum mit zwei- und drei- jährigen Kindern im Erdgeschoss. Wie immer hatte er auch hier niemanden, mit dem er sprechen konnte. Keine der An- gestellten kümmerte sich um die Fortsetzung seiner Therapie, und da sie nichts mit den Schienen, die ihm das Krankenhaus mitgegeben hatte, anzufangen wussten, waren Wanjas Beine nach kürzester Zeit wieder erlahmt.

Noch am Abend des Tages, als Wanja aus dem Krankenhaus ins Babyhaus zurückgebracht worden war, rief Alan Linda in England an, um ihr von den Neuigkeiten zu berichten: dass Wanja bereits zwei Mal an den Beinen operiert worden war und im Krankenhaus unter Schmerzen begonnen hatte zu lau- fen und jetzt zurück im Babyhaus sei. Lindas Nachrichten aus England klangen weniger vielversprechend. Sie hatte nicht geahnt, was eine Prüfung von Seiten der britischen Behörden sowohl finanziell als auch emotional für sie und ihre Familie bedeuten würde. Zudem waren die britischen Sozialarbeiter nicht gewillt, das Verfahren zu beschleunigen, nur weil das Kind dringend gerettet werden musste – ganz im Gegenteil. Linda hatte sogar den Eindruck, dass sie alles taten, um Wan- jas Adoption zu sabotieren. Die Kosten für die Prüfung be- liefen sich auf insgesamt 3000 Pfund, und es würde Monate dauern, bis alles abgeschlossen war. Die Sozialarbeiter selbst nannte sie gefühllos, querulantisch und unverfroren neugie- rig. Sie hatten angekündigt, das Sexualleben aller Familienmit- glieder auszuspionieren.

»Haben Sie mal darüber nachgedacht, die Sache auf die rus- sische Art zu klären?«, fragte Alan in einem Versuch, sie auf- zuheitern.

»Und wie sieht die aus?«

»Eine Flasche Kognak, ein bisschen Schokolade und Um- schläge voller Dollarnoten. Damit bringt man hier die Dinge für gewöhnlich zum Laufen.«

14.
MURMELTIERTAG
Oktober 1997

Inzwischen war Wanja beinahe acht Jahre alt und wartete noch immer darauf, dass sein Leben endlich begann. Seine Tage verbrachte er wie eh und je an einem kleinen Holztisch sitzend, in einem Zimmer voller Kinder, die allesamt viel jünger waren als er. Das einzige Kind, mit dem er sich unterhalten konnte, war ein Mädchen namens Julia, die, wie Andrej einst, mit ihm zusammen am Tisch saß. Sie konnte nicht laufen, wusste aber eine ganze Menge Dinge und beantwortete bereitwillig all die Fragen, die Wanja ihr stellte. Früher hatte sie mit ihrem Vater in einer Wohnung gelebt. Tagsüber nahm er sie mit zum Betteln in eine Unterführung, wo sie den ganzen Tag still sitzen bleiben musste. Wenn er zwischendurch mal einschlief, konnte sie ein wenig herumkrabbeln. Eines Tages wachte er nicht wieder auf, und dann war sie ins Babyhaus gekommen.

Am meisten gefielen Wanja ihre Geschichten über das Leben in einer Wohnung. Sie und ihr Vater hatten ein Bad ganz für sich allein gehabt. Dort durfte sie in der Badewanne sitzen und den Wasserhahn aufdrehen, wann immer sie wollte. Neben ihrem Bett gab es eine Lampe, die sie ganz allein an- und ausschalten konnte, was Wanja tief beeindruckte. Im Krankenhaus hatten ihn Barney und Emily manchmal im Waschbecken planschen lassen, doch im Babyhaus durfte er nicht mit Wasser spielen. Und in seinem ganzen Leben hatte er noch nie eine Lampe angeknipst. Als Julia das hörte, erklärte sie ihm, dass man sogar den Fernseher nach Lust und Laune selbst an- und ausschalten könne, wenn man in einer Wohnung lebte, woraufhin Wanja sie mit großen Augen anschaute. Und hungern müsse man auch nie, erzählte sie weiter. Man könne so viel Brot haben, wie man wolle, da man einfach hinüber in die Küche krabbeln und es sich vom Tisch nehmen dürfe.

Die Betten von Wanja und Julia standen direkt nebeneinander. Abends lagen sie oft lange wach und unterhielten sich flüsternd weiter. Wenn Julia dann eingeschlafen war, dachte Wanja über alles nach, was sie ihm erzählt hatte, und versuchte, es zu verstehen. Wenn er dann damit fertig war, dachte er an all die Menschen, die er liebte, und überlegte, was sie gerade machten. Zunächst war da Tante Walentina. Bei ihr brauchte er nicht lange zu überlegen: Sie war oben in Gruppe 2. Vor ihrem Dienst steckte sie stets ihren Kopf zur Tür herein und sagte ihm, dass er nicht vergessen solle, laufen zu üben. Lange konnte sie jedoch nie bleiben, da sie sich um die Kinder in Gruppe 2 kümmern musste.

Besonders gern dachte er an die aufregenden Dinge zurück, die er mit Barney und Emily erlebt hatte, als sie ihn im Krankenhaus besucht hatten. Er musste Barney nur sagen, dass er mal musste, und schon brachte er ihn zur Toilette, wo Barney ihn am Wasserhahn mit dem Wasser spielen ließ und er sein Gesicht und die Arme nass spritzen durfte. Einmal war er so nass geworden, dass Barney ihn zurück in den Flur bringen und ein trockenes T-Shirt für ihn suchen musste. Die Krankenschwester wurde schrecklich wütend und schrie Barney an. Doch zum Glück verstand Barney kein Wort von dem, was sie sagte, denn er war ja aus England, ebenso wie Emily. Auch sie wurde oft von den Schwestern angeschrien, besonders, wenn sie Wanja in einem Rollstuhl mit nach draußen nehmen wollte. Am schönsten war es, wenn Wanja rief: »Schneller, Emilia, schneller«, dann fing sie an zu rennen, und er rief: »Noch schneller, Emilia«, und sie rannte noch schneller, und beide jauchzten vor Freude. Wenn sie dann nicht mehr konnte, ließ sie sich neben dem Weg in den Schnee fallen und tat so, als wäre sie zu erschöpft, um sich zu rühren. Wie sie zusammen gelacht hatten! Doch jetzt waren Barney und Emily wieder in England. Weit weg.

Auch Andrej war weit weg, in Amerika. Dort hatte er eine Mama, einen Papa, einen Bruder und eine Schwester. Wanja stellte sich Andrej in einer Wohnung vor, wo er sich mit seinem Bruder und seiner Schwester ein Bett teilte. Wenn er Hunger hatte, krabbelte er einfach in die Küche und holte sich eine Scheibe Brot, und wenn Schlafenszeit war, war Andrej derjenige, der das Licht ausschalten durfte.

Er dachte an den Tag, an dem Andrej aus dem Babyhaus fortgebracht worden war. Da war diese Frau gewesen, Linda, die ihn, Wanja, umarmt und ihm neue Stiefel mitgebracht hatte. Sie war von weit her gekommen, extra um ihn zu besuchen. Und sie hatte gesagt, dass sie wiederkommen würde. Doch wo blieb sie nur?

Dann war da noch Elvira. Auch sie war weit weg – zurück in ihrem Babyhaus. Er rief sich in Erinnerung, wie viel Spaß es ihnen gemacht hatte, sich gegenseitig Angst einzujagen. Wenn Wika und ihre Freunde zu Besuch ins Krankenhaus gekommen waren, hatten sie ihm Gedichte beigebracht und ihm vorgelesen. Sarah hatte jedes Mal mit jemand anderem zusammen vorbeigeschaut, alles Leute, die ebenfalls von weit her kamen.

An all diese Menschen dachte Wanja, wenn er nachts in seinem Bett lag und nicht schlafen konnte. Dann übte er die lustigen fremden Namen dieser Leute und erinnerte sich an alles, was sie zu ihm gesagt hatten. Und schließlich schlief er ein.

Eines Tages saß Wanja an seinem Tisch und hoffte auf einen Besuch von Wikas Freundin Asja. Sie würde ihm bestimmt die kleine Holzleiter mit dem Affen mitbringen, der, wenn man ihn richtig befestigte, die Leiter eine Stufe nach der anderen hinunterklettern konnte. Im Augenblick gab es jedoch nichts, worauf er sich konzentrieren konnte, außer auf das Gespräch, das zwei Angestellte miteinander führten. Swetlana war in Gruppe 6 gekommen, um sich mit der Betreuerin über eine neue Konditorei zu unterhalten, die gegenüber des Babyhauses eröffnet hatte.

»Können Sie sich das vorstellen?«, fragte sie. »Ein ganzes

Monatsgehalt für einen einzigen Kuchen! Wo soll das noch hinführen?«

Die beiden Frauen gingen dazu über, Babyhaus-Tratsch auszutauschen, und Wanja horchte auf, als er erkannte, dass sie über etwas sprachen, das ihn betraf. Sie schienen vollkommen vergessen zu haben, dass er anwesend war.

»Diese Engländerin … die, die gesagt hat, dass sie ihn adoptieren würde – was ist aus ihr geworden?«, fragte die Betreuerin.

»Inzwischen sind bestimmt sechs Monate vergangen«, antwortete Swetlana. »Normalerweise reicht das für eine Adoption vollkommen aus. Bislang haben wir nichts Offizielles gehört.«

»War sie nicht schon über fünfzig und bereits Großmutter?«

»Ja.«

»Wieso will sie dann ein Kind in seinem Alter adoptieren? Besonders reich hat sie auch nicht gewirkt. Haben Sie gesehen, was sie anhatte?«

»Sie haben recht. Ich denke nicht, dass sie wiederkommt.«

»Dann kommt er also zurück ins Internat? Für das Babyhaus ist er schon viel zu groß.«

»Ja. Eine andere Möglichkeit gibt es für ihn nicht.«

Wanja war wie gelähmt. Erst in diesem Moment wurde ihm klar, wie viel Hoffnung er auf Linda gesetzt hatte. Sie war extra seinetwegen von weit her gekommen, und sie hatte versprochen, wiederzukehren. Doch nun sagten die Betreuerinnen, dass dies nie geschehen würde. Der Klumpen in seinem Magen zog sich immer fester zusammen. Hatten sie wirklich gesagt, dass er zurück ins Internat müsse? Er wagte nicht, darüber nachzudenken, starrte ins Leere, sah nichts, fühlte nichts, bis er plötzlich von seinem Stuhl gehoben wurde. Es war Adela, die gekommen war, um ihn zum wöchentlichen Gottesdienst in die Kapelle des Babyhauses zu bringen.

15.
SCHULDZUWEISUNGEN
November 1997

Sieben Monate waren seit Lindas Besuch in Moskau vergangen, und noch immer war Wanjas Adoption nicht einen einzigen Schritt vorangekommen. Eines Tages klingelte es an Sarahs Wohnungstür. Es war Wika. Sie hatte einen hochroten Kopf und klopfte sich verärgert den Schnee von ihren Stiefeln.

»Bist du gerannt, Wika? Das solltest du in deinem Zustand besser nicht tun.«

Wika überging die Anspielung auf ihre Schwangerschaft. »Ich komme gerade aus dem Babyhaus. Sie tun es schon wieder!« Sie zog sich die Mütze vom Kopf und schüttelte ihre Haare zurecht. »Ich habe diese ganzen Überraschungen so satt.«

Sarah schob sie in die Küche und machte ihr einen Tee. Wika berichtete, dass sie sich soeben mit Adela gestritten habe. Angefangen hatte alles mit Adelas Ankündigung, dass ein Besuch der medizinisch-psychologischen Kommission des Krankenhauses Nr. 6 bevorstand, um die älteren Kinder zu beurteilen.

Wika hatte Adela noch nicht einmal aussprechen lassen. »Adela, Sie haben doch nicht etwa vor, Wanja noch einmal der Kommission vorzuführen? Was, wenn sie seine Diagnose wieder ändern? Ihn zurückstufen? Sie erklären ihn womöglich wieder für schwachsinnig, und dann ist es aus und vorbei mit der Adoption.«

Kinder mit der Diagnose »schwachsinnig« wurden nicht in das Adoptionsverzeichnis aufgenommen, daher war es äußerst wichtig, dass Adela ihn vor der Kommission versteckt hielt. Wika hatte sie daran erinnert, dass es ihre Pflicht sei, Wanja zu schützen, bis die Adoption bewilligt war. Doch Adela weigerte sich, ihr eine klare Antwort zu geben. Wie üblich schien sie den Dingen einfach ihren natürlichen Lauf lassen zu wollen. Sie klagte, dass sie bezüglich Wanjas Adoption bis heute nichts vom Ministerium gehört habe. Solange ihr nichts Schriftliches vorliege, seien ihr die Hände gebunden. Mit seinen knapp acht Jahren sei Wanja viel zu alt für das Babyhaus; ihn weiter dort zu behalten, könne sie in große Schwierigkeiten bringen.

Wika konnte nicht länger an sich halten und fragte provokativ: »Dann wollen Sie also, dass er ins Internat zurückkommt? Und vierundzwanzig Stunden am Tag in einem Gitterbett verbringt? Ist es das, was Sie sich für ihn wünschen? Sind Sie dann glücklich?«

»Wollen Sie damit etwa sagen, dass ich ihn nicht liebe?«, erwiderte Adela scharf. »Ich handle mir jede Menge Ärger ein mit dem, was ich für ihn tue. Sie werden meinen Posten jemand anderem geben.«

Sarah goss Wika Tee nach und versuchte, sie zu beruhigen. Adela sei einfach überängstlich, sagte sie und schlug vor, ein paar Tage abzuwarten und Adela dann mit einer Prager Torte zu überraschen.

»Du verstehst nicht, Sarah«, sagte Wika. »Sie hat mich aus dem Babyhaus geworfen und mir verboten, Wanja wiederzusehen!«

Und es gab noch schlimmere Neuigkeiten. Wika senkte die Stimme, bis sie nur noch flüsterte. Seit einiger Zeit erhielt sie nachts obszöne Anrufe. Sie ging schon gar nicht mehr ans Telefon und hatte sich einen Anrufbeantworter gekauft, dennoch war es beängstigend, morgens um zwei aufzuwachen, das unheilvolle Klicken zu hören und zu wissen, welche Abscheulichkeiten in diesem Moment von dem Gerät aufgezeichnet wurden. Besonders unheimlich war die Tatsache, dass die Anrufe auch nicht aufgehört hatten, als sie nach ihrer Hochzeit mit ihrem Mann zusammengezogen war und dessen Namen angenommen hatte.

Die beiden Frauen saßen lange zusammen und überlegten, wer hinter den Anrufen stecken könnte. Womit konnte Wika derartige Feindseligkeiten heraufbeschworen haben? Ihnen war nicht ganz klar, wo die Verbindung lag, doch sie waren sich einig, dass es etwas mit Wikas Bemühungen, Wanja zu retten, zu tun haben musste. Was sonst hatte sie getan, um Aufmerksamkeit auf sich zu ziehen?

Obwohl es niemand offen aussprach, konnte Sarah spüren, dass die Angestellten des Babyhauses 10 ihr die Schuld daran gaben, dass Wanjas Adoption nicht voranschritt. Sie hatten angenommen, dass Wanja nach England gehen würde, hatten sogar das Foto von Linda und ihm in einem der Ärztezimmer aufgehängt. Zwar sprach niemand Sarah direkt darauf an, doch das Verhalten der Angestellten sprach Bände. Als Sarah einen Brief von Linda zur Weitergabe an Adela erhielt, bat sie ihren Mann, ihn ins Babyhaus zu bringen und zu übersetzen. Adela hatte schon immer lieber Alan ihr Herz ausgeschüttet.

Als er dort eintraf, wurde er von einer äußerst mürrischen und angriffslustigen Adela begrüßt.

»Warum bringen Sie immer so viele Leute hierher?«, fragte sie ihn. Von der verwirrten alten Dame war nichts mehr zu spüren. »Sie quälen mich. Sie machen mich ganz verrückt. Meine Vorgesetzten sagen, ich sei eine schlechte Chefärztin.«

»Aber ich bringe doch gar niemanden mit«, erwiderte Alan.

Sie hob drohend einen Finger. »Sie und Sarah und Wika – ist das etwa niemand?«

»Nun, wir kommen, um Wanja zu besuchen. Er braucht Gesellschaft.«

Als sie Wanjas Namen hörte, wurde Adelas Tonfall schlagartig weicher. »Oh, Sie hätten ihn heute in der Kapelle sehen sollen. Er hat Psalmen gesungen und sich bekreuzigt. Er ist ein Engel, dieser Junge.« Die Erinnerung daran trieb Adela Tränen in die Augen.

Kurz darauf saßen Alan und sie wie alte Freunde bei einer Tasse Tee zusammen. Doch abermals nahm die Unterhaltung eine bizarre Wendung. Anneke, eine Freundin von Sarah aus Holland, hatte ihr Herz an einen kleinen Jungen aus dem Babyhaus 10 verloren. Der Junge war zu früh auf die Welt gekommen und galt als zurückgeblieben.

»Ich allein bin schuld«, sagte Adela und rang verzweifelt die Hände. »Ich bin schuld, dass er adoptiert werden soll. Ich hätte seinen Namen nie weitergeben dürfen.«

»Aber was ist denn falsch daran?«, fragte Alan. »Er sollte adoptiert werden. Er verdient eine Chance auf ein Leben.«

»Sie verstehen nicht. Die Mutter kommt aus Holland. Dort wird Euthanasie praktiziert. Sobald er größer ist, werden sie feststellen, dass er geistig zurückgeblieben ist, und dann werden sie ihn töten. Das macht man so in Holland.«

Sie erklärte Alan, dass sie keine Probleme damit hätte, Kinder in »orthodoxe« Länder wie Amerika und England zu schicken. Doch sie war fest entschlossen, den Jungen nicht nach Holland gehen zu lassen. »Ich mag diese Leute nicht«, murmelte sie.

Während Alan über ihre groteske Logik nachgrübelte, die den Jungen der vermutlich einzigen Chance seines Lebens beraubte, merkte er, dass Adela inzwischen das Thema gewechselt hatte. »Wir können ihn nicht ewig hierbehalten. In seinem Alter sollte er längst im Internat 30 sein.«

»Sie sprechen doch nicht von Wanja, oder? Ich habe einen Brief von Linda für Sie dabei. Sie schreibt, dass es mit der Adoption vorangeht. Insgesamt lassen sich die Behörden in England aber viel Zeit. Sie wollen sich erst davon überzeugen, dass Linda als Adoptivmutter geeignet ist.«

Adela wies den Brief zurück. »Das reicht nicht. Ich brauche etwas Offizielles.« Sie erklärte, dass die Kommission nun jederzeit im Babyhaus eintreffen könne und dass ihr die Anwesenheit eines Siebenjährigen großen Ärger bereiten würde.

»Aber Adela. Denken Sie daran, was ihm in Filimonki widerfahren ist. Sie dürfen nicht zulassen, dass sich das wiederholt.«

Alan hatte das Gefühl, dass Adela ihm noch etwas sagen

wollte. Schließlich platzte sie damit heraus. »Ich habe heute den Priester gebeten, Sie zu segnen.«

»Das ist sehr aufmerksam von Ihnen.«

»Ich habe den Priester gebeten, Sie zu segnen, damit Sie keine hässlichen Dinge über uns schreiben.«

Nachdem Alan das Babyhaus verlassen hatte, versuchte er, hinter den Sinn von Adelas Worten zu kommen. Er hatte sie oder das Babyhaus 10 in seinen Artikeln nie erwähnt. Er hatte lediglich über Wanjas Einkerkerung in der Anstalt von Filimonki berichtet. Warum, fragte er sich, machte sich Adela nach all den Monaten plötzlich Sorgen über das, was er schreiben könnte?

Er fuhr in sein Büro und rief Grigori an, den Anwalt, den Linda engagiert hatte, nachdem er Andrejs Adoption nach Amerika so erfolgreich abgewickelt hatte. Grigori klang angespannt – kein Vergleich mehr zu dem selbstbewussten jungen Mann, der der Korruption im Adoptionsgeschäft den Kampf angesagt hatte. Alan fragte ihn, wo genau das Problem bei Wanjas Adoption lag. Wenn sich nicht langsam etwas tue, würde Wanja demnächst wieder in ein Internat abgeschoben werden.

»Das ist nicht meine Schuld«, fuhr Grigori ihn an. »Ich warte noch immer auf das Gutachten von den Behörden aus England. Wie lange prüfen die Linda jetzt schon auf ihre Tauglichkeit als Adoptivmutter? Acht Monate?«

»Können Sie nicht wenigstens irgendetwas Offizielles für das Babyhaus beibringen, damit man dort vorweisen kann, dass er adoptiert wird?«

»Nein. So läuft das nicht. Ich brauche erst den Bescheid aus England, dann kann ich einen offiziellen Antrag stellen.«

Am Abend telefonierte Sarah mit Linda, um ihr zu sagen, dass Adela ihren Brief zwar erhalten habe, er jedoch nicht ausreiche, um Wanja vor der Abschiebung aus dem Babyhaus zu bewahren. Die Zeit drängte. Grigori musste endlich etwas in die Hand bekommen, um den Fall vorantreiben zu können.

Linda war äußerst besorgt. Sie erklärte, dass ihr die englischen Behörden versprochen hätten, die Prüfung innerhalb von sechs Monaten abzuschließen – doch das lag bereits acht Monate zurück. Sie hatte die Vermutung, dass die britischen Sozialarbeiter internationale Adoptionen ablehnten. Soeben war sie von einer Sozialarbeiterin angerufen worden, die ihren für den nächsten Tag angekündigten Besuch abgesagt hatte, weil ihr Wagen in der Werkstatt war.

»Kann sie denn nicht mit öffentlichen Verkehrsmitteln kommen?«, fragte Sarah.

»Diesen Frauen ist jede Ausrede recht, um die Sache in die Länge zu ziehen.«

Was die Befragung der einzelnen Familienmitglieder anging, so hatte Linda das Gefühl, als suchten die Sozialarbeiter geradezu nach Gründen, um ihren Antrag ablehnen zu können. Dabei hatten sie einen Streit, den Linda vor zwei Jahren mit ihrer Tochter gehabt hatte, vollkommen unverhältnismäßig aufgebauscht. Und obwohl längst alles wieder in Ordnung war, wollten die Sozialarbeiter es nicht dabei bewenden lassen. Für jegliche Spannungen in der Familie, betonten sie, müsse am Ende das Adoptivkind herhalten.

Während Sarah Lindas Schilderungen anhörte, beschlich sie eine böse Ahnung. Und nachdem sie aufgelegt hatte, konnte sie den schrecklichen Gedanken nicht länger ignorieren: Am Ende würde Wanja vielleicht doch nicht nach England gehen.

16.
MIT KNAPPER NOT ENTRONNEN
Teil 2

Dezember 1997

Eines Abends gelang es Wika, sich an Adela und den anderen ranghöheren Angestellten vorbei ins Babyhaus 10 zu schleichen. Als sie die Gruppe 6 betrat, hatte Wanja gerade das Abendessen beendet. Nervös setzte sie sich mit ihm auf ein Plastiksofa, das in der Ecke stand, und hoffte, dass die Betreuerin keinem von ihrer Anwesenheit erzählen würde.

Sie konnte spüren, dass Wanja ihre Unruhe bemerkte, doch sie konnte und wollte ihm ihre Sorgen nicht anvertrauen: Adela war nicht länger bereit, ihn zu schützen; es war zu befürchten, dass Linda am Widerstand der Behörden in ihrem Heimatland scheiterte; Grigori, der Anwalt, hatte Ärger mit den russischen Behörden, was sich hinderlich auf Wanjas Adoption auswirken könnte. Alles schien schiefzulaufen. Und zu allem Überfluss hatte sie in der Nacht zuvor wieder einen dieser obszönen Anrufe erhalten. Um zwei Uhr morgens. Nur der KGB würde um diese Uhrzeit anrufen – das zumindest behaupteten alle um sie herum. Doch nun hatte sie Wanja eine große Neuigkeit zu überbringen.

»Ich möchte dir etwas sagen, Wanja«, begann sie.

Er blickte sie ernst an.

»Du erinnerst dich bestimmt noch, dass ich dir von meiner Hochzeit im Juni erzählt habe. Jetzt bekomme ich ein Baby.«

Wanja schaute verdutzt.

»Schau, mein Bauch wird schon dicker.« Sie nahm seine Hand und legte sie sich auf den Bauch. Wanja schien vollkommen verwirrt. Ihr dämmerte, dass er nicht wusste, woher die Babys kamen.

»Das Baby ist hier drinnen.« Sie musste lachen, als sie Wanjas erstaunten Blick sah, und drückte ihn an sich. Es war ein bittersüßer Moment. Von nun an würde er nicht mehr im Zentrum ihrer Bemühungen stehen können. Sie würde ein eigenes Kind haben, um das sie sich kümmern musste.

Am nächsten Tag nahmen Sarah und Wika im Büro des *Daily Telegraph* einen Schreibtisch mitsamt Computer in Beschlag. Linda hatte vollkommen aufgelöst angerufen und erzählt, dass das von den örtlichen Behörden eingesetzte Adoptionsgremium nun jederzeit seine Empfehlung darüber abgeben würde, ob sie als Adoptivmutter geeignet war. Neun Monate hatte es gedauert, um an diesen Punkt zu gelangen.

Noch immer hatte Linda Zweifel, ob die Sozialarbeiter auf ihrer Seite standen, daher brauchte sie Unterlagen, mit denen sie das Gremium von sich überzeugen konnte. Nun saß Wika vor dem Computer und tippte mit Sarahs Hilfe, was das Englische betraf, Wanjas Lebensgeschichte ein. Sie beschrieb die Einrichtungen, in denen er bislang gewesen war, und schilderte, inwiefern ihn das dortige Leben in seiner Entwicklung gebremst hatte. Obwohl er flüssig sprechen konnte, sei er in den Kindertrakt einer Irrenanstalt für Erwachsene überwiesen worden. Bis zu seiner Rückkehr in das Babyhaus habe er sich auf den Stand eines Zweijährigen zurückentwickelt. Sollte er nicht adoptiert werden, würde ihn das gleiche Schicksal in einer ähnlichen Anstalt ereilen.

»Wanja ist ein ganz außergewöhnliches Kind«, schloss Wika ihren Bericht. »Er ist warmherzig und besitzt ein feines Gespür für Menschen. Erst in einer Familie wird er seine Fähigkeit, Liebe zu erwidern und zu geben, leben können.«

Sarah hatte eine Idee. Sie kramte die Faxe hervor, die ihr Tom und Roz aus Florida geschickt hatten und in denen sie von Andrejs Fortschritten berichteten, die er seit seiner Adoption gemacht hatte.

»Lass uns die dazulegen – die Geschichte von Wanjas bestem Freund, dem Jungen, dem er das Sprechen beigebracht hat.« Tom und Roz schrieben, dass Andrej allein in den ersten fünf Monaten zehn Zentimeter gewachsen sei. Sein Englisch verbessere sich stetig. In der kurzen Zeit habe er sämtliche Entwicklungsstufen vom Eineinhalbjährigen zum Sechseinhalbjährigen genommen, und nun lerne er gerade laufen. Wenn Andrej von seiner Zeit im Babyhaus spreche, sage er: »Essen, schlafen, essen, schlafen, das war alles, was ich den ganzen Tag gemacht habe.« Doch es gab auch Beunruhigendes zu berichten. Nachdem Tom und Roz den Jungen zu sich geholt hatten, entdeckten sie, dass sein Gesäß mit Einstichstellen übersät war. Sie kamen zu dem Schluss, dass er regelmäßig Beruhigungsmittel erhalten haben musste, damit er den Großteil des Tages ruhiggestellt war.

Laut Andrejs russischer Krankenakte litt er an Rachitis, und es lag eine Fehlstellung der Hüften vor, doch beiden Diagnosen wollten sich die Spezialisten in Amerika nicht anschließen. Was die infantile Zerebralparese betraf, diagnostizierte der Neurologe lediglich eine leichte Form, die Andrej nicht daran hindern würde, laufen zu lernen.

»Lies mal, was hier über seine Gehbehinderung steht«, sagte Sarah und deutete auf das Fax. »Genau, wie wir es immer vermutet haben. Sie sagen, sein Zustand ist das Ergebnis von Vernachlässigung und Verwahrlosung. Es wäre ein Leichtes gewesen, sein Defizit in jungen Jahren zu korrigieren.«

Sarah redete sich in Rage. »Es ist geradezu kriminell, was in diesen Babyhäusern vor sich geht. Sie erhalten Frühgeburten und machen sie zu Krüppeln.«

Wika fand, dass Sarah zu hart mit dem Babyhaus 10 ins Gericht ging. »Adela und ihre Leute sind nicht herzlos, Sarah. Sie sind einfach überarbeitet. Sie kommen ja kaum mit dem Saubermachen und Füttern nach. Sich jedem Kind einzeln zu widmen, bleibt da einfach keine Zeit.«

»Siebzig Personen arbeiten im Babyhaus 10, bei gerade einmal zweiundsechzig Kindern. Was machen die alle? Und überhaupt hätten sie viel weniger Arbeit, wenn sie den Kindern beibringen würden, selbständiger zu werden – sich selbst an-

196

zuziehen und aufs Töpfchen zu gehen, zum Beispiel. Schau dir Wanja an, er ist absolut dazu in der Lage, auf die Toilette zu gehen und sich anzuziehen, aber niemand lässt ihn. Und was ist mit diesen ganzen so genannten Spezialisten? Die sitzen den lieben langen Tag in ihren Büros herum, trinken Tee und füllen Formulare aus. Warum kümmern sie sich nicht darum, dass die Kinder ihre Beine benutzen? Es gibt einen Raum mit Sprossenwänden und physiotherapeutischen Geräten, der nie benutzt wird.«

»Bei der schlechten Bezahlung ...«, begann Wika.

»Damit hat es aber gar nichts zu tun. Ich habe nämlich erfahren, dass das Personal desto mehr Vergünstigungen erhält, je behinderter die Kinder sind – mehr Urlaubstage zum Beispiel. Es gibt überhaupt keinen Anreiz, mit den Kindern zu arbeiten.«

Wika versuchte, Sarahs Aufmerksamkeit auf ihre eigentliche Arbeit zurückzulenken. »Was wir brauchen, sind unabhängige medizinische Gutachten über Wanja.«

»Wie wäre es damit?«, fragte Sarah und reichte Wika einen mit Maschine geschriebenen Brief von einem Kinderpsychologen aus St. Petersburg, der im Anna Freud Centre in London gearbeitet hatte. Dort hieß es: »Nur in einer familiären Umgebung, in der er Liebe, Zuwendung und Stimulation erfährt, wird es Wanja gelingen, seine Fähigkeiten erfolgreich auszubilden. Innerhalb des Babyhauses wird das nicht möglich sein.«

Sie steckten den Brief zu den anderen Unterlagen in einen großen, an Linda adressierten Umschlag. Darunter war auch das Video, das Sergej, der Konzertpianist, heimlich in Filimonki gedreht hatte, als Beweis für die entsetzlichen Zustände in den Anstalten. Auch Wanja war kurz darauf zu sehen.

»Damit sollte die Sache geregelt sein«, sagte Sarah, während sie auf den Kurier warteten, der den Umschlag abholen sollte.

Sie hatten gute Arbeit geleistet, doch es lauerte bereits die nächste Gefahr: Die Kommission konnte nun jeden Tag im

197

Babyhaus 10 eintreffen. Und wenn Wanja erst einmal von ihr begutachtet worden war, war er praktisch schon unterwegs in die nächste Anstalt. Adela wäre zu schwach, um das zu verhindern. An diesem Abend betete Wika für ein Wunder.

Die Wahrheit über die Geschehnisse jenes Tages, an dem die Kommission das Babyhaus aufsuchte, kamen erst mehr als zehn Jahre später und nach monatelangem, sorgfältigem Sammeln von Beweismitteln ans Licht.

Während Sarah und Wika Material zusammensuchten, das sie Linda zur Vorlage bei dem britischen Adoptionsgremium schicken konnten, stand Adela an ihrem Schreibtisch und ordnete Krankenakten. Es waren exakt zehn Stück, und sie beinhalteten die Krankengeschichte jener Kinder, die am darauffolgenden Tag der Kommission vorgeführt werden sollten. Die Akte von Wanja Pastuchow war außergewöhnlich dick – schließlich war er älter als die anderen –, und einige Blätter waren ausgerissen. Ihr Blick fiel auf einen Brief vom Krankenhaus Nr. 58. Es war ein Erinnerungsschreiben, dass Wanja am 23. Dezember zu seiner dritten Behandlung im Krankenhaus erwartet wurde. Adela stockte der Atem, als sie erkannte, dass das der morgige Tag war – der Tag, an dem die Kommission kommen sollte. Dieses Zusammentreffen versetzte sie in helle Aufregung. Sie setzte sich und dachte nach. Sollte sie ihn der Kommission vorführen und im Anschluss direkt ins Krankenhaus schicken? Aus Gründen, mit denen sie sich nicht auseinandersetzen wollte, passten diese beiden Dinge nicht zusammen. Sie stellte sich vor, wie sie ihn der Kommission präsentierte, sah bereits den Brief auf ihrem Schreibtisch liegen, in dem stand, in welche Anstalt er überführt werden sollte; und sie stellte sich vor, wie sie sich in dem Bewusstsein von ihm verabschiedete, ihn an einen Ort des Leids zu schicken.

Dann sah sie ein anderes Bild vor sich: Wanja im Krankenhaus, wo ihn die Ärzte lobten, er laufen lernte und einer Zukunft entgegensah. Sie wusste nun, was sie zu tun hatte. Zu ihrer eigenen Beruhigung sagte sie sich, dass ihr die Kommission nichts würde anhaben können, wenn sie Wanja nicht im Babyhaus anträfe, da sie vollkommen aufrichtig von seinem Krankenhausaufenthalt berichten könnte. Jetzt kam es nur noch darauf an, Wanja fortzubringen, bevor die Kommission eintraf. Sie nahm ihren ganzen Mut zusammen und rief den ständig unzuverlässigen Fahrer an, der die Transporte für das Babyhaus übernahm, um ihm zu sagen, dass er am nächsten Tag pünktlich zur Arbeit zu erscheinen habe.

Am nächsten Morgen herrschte reger Verkehr in Moskau. Von Woche zu Woche spitzte sich die Situation auf den Straßen mehr zu, da immer mehr Wagen zugelassen wurden. Die Mitglieder der Kommission des Psychiatrischen Krankenhauses Nr. 6 waren auf dem Weg zu ihrem jährlichen Termin im Babyhaus 10. Sie waren spät dran und dementsprechend schlecht gelaunt. Als sie zwischen zwei Baustellen in die Gasse zum Babyhaus einbogen, kam ihnen ein alter grauer Wolga entgegen.

Da das Tor zum Babyhaus geschlossen war, konnte der Wolga nicht zurücksetzen. Fluchend legte der Fahrer der Kommission den Rückwärtsgang ein und manövrierte das Auto zurück auf die verstopfte Hauptstraße, um den anderen Wagen vorbeizulassen.

Was die Kommission nicht wusste: In dem Wolga befand sich ein kleiner Junge, der auf ihrer Liste zur Begutachtung stand. Er entkam ihrer Prüfung in letzter Minute. Wika hatte für ein Wunder gebetet, und ihre Gebete waren erhört worden.

17.

DAS IMPERIUM SCHLÄGT ZURÜCK

Januar bis Mai 1998

Das Adoptionsgremium tagte am 9. Januar, doch eine Woche später hatte Sarah noch immer nichts von Linda gehört. Entsprechend aufgeregt rannte sie jedes Mal zum Telefon, wenn es klingelte. Als sie eines Abends wieder einmal nervös den Hörer abnahm, hörte sie am anderen Ende nur ein unverständliches Schluchzen.

»Linda, sind Sie es? Was ist denn los?«

»Ja. Ich bin's.« Linda brach erneut in Tränen aus. Sie musste schlechte Nachrichten haben. Es dauerte eine Weile, bis sie in der Lage war, weiterzusprechen.

»Das Gremium hat zugestimmt. Ich wurde angenommen.«

»Das ist ja großartig! Wirklich glücklich klingen Sie allerdings nicht.«

»Ich bin so erleichtert, ich kann gar nicht mehr aufhören, zu weinen. Ich weiß, ich sollte mich anders verhalten.«

Linda erzählte Sarah, dass sie die frohe Botschaft gerade mit ihrer Tochter bei einem Gläschen Sherry feiere, obwohl es noch nicht einmal sechs Uhr sei. Wanja würde sich noch ein paar Monate gedulden müssen, sagte sie, aber er sei nun definitiv auf dem Weg nach England.

»Ich kann es gar nicht abwarten, den anderen davon zu erzählen. Wika wird außer sich sein vor Freude. Sie hat für Sie gebetet.«

Die nächste Stunde verbrachte Sarah am Telefon und überbrachte allen die gute Nachricht. Wika sagte, dass sie Wanja am nächsten Tag im Krankenhaus Nr. 58 besuchen würde, und die beiden Frauen einigten sich darauf, ihm vorerst noch nichts von seiner zukünftigen Mutter zu erzählen; das Adoptionsverfahren sollte erst abgeschlossen sein.

Einzig Grigori, der Anwalt, brach nicht in Jubel aus, als er die Neuigkeiten hörte. Er klang niedergeschlagen und reagierte sarkastisch. »Wie schön – ich gehe gerade durch die Hölle. Diese Biester sind hinter mir her. Die wollen mich fertigmachen.«

Sarah hatte keine Ahnung, wovon er sprach, doch sie begriff, dass dies eine Angelegenheit war, die man besser nicht am Telefon erörterte, und versprach, am nächsten Tag bei ihm vorbeizuschauen. »Zugegeben, ich wusste nicht gerade viel über die einzelnen Instanzen im russischen Adoptionssystem«, gesteht Sarah. »Die Funktionen all der verschiedenen Ministerien, Ämter, Datenbanken und Gerichte, mit denen Grigori zu tun hatte, waren mir vollkommen unbekannt. Und jetzt klang es, als sei er in Schwierigkeiten. Ich tat, was jedes Mädchen in dieser Situation tun würde, und bat Alan, mich zu Grigori zu begleiten, um mit ihm zu reden.

Wir machten Grigori in einem Ministeriumsgebäude ausfindig, das noch aus der Zeit Stalins stammte. Grigori stand noch ganz am Anfang seiner Karriere und saß daher, bis er Fuß gefasst hatte und sich ein eigenes Büro leisten konnte, im Vorzimmer irgendeines hohen Funktionärs. Entsetzt mussten wir feststellen, dass von dem selbstbewussten jungen Anwalt, den wir kannten, nicht mehr viel übrig war. Er war unrasiert, hatte dunkle Ringe unter den Augen, und seine Kleidung sah aus, als hätte er darin geschlafen.«

Grigori gab ihnen wortlos zu verstehen, dass sie vor dem Schreibtisch Platz nehmen sollten.

»Also, was ist los?«, fragte Alan.

Grigori hielt ihm eine Zeitung hin.

»Die wollen mich vernichten und verbreiten Geschichten über mich in der Presse.«

»Wer sind ›die‹?«

»Diese Frauen – diese Hexen vom Ministerium, die sich von den Adoptionsagenturen fürstlich bezahlen lassen. Sie wehren sich gegen meine Versuche, dort so aufzuräumen, wie es nötig wäre.«

Ungläubig lasen Sarah und Alan den Artikel. Es war ein Großangriff auf Grigori, in dem er völlig zu Unrecht der Geschäftemacherei mit Adoptionen beschuldigt wurde. Statt kinderlosen Paaren wohltätige Dienste zu erweisen, nutze er die Verzweiflung der Ausländer aus und kassiere Zehntausende Dollar. Auch Wanja wurde in dem Artikel erwähnt – der Verfasser musste die Berichterstattung über seinen Fall verfolgt haben. Alan wurde unbehaglich zumute, da er vor gerade einmal drei Tagen 1000 Dollar auf Grigoris Konto überwiesen hatte – Lindas Anzahlung für seine Arbeit.

»Aber, Grigori, hier steht, dass Sie adoptionswilligen Amerikanern Tausende von Dollar berechnen. Stimmt das denn?«, fragte Alan. »Wenn ja, widerspricht sich das. Sie können nicht einerseits gute Werke tun und andererseits Gewinne einfahren.«

Aus dem Büro des Chefs war eine Sekretärin aufgetaucht, die nun versuchte, sich an den Besuchern vorbeizudrücken. Sarah und Alan rutschten mit ihren Stühlen dichter an den Tisch heran.

»Ich muss Geld verdienen«, sagte der Anwalt. »Meine Miete zahlt sich nicht von allein.« Er zeigte auf die ramponierte holzvertäfelte Wand und eine vertrocknete Pflanze auf seinem Schreibtisch. »Ich kann mir noch nicht einmal eine Sekretärin leisten. Davon abgesehen verlange ich gerade mal einen Bruchteil dessen, was die amerikanischen Agenturen berechnen.«

Seine Empörung hatte offenbar eine belebende Wirkung, und er wurde wieder der eloquente Anwalt, den die beiden kannten. Er erklärte, dass der Artikel Teil einer Kampagne gegen ihn sei, die von den für Auslandsadoptionen zuständigen Bürokraten initiiert worden sei. Jedes Jahr flossen diesen Bürokraten enorme Summen an Bestechungsgeldern von den ausländischen Adoptionsagenturen zu. Grigoris »Schleuderpreise« stellten für ihr lukratives Geschäft eine Bedrohung dar, daher waren sie entschlossen, ihn aus dem Weg zu räumen. »Mir geht es hier nicht nur um Wanja«, sagte er. »Ich tue das für all die russischen Waisenkinder und die kinderlosen Paare, die sich die hohen Gebühren nicht leisten können.«

Sarah sprach ihm ihre Bewunderung für seine Ideale aus, doch sie hatte andere Sorgen: Wanjas Adoption. Sie fragte Grigori, wie er Wanjas Fall voranbringen wolle, wenn er sich mit dem Ministerium im Kriegszustand befand – doch Grigori sah darin überhaupt kein Problem. Es gäbe ein neues Adoptionsgesetz, sagte er. Er kenne es in- und auswendig und habe sogar bei dessen Ausarbeitung mitgeholfen, als er noch parlamentarischer Mitarbeiter gewesen war. Die Hexen vom Ministerium hätten keine Möglichkeit, Wanjas Adoption zu verhindern. Er straffte die Schultern und lehnte sich in seinem Stuhl zurück. Alles, was er brauche, seien die Unterlagen aus England.

Sarah erinnerte ihn daran, dass die dortigen Behörden ihre Prüfungen abgeschlossen hätten, doch Grigori winkte ab. Das sei erst der Anfang. Er zog eine Schublade auf und nahm ein eng bedrucktes Blatt Papier heraus, auf dem fünfzehn verschiedene Dokumente aufgelistet waren, die er zusätzlich aus England benötigte. »Wenn ich die habe, ist Wanja frei.«

In den darauffolgenden Wochen nahm die Hetzkampagne gegen Grigori Fahrt auf. Er wurde beschuldigt, Kinder ins Ausland zu verkaufen und leichtgläubigen Amerikanern Geld abzuknöpfen, ohne irgendeine Form von Gegenleistung zu erbringen. Ein Artikel schloss mit den Worten: »Uns liegen Unterlagen vor, aus denen eindeutig hervorgeht …«, womit dem Leser suggeriert wurde, dem Ministerium sei stapelweise vermeintlich belastendes Material zugespielt worden. Ein anderer Artikel trug die Überschrift: »Russische Mutter verkauft ihre Babys für 10 000 Dollar.«

Beinahe jeder Journalist in Moskau schien inzwischen zum Adoptionsexperten geworden zu sein – und wie es der Zufall wollte, ereigneten sich genau zu diesem Zeitpunkt einige Zwischenfälle mit amerikanischen Adoptiveltern, die der

Kampagne als willkommener Zündstoff dienten: Eine Adoptivmutter prügelte ihren zweijährigen Sohn zu Tode; ein Paar verlor auf dem Rückflug nach New York die Kontrolle über sich und schlug und beschimpfte ihre russischen Adoptivtöchter – sehr zur Empörung der anderen Passagiere. Ein leichtgläubiger Leser konnte den vorschnellen Schluss ziehen, dass für derartige Vorfälle allein Grigori verantwortlich sei.

Es bedurfte einiger Telefonate, um herauszufinden, wie es Grigori gelungen war, sich derart viele Feinde zu machen. Begonnen hatte alles im Februar, zu jener Zeit also, als Andrejs Adoption auf ihren Abschluss zusteuerte. Damals hatte sich Grigori entschlossen, den Kampf gegen die Korruption offiziell aufzunehmen, indem er eine Pressekonferenz einberief, auf der er Mitarbeiter des Ministeriums beschuldigte, Bestechungsgelder zu kassieren und eine »goldene Kartei« mit Kindern zu führen, die sie an den jeweils Höchstbietenden verkauften. Sich selbst sah Grigori als den Vorkämpfer jener einfachen, kinderlosen russischen Paare, die ein Kind adoptieren wollten, jedoch von reichen Ausländern überboten wurden.

Grigori mag, was die verbotenen Zahlungen anbetraf, recht gehabt haben. Doch er verkannte vollkommen das Kräfteverhältnis zwischen sich und der Regierung, als er diese schlafenden Hunde weckte. Die aufgebrachten und auf Rache sinnenden Bürokraten schossen augenblicklich zurück und erhoben ihrerseits jede Menge Anschuldigungen.

Rückblickend betrachtet, hätte Grigori Wanjas Fall an dieser Stelle entzogen werden sollen. Doch wer hätte Wanjas Adoption übernehmen sollen, noch dazu zu einem Preis, den Linda hätte bezahlen können? Sarah und Alan wussten niemanden.

Es war bereits März, als ein Kurier einen Umschlag bei Sarah abgab, der für Grigori bestimmt war. Sein Inhalt war derart kostbar, dass Sarah sich beinahe nicht traute, ihn zu öffnen. Sie setzte sich an den Esstisch, entfernte vorsichtig die Plastikverpackung des Kurierdienstes und zog ein dickes Bündel Dokumente hervor, das mit einer roten Schnur zusammengebunden war. Jedes einzelne der achtzig Dokumente trug ein scharlachrotes Dienstsiegel. Sarah hatte nie zuvor etwas Vergleichbares gesehen. Das Bündel schien aus Charles Dickens' *Bleak House* zu stammen. Behutsam blätterte sie eine Seite nach der anderen um. Jedes Dokument war einzeln abgestempelt und unterschrieben. Die Echtheit aller Stempel und Unterschriften wurde durch eine Apostille bestätigt, die den Stempel des britischen Außenministeriums mit Löwe und Einhorn trug und 62 Pfund gekostet hatte. Sarah hatte große Lust, mit dem Bündel ins Babyhaus zu marschieren und Adela all die Siegel und Stempel unter die Nase zu halten. War das nicht Beweis genug, dass sie sich um Wanjas Adoption kümmerte? Doch der Umschlag musste natürlich umgehend an Grigori weitergeleitet werden.

Danach verging eine ganze Woche, bis Grigori wieder von sich hören ließ. Sarahs Vertrauen in die britischen Behörden war derart groß, dass sie gar nicht weiter über das Dossier nachgedacht hatte. Daher war sie regelrecht schockiert, als Grigori sie anrief und ihr mitteilte, dass er gerade aus dem Ministerium käme. Es gäbe Probleme. Sarah bat ihn, so schnell wie möglich bei ihr vorbeizukommen.

Das erste, worum Grigori bat, war eine Schere. Entsetzt sah Sarah mit an, wie er die rote Schnur, mit der das Dossier zusammengebunden war, zwischen die Klingen legte.

»Das können Sie nicht tun, Grigori!«, rief Sarah. »Das sind offizielle Dokumente.«

»Es muss sein«, sagte er nur. Mit einem Schnipp war die Schnur durchtrennt.

Grigori erklärte, dass sich die Frauen im Ministerium geweigert hätten, das Dossier anzunehmen, da die Dokumente zusammengebunden waren. Er hatte versucht, mit ihnen zu reden, doch sie bestanden darauf, dass die Dokumente einzeln vorgelegt werden mussten, jedes notariell beglaubigt und mit einer Apostille versehen.

»Das würde Linda die Hälfte all dessen kosten, was sie gesammelt hat. Jede Apostille kostet 62 Pfund, wie Sie wissen.« Die rote Schnur, die Wanjas Ariadnefaden aus dem Labyrinth des russischen Fürsorgesystems hätte sein sollen, lag zerschnitten auf dem Boden.

»Aber das ist noch nicht alles«, fuhr der Anwalt fort. »Sie behaupten, es läge noch ein weiterer Formfehler vor. Sie müssen Linda sagen, dass der Notar die Schnurenden exakt unter das Siegel stecken muss. Lose Enden werden nicht akzeptiert.«

»Das soll wohl ein Witz sein, Grigori. Sind Sie sicher, dass diese Frauen kein Spiel mit Ihnen treiben?« Sarah erinnerte sich an ein Gutachten über eine adoptionswillige amerikanische Freundin. Es hatte aus gerade einmal einer halben Seite Text bestanden und den Sozialarbeiter zweifellos nicht mehr als einen Nachmittag gekostet. Wie konnten die russischen Behörden dieses einfache Schreiben akzeptieren und gleichzeitig ein Dossier ablehnen, das das Ergebnis achtmonatiger Untersuchungen war?

Und es gab noch mehr Schwierigkeiten. Grigori sortierte die Dokumente auf zwei Stapel und bat um einen Papierkorb.

»Die hier werden nicht benötigt. Sie können sie wegschmeißen«, verkündete er und reichte Sarah einen Stoß Papiere. Einige davon trugen wichtig aussehende Stempel. »Stattdessen wollen sie vier andere.« Er gab ihr eine Liste.

Als Erstes forderten sie eine Bestätigung, dass die Agentur, die die Tauglichkeitsprüfung durchgeführt hatte, überhaupt dazu befugt war. »Natürlich ist sie befugt. Sie wurde von den örtlichen Behörden beauftragt. Damit ist sie per definitionem befugt.« Sarah sah Grigori an. »Sind Sie sicher, dass dies nicht allesamt Versuche sind, die Angelegenheit zu verzögern?« Er gab keine Antwort.

Nachdem Grigori gegangen war, rief Sarah Linda an und überbrachte ihr die Hiobsbotschaft. Bei ihrem letzten Telefonat hatte Linda so erleichtert geklungen, und nun musste Sarah ihr mitteilen, dass das russische Ministerium die Annahme des Dossiers, das sie so gewissenhaft zusammengetragen hatte, verweigert hatte. Nachdem Sarah aufgelegt hatte, machte sich eine schreckliche Erkenntnis in ihr breit. Es gab nur zwei Möglichkeiten, weshalb sich die Frauen im Ministerium derart sperrten: Entweder erwarteten sie Bestechungsgelder oder – und das war der weitaus scheußlichere Gedanke – sie waren so hartherzig, dass ihnen Wanjas Fall im Kampf gegen Grigori gerade recht kam.

Am nächsten Morgen wachte Sarah mit dem Gefühl auf, etwas Dringendes erledigen zu müssen. Durch die Zurückweisung des Dossiers würde sich das gesamte Adoptionsverfahren verzögern, es war daher wichtig, sich mit dem Personal des Babyhauses gutzustellen. Glücklicherweise hatte sie gerade ein paar Bilder von Andrej aus Florida erhalten. Auf einem war er glückselig lächelnd im Streichelzoo zu sehen. Sarah schnappte sich einen goldenen Bilderrahmen mit einem Familienfoto und ersetzte es durch Andrejs Bild. Sie war gerade dabei, Kleiderspenden von ihrer Nachbarin ins Auto zu laden, als ihre neue Freundin Rachel, eine Firmenanwältin, auftauchte. Wie Sarah hatte auch sie ihren Mann nach Moskau begleitet. Nun brannte sie darauf, ein Babyhaus von innen zu sehen.

Obwohl es bereits Anfang April war, war es plötzlich wieder kälter geworden, und es hatte noch einmal geschneit. Als Sarah und Rachel am Babyhaus ankamen, trafen sie die Kinder aus Wanjas Gruppe draußen beim Spielen an.

»Ich sage spielen, dabei wussten sie gar nicht, wie das geht«, erinnert sich Sarah. »Sie irrten einfach nur umher, beaufsichtigt von Dusja, einer alten Betreuerin, die ständig Zigaretten bei den neuen Wachmännern schnorrte. Wanja gab eine traurige Figur ab, wie er abgestellt in einem Buggy saß. Wie immer sagte er das Wichtigste zuerst. ›Mir ist kalt.‹ Ich half ihm aus dem Wagen und begann, mit ihm auf- und abzulaufen, um ihn aufzuwärmen. Als Rachel sich den Kindern näherte, scheuchte Dusja sie davon, als leide sie an einer ansteckenden Krankheit. Wanja fragte, ob er sich ins Auto setzen dürfe, und als ich ihn kurze Zeit später dort wieder abholen wollte, war er bereits dabei, Rachel Russisch beizubringen.«

Da es so aussah, als würde in den kommenden Monaten Dusja für Wanja verantwortlich sein, entschied Sarah, es auf einen Versuch ankommen zu lassen und sich bei ihr einzuschmeicheln. »Er hat gerade seine Tests hinter sich gebracht«, begann Dusja völlig unvermittelt. »Er wird gehen.«

»Das dauert womöglich noch eine Weile«, sagte Sarah.

»Oh, nein. Schon ganz bald. Er und die anderen haben bereits ihre Papiere für das Internat 30 erhalten.«

Sarah starrte sie vollkommen entsetzt an. »Aber er wird doch adoptiert! Er geht nach England!«

»Davon weiß ich nichts. Mir wurde gesagt, dass er zusammen mit den anderen ins Internat 30 kommt.«

Sarah lief los, um Adela zu suchen. Sie war gerade dabei, ihre Stiefel am Eingang auszuziehen, als ein übereifriger Wachmann begann, das Personal anzuschreien, weil es Fremden den Zutritt erlaubte. »Mir war klar, dass er mich damit meinte, obwohl er mich schon mehrfach zuvor gesehen hatte. Er verlangte, dass ich mich anmeldete.«

Adelas Stellvertreterin erschien und teilte Sarah mit, dass Adela vier Wochen Urlaub genommen habe. Sie hatte keinerlei Anweisungen hinterlassen, dass Wanja nicht zusammen mit den andern ins Internat geschickt werden sollte.

»Warum haben Sie uns nicht gesagt, dass das Adoptionsverfahren noch läuft?«, fragte die Stellvertreterin vorwurfsvoll.

Wie es schien, gab man wieder einmal Sarah die Schuld an allem. Sie hatte angenommen, dass der Anwalt das Babyhaus über den Abschluss von Lindas Eignungstests informiert hatte. Doch davon wusste hier niemand etwas. Sarah erklärte ihnen, dass das Dossier bis auf ein paar winzige Änderungen so gut wie abgabefertig war. Wanja würde definitiv nach England gehen.

Als Sarah zurück zum Auto lief, kochte sie innerlich vor Wut. Adela hatte sich für einen ganzen Monat in die Ferien verabschiedet, ohne irgendwelche Anweisungen bezüglich

Wanja zu hinterlassen. Es lag auf der Hand, was sie damit bezweckte: Das »Problem Wanja« würde sich in ihrer Abwesenheit erledigt haben, ohne dass sie Verantwortung dafür würde tragen müssen. In den Augen des übrigen Personals war Wanja ein schwieriger Fall, eine Belastung. Die Fortschritte, die er im Krankenhaus Nr. 58 gemacht hatte, ignorierten sie vollkommen. Sie konnten es gar nicht abwarten, ihn endlich loszuwerden.

Zurück am Auto, fand sie Wanja hinter dem Steuer sitzend vor – offenbar hatte er Rachel bereits um den Finger gewickelt. Es passte ihm daher gar nicht, dass er nun aussteigen und wieder durch den Schnee laufen sollte. Gereizt beschwerte er sich, als Sarah ihn aus dem Auto holen wollte. Er hatte inzwischen gelernt, seinen Gefühlen freien Lauf zu lassen – zumindest, wenn er sich in Gesellschaft von Menschen befand, die nicht zum Babyhaus gehörten.

Rachel überredete ihn auszusteigen, indem sie ihm zeigte, wie man Schneebälle formte, etwas, das er noch nie zuvor getan hatte.

Plötzlich sah Wanja Sarah ernst an: »Gehe ich nach England?«

»Ja.«

»Und ich muss nicht wieder hierher zurück?«

Er hatte keine Vorstellung, was England überhaupt war, doch er hielt es für etwas Besseres als das, was er hier durchlebte.

Die Tüten mit den Kleiderspenden lagen im Schnee herum, und Wanja bestand darauf, beim Reintragen zu helfen. Er wollte alles tun, um zu zeigen, dass er zu den Besucherinnen gehörte.

Zurück in Wanjas Gruppe, ließ Dusja die beiden Frauen mit den Kindern allein. Sie hatte kaum die Tür hinter sich geschlossen, da brach in dem Zimmer das Chaos aus. Kopflos rannten die Kinder durcheinander und rissen Spielsachen aus den Regalen. Als sie hörten, dass Dusja zurückkam, rannten sie wie der Blitz zurück zu ihren Stühlen und setzten sich ordentlich hin. Sie hatten offensichtlich große Angst vor ihrer Betreuerin. Dusja brachte den Kindern das Mittagessen, ein graues Irgendwas mit Erbsen. Dazu gab es ein winziges Stückchen Brot. Wanja bat Sarah, ihn zur Toilette zu bringen, wo sie entsetzt feststellen musste, wie abgemagert er war. Er brauchte ordentliche Nahrung, um zu wachsen.

»Es war erstaunlich, wie viel Kampfgeist in Wanja steckte und wie wortgewandt er geworden war«, erinnert sich Sarah, wenn sie an diesen Tag zurückdenkt. »Wie gern hätte ich ihn mit zu uns nach Hause genommen und ihm ein fürstliches Mahl serviert.«

Zwei Wochen später, es war der 20. April, ereignete sich etwas, das Sarahs schlimmste Befürchtungen in Bezug auf Grigoris Verhältnis zu den Mitarbeiterinnen des Ministeriums bestätigte. Er rief bei Sarah an, um sie zu bitten, ihm bei der Lösung eines Problems zu helfen, das es mit einem der russischen Dokumente gab: Voraussetzung für eine Auslandsadoption war, dass das betreffende Kind zuvor sechs Monate im Adoptionsverzeichnis geführt worden war, um so zunächst einer russischen Familie die Möglichkeit zu geben, es zu sich zu nehmen. Nun sollte das Ministerium eine entsprechende Bestätigung über Wanjas Registrierung in dem Verzeichnis ausstellen – eine Routineangelegenheit.

»Im Schnitt dauert es etwa zwei Wochen, bis das Ministerium auf die Anfrage reagiert«, sagte Grigori. »Könnten Sie dort anrufen und darum bitten, die Sache etwas schneller abzuwickeln? Andernfalls zieht sich das Ganze bis weiß Gott wann hin – bis zum Beginn der dreimonatigen Ferien im Mai.«

»Können Sie das nicht selbst erledigen?«

»Besser, Sie übernehmen das«, entschied Grigori. »Sagen Sie einfach, Sie seien eine Verwandte von Linda, eine Cousine oder so etwas.«

»Eine Cousine, die sich zufälligerweise in Moskau aufhält?«

Linda Fletcher und ihre Familie wurden für Mai in Moskau erwartet. Dann würden sie auch das neue Dossier mitbringen, und sollte Grigori bis dahin das besagte Dokument in den Händen halten, bestünde eine – wenn auch verschwindend geringe – Chance, dass die Adoption während ihres Aufenthalts abgeschlossen werden konnte.

Als Sarah im Ministerium anrief, schien die Frau am anderen Ende der Leitung über Wanjas Fall Bescheid zu wissen. Vielleicht waren diese Bürokraten ja doch keine Unmenschen, und es lag ihnen etwas daran, einen Jungen vor dem Internat zu retten. Doch die Beamtin reagierte vollkommen ungerührt aufs Sarahs Bitte. »Ich weiß, das Dokument soll am 1. Mai fertig sein, aber da beginnen die Ferien. Wenn Sie die Angelegenheit also ein bisschen beschleunigen könnten, wäre uns damit sehr geholfen.«

»Das ist ausgeschlossen«, erwiderte die Frau. »Vor Ende der Ferien wird es nicht fertig sein.«

»Aber der Anwalt wird dann einen weiteren Monat darauf warten müssen. Das ist zu spät.«

»Aller Wahrscheinlichkeit nach, ja.«

Verzweiflung machte sich in Sarah breit, doch noch gab sie nicht auf. »Es handelt sich lediglich um eine Bestätigung, dass der Junge im Adoptionsverzeichnis geführt wird. Bestimmt ist es ein ganz einfaches Dokument? Bitte seien Sie doch so nett, und stellen es diese Woche noch aus. Ich komme gern vorbei, um es abzuholen. Ich wohne in Moskau.«

Die Frau schlug nun einen deutlich eisigeren Ton an. »Das ist nicht möglich. Die Sache hat den offiziellen Weg zu gehen.«

Ratlos und verletzt legte Sarah auf. Seit Wochen wollte sie sich bestimmte Vermutungen nicht eingestehen, doch nun ließen sie sich nicht länger verdrängen. Warum bereitete es dieser Frau solch ein Vergnügen, sich querzustellen? Befanden sich Grigori und die Frauen vom Ministerium im offenen Kriegszustand? Der Anruf hatte Sarah etwas sehr deutlich vor Augen geführt: Irgendjemand ganz oben im Ministerium war fest entschlossen, Wanjas Adoption zu sabotieren.

Ein paar Tage später schauten Sarah und Rachel wieder bei Wanja vorbei. Es war wärmer geworden, die Sonne schien, und Wanjas Gruppe war nach draußen gebracht und in einen winzigen Außenlaufstall gesperrt worden. Auch Dusja, die Betreuerin, hatte sich zu den Kleinkindern gezwängt und saß zusammengekauert und erschöpft an das Seitenteil des Laufstalls gelehnt.

Während in der einen Ecke des Gartens eine einzelne entkräftete alte Frau auf ein Dutzend Dreijähriger aufpasste, tummelten sich in den übrigen Teilen des Gartens jede Menge Erwachsene, die die Sonne genossen. Auf der Veranda saßen rauchend drei Wachmänner, lösten Kreuzworträtsel und hörten Radio. Jeden Monat wurden ihre Uniformen schicker und aufwendiger. Heute beispielsweise trugen sie eine neue Dienstmütze: eine Art Matrosenkappe mit einem Band, das an der Rückseite herunterhing.

Als sich Sarah und Rachel dem Laufstall näherten, streckten ihnen die Kinder die Arme entgegen und riefen: »Mama, Mama.« Sarah nahm ein kleines Mädchen hoch und reichte sie Rachel. Sie selbst nahm Anastasia auf den Arm, ein Mädchen mit Down-Syndrom, das sich selbst das Sprechen beibrachte. Nun wollten auch alle anderen Kinder herausgenommen werden und begannen zu jammern. Dusja warf den beiden Frauen einen finsteren Blick zu. Da ihre Hilfe hier draußen nicht willkommen zu sein schein, zogen sie sich ins Haus zurück.

Es war Dienstag, und im Babyhaus herrschte geschäftiges Treiben. Aus allen Zimmern schwärmten Frauen mit Babys auf dem Arm. Sie waren auf dem Weg zum Priester, um die Kinder segnen zu lassen. Das Babyhaus hatte gerade eine ganze Gruppe Babys aus Krankenhäusern erhalten, wo sie von ihren Müttern zurückgelassen worden waren. Nun besetzten die Kleinen die freigewordenen Plätze jener älteren Kinder, die vor kurzem in Kinderheime und andere Anstalten überwiesen worden waren – die große Verlegung, bei der auch Wanja hätte dabei sein sollen.

Sarah wollte Rachel mit nach oben nehmen, um ihr Wanjas

ehemalige Gruppe 2 zu zeigen. Doch sie wurde von einer der älteren Frauen aufgehalten. Sarah erklärte ihr, dass sie eine Salbe für Tolja, den blinden Jungen, dabeihabe, der unter einem bedenklichen Ausschlag im Gesicht litt, woraufhin ihr die Frau erklärte, der Junge sei zusammen mit den anderen in ein Internat gekommen.

Sie liefen zurück zum Haupteingang, wo sie mit Swetlana zusammenstießen. Sie hatte sich seit Sarahs letztem Besuch in ein wahres Energiebündel verwandelt und schickte den Fahrer des alten Wolga seither quer durch ganz Moskau, um Dokumente und Unterschriften für Wanjas Adoption zusammenzusammeln. Endlich schien die Angelegenheit so richtig ins Rollen gekommen zu sein.

»Rachel«, hörten sie plötzlich Wanja vom anderen Ende des Flures rufen. Er hatte sich ihren Namen gemerkt, obwohl er ihn nur ein einziges Mal gehört hatte. Er war gerade in der Kapelle gesegnet worden, doch im Unterschied zu den anderen Kindern, die im Anschluss einen einzelnen Bonbon geschenkt bekamen, hatte Wanja beide Hände voller Süßigkeiten.

Draußen fragte Sarah den übereifrigen ranghöchsten Wachmann, ob sie Wanja mit zum Auto nehmen dürfe. Er antwortete ihr laut, damit auch jeder hören konnte, wie gewissenhaft er seine Arbeit erledigte, und in perfektem Behördenduktus: »Die Entfernung der Kinder vom Territorium des Babyhauses ist strengstens untersagt.« Dann raunte er ihr in verschwörerischem Ton zu: »Sie überprüfen uns. Es gibt einen Inspektor. Er inspiziert sogar unsere Uniformen.« Nun, dachte Sarah, selbst wenn die Kinder vernachlässigt wurden, schenkte man offenbar wenigstens den Uniformen der Wachmänner die nötige Aufmerksamkeit.

Gegen Ende ihres Besuches – Sarah war gerade dabei, Wanja heimlich mit Äpfeln zu füttern, da Linda sie gebeten hatte, ihm so viele Vitamine wie möglich zukommen zu lassen – beobachtete sie, wie sich die freiwilligen Helferinnen aus der Gemeinde vor dem Haus versammelten und hinter einem hübschen jungen Priester aufstellten, der aussah wie eine bärtige

Version von Leonardo DiCaprio. Mit einem Stab in der Hand, an dessen oberen Ende ein Jesusbild befestigt war, begann er eine Prozession um das Waisenhaus, in die sich auch bald die religiösen Mitarbeiterinnen des Babyhauses einreihten. Ostern stand vor der Tür, und sie hielten die traditionelle Ostersonntag-Kreuzprozession ab. Die Kinder allerdings wurden in dieses Ritual nicht einbezogen.

Anfang Mai rief eine besorgte Linda bei Sarah an. Sie hatte mit einem britischen Spezialisten gesprochen, der befürchtete, dass sich Wanjas körperliche Verfassung im Moment rapide verschlechtere, da er seit seiner Entlassung aus dem Krankenhaus keinerlei physiotherapeutische Behandlung erhalten habe. Linda kündigte an, Mitte Mai nach Moskau zu kommen. Dies war der einzige Zeitpunkt, zu dem ihr Mann George freibekam. Sie würden aus der Reise ihren Jahresurlaub machen und ihren fünfzehnjährigen Sohn, Philip, mitbringen. Insgesamt wollten sie zweieinhalb Wochen bleiben, um Verschiedenes zu klären.

Für Sarah war dieser Zeitpunkt eher ungünstig. Ihr Sohn William hatte Ferien, und sie erwartete außerdem den Besuch ihrer Eltern. Dennoch willigte sie ein und versprach, sich um die nötigen Visa und eine Unterkunft zu kümmern, ein Reisebüro zu suchen und ihnen jederzeit als Dolmetscher und Fahrer zur Verfügung zu stehen. Doch wirklich wohl war Sarah bei dem Gedanken nicht, dass die Fletchers so lange in dieser ihnen vollkommen fremden Stadt bleiben wollten. War Moskau das geeignete Ziel für einen Familienurlaub? Selbst die Einheimischen flohen während der Sommermonate aufs Land oder ans Schwarze Meer. Musste diese Kombination von Adoptionsgeschäft und Urlaub nicht zwangsläufig zu Spannungen und Enttäuschungen führen? Doch Sarah behielt ihre Bedenken für sich. »Ich hätte alles dafür getan, dass Wanja endlich adoptiert wird. Außerdem wurde die Zeit langsam knapp«, erinnert sie sich. »Im Babyhaus suchten sie ja geradezu nach einer Gelegenheit, um ihn loszuwerden. Und da war noch etwas: Alan sollte im Sommer versetzt werden – in drei Monaten würden wir weg sein. Ich hätte mir nie vorstellen können, dass Wanjas Schicksal noch immer offen sein würde, wenn wir uns bereits auf unsere Abreise vorbereiteten.«

An dem Tag, als die Fletchers in Moskau eintrafen, herrschte scheußliches Schmuddelwetter. Am Vortag war Sarah noch einmal ins Babyhaus gefahren, um sicherzustellen, dass die übereifrigen Wachmänner Linda und George auch hereinlassen und ihnen erlauben würden, Wanja vom »Territorium des Babyhauses zu entfernen« – wie sie es so schön nannten.

Sarah erinnert sich, dass sie Adela zusammen mit einer ihrer Stellvertreterinnen in ihrem Büro antraf. Die Frau hatte frisch gefärbte Haare und trug einen Rock mit aufreizendem Schlitz unter ihrem Kittel. »Sie musterte mich von oben bis unten, fragte mich süffisant, ob ich zugenommen hätte, und sagte mir, dass ich mich entspannen solle.

Ich erklärte den beiden, dass ich angespannt sei, weil Wanjas Adoption über die Bühne gebracht werden musste, solange sich Linda in Moskau aufhielt, sich die Frauen im Ministerium jedoch unendlich viel Zeit ließen. Naiv sagte Adela: ›Erklären Sie ihnen das einfach, und dann machen sie schneller.‹

Mir fiel auf, dass Adela von ihrer Stellvertreterin behandelt wurde, als sei sie nicht ganz richtig im Kopf. Alles, was ich sagte, wiederholte die Frau, als hätte sie es mit einer Demenzkranken zu tun. Doch beide schienen sich auf den Besuch von Linda und ihrer Familie am nächsten Tag zu freuen und versprachen, noch einmal mit den Wachmännern zu sprechen.«

Als Sarah in Wanjas Gruppe kam, stieß er wie üblich einen schrillen Schrei aus, und Sarahs Ankündigung, »Morgen kommt deine Mummy«, versetzte ihn in große Aufregung. Er hätte die Neuigkeit am liebsten laut in die Welt hinausgeschrien, schnappte sich seinen Gehwagen und rannte geradezu aus dem Zimmer, um allen Betreuerinnen zu verkünden: »Meine Mutter kommt und mein Vater und mein Bruder.« In seiner Vorstellung war er bereits frei.

Was folgte, war eine spontane Abschiedsrunde durch das Babyhaus 10, etwas, das kein Kind je zuvor getan hatte, da alle hinter verschlossenen Türen in ihren Gruppen gefangen saßen. Während Wanja den Flur im Erdgeschoss entlanglief, rief er Adela zu: »Ich will Wurst!«, und als er die Frau entdeckte, die die Vorräte verwaltete, verlangte er Schokolade. Ihren missbilligenden Blick nahm er gar nicht wahr.

Nun machte er sich auf den Weg in die Gruppe, in der Anna, das Mädchen mit dem Rollstuhl, früher gelebt hatte. Sie war inzwischen in ein Internat überwiesen worden, und Wanja und sie würden sich nie wiedersehen. Die diensthabende Betreuerin war für insgesamt zehn behinderte Kinder verantwortlich, darunter die traurige kleine Mascha, die aus Gruppe 2 hierher nach unten verlegt worden war. Infolge der Vernachlässigung waren ihre Beine mittlerweile vollkommen versteift. Auch sie würde bald in ein Internat verlegt werden, wo sie ganz sicher nicht lange durchhielt.

Als Nächstes wollte Wanja nach oben zur Gruppe 2, seiner alten Heimat. Die Treppe schien zunächst zu eng für den Gehwagen, doch er bestand darauf, es zu versuchen, und er schaffte es auch. Oben angekommen, stieß er auf die Chefbetreuerin, die ihm sagte, er könne nicht in Gruppe 2, da der Tagesraum gerade renoviert würde. Unbeeindruckt erklärte er ihr, dass er in den Schlafraum wolle. Die Frau sagte, dass auch das nicht möglich sei, doch er ignorierte sie einfach, und Sarah tat es ihm nach.

Er zeigte auf den Platz, an dem er immer gesessen hatte. Der Tisch stand nach wie vor dort. Obwohl es noch längst nicht Schlafenszeit war, hatte man die Kinder in ihre Gitterbetten gesperrt. Von einer Betreuerin fehlte jede Spur.

Nun wollte er nach nebenan zur Gruppe 3, einen Raum, den er noch nie betreten hatte. Sarah klopfte an die Tür, doch nichts geschah. »Sie hört Sie nicht«, sagte die Chefbetreuerin. »Sie ist taub.« Sarah öffnete die Tür und entdeckte eine gebrechliche alte Frau, die mindestens achtzig sein musste und für ein Dutzend Zweijährige verantwortlich war. Sie alle verzehrten sich nach Liebe und Zuwendung, doch die Frau konnte sie nicht hören. Offenbar hatten die Kinder gerade zu Mittag gegessen und baten die Frau um Brot. Sie tat ihr Bestes, um sie zu beruhigen.

Sarah empfand Mitleid für diese alte Frau. Sie machte den Eindruck einer Intellektuellen, die schwere Zeiten hatte durchmachen müssen. Sie freute sich sehr, Wanja zu sehen, der die Kleinen mitfühlend ansah. Gleichzeitig war er froh, all das hinter sich zu lassen.

»Die Betreuerin gab zunächst ihm, dann auch mir ein Bonbon, und plötzlich fühlte ich mich selbst wie ein Kind. Hier bot eine schwache alte Frau ihre ganze Kraft auf, während unten zwei Wachmänner, drei Fahrer – ganz zu schweigen von den unzähligen Frauen in weißen Kitteln – untätig herumsaßen. Ich hielt es keine Sekunde länger in dem Raum aus und sagte zu Wanja: ›Komm, lass uns gehen.‹ Er bestand darauf, die Treppe allein hinunterzugehen. Doch ich hatte Angst, dass er ausrutschen und sich kurz vor der Ankunft seiner Adoptivfamilie das Genick brechen würde, daher trug ich ihn hinunter.«

Sarah spürte vom ersten Moment an, dass Linda sich verändert hatte. Während des ersten gemeinsamen Abendessens sprach sie pausenlos und überschwänglich von ihren Enkelkindern. Später rief sogar ihre Tochter an, um über einen unbedeutenden Zwischenfall mit einem ihrer Kinder zu berichten. Seit Lindas letztem Besuch in Moskau hatte ihre Tochter ein drittes Kind bekommen, und ein viertes war unterwegs. Wie es schien, sah Linda ihre Enkel täglich. Sie fragte, ob Asja, die Sonderschullehrerin, bereit wäre, Wanja nach England zu begleiten und sich um ihn zu kümmern, während Linda als Physiotherapeutin arbeitete. Asja könne so lange bleiben, wie sie wolle. Sarah war bald klar, dass Wanja sich in die neue Situation würde einfügen müssen, und sie beschlich das Gefühl, dass er nicht den Mittelpunkt von Lindas nunmehr so ausgefülltem Leben bilden würde.

Am nächsten Morgen fuhr Sarah mit Linda, George und

Philip zur großen Familienzusammenführung ins Babyhaus 10. Über ein Jahr war seit ihrem letzten Treffen vergangen, und Wanja schrie vor Freude, als er Linda sah. Doch Linda verhielt sich zurückhaltend, und es war schließlich George, der Wanja hochnahm und auf dem Arm hielt. Vom Personal hatte Wanja den Namen seines zukünftigen Vaters erfahren und sich, sehr zu Georges Gefallen, bereits überlegt, wie er ihn nennen wollte: »Papa Jora«. Kritisch wurde es, als er Philip mit den Worten »brat, brat« begrüßte. Auf Russisch hieß das Bruder, auf Englisch hingegen stand es für Raufbold; nicht gerade ein Name, nach dem einem britischen Teenager der Sinn stand. Adela war nirgends zu entdecken, doch ihre Stellvertreterin erteilte den Fletchers die Erlaubnis, Wanja jeden Tag abzuholen und mitzunehmen.

Rückblickend betrachtet, war das ein großer Fehler. In Anbetracht der fremden Umgebung und der Sprachbarriere hätte ein Sozialarbeiter empfohlen, nicht mehr als eine Stunde täglich miteinander zu verbringen. Doch dem Personal des Babyhauses fehlte der nötige Sachverstand. Und Linda stand der Herausforderung, ihre Familie in einer völlig fremden Umgebung um ein Mitglied zu erweitern, vollkommen hilflos gegenüber.

Eine Stunde später saß ein überaus zufriedener Wanja in Sarahs und Alans Küche auf Georges Schoß und aß Baked Beans und Kroketten. Zum ersten Mal in seinem Leben hatte er ein Messer in der Hand und forderte alle Anwesenden auf, ihm dabei zuzusehen, wie er seine Kroketten damit schnitt. Beinahe acht Jahre lang hatte er ein Leben geführt wie Oliver Twist: gezwungen, unterwürfig das an Nahrung anzunehmen, was ihm gegeben wurde, ohne je um etwas bitten zu dürfen. Doch nun wurde ihm bewusst, dass ein neues Kapitel begonnen hatte. Gebieterisch verlangte er nach mehr Brot. Statt Tadel erhielt er eine Scheibe, jedoch nicht ohne die Aufforderung, »bitte« zu sagen. Linda saß derweil nur schniefend am Kopfende des Tisches und sah erbärmlich aus, der Grund dafür blieb zunächst unklar.

Von nun an saß Wanja jeden Morgen gestiefelt und gespornt am Eingang des Babyhauses und konnte es gar nicht erwarten, von seiner neuen Familie abgeholt zu werden.

Seine sozialen Kompetenzen erweiterten sich stündlich. Er erkundete seine neue Umgebung und versuchte zu verstehen, wie eine Familie lebte. Wieso standen im Wohnzimmer keine Betten?, war nur eine seiner vielen Fragen. Obwohl er es nicht kannte, sich zwischen verschiedenen Dingen entscheiden zu dürfen, traf er augenblicklich seine Wahl, wenn ihm Apfel- oder Orangensaft angeboten wurde. Er gewöhnte sich an die Anwesenheit eines Hundes und stellte fasziniert fest, dass sich Kinder in seinem Alter mitunter auch danebenbenehmen. Als Sarahs neunjährige Tochter in einer Pizzeria die Speisekarte vollkritzelte, rief er begeistert: »Catherine randaliert. Ich will auch randalieren.«

Linda hatte sich während des vergangenen Jahres bemüht, Russisch zu lernen, doch angesichts der Komplexität der Sprache verstand sie kein Wort von dem, was Wanja sagte. Und obwohl alles gedolmetscht wurde, konnte man ihrem verdrossenen Gesichtsausdruck entnehmen, dass sie sich ausgeschlossen fühlte.

Die Fletchers waren seit zwei Tagen in Moskau, als endlich der Sommer einkehrte. Am vierten Tag besichtigten alle zusammen die Stadt. Am Springbrunnen vor dem Bolschoj-Theater fragte Wanja, ob er aus seinem Buggy dürfe, um eine Hand ins Wasser zu halten. Seine Begeisterung und Freude an diesem einfachen Vergnügen steckte sogar Linda an, und sie gesellte sich zu ihm.

Am nächsten Tag entdeckte Wanja die Natur bei einem Picknick am Ufer der Moskwa. Während die Erwachsenen plauderten, war Wanja ausnahmsweise einmal still und gab sich ganz der Natur hin – saugte die Farben in sich auf und befühlte das weiche Gras und die spitzen Kiefernnadeln. Später, bei einem Spaziergang, überredete er die Männer, ihn abwechselnd auf die Schultern zu nehmen und herumzutragen. Dort saß er dann mit einem rundum zufriedenen Gesichtsausdruck, genoss die Aussicht und sang leise vor sich.

Als sie feststellten, dass es bereits fünf Uhr war, gerieten alle in Panik, da Wanja spätestens um sechs im Babyhaus zurückerwartet wurde. Die Atmosphäre im Auto war angespannt, und alle verstummten, als sie drohten, im dichten Verkehr steckenzubleiben. Einzig Wanja meldete sich in regelmäßigen Abständen zu Wort: »Es ist noch weit, stimmt's? Noch ganz weit.« Er wollte nicht zurück in seine stille Welt. Was für ein Unterschied zu anderen Kindern, die in solchen Momenten ständig fragten: Sind wir schon da? Sind wir schon da?

Allen war klar, dass Wanjas Verspätung für das Babyhaus keine Lappalie sein würde, doch keiner rechnete damit, dass damit eine handfeste Krise ausgelöst werden würde. Die stellvertretende Leiterin war extra länger geblieben, da sie, wie sie betonte, einen Fall von Kindesentführung vermuten musste. Sarah entschuldigte sich tausendfach, doch im Inneren ärgerte es sie, dass die gleichen Menschen, die Wanja in eine Irrenanstalt und damit beinahe in den Tod geschickt hatten, nun Angst hatten, weil sie ihn ein Picknick hatten machen lassen.

Am nächsten Tag trafen sich Linda und George mit Grigori, dem Anwalt, und Nellie, der Dolmetscherin des *Telegraph*, um herauszufinden, warum es mit der Adoption nicht voranging. Ihr Termin bei Frau Morozowa, der zuständigen Mitarbeiterin für Adoptionen, war für 14 Uhr ausgemacht. Alle waren sich sicher, dass die Sabotageakte der russischen Behörden der Vergangenheit angehören würden, wenn sie erst einmal dieses herzensgute englische Pärchen aus bescheidenen Verhältnissen kennengelernt hatten, dem so viel daran lag, einem behinderten Kind ein Zuhause zu geben. Außerdem hatte Linda die neuen Dokumente dabei, jedes einzeln beglaubigt und mit einer Apostille versehen – genau wie angeordnet.

Wanja blieb währenddessen bei Sarah und Alan und erlebte einen der aufregendsten Nachmittage seines Lebens. Alan bat ihn, ihm bei der Anbringung einer neuen Klinke an der Tür zur Vorratskammer zu helfen. Zunächst durfte Wanja eine Türklinke auswählen, dann die passenden Schrauben heraussuchen. Staunend erkundete er das Schränkchen, in dessen Schubladen sich Schrauben und Nägel in allen nur erdenklichen Größen fanden; begeistert erklomm er mit Alans Hilfe die Stufen der Stehleiter, um an das Türschloss zu kommen; glücklich hantierte er mit dem Schraubenzieher. Als sie fertig waren, rief er Sarah und verkündete: »Schau mal, was wir für dich gemacht haben. Jetzt kannst du die Tür aufmachen.« Es war ein perfekter Nachmittag.

Als Linda zurückkam, kochte sie vor Wut. Sie schaffte es nicht einmal, Wanja zu begrüßen und sich sein Abenteuer mit dem Schraubenzieher anzuhören, sondern platzte gleich damit heraus, dass sie Unfassbares bei dieser Frau erlebt habe. »Und Sie, Sarah, haben mit Ihrem Anruf alles noch schlimmer gemacht«, feuerte sie Sarah entgegen, bevor sie sich zurückzog, um sich auszuruhen.

Linda, George, Grigori und Nellie waren pünktlich vor Frau Morozowas Büro eingetroffen, wo ihnen eine Sekretärin zu verstehen gegeben hatte, sie sollten im Flur Platz nehmen und warten. Während sie dort saßen, berichtete Linda Nellie von den Strapazen, die sie bislang hatten auf sich nehmen müssen. Seit zwei Jahren sparten und knauserten sie an allen Ecken und Enden; sie hatten die demütigenden Prüfungen der englischen Behörden über sich ergehen lassen und selbst die zudringlichsten Fragen über ihr Privatleben beantwortet; sie hatten sich von einigen ihrer liebsten Stücke getrennt – einschließlich Georges Rugbyvideo-Sammlung –, um Platz für Wanja zu schaffen; sie hatte die kostbaren Urlaubstage ihres Mannes dazu verbraucht, um mit ihrer Familie nach Moskau zu reisen, und ihren Sohn gezwungen, zwei Wochen in einer Stadt zu verbringen, in der es rein gar nichts für ihn zu tun gab. Und währenddessen saßen zu Hause in England ihre Patientinnen und wechselten womöglich zu einer anderen Physiotherapeutin, weil sie Linda für unzuverlässig hielten. Und dann das:

Nach einer halben Stunde tauchte Frau Morozowa leibhaftig auf. Sie trug ein marineblaues Kostüm, eine gestärkte weiße Bluse und ein Tüchlein von Hermès um den Hals. Ihre Finger waren mit unzähligen Goldringen bestückt, und ihr glattes schwarzes Haar akkurat frisiert.

Sie blickte auf die Bittsteller herab, und ein angewiderter Ausdruck huschte über ihr Gesicht, als sie Grigori erkannte, der mit ungewaschenen Haaren und ungesunder Gesichtsfarbe vollkommen erschöpft aussah. Die Morozowa bellte ihm etwas zu, dann machte sie kehrt, lief den Flur hinunter und war verschwunden. Nellie wagte kaum, zu dolmetschen, was sie gesagt hatte: Sie würde nun mittagessen gehen, und die Besucher hätten zu warten.

Entrüstet fragte Linda Nellie, was sich diese Frau erlaube, sie derartig zu behandeln. War ihr denn nicht bewusst, dass sie den ganzen weiten Weg von England hierher gekommen waren, um ein Kind zu adoptieren, das andernfalls in eine Irrenanstalt gesperrt würde? Was für eine grausame und herzlose Kreatur war diese Frau?

Sie hatten mehr als genug Zeit, um dieser Frage nachzugehen. Frau Morozowa kehrte erst nach über einer Stunde wieder zurück und dachte gar nicht daran, sich für die lange Wartezeit zu entschuldigen. Nellie war von der teuren Einrichtung ihres Büros tief beeindruckt: der auf Hochglanz polierte Schreibtisch aus dunklem Holz und der dazu passende Schrank mit den Glastüren, der riesige Fernseher in der Ecke und die mit Schokolade gefüllte Glasschale auf dem Spitzendeckchen. Der Unterschied zu ihrem eigenen schäbigen Arbeitsplatz im Büro des *Telegraph* hätte nicht größer sein können.

Grigori erkundigte sich, ob sie das Bestätigungsschreiben erhalten habe, um das Sarah sie vor über einem Monat gebeten hatte. Arglist blitzte in ihren Augen auf, als Frau Morozowa Grigori darüber informierte, dass sie die Einmischung von Fremden nicht dulde und ihm und seinen Klienten daher eine Lehre erteilen müsse: Sie habe die Bearbeitung seiner Anfrage zurückgestellt. Darüber hinaus sei auch das neu angefertigte Dossier nach wie vor vollkommen inakzeptabel. Die britischen Behörden verstünden es nicht, ein Dossier den russischen Anforderungen entsprechend zusammenzustellen. Zu gegebener Zeit würde sie sie darüber informieren, welche Dokumente wieder hinzugefügt werden müssten. Mit einem Wink ihrer goldfunkelnden Hand gab sie den Besuchern zu verstehen, dass das Gespräch damit beendet sei. Rückblickend besteht für Grigori kein Zweifel daran, was diese Morozowa an jenem Nachmittag beabsichtigte: »Sie wollte Linda mürbe machen und ihr den Wunsch, ein russisches Kind zu adoptieren, ein für alle Mal austreiben.«

Ernüchtert verließen die vier das Büro. Linda war wütend auf Grigori. Warum hatte er diesem tyrannischen Weib nichts entgegengehalten? Wie war es möglich, dass ihre mühsam zusammengetragenen und teuren Dokumente nicht gut genug waren? Der Umstand, dass sie gezwungen war, über einen Dolmetscher mit ihm zu sprechen, machte sie nur noch wütender. Vor dem Bürogebäude angekommen, gingen sie wortlos auseinander – Grigori in die eine Richtung zur Metro, die Fletchers und Nellie zu ihrem Wagen.

Von nun ging es stetig bergab. Tags darauf klagte Linda, dass Wanja aggressiv geworden sei und ihren Sohn Philip geschlagen habe, woraufhin Sarah ihre Freundin Ann bat, vorbeizukommen. Ann hatte selbst ein Adoptivkind, war vor kurzem nach Moskau gezogen und hatte in Großbritannien eine Selbsthilfegruppe für Adoptiveltern geleitet. Ihr schüttete Linda ihr Herz aus. Wanja verhielte sich in ihrer Anwesenheit unkontrollierbar, sie käme mit seinen Trotzanfällen nicht zurecht und mache sich Sorgen über die Auswirkungen seines Verhalten auf ihre Enkel. Dies war das erste Mal, dass sich jemand über Wanja beklagte. Im Sturm hatte Wanja Nellies Herz erobert. Stundenlang durfte er auf ihrem Schoß sitzen, während sie ihm liebevoll beibrachte, eine Computermaus zu bedienen. Bis heute erzählt Sarahs Mutter die Geschichte, wie sie Wanja beibrachte, mit einem Staubsauger umzugehen, und wie schnell er sich den Markennamen Hoover hatte merken können. In diesen zwei Wochen lernte Wanja siebenundzwanzig englische Wörter und Ausdrücke.

Eines Morgens, Fahrer und Wagen des *Daily Telegraph* standen wie jeden Morgen bereit, um Linda ins Babyhaus zu bringen und Wanja abzuholen, ließ Linda alle auf sich warten. Es war bereits nach neun, und noch immer war keine Spur von ihr zu sehen. Um zehn sah es nicht anders aus. Die Vorstellung, wie Wanja abmarschbereit auf seinem kleinen Stuhl am Eingang des Babyhauses saß und auf Linda und George wartete, die ihn ermuntert hatten, sie Mummy und Daddy zu nennen, war Sarah unerträglich. Ihre Kinder, William und Catherine, die Wanja inzwischen ebenfalls ins Herz geschlossen hatten, flehten sie an, selbst loszufahren und ihn abzuholen. Doch dies war Lindas Aufgabe; Sarah durfte sich da nicht einmischen.

Um elf Uhr erschien Linda dann schließlich zum Frühstück. Sie klagte über Erschöpfung, wollte eine Pause einlegen und den Tag in der Stadt verbringen, um nach Souvenirs zu suchen. Wanja erwähnte sie nicht einmal.

Am nächsten Tag nahm Linda Wanja mit in ein Schuhgeschäft, um ihm ein Paar Stiefel zu kaufen. Sie war in der Lage, praktische Dinge mit ihm zu tun, doch je mehr Zeit verging, desto kühler und kritischer verhielt sie sich ihm gegenüber und überließ ihn – unter dem Vorwand, dass sie sich nicht wohl fühle – immer häufiger ihren Gastgebern oder den Mitarbeitern des *Telegraph*. George, dem es so gefallen hatte, Papa Jora genannt zu werden, tat es seiner Frau gleich und unterließ es von nun an ebenfalls, seiner Zuneigung Ausdruck zu verleihen.

Nun schritt Wika zur Tat und organisierte, obwohl ihre Entbindung erst kurz zurücklag, eine Teeparty für Linda, damit sie all die Menschen kennenlernen konnte, die Wanja im Krankenhaus besucht hatten. Alle erzählten begeistert von den Fortschritten, die er gemacht hatte, und schwärmten von seinem gutmütigen Wesen. Linda war anzumerken, wie unbehaglich sie sich dabei fühlte, und Sarah fragte sich, ob ihr all die Lobeshymnen nur noch deutlicher vor Augen führten, dass sie offenbar unfähig war, eine Beziehung zu dem Jungen aufzubauen.

Am Tag ihrer Abreise fuhren die Fletchers ein letztes Mal ins Babyhaus 10. Diesmal begleitete sie Alan als Dolmetscher, da sich Linda schwer damit zu tun schien, dass Sarah mit Wanja kommunizieren konnte, sie selbst aber nicht. Zum Abschied sagte sie ihm, dass sie ihn liebe und dass sie zurückkommen würde, sobald der Gerichtstermin für die Anhörung feststünde. Und dann würde sie ihn in ein neues Leben mitnehmen. Wanja wollte mehr über das Zimmer wissen, das sie für ihn einrichtete. Er bat sie, ihm noch einmal von der Nachttischlampe zu erzählen, und wollte hören, dass er sie auch wirklich selbst an- und ausknipsen durfte. Zum ersten Mal seit Tagen umarmte sie ihn und ließ Wanja voller Hoffnung zurück.

Als sie ins Auto zum Flughafen stieg, lächelte sie schließlich. Auf dem Schoß hatte sie zwei Kuchen – ihre Souvenirs aus Russland.

Sarah hätte Linda während dieser letzten Tage in Moskau am liebsten unverblümt gefragt: »Wollen Sie Wanja wirklich? Wir spüren eine gewisse Feindseligkeit ihm gegenüber.« Doch sie schwieg. Rückblickend sagt sie: »Bis heute versuche ich herauszufinden, warum ich nichts gesagt habe. Obwohl sie sich immer mehr von ihm distanzierte, blieb Linda dabei, dass sie ihn adoptieren wolle. Sie habe gekämpft und zahllose bürokratische Hürden genommen, um bis hierher zu kommen. Und das Hauptproblem war: Wie hätte Wanjas Alternative ausgesehen? Ein sukzessiver Tod in einem Anstaltsgitterbett. Vielleicht habe ich deshalb nichts gesagt. Linda war seine einzige Hoffnung.«

18.
WEIHNACHTSPUDDING IM JULI
Juli 1998

Linda verließ Moskau nicht nur – sie verschwand regelrecht von der Bildfläche. Weder rief sie an, um zu sagen, dass sie und ihre Familie gut zu Hause angekommen waren, noch, um sich nach Wanja zu erkundigen. Sarah und Alan hörten rein gar nichts von ihr. Doch dann, zwei Wochen nach Lindas demütigendem Besuch bei Frau Morozowa, traten die russischen Bürokraten auf den Plan und legten eine neue Liste mit Forderungen vor: Linda sollte fünf weitere Dokumente beschaffen.

Sechs Tage lang versuchte Sarah, Linda zu erreichen, um ihr mitzuteilen, was man von ihr verlangte, doch stets sprang nur deren Anrufbeantworter an. Sie probierte es wieder und wieder, während sie ihre restliche Zeit damit verbrachte, mit Blick auf ihren bevorstehenden Umzug die Habseligkeiten ihrer Familie zu sortieren. In Kürze würde das Einpackkommando bei ihr einfallen, und aus Erfahrung wusste sie, dass es gleich einem Tornado durch ihre Wohnung fegen würde.

Als sie Linda endlich erreichte, gab sie sich alle Mühe, optimistisch zu klingen.

»Sie werden es nicht glauben, Linda, aber die reiten weiter auf der Agentur herum, die die Tauglichkeitsprüfung durchgeführt hat.«

»Ich dachte, das hätten wir bereits hinter uns«, blaffte Linda.

»Nun, jetzt wollen sie eine Bestätigung, dass der zuständige Sozialarbeiter auch qualifiziert war. Natürlich notariell beglaubigt und mit einer Apostille versehen.«

»Natürlich.«

»Dann ist da immer noch das Problem mit Ihrem Einkommensnachweis. Sie verstehen nicht, was selbständig bedeutet, und wollen nun, dass der Sozialarbeiter einen Brief schreibt, in dem er die vorherigen Angaben revidiert und Sie als nicht erwerbstätige Hausfrau deklariert.«

Schnell ging Sarah zum nächsten Punkt über. »Sie lassen außerdem durchblicken, dass sie das britische Gesundheitsministerium für unfähig halten. Sie sagen, die beigefügten Adoptionsgesetze seien falsch und wollen stattdessen Gesetze zu internationalen Adoptionen.«

»Und was genau meinen die damit?«

»Grigori sagt, sie nehmen alles, solange es nur irgendetwas mit der Sache zu tun hat.« Linda hatte eindeutig genug gehört, doch Sarah hatte keine Wahl, sie musste die Liste weiter abarbeiten.

»Sie verlangen außerdem eine Zusage von den britischen Behörden, dass diese in regelmäßigen Abständen Zwischenberichte über Wanjas Fortschritte nach Russland schicken werden. Ist das zu fassen? Vor zwei Jahren haben ihn diese Menschen einfach weggesperrt und sich einen Dreck darum gekümmert, ob er die Anstalt überlebt oder nicht.«

Am anderen Ende der Leitung herrschte tiefes Schweigen, doch es fehlte noch immer ein Punkt auf der Liste. Linda sollte ein neues polizeiliches Führungszeugnis vorlegen. Das alte war vor einem Jahr ausgestellt worden, und die Russen betrachteten es als abgelaufen.

»Scotland Yard hat gesagt, dass es drei Jahre gültig ist. Reicht denen das nicht?«, brauste Linda auf.

»Vielleicht denken die, Sie wären inzwischen zur Schwerverbrecherin geworden.« Sarah vernahm den Anflug eines Lachens.

»Das kann ja ewig so weitergehen.« Linda klang verärgert. »Und beweist nur, wie sehr diese Frauen Grigori hassen. Sie rächen sich an ihm. Ich habe es mit eigenen Augen gesehen. Das Ganze wird nie ein Ende nehmen.«

»Ich weiß, es ist zum Verzweifeln. Aber schauen Sie nur, wie gut Sie mit den britischen Behörden fertig geworden sind. Und das Gleiche können Sie mit den russischen schaffen. Ich weiß, dass Sie es können.« Doch Linda wollte nicht aufgemuntert werden. Sie sagte, sie sei am Ende. Die ersten beiden Dossiers hatten bereits alle Spendengelder verschlungen.

Dennoch brachte Linda die Kraft auf, sich um eines der Dokumente zu kümmern: die Bestätigung über die Qualifikation des zuständigen Sozialarbeiters. Um sicherzugehen, dass es schnellstmöglich nach Moskau gelangte, fuhr sie mitten in der Hauptverkehrszeit selbst hinaus zum Flughafen und gab es dort auf. Anschließend teilte sie Sarah mit, dass sie nicht mehr könne und eine Pause brauche, beteuerte aber weiterhin ihre Absicht, Wanja zu adoptieren. Danach ließ sie erneut zwei Wochen nichts von sich hören.

Sarah und Alans Abreise aus Moskau rückte stetig näher, und noch immer gab es unendlich viele Dinge zu erledigen. Sarah besuchte Wanja so oft wie möglich, um das mit ihm zu tun, was eigentlich die Aufgabe von Adelas Mitarbeiterinnen war. Ihm Mut zu machen und mit ihm zu üben: Laufen, Leitern hochklettern, Gespräche führen. Ununterbrochen fragte er, wann nun endlich der Gerichtstermin sei und wann er zu seiner Familie nach England dürfe.

Einmal brachte Sarah ihm einen Lutscher mit.

»Darf ich ihn zerbeißen?«, fragte er. Sarah erlaubte es ihm.

»Nein, darf ich nicht«, antwortete Wanja eifrig. »Linda will nicht, dass ich Lutscher zerbeiße.«

Linda war der Mittelpunkt seines Universums, auf sie setzte er all seine Hoffnungen, sie war seine oberste Instanz. Zwar hatte sie ihm keine Liebe entgegengebracht, doch sie hatte ihm Grenzen aufgezeigt, und an die klammerte er sich.

»Ruf sie an, Sarah, und sag ihr, dass ich sie vermisse. Ich vermisse sie so sehr.«

Sarah erklärte ihm, dass Linda Schwierigkeiten habe, alle für die Adoption nötigen Unterlagen zusammenzusammeln.

Wanja hing an ihren Lippen. »Wie kann ich Mummy nur

helfen? Ich wünschte, all diese Dokumente wären morgen schon fertig. Und wenn nicht morgen, dann übermorgen.« Wanja schwieg einen Moment. »Und dann mache ich ein Dossier für Julia, damit sie auch gehen kann.«

Es war offensichtlich, dass er sich ununterbrochen Gedanken über all das machte, was sich während Lindas Besuch ereignet hatte. Linda hingegen schien sich seit ihrer Rückkehr voll und ganz auf ihre Enkel und ihren Sohn zu konzentrieren. Als Sarah sie endlich wieder einmal telefonisch erreichen konnte, erkundigte sie sich nicht ein einziges Mal nach Wanja oder zeigte sich ihm gegenüber in irgendeiner Weise besorgt. Sie redete nur über ihre eigene Familie und ihre Arbeit.

Sarah wusste nicht mehr, was sie noch tun sollte. Da kamen ihr glücklicherweise drei Frauen mit dem nötigen Sachverstand zur Hilfe: Rachel, Ann und Mary. Rachel, die Anwältin und Vermittlerin, die Wanjas Charme bereits bei ihrem ersten Besuch im Babyhaus erlegen war, bot sich sofort an, Linda bei der Beschaffung der erforderlichen Dokumente zur Seite zu stehen. Zudem erklärte sie sich bereit, zukünftig die Telefonate mit Linda zu übernehmen.

Ann, die Sozialarbeiterin, der Linda während ihres Besuchs in Moskau ihr Herz ausgeschüttet hatte, willigte ein, im Babyhaus vorbeizuschauen, um ein fachmännisches Urteil über Wanjas psychische Verfassung abzugeben. Sie konnte bestätigen, dass ihn die Unsicherheit über den Zeitpunkt seiner Adoption traumatisiere, und bezeichnete es als besorgniserregend, dass die Fletchers keinen Kontakt mit ihm hielten.

Mary war eine amerikanische Psychologin und Expertin in Sachen Adoption und Pflegefamilien. Zusammen mit einem jungen russischen Anwalt namens Igor reiste sie quer durch ganz Russland und besorgte Kindern, die in Waisenhäusern lebten, Visa für medizinische Behandlungen in den USA. Obwohl Marys Visum lange abgelaufen war, kam sie spielend durch jede Passkontrolle, indem sie vorgab, nicht zu verstehen, was die Beamten von ihr wollten, bis diese schließlich aufgaben und sie ziehen ließen. Sarah hatte Mary rein zufällig während eines Besuchs bei Elvira, Wanjas Freundin aus dem Krankenhaus, kennengelernt, und sie hatte Sarah spontan ihre Hilfe angeboten.

Wanjas neues Unterstützer-Komitee hatte gerade einen Plan zur Beschaffung der noch erforderlichen Dokumente ausgearbeitet, als Grigori bei Sarah anrief. Das Umzugskommando war mittlerweile gleich einer Heuschreckenplage in ihre Wohnung eingefallen und arbeitete, wenn auch sehr effizient, so doch äußerst kopflos. Soeben hätten sie beinahe einen vollen Aschenbecher mitsamt Zigarettenkippen eingepackt.

Vor Aufregung noch ganz außer Atem, ließ Grigori die Bombe platzen. »Ich habe einen Gerichtstermin!«, verkündete er. In seiner Stimme klang neu gewonnene Autorität mit. »Am 7. Juli ist die Anhörung.«

Sarah war vollkommen perplex. »Wie um alles in der Welt haben Sie das denn geschafft? Das ist ein Wunder.«

»Da ich mich mit den Frauen vom Ministerium überworfen habe, hätten sie der Adoption niemals zugestimmt. Also habe ich Plan B in Kraft gesetzt. Ich bin sie umgangen und direkt zur Richterin.«

Aus dem Augenwinkel sah Sarah, wie einer der Einpacker gerade ihren schwersten gusseisernen Topf von Le Creuset ganz oben in einen Karton voller Glasgeschirr packte.

»Aber Grigori, der Termin ist schon in zwölf Tagen. Ich bezweifle, dass die restlichen Dokumente bis dahin fertig sind.«

»Egal. Vergessen Sie die Dokumente. Die Richterin braucht sie nicht.«

»Aber wir haben Himmel und Hölle in Bewegung gesetzt, um sie zu beschaffen. Und jetzt wollen Sie mir sagen, dass wir sie gar nicht brauchen?«

»Ganz genau. Diese Frauen vom Ministerium wollten sie haben. Aber jetzt ist die Richterin für den Fall zuständig, und sie sagt, sie braucht sie nicht.«

Das alles klang zu schön, um wahr zu sein. Wie war es möglich, dass diese Frauen so plötzlich weg vom Fenster waren? Grigori blieb dabei, das Gesetz auf seiner Seite zu haben.

Die Richterin stellte nur eine einzige Bedingung: Beide Adoptiveltern mussten der Anhörung beiwohnen. War einer der beiden nicht anwesend, würde die Sache vertagt. Grigori übertrug Sarah die Aufgabe, dies den Fletchers unmissverständlich klarzumachen.

Sarah hinterließ eine Nachricht auf Lindas Anrufbeantworter: Der Termin für die Anhörung stünde fest; die ständig quertreibenden Bürokraten seien Geschichte. Die Anhörung sei reine Formsache – die Richterin habe die Dokumente bereits abgesegnet. All ihre Probleme seien gelöst. Alles, was George und sie nun tun müssten, sei, nach Moskau zu kommen und der Anhörung beizuwohnen. Dann könnten sie Wanja mit nach Hause nehmen.

Sarah hinterließ die Nachricht morgens, englische Zeit. Den ganzen Tag über hörte sie nichts von den Fletchers. Auch am nächsten Tag meldete sich niemand zurück. Als sie Linda am Abend des nächsten Tages dann endlich erreichte, gab diese ihr zu verstehen, dass sie die Nachricht zwar abgehört, im Moment jedoch keine Lust habe zu reden. Sie sei gerade am Packen für einen Wochenendausflug, da sie dringend einmal rausmüsse. Am Montag sei sie wieder zurück. An diesem Abend vertraute Sarah ihrem Tagebuch ihre schlimmste Befürchtung an: Linda würde Wanja nicht adoptieren.

Der darauffolgende Montag wurde zum Tag der Entscheidung. Grigori schickte Linda ein Fax. Vor gerade einmal zwei Tagen hatte der russische Präsident gesetzlich festgelegt, dass die Anwesenheit beider Adoptivelternteile bei der Anhörung vor Gericht erforderlich war. Am Morgen hatte die Richterin Grigori noch einmal daran erinnert, dass das Fernbleiben eines Elternteils eine Vertagung zur Folge hätte, und betont, dass es unmöglich sei, diese Forderung zu umgehen. Unterdessen gelang es Alan, British Airways davon zu überzeugen, die Fletchers kostenlos zur Anhörung und zusammen mit Wanja wieder zurück nach England zu bringen.

Diesmal ließ die Antwort nicht lange auf sich warten. Um 18 Uhr ratterte Grigoris Faxgerät und spuckte einen handgeschriebenen Brief von Linda an das Gericht aus. Sie schrieb, dass sich ihre eineinhalbjährige Enkelin ein Bein gebrochen habe, und sie ihrer Tochter nun bei der Betreuung der anderen Kinder helfen müsse. Des weiteren könne sie es sich als selbständige Physiotherapeutin nicht leisten, Patiententermine kurzfristig abzusagen. Sie würde außerdem ihren fünfzehnjährigen Sohn mit nach Moskau bringen, ihn aus der Schule nehmen müssen und hätte Zusatzkosten. Sie war bereit, ihrem Mann eine Vollmacht auszustellen, damit er sie vor Gericht vertreten konnte.

Wanjas Unterstützer hatten für diese Entschuldigungen wenig Verständnis: Sie klangen wie Ausreden, die man benutzte, um ein gesellschaftliches Ereignis sausen zu lassen – nicht aber einen Termin, von dem das Schicksal eines Kindes abhing. Grigori schnaubte, als er das Fax las. Es lag auf der Hand, dass diese Familie der Sache nicht länger gewachsen war.

Zwei Tage später rief British Airways an, um zu fragen, ob die Fletchers das Angebot mit den Freiflügen annähmen. Sie erwarteten ihre Antwort bis 12 Uhr mittags, englischer Zeit. Rachel wurde daraufhin gebeten, Linda zu kontaktieren und ihr zu sagen, dass es Zeit sei, sich zu entscheiden. Auch diesmal konnte sie nur eine Nachricht auf dem Anrufbeantworter hinterlassen.

Als Linda ein paar Stunden später zurückrief, klang sie verbittert und verletzt. Sie bezweifelte, dass es eine Frist für die Flugtickets gäbe, und hielt es für einen Vorwand, um sie unter Druck zu setzen. Sie bezeichnete ihre Gründe, warum sie nicht nach Moskau reisen könne, als triftig: Da Hochsommer war, seien alle Tierheime voll, und sie wisse nicht wohin mit ihrem Hund. Ihre Enkelin habe Probleme mit dem Gips. Ihr Mann würde seinen Job verlieren, wenn er sich noch einmal freinahm. Sie habe sich vor den britischen Behörden vollkommen entblößen müssen, und die seelischen Wunden, die sie dabei davongetragen hatte, waren nicht einmal ansatzweise verheilt. Doch trotz all der Verzögerungen, Kosten und Widrigkeiten, trotz Schmerz und Leid, und trotz des enormen Drucks, unter dem sie stand, versicherte sie, Wanja nach wie vor adoptieren zu wollen.

Doch diese Aussage verkomplizierte das Ganze nur. Wie konnte sie nicht zur Anhörung erscheinen, aber weiter an der Adoption festhalten? Es ergab keinen Sinn. Am Abend berief Sarah eine Krisensitzung an ihrem Küchentisch ein, um die aktuelle Lage und das weitere Vorgehen zu besprechen. Mary, die durch ganz Russland gereist war, unzählige Adoptionen von Waisenkindern organisiert und selbst acht Kinder zu sich genommen hatte, war eindeutig die Expertin in der Runde. Da sie am nächsten Morgen zurück nach Amerika fliegen würde, musste sie sich schnell etwas einfallen lassen.

Die Küche war inzwischen vollkommen ausgeräumt, doch ganz oben im Regal fand Sarah noch einen Weihnachtspudding, den sie mit Sahne aßen und dazu jede Menge Kaffee tranken. Mary erklärte, dass das Wichtigste bei einer Adoption die Bindung zwischen Mutter und Kind sei. Kam diese zustande, fügte sich auch alles andere ineinander. Es war daher wichtig, sich die Beweggründe der Adoptivmütter anzusehen. Sie nahm einen Zettel zur Hand und unterteilte ihn in zwei Spalten, die für die zwei Arten von Adoptivmüttern standen. In Spalte A schrieb sie »eigennützig« und »Ich habe ein Bedürfnis, und dieses Kind kann es stillen«. In Spalte B schrieb sie »selbstlos« und »Dieses Kind hat ein Bedürfnis, und ich kann es stillen«. Die Mütter in Spalte B waren vorzuziehen: Ihre Herzen und Heime und Bankkonten waren auf die Bedürfnisse eines hilfsbedürftigen Kindes ausgerichtet. Die Erfolgsaussichten bei diesen Mütter waren sehr hoch.

Problematischer gestaltete es sich bei Frauen, die selbst bedürftig waren und sich ein Kind zum Zwecke der Selbstbestätigung wünschten. Das waren die Mütter in Spalte A. Die Realität jedoch, sagte Mary, sei weder schwarz noch weiß: Die Beweggründe vermischten sich, und manchmal war es schwer zu sagen, ob eine Mutter Typ A oder Typ B war.

Als Linda das erste Mal nach Moskau gekommen war, hatte alles darauf hingedeutet, dass sie in Kategorie B fiel. Sie besaß die nötigen Fähigkeiten, um sich um Wanja zu kümmern, und war bereit, sich ihm zu öffnen und ihn in ihre Familie aufzunehmen. Doch bei ihrem zweiten Besuch ein Jahr später machte sie mehr und mehr den Eindruck, als sei sie in Kategorie B gewechselt.

»Was also ist in diesem Jahr geschehen, das sie so verändert hat?«, fragte Mary und sah Sarah an, die nun laut zu denken begann: »Sie redet ununterbrochen von ihren Enkelkindern. Bei ihrem ersten Besuch hat sie sie nicht einmal erwähnt.«

»Aber warum?«

»Es hatte wohl einen Streit gegeben.« Plötzlich dämmerte es ihr. »Aber dann hat sie sich offenbar ihren Familienmitgliedern wieder angenähert.«

»Es fand also eine Versöhnung statt?«

»Ja.«

»Dann haben wir unsere Antwort«, sagte Mary. »Den Grund, weshalb sie ein Kind adoptieren wollte, gibt es nicht mehr. Sie hat nun alle Hände voll mit ihren Enkeln zu tun. Sie braucht Wanja nicht mehr.«

Sarah kam etwas in Erinnerung, das sie im Mai getan hatte, und sie fühlte sich schuldig. Sie erzählte Mary, dass sie Wanja dazu ermutigt habe, Linda Zuneigung zu schenken, die jedoch nicht erwidert worden war. Mary überraschte das nicht. »Wie soll er Bedürfnisse stillen, die der andere gar nicht hat?«

Rachel meldete sich zu Wort. »Ihr habt etwas vergessen. Linda hat nicht vorhergesehen, was eine Adoption für ihren leiblichen Sohn bedeuten würde. Als sie dann mit ihm nach Moskau kam, war Philip anzusehen, wie unzufrieden ihn die Vorstellung machte, ersetzt zu werden.«

»Aber warum hält sie dann weiter an der Adoption fest?«

»Sie fühlt sich verpflichtet und möchte Wanja nicht im Stich lassen. Doch tief in ihrem Innern will sie nicht mehr. Das Ganze ist der Familie über den Kopf gewachsen.«

Ann schlug vor, die Sache einmal aus Lindas Blickwinkel zu

betrachten: Als sie Alans Artikel im *Telegraph* las, glaubte sie, einem Hilferuf zu folgen. Daher hielt sie es für Alans Pflicht, ihr den Weg zu eben und sämtliche Probleme aus der Welt zu schaffen.«

»Aber uns blieb doch gar nichts anderes übrig, als ihr zu helfen«, warf Sarah ein. »Sie wirkte so entschlossen. Und eine Adoptionsagentur konnte sie sich nicht leisten.«

»Ja, aber schauen Sie sich an, was das zur Folge hatte«, sagte Rachel. »Ohne Sie hätten es die Fletchers niemals so weit geschafft; ihre Vorstellung von den eigenen Fähigkeiten war unrealistisch. Als sie dann auf Schwierigkeiten stießen, fehlte es ihnen an Mitteln, Kraft und Zeit.«

Die Frage war, was nun geschehen sollte. Sarah fand eine letzte verstaubte Flasche Curaçao im Schrank und bot sie ihren Gästen an. Rachel riet Sarah und Alan, von nun an nichts mehr für die Fletchers zu tun. Bestenfalls erschien keiner der beiden zu der Anhörung, und wenn sie dafür keine plausible Erklärung hätten, wäre der Fall damit erledigt.

Doch was würde dann mit Wanja passieren? Rachel unterbreitete den anderen einen Plan, der ihn vor der erneuten Einweisung in eine Irrenanstalt retten könnte: Sie sollten sich an Maria wenden, eine hochmotivierte junge Russin, die das erste Pflegeelternprojekt des Landes ins Leben gerufen hatte – eine historische Initiative, tatsächlich ein erster Versuch, Kinder vor staatlichen Einrichtungen zu retten. Maria hatte bislang noch nie ein Kind in ihr Projekt aufgenommen, das nicht laufen konnte, daher war es alles andere als sicher, dass Wanja dafür in Betracht kam. Doch sollte sie sich für ihn entscheiden, würde er in einer häuslichen Umgebung ärztlich betreut werden, und seine Pflegemutter würde von einem Expertenteam bezahlt und unterstützt werden.

»Es wäre die perfekte Lösung«, sagte Ann.

»Einen Moment noch«, erwiderte Rachel. »Er kann nicht in eine Pflegefamilie, solange das Adoptionsverfahren noch läuft. Linda muss also davon überzeugt werden, ihr Adoptionsersuchen zurückzuziehen.«

Mary bot an, das zu übernehmen. Inzwischen war es drei Uhr morgens. Mary und Igor gingen als Letzte. Es dämmerte bereits, und Mary warf einen Blick zum Himmel und fragte Igor: »Können wir Wanja vor unserer Abreise noch kurz besuchen? Unser Flug geht erst in sechs Stunden. Wir könnten auf dem Weg zum Flughafen am Babyhaus 10 halten.«

»Nein. Dafür ist keine Zeit. Wir haben schon genug Flüge verpasst.« Igor ließ sich nicht erweichen.

Die beiden erreichten ihr Flugzeug, und Mary fand alsbald Zeit, mit Linda zu telefonieren. Fünf Tage nach der nächtlichen Beratschlagung in Sarahs Küche informierte Mary sie darüber, dass Linda beinahe gestanden hatte, dass sie die Adoption im Grunde nicht mehr wollte. Sie hatten über eine Stunde miteinander gesprochen. Mary hatte Linda beschworen, dass sie nicht aus Pflichtgefühl handeln dürfe, sondern sich über ihre Gefühle klarwerden müsse. Eine Bindung zu einem Kind könne nicht erzwungen werden; entweder entwickle sich das von selbst oder gar nicht. Ohne Bindung zu dem Kind würde jeder gemeinsame Tag zu einer Zerreißprobe, und Wanja wäre der Erste, der das zu spüren bekäme.

Linda wiederum hatte ihr gestanden, wie sehr sie sich unter Druck gesetzt und manipuliert fühle, woraufhin Mary ihr versichert hatte: »Niemand versucht Sie zu bedrängen oder möchte Sie in eine Lage bringen, in der Sie sich selbst dazu zwingen, das hier zu tun.«

Was die Bindung zu Wanja betraf, hatte Linda sich unbesorgt gezeigt. Wanja würde sich eben einfügen müssen, wie ein Neugeborener. Doch Mary hatte auf ihre langjährige Erfahrung mit Adoptionen verwiesen und ihr gesagt, dass eine Geburt etwas ganz anderes sei. Eine Adoption könne nur dann gelingen, wenn die Mutter in der Lage sei, zu dem angenommenen Kind eine ebenso enge Bindung aufzubauen wie zu ihren leiblichen Kindern. Das Gespräch endete offen, doch Mary war sich sicher, dass Linda kurz davorstand, den Antrag zurückzuziehen.

Als Nächstes führte Rachel ein langes Telefonat mit Linda.

Sie drehten sich bereits seit einiger Zeit im Kreis, und Linda war in Tränen aufgelöst, als Rachel plötzlich auf eine Idee kam, wie sie Linda ihre Situation besser vor Augen führen konnte. Sie war gerade dabei, das Gespräch in die gewünschte Richtung zu lenken, als sie ein klirrendes Geräusch aus der Küche vernahm. Ihre fünfjährige Tochter musste ein Glas heruntergeworfen haben. Rachel rief sich in Erinnerung, ob die Kleine Schuhe anhatte, schob ihre Besorgnis beiseite und redete weiter auf Linda ein: »Stellen Sie sich folgende Situation vor, Linda: Ein Paar möchte heiraten, die Hochzeit ist bereits organisiert. Da kommen einem der beiden Zweifel. Würden Sie ihnen trotzdem raten, es durchzuziehen?«

Linda schwieg einen Moment. Dann sagte sie: »Nein.«

»Nun, Sie sind in der gleichen Situation.«

Rachel konnte spüren, dass Linda endlich begann, ihre Situation zu realisieren. Sie nutzte den günstigen Moment, um Linda zu eröffnen, dass sich Wanja nun andere Möglichkeiten boten, betonte aber im gleichen Atemzug, dass es einzig Lindas Interesse gewesen sei, das Wanja in den vergangenen zwei Jahren vor der Einweisung in eine Anstalt gerettet habe. Ohne Linda wäre Wanja verloren gewesen. Wenn sie die Adoption nun nicht mehr wolle, war es besser, das Gesuch zurückzuziehen.

Am nächsten Tag schickte Linda Grigori ein Fax, in dem sie ihn bat, ihren Antrag auf Adoption zurückzuziehen. Am gleichen Abend waren Sarah und Alan Ehrengäste eines Abschiedsessens in der Residenz des britischen Botschafters. Sarah und Alan hatten die Gästeliste selbst zusammenstellen dürfen, und so hatten sie einige Wegbereiter von Menschenrechtsorganisationen unter die üblichen Diplomaten, Journalisten und Bankiers gemischt – unter anderem Maria, die Vorsitzende des Pflegeeltern-Projekts. Bevor Sarah und Alan zu dem Empfang aufbrachen, schrieben sie einen langen Brief an Maria, in dem sie sie in aller Form baten, Wanja in ihr Projekt aufzunehmen, eine Pflegemutter für ihn zu finden und ihn so vor der Rückkehr in eine Anstalt zu retten. »Wir wissen, dass

Sie Kinder aus staatlichen Einrichtungen normalerweise nicht aufnehmen, aber wir bitten Sie, bei diesem Kind eine Ausnahme zu machen«, schrieben sie. Es war ein kühner Versuch, aber Wanjas einzige Hoffnung.

Der Abend war ein voller Erfolg. Die Gäste dinierten an einer langen, vornehmen Tafel unter funkelnden Kronleuchtern und umgeben von gewaltigen Porträts früherer britischer Außenminister. Beim anschließenden Kaffee im Weißgoldzimmer genossen alle die Aussicht über den Fluss auf die goldenen Kuppeln der Kreml-Kathedrale. Maria war begeistert von dem Abend, und bei der Verabschiedung übergab Sarah ihr den Brief mit den Worten: »Ich habe eine Bitte an Sie. Lesen Sie den Brief, wenn Sie zu Hause sind.«

Als Sarah am nächsten Morgen aufstand, hatte Maria ihr bereits eine Antwort per E-Mail geschickt. Sie dankte ihr für das Vertrauen. Wanjas Fall, schrieb sie, würde eine »Lawine an ähnlichen Aktionen lostreten, die uns alle verändern wird«. Sie versprach, alles zu tun, was in ihrer Macht stand, um Wanja zu helfen. Doch das bedeutete, bürokratische Hürden zu nehmen, mit denen sie bislang nicht in Berührung gekommen war. Sie würde schnell handeln müssen, bevor es für eine Rettung zu spät war.

19.
DER VOGEL IM KÄFIG
Juni bis Juli 1998

Es war ein heißer Sommertag Ende Juni. Alle Kinder aus
Gruppe 6 waren draußen im Garten – alle bis auf Wanja und
Julia. Man hatte die beiden nicht mit hinausgenommen, da sie
nicht ohne fremde Hilfe laufen konnten und damit zu viele
Umstände machten. An die frische Luft kamen sie daher nur,
wenn Sarah und ihre Tochter Catherine oder Wikas Freundinnen Alla und Olja zu Besuch kamen oder an den Sonntagen,
wenn Julias Großmutter Lucy kam und ihnen vorlas, während
sie im Sandkasten spielten.

Wanja erzählte Julia gerade von all den Dingen, die er in Sarahs und Alans Wohnung gesehen und erlebt hatte. Da war ein
Hund gewesen, vor dem er anfangs große Angst hatte. Sarah
erklärte ihm, dass der Hund auf der Straße gelebt hatte, dass
die Menschen sehr böse zu ihm gewesen waren und dass er
darum mehr Angst vor Wanja hatte als Wanja vor ihm. Also
war er ganz tapfer und versuchte, still sitzen zu bleiben, wenn
der Hund ihn beschnüffelte. So wurden sie Freunde, und der
Hund begann, ihn abzuschlecken. Doch jedes Mal, wenn
Wanja den Staubsauger anschaltete, den er so liebte, erschrak
der Hund, rannte aus dem Zimmer und versteckte sich unter
Catherines Bett.

Es gab so viel zu entdecken in einer Wohnung: einen Schrank
voller Werkzeug zum Beispiel, und er durfte die Schubladen
aufmachen und die Nägel und Schrauben heraussuchen; eine
Schachtel mit Vorhängeschlössern, und er durfte die Schlüssel abziehen und üben, sie zurück ins Schloss zu stecken
und aufzuschließen; ein Karton mit Weihnachtsdekoration,

vollgepackt mit den glänzendsten Dingen. An Papa Joras Geburtstag hatte er Mama Lindas Haar mit Lametta schmücken dürfen. Sie hatte einen großen Kuchen gekauft, und zusammen mit Sarah, Alan und Catherine saßen sie beieinander und tranken Tee. Auch Nellie schaute vorbei. Sie war Russin, aber sie konnte auch Englisch. Das Büro der Zeitung war auch aufregend. Wanja erklärte Julia, dass Alan ein Journalist war. Journalisten telefonierten den ganzen Tag oder schrieben am Computer. Nellie hatte auch einen Computer. Er sah aus wie ein Fernseher, aber er hatte eine Maus. Keine richtige Maus, wie die, die im Garten von den Katzen gefangen wurden. Diese Maus war wie ein Spielzeugauto. Man bewegte sie mit der Hand hin und her. Er durfte bei Nellie auf dem Schoß sitzen und damit spielen.

»Ich wünschte, wir könnten jetzt gleich dorthin gehen«, sagte Julia. »Hier ist es so langweilig.«

»Ich muss warten, bis Mama Linda zurückkommt. Sie hat gesagt, sie muss nach England, um mein Zimmer einzurichten. Und wenn sie fertig ist, kommt sie zurück und holt mich. Jetzt, Julia, musst du mich fragen, wie mein Zimmer aussehen wird.«

»Erzähl mir, Wanja, wie wird dein Zimmer aussehen?«, fragte Julia pflichtgemäß. Sie spielten dieses Spiel jeden Tag.

»Also, als Erstes ist da ein Bett. Ein richtiges, wie Catherine eins hat, kein Gitterbett mit Stäben. Ein Bett, aus dem du rauskannst, wann immer du willst. Du musst nicht warten, bis dich jemand drüberhebt. Und auf dem Bett liegen ein Kissen und eine Decke mit Autos drauf. Und dann ist da noch ein Teppich.«

»Und gibt es eine Lampe?« Das war Wanjas Lieblingsfrage. Bevor er sie beantwortete, atmete er tief durch.

»Es gibt sogar zwei Lampen. Eine an der Decke, mit einem Lichtschalter neben der Tür, so wie hier. Aber dann gibt es noch eine zweite Lampe – auf meinem Nachttisch. Ich brauche einfach nur die Hand ausstrecken und kann sie an- und ausschalten, wann immer ich will. Wenn ich nachts aufwache, kann ich sie anmachen und sehe etwas.«

Julia wollte gerade zum nächsten Teil des Spiels übergehen und ihn zum Bad und der Dusche befragen, als die Tür aufflog und Swetlana hereinkam.

»Der Gerichtstermin steht fest, Wanja. Er ist am 6. Juli.«

Wanja hatte das Wort »Gericht« schon einmal gehört und verstand, dass dies ein wichtiges Ereignis war. Er hatte keine Ahnung, wann Juli war, aber am Klang von Swetlanas Stimme konnte er erkennen, dass es schon bald sein musste. Eine Sache musste er allerdings noch wissen.

»Dann gehe ich also nicht ins Internat 30?«, fragte er.

»Nein, Wanja. Du gehst nach England.«

Im Laufe der nächsten Tage hörte Wanja immer wieder das Wort »Gericht«. Jedes Mal sorgte es für ein warmes Gefühl in seinem Inneren. Zum ersten Mal in seinem Leben freute er sich tatsächlich auf die lange Schlafenszeit am Nachmittag, denn dann konnte er sich ganz den Träumereien von seinem zukünftigen Leben hingeben. Eines allerdings verstand er dabei nicht: Linda hatte ihm erzählt, dass sie in einem Haus leben würden, nicht in einer Wohnung. Aber was war ein Haus? Und was hatte es zu bedeuten, dass die Schlafzimmer im oberen Stockwerk waren? Was war ein oberes Stockwerk? Sie hatte ihm außerdem von einer Katze erzählt, die im Haus lebte und auf ihrem Bett schlief. Merkwürdig. Jeder wusste, dass Katzen dreckig waren und draußen wohnten. Sie hatte auch einen Hund. Aber Hunde kannte er ja nun schon. Und einen Vogel im Käfig, der sprechen konnte. Darüber dachte er besonders viel nach. Warum war der Vogel in einem Käfig?

Am nächsten Morgen kam Sarah vorbei, und Wanja stellte ihr sofort alle möglichen Fragen über England, doch Sarah schien ihm gar nicht zuzuhören. Sie nahm ihn mit nach draußen und übte mit ihm Laufen. Als er ihr sagte, dass er müde war, erlaubte sie ihm nicht, sich hinzusetzen und zu reden, sondern schickte ihn die Leiter auf dem Spielplatz hoch. Sie holte einen Spielzeughammer und Nägel aus ihrer Tasche, und oben angekommen rief sie ihm zu: »Jetzt musst du das Gerüst reparieren.« Wanja konzentrierte sich ganz darauf, den

Nagel senkrecht zu halten, während er ihn in das Gerüst hämmerte. Erst später, als er während der Schlafenszeit in seinem Gitterbett lag und die Geschehnisse des Vormittags überdachte, fiel ihm auf, dass Sarah ihm nicht eine einzige Frage über Mama Linda beantwortet hatte.

Die Tage vergingen, und Wanja wurde nicht müde, jeden Erwachsenen, den er traf, zu fragen, wann der Gerichtstermin war. Zwar verstand er nicht, was sie ihm antworteten – er hatte diese Zahlen oder Wörter nie gelernt –, doch es beruhigte ihn, *wie* sie es sagten. Eines Tages sagte eine der Betreuerinnen dann »morgen«. Das verstand er. Er würde seinen Mittagsschlaf halten, würde abends ins Bett gehen, und wenn er am nächsten Morgen aufwachte, war Gerichtstag. In dieser Nacht tat er vor Aufregung kein Auge zu. Am nächsten Morgen hatte die mürrische Galina Dienst, und als er am Tisch saß und seinen Haferbrei aß, suchte er mit den Augen den Raum nach einer Jacke und Stiefeln ab, die er für den Gerichtstermin brauchte. Doch Galina hatte weder Jacke noch Stiefel herausgelegt. Da fiel ihm ein, dass Sommer war und er gar keine Jacke anziehen musste. Also suchte er nach anderen Anzeichen, die darauf hinwiesen, dass er das Babyhaus verlassen würde. Galina war so wie immer. Schweigend zog sie ihm ein altes T-Shirt und eine geflickte Hose an und ignorierte seinen Protest, dass er für das Gericht etwas Schickeres anzuziehen bräuchte. Stunden vergingen, und Galina nahm die anderen Kinder mit nach draußen. Wanja und Julia blieben allein zurück. Voller Erwartung, Adela oder Swetlana dahinter auftauchen zu sehen, ließ Wanja die Tür nicht einen einzigen Moment aus den Augen. Seine Freundin sagte kein Wort, sondern warf ihm lediglich besorgte Blicke zu.

Als die Tür endlich aufging, war es Adela, die erschien. Ihre finstere Miene erinnerte Wanja an den Tag, an dem sie Wikas Freundin Alla verboten hatte, ihn je wieder zu besuchen – und dabei hatte er sich immer so auf Alla gefreut. »Heute war der Gerichtstermin«, sagte Adela, »und sie sind nicht erschienen.«

Wanja wurde schwindelig. Redete sie etwa von Mama Linda

und Papa Jora? Offenbar tat sie das. Als Nächstes sagte sie: »Die Engländer kommen nicht.«

»Vielleicht kommen sie morgen«, sagte Wanja so leise, dass man ihn kaum mehr hören konnte.

»Nein, Wanja. Der Gerichtstermin war heute. Du musst begreifen, dass sie nicht kommen. Du bist zu alt, um noch länger hierzubleiben. Du musst in ein Internat. Du wirst nie eine Mama haben.«

Als Adela gegangen war, streckte Julia eine Hand aus und legte sie auf Wanjas. »Nicht weinen, Wanja«, flüsterte sie mit sanfter Stimme. Doch sie war es selbst, der Tränen über die Wangen liefen. Wanjas Augen blieben trocken. »Sie irrt sich. Das weiß ich«, sagte er. »Mama Linda kommt vielleicht nicht, aber eine andere Mama wird kommen.«

20.
EINER VON UNS
Juli 1998

An dem Tag, an dem die Anhörung vertagt wurde, war es Sarahs Aufgabe, zu Wanja zu gehen und ihm zu erklären, warum die Fletchers nie kommen und ihn zu sich holen würden. Auf dem Weg ins Babyhaus dachte sie darüber nach, wie viele Menschen Wanja in seinem jungen Leben bereits enttäuscht hatten: seine leibliche Mutter, die keine Kraft mehr gehabt hatte, sich gegen die endlos negativen Prognosen der sowjetischen Ärzte zur Wehr zu setzen; Adelas Stellvertreterin, die ihn für adoptionsuntauglich erklärt hatte; Adela selbst, die zu schwach gewesen war, sich gegen diese Auffassung zu behaupten und Wanjas Überweisung nach Filimonki zu verhindern; der dortige Anstaltsleiter, der sich geweigert hatte, ihm eine Chance zu geben; und schließlich Linda, die ihn an jenem Tag im Mai im Babyhaus vergeblich hatte warten lassen.

Sarah hatte das Gefühl, dass auch sie selbst und Alan Wanja enttäuscht hatten. Sie hatten sich seiner angenommen und die Fletchers in sein Leben gebracht, ihnen im Adoptionsverfahren geholfen, so weit zu kommen, wie sie es aus eigener Kraft nie geschafft hätten, und dabei hatten sie nicht erkannt, wie wenig sich Linda und George als Adoptiveltern eigneten. Sie hatten Wanja gedankenlos in die Welt einer Familie eingeführt, und er war begeistert davon gewesen. Und nun würde er womöglich sein gesamtes Leben in staatlichen Einrichtungen fristen müssen.

Am Abend zuvor hatte Sarah lange mit Mary, jener amerikanischen Psychologin, gesprochen, um sich mit ihrer Hilfe auf das Gespräch mit Wanja vorzubereiten. Mary hatte ihr geraten, Wanja nicht den Eindruck zu vermitteln, die Fletchers hätten ihn zurückgewiesen. Es sei besser zu lügen, als einem Kind das Gefühl zu geben, es sei zurückgewiesen worden.

Als Sarah am Babyhaus ankam, fand sie Wanja zu ihrer Überraschung vor dem Haus auf einer Bank sitzend vor. Jemand musste Mitleid mit ihm gehabt und ihn nach draußen gebracht haben. Er sah vollkommen verloren aus. Sie setzte sich neben ihn. Wie immer sagte er das Wichtigste zuerst.

»Heute ist der Gerichtstermin, Sarah. Und sie sind nicht gekommen.«

»Ich weiß, Wanja. Es tut mir so leid.« Er sah sie an, wartete auf eine Erklärung.

»Schau, Lindas Enkelin hat sich ein Bein gebrochen …«

»Wo ist ihre Enkelin?«

»In England in einem Krankenhaus. Deshalb ist Linda nicht gekommen.«

»Aber Linda hat sich kein Bein gebrochen, oder?«, schoss es aus ihm heraus.

»Weißt du, Wanja, sie wusste nicht wohin mit ihrem Hund, und Philip kann sie auch nicht …« Sie brach mitten im Satz ab. Es war offensichtlich, dass Wanja diese Ausreden durchschaute. »Wanja, ich bin sehr böse auf sie. Sie hat dich sehr schlecht behandelt.«

»So etwas darfst du nicht sagen, Sarah. Linda ist nicht böse. Sie ist lieb.« Sarah konnte nicht glauben, dass er am enttäuschendsten Tag seines Lebens derart nachsichtig war, besonders da er wissen musste, dass ihm nun die Überweisung in eine Anstalt drohte.

Am nächsten Tag ging Sarah noch einmal ins Babyhaus, um mit Adela zu sprechen. Nach dem Rückzieher der Fletchers lag ihre vierjährige Beziehung nun vermutlich in Trümmern.

»Zur moralischen Unterstützung nahm ich Alan und eine Prager Torte mit ins Babyhaus. Ich musste Adela davon abhalten, Wanja in eine Anstalt zu schicken, bevor Maria die nötigen Papiere zusammenhatte, um ihn in ihr Projekt aufnehmen zu können, und, was am wichtigsten war, um eine Pflegemutter für ihn zu finden. Ich hatte schon fast damit gerechnet, von Adela an der Treppe abgefangen zu werden und gesagt zu bekommen, dass ich mich hier nie wieder blicken lassen solle. Ich wusste, dass sie das Gefühl hatte, sich wegen Wanja in eine prekäre Lage gebracht zu haben, und nun hatte die Person, die wir ihm als seine Mama vorgestellt hatten, alle im Stich gelassen. Adela würde sich dafür rechtfertigen und scharf zurechtweisen lassen müssen. Wir folgten ihr in ihr Büro, in dem wir über die Jahre hinweg so viele schwierige Unterredungen geführt hatten.

Ich wandte meine übliche Strategie an und redete, ohne Luft zu holen. Ich kroch vor ihr zu Kreuze, erniedrigte mich regelrecht. Ich entschuldigte mich, diese Frau in ihr Leben gebracht zu haben. Wir hatten Linda nicht dazu bringen können, zur Anhörung zu erscheinen; die Adoption war gescheitert. Ich zollte Adela Anerkennung für ihre Bemühungen um Wanja und dafür, dass sie erkannt hatte, was in ihm steckte, während ringsherum alle nur einen Schwachsinnigen in ihm sahen. Das ungläubige Staunen, mit dem Alan meinem Redeschwall an unterwürfigen Halbwahrheiten lauschte, entging mir dabei nicht.

Adela hatte nie zuvor einen Ausländer erlebt, der sich bei ihr in aller Form entschuldigte. Sie war es gewohnt, Ausländer in schicken Wagen vorfahren und Geschenke verteilen zu sehen. So edel und bescheiden deren Absichten auch sein mochten, für Adela verkörperten sie immer Reichtum, Macht und einen für sie unerreichbaren gesellschaftlichen Status. Mein Verhalten machte sie daher zugänglicher. Während wir bei Tee und Torte zusammensaßen, erzählte ich ihr von der Möglichkeit, Wanja in Marias Projekt unterzubringen. Ich schilderte Maria als fromme Person, eine Wissenschaftlerin, deren Arbeit von der orthodoxen Kirche anerkannt wurde. Ihr Projekt sei noch jung, doch Adela solle sich keine Sorgen machen. Ich verschwieg ihr, dass Marias Projekt zum Teil von ausländischen Geldern finanziert wurde und sie sich von britischen Experten beraten ließ. Stattdessen hob ich hervor, dass das

Projekt noch immer unter seinem alten sowjetischen Namen Kinderheim Nr. 19 bekannt war und vom Moskauer Bürgermeister unterstützt wurde. Ich versuchte ihr klarzumachen, dass Wanja auf keinen Fall in eine Anstalt geschickt werden durfte. War er erst einmal dort, würden ihn die Behörden nicht mehr an dem Projekt teilnehmen lassen. Also verließ ich mich einmal mehr auf Adelas innere Kraft und Stärke, Wanja noch ein paar Wochen länger bei sich im Babyhaus zu behalten. Als wir auseinandergingen, stand fest, dass wir in Kontakt bleiben würden. Zum Abschied sagte Adela ›Gott segne Sie‹, woraus wir schlossen, dass sie die Möglichkeit einer Pflegschaft bei Maria in Erwägung zog.«

Im Rückblick fällt es Sarah selbst schwer zu glauben, wie viel Verantwortung sie damals für Wanjas Schicksal übernommen hat. »Nicht ein einziges Mal habe ich den Zettel mit Adelas Auftrag, Wanja aus dem Internat zu retten, hervorgezogen. Ich hätte Adela diesen Zettel unter die Nase halten und sagen sollen: ›Sie haben das alles initiiert, Adela. Wika und Alan haben ihn aus der Anstalt gerettet. Jetzt sind Sie am Zug. Stehen Sie zu Ihrer Verantwortung, und finden Sie eine Zukunft für ihn.‹ Doch das tat ich nicht. Ich schluckte meine Wut und Enttäuschung hinunter und huschte um sie herum wie ein Mäuschen. Hätte ich meinem Ärger Luft gemacht, hätte sie mich aus dem Babyhaus geworfen, und dann hätte niemand die Verantwortung für Wanjas Überleben übernommen.«

Im Anschluss an das Gespräch mit Adela gingen Sarah und Alan zur Gruppe 6, um Wanja abzuholen und mit nach draußen zu nehmen. Es war ein heißer Julitag. Die allgemeine Aufmerksamkeit genießend, jauchzte Wanja vor Freude, als Alan mit ihm auf das Klettergerüst zusteuerte und ihn ermunterte, die Leiter hochzuklettern. Oben angekommen reckte er den Hals und zeigte auf die geschäftige Welt jenseits des hohen, stählernen Tores.

»Onkel Sascha«, rief er gebieterisch in Richtung der Wachmänner, die auf der Veranda des Babyhauses herumsaßen und Zeitung lasen. »Da kommt ein Auto. Du musst das Tor aufmachen.« Der Wachmann faltete seine Zeitung zusammen und schlurfte davon, um das Tor zu öffnen.

Als Wanja dort oben auf seinem Thron auf dem Klettergerüst residierte, schien er nicht länger Teil der isolierten Welt des Babyhauses und des trostlosen Daseins seiner Bewohner zu sein. Jetzt, da er über die hohen Mauern blicken konnte, stand er im Herzen des neuen Moskaus – und inmitten des Lärms, den der Bau der eleganten Mehrfamilienhäuser rings um das Babyhaus unweigerlich mit sich brachte.

»Halt dich gut fest«, rief Alan ihm zu. »Nicht loslassen.«

Wanja löste eine Hand von der Metallstange und hielt sie theatralisch nach oben. »Meinst du so?«, neckte er Alan und tat so, als geriete er ins Schwanken.

In diesem Moment wurde Sarah und Alan klar, dass Wanja auf dem besten Wege war, von einem traumatisierten Heimzögling zu einem ganz normalen Kind zu werden. Das zweiwöchige Familienleben, an dem er während Lindas Besuchs hatte teilnehmen dürfen, war nicht spurlos an ihm vorübergegangen. Nachdem er die Ungezogenheiten ihrer Tochter Catherine mit angesehen hatte, erschloss sich ihm nun ein neues Rollenmodell.

Die Welt des Babyhauses war inzwischen noch bizarrer geworden, als sie es bei Sarahs erstem Besuch vier Jahre zuvor gewesen war. Der ansonsten bis auf Zweige, Blätter und Katzenkot für gewöhnlich leere Sandkasten war nun unter einem gigantischen Berg Sand begraben, nachdem ein Laster seine gesamte Ladung darüber ausgekippt hatte. Die einst vornehme, nun heruntergekommene Fassade des Hauses wurde weiter verunstaltet durch Kohlenstapel, die aus dem Lager mit dem Heizmaterial quollen. Nirgends in dieser Stadt, in der fast alle Heizungen mit Gas betrieben wurden, fand sich sonst noch ein Stück Kohle, doch Adelas Reich war in einer längst vergangenen Zeit stehengeblieben. Sarah musste an ihre erste Begegnung mit Adela denken, als diese rußverschmiert davon berichtet hatte, dass der Heizkessel gerade kaputtgegangen war.

Plötzlich wurde sie von einer lauten flehenden Stimme in die Gegenwart zurückgeholt.

»Wartet in England noch mein Bett auf mich?«

»Das besprechen wir später, Wanja.« Sarah wusste nicht, was sie ihm sonst antworten sollte.

Sekunden später hatte man das Gefühl, als wäre diese Frage, die aus dem tiefsten Inneren dieses verlassenen Kindes rührte, nie gestellt worden. »Achtung, ich springe«, schrie er und glitt unbeholfen zu Boden, glücklicherweise ohne sich wehzutun. Als er sich mit einem Bein in den Sprossen verhedderte und den lustigen Winkel bemerkte, in dem sein Bein nun abstand, rief er: »Schaut mal, ich habe einen Schwanz.« Sein Bein sah tatsächlich aus wie ein Hundeschwanz.

Sarah befreite ihn aus der Leiter, und Wanja sorgte für die nächste Überraschung: »Wo ist denn Nellie? Wartet sie auf mich?«

Sarah und Alan hatten diese Art Fragen befürchtet. Da Linda sich ihm entzogen hatte, verlagerte er seinen Fokus nun auf sie beide, und mit Fragen wie dieser gab er ihnen zu verstehen, dass er zurück in ihre Wohnung wollte. Sie hatten sich stets bemüht, ihm nicht das Gefühl zu vermitteln, potentielle Adoptiveltern für ihn zu sein. Das Leben eines Auslandskorrespondenten war unbeständig. Die ständigen Umzüge von einem Kontinent zum anderen waren schwierig genug mit zwei Kindern. Mit einem dritten Kind wäre das unmöglich, insbesondere mit einem Kind, das nach all den verheerenden Erfahrungen nichts mehr brauchte als Stabilität im Leben.

Mit Erlaubnis der Wachmänner verließen sie das Gelände und liefen durch das Tor zum Auto.

Die Botschaft hinter Wanjas Fragen war unmissverständlich: Er wollte, dass sein Leben eine ganz bestimmte Richtung nahm. Dieses Kind, das sich einst über jeden noch so kleinen Dialog gefreut hatte, den man mit ihm führte, versuchte nun in seiner Not, sie zu manipulieren. Als sie im Auto saßen, bat er Alan, zu wenden, so dass er das Babyhaus nicht anschauen musste – einen Ort, den er nun als ein Gefängnis empfand.

Die folgenden zehn Minuten verbrachte er fröhlich auf Alans Schoß auf dem Fahrersitz und widmete sich voll und ganz den Armaturen. Als er das Radio anschaltete, bemerkte er beiläufig: »Die singen Englisch.« Dann fragte er: »Wem gehört das Auto?«

»Es gehört Sarah.«

»Es gehört uns«, sagte Wanja entschlossen. Sie hatten ihn noch nie das Wort »uns« sagen hören. Er hatte keine Besitztümer und fühlte sich auch nicht als Teil seiner Gruppe oder als Teil des Babyhauses. Mit dem Gebrauch dieses einen Wortes gelangten Sarah und Alan zu der Erkenntnis, dass er sich ihre Familie und das Büro des *Daily Telegraph* ausgesucht hatte. Zu ihnen wollte er gehören, dort wollte er leben, und das gerade jetzt, wo sie kurz davorstanden, Moskau für immer zu verlassen. Und Wanja hatte noch mehr Fragen an sie, als sie ihm von ihrer bevorstehenden Abreise aus Moskau erzählten.

»Was passiert mit dem Auto?« Er träumte offenbar davon, dass der Wagen einfach vor dem Babyhaus stehen bliebe, wo er ihm zur Verfügung stünde.

Alan erklärte ihm, dass ein anderer Korrespondent kommen und es benutzen würde.

»Wird eure Wohnung zugeschlossen?«

»Nein. Der andere Korrespondent wird dort einziehen.«

»Dann kommt ihr nie mehr zurück?« Seine Stimme war nur noch ein Flüstern.

»Doch, wir kommen zurück. Aber das wird eine ganze Weile dauern.«

Einer der Wachmänner klopfte an die Scheibe. Er brachte eine Kamerahülle, die sie im Garten hatten liegen lassen. Außerdem war es Zeit, Wanja fürs Mittagessen und den langen Mittagsschlaf zurückzubringen. Als er sich dem Eingang näherte, schienen Wanja die Beine zu versagen. Er machte sich Sorgen um den Hammer und die Nägel, mit denen er auf dem Gerüst gespielt hatte, und wollte wissen, wo sie seien. Er bat Sarah, sie hierzulassen; er würde ein Versteck dafür suchen. Offenbar war er überzeugt, dass er Sarah und Alan heute zum letzten Mal sah.

Als Sarah ihn beruhigte: »Hammer und Nägel sind in meiner Tasche. Ich bringe dir alles morgen mit«, hellte sich sein Gesicht auf, und er wiederholte das Wort ›morgen‹. Schließlich fiel ihm etwas ein. »Seid ihr sicher, dass Adela euch morgen auch reinlassen wird?« Vorbei war es mit dem selbstbewussten Jungen, der sich verhielt, als könne er sein Schicksal selbst bestimmen. Nun war er sich wieder bewusst, dass er auf Gedeih und Verderb einer unbeständigen alten Frau ausgeliefert war, die bereits mehrere seiner Freunde aus dem Babyhaus verbannt hatte.

Als sie an der Küche vorbeikamen, nutzte Wanja die Gelegenheit, seine Rückkehr in Gruppe 6 noch etwas hinauszuzögern, und verwickelte die Köchin in ein langes Gespräch über ihre Schürze – ein Kleidungsstück, das er gerade offenbar zum ersten Mal in seinem Leben sah. Anschließend bestand er darauf, dass Alan mit ihm zum ausgiebigen Händewaschen mit warmem Wasser ging, bevor er zu Suppe und Mittagsschlaf zu den Dreijährigen stieß.

Am nächsten Tag löste Sarah ihr Versprechen ein und brachte Wanja zusammen mit Catherine den Spielzeughammer und die Nägel sowie verschieden geformte bunte Holzteilchen und eine Korkplatte, in die er alles hineinhämmern konnte. Außerdem hatte sie eine Videokamera dabei. Sie wollte Bildmaterial von ihm zusammenstellen, das sie dann möglichen Adoptiveltern zeigen würde.

Wanja und Julia saßen allein in Gruppe 6 an ihrem Tisch, während die anderen Kinder mit Galina, der Betreuerin, die Wanja boshaft, gemein und rachsüchtig genannt hatte, draußen in der Sonne waren. Die beiden teilten sich die Korkplatte, und Wanja gefiel es, Julia zu zeigen, wie man mit Hammer und Nägeln umging.

Während er auf der Platte herumklopfte, sagte er zu Julia: »Zu Hause haben wir noch eine Platte.« Er drehte sich zu Sarah um und sagte: »Weißt du noch, als ich eine Mama hatte und wir zu Hause gespielt haben? Zu Hause hatten wir unsere Nägel.«

Beim Ansehen des Videos knapp zehn Jahre später gehen Sarah zwei Dinge besonders nahe. »Im Laufe einer einzigen Nacht und vollkommen allein hatte er sich damit abgefunden, von Linda und George im Stich gelassen worden zu sein und sprach von ihnen bereits in der Vergangenheit. Und dann sein Gebrauch des Wortes ›unsere‹ – das war besonders schmerzhaft. Mit ›unsere‹ meinte er meine Wohnung oder das Auto, einfach alles, nur nicht das Babyhaus. Es waren ›unsere‹ Nägel, wenn sie zu Hause waren, doch sie verloren ihre Magie der Zugehörigkeit, sobald sie sich im Babyhaus befanden; dann waren es nur noch Nägel. In rascher Folge hatte er seine Mama verloren und stand nun kurz davor, seine Zweitfamilie und die Wohnung zu verlieren, die ihm vertraut geworden war. Durch uns hatte er einen Blick in das Gelobte Land werfen können, doch nun wurde ihm auf grausame Weise die Möglichkeit verwehrt, es je zu betreten. Jedes andere Kind wäre an all diesen Schicksalsschlägen vermutlich zerbrochen, doch Wanja gelang es auf wundersame Weise, nie ganz die Zuversicht zu verlieren, dass letzten Endes doch noch alles gut werden würde.«

Dann folgt eine Szene auf dem Video, die Sarah vollkommen vergessen hatte:

Sarah: »Wir gehen bald nach Jerusalem.«

Wanja: »Wer ist wir?«

Sarah: »Ich und Catherine und Alan.«

Wanja: »Und wer noch?«

Sarah: »William, mein Sohn.«

Wanja, kaum hörbar: »Und ich auch?«

Sarah erinnert sich: »Ich weiß nicht, was ich damals geantwortet habe. Die Aufnahme endet genau in dem Moment, als Wanja vor Anstrengung, das Unmögliche zu fragen, das Gesicht verzieht. Warum habe ich hier auf Stop gedrückt? Wollte ich so tun, als hätte er mich nie gefragt, ob er mit uns kommen könne, da ich mit dem Wissen nicht hätte leben können? Als die Kamera wieder lief, wechselte ich das Thema. ›In welchem Land lebst du?‹«

Sarah hatte sich immer ihrer Fähigkeit gerühmt, auch im Gespräch in der fremden Sprache selbst die kleinsten Feinheiten zu verstehen. Doch die Aufnahme belehrte sie eines Besseren: Ihr unterlief ein Verständnisfehler, der für Wanja ein Schlag ins Gesicht gewesen sein musste. Da er selbst keine Besitztümer hatte, faszinierte ihn die Vorstellung, dass Catherine allerlei Dinge besaß, die ihr auf wundersame Weise um die Welt folgten.

»Hat Catherine ihre Spielsachen eingepackt?«, fragte er Sarah.

»Ja. Ihre ganzen Spielsachen sind auf dem Weg nach Jerusalem.«

»Wer hat sie mitgenommen?«

»Erst wurden sie auf einen Lkw geladen, dann fahren sie auf einem Schiff und danach vermutlich weiter auf einem anderen Lkw.«

Wanja dachte einen Moment lang über diese Information nach, dann platzte er mit der nächsten überraschenden Frage heraus: »Nehmt ihr die Nägel mit?«

Sarah dachte, er würde fragen, ob sie die Nägel am Nachmittag wie immer mit nach Hause nähme, da sie sonst verschwinden würden. »Wahrscheinlich schon, sonst sind sie ja weg«, antwortete sie daher unbekümmert.

»Wenn ich mir das Band heute ansehe, erkenne ich, dass er mir eine weitaus wichtigere Frage gestellt hat: ›Nehmt ihr die Nägel mit nach Jerusalem?‹ Hätte ich ihn damals richtig verstanden, hätte ich geantwortet, dass ich die Nägel für ihn bei Wika lassen würde. Doch so habe ich ihn dieser winzigen Spielzeugnägel beraubt, die, nach all den Verlusten, die er in so kurzer Zeit erlitten hatte, das Kostbarste waren, das er auf dieser Welt noch hatte – eine Erinnerung an die Zeit, als er einer von uns gewesen war.«

Wanja sagte nichts, doch auf dem Video ist zu sehen, dass in diesem Moment etwas in ihm zerbrach. Er schien sich schlagartig wieder bewusst zu werden, dass er ein Kind aus einem Heim war, und warnte sie eifrig davor, dass ihnen Ärger mit der bösen Galina drohte, weil sie ihn besuchten. Dem Personal seien seine vielen Besucher ein Dorn im Auge, da sie die Ruhe in Gruppe 6 störten.

Sarah hatte einen Schokoriegel mitgebracht, und Catherine teilte ihn für Wanja und Julia in zwei Hälften. Wanja bestand darauf, ihn aus dem Papier zu essen, ohne die Schokolade anfassen zu müssen. »Ist es in Ordnung, wenn ich meine Kleidung schmutzig mache?«, fragte er besorgt. Kleckern war offenbar ein Vergehen, für das harte Strafen drohten.

Wanja fand nun, dass es Zeit sei, die übliche Runde zum Auto zu machen, doch dafür musste er zunächst zwei Probleme lösen. Er musste dafür sorgen, dass Galina sie nicht anschrie, und er konnte Julia nicht allein zurücklassen.

»Ich werde die Wachmänner um Erlaubnis fragen«, sagte er. Damit wollte er uns vor Galinas Zorn schützen. Jahre später erzählte er, wie Galina Julia einmal an den Haaren über den Boden geschleift hatte, weil sie in die Hose gemacht hatte.

Obwohl ihm an diesem Tag Stück für Stück alles genommen worden war, worauf er seine Hoffnungen gesetzt hatte, verfügte er noch über die Kraft, daran zu denken, dass er Julia nicht zurücklassen durfte. »Wir müssen Julia mitnehmen«, verlangte er. »Aber du kannst sie nicht an der Hand nehmen. Du musst sie tragen. Und dann können wir zusammen im Auto sitzen.« Er ertrug den Gedanken nicht, sie allein zu lassen.

»Ihr wäre schrecklich langweilig allein. Wir müssen sie mitnehmen.« Und das taten sie dann auch.

Für ihren letzten Besuch am Morgen vor ihrer Abreise hatte Sarah sich eine besondere Überraschung für Wanja ausgedacht: ein Album mit Bildern aus seinem Leben, selbst zusammengestellt mit Fotos, die sie im Babyhaus, in Filimonki und im Krankenhaus von ihm gemacht hatte, und mit Aufnahmen von allen Menschen, die ihn je besucht hatten, einschließlich Wika und ihrem Baby Stephen. Die halbe Nacht hatte sie daran gesessen, und war so vertieft gewesen, dass sie sogar vergessen hatte, die Sachen, die noch an ihrer Garderobe hingen, einzupacken. Zum Glück hatte eine Nachbarin die Kleidungsstücke dort hängen sehen, einen Koffer geholt und gerade noch alles hineingestopft, bevor der Wagen eintraf, der sie zum Flughafen bringen sollte.

»Es war der denkbar schlechteste Zeitpunkt, um Moskau zu verlassen«, erinnert sich Sarah. »Wanja hing vollkommen in der Luft. Doch ich hatte auf den Zeitpunkt unserer Abreise keinerlei Einfluss. Ich mag mich in den vergangenen vier Jahren für eine Wohltätigkeitsarbeiterin gehalten haben, doch in Wirklichkeit war ich eine Ehefrau, die ihren Ehemann begleitete – Visum und Unterkunft erhielt ich von Alans Arbeitgeber. Ich konnte nicht länger bleiben.«

Bei Sarahs Ankunft saß Wanja im Garten auf einer Bank; er sah niedlich aus mit seinen dichten braunen Locken, die ihm das Personal inzwischen hatte wachsen lassen. Er trug Catherines abgelegte Jeanshose. Er war zum Prinzen des Babyhauses geworden – ein Prinz, der von heute auf morgen seines königlichen Schicksals beraubt worden war. Er war ganz vernarrt in das Album. Sarah hatte sogar Bilder von Andrej eingeklebt, wie er in Florida vor einem Weihnachtsbaum stand, vom Büro des *Telegraph* und von ihrem Hund.

Sie sprachen ausführlich über jedes einzelne Bild, beide in dem Bewusstsein, dass mit Erreichen der letzten Seite auch das Ende ihres Besuchs erreicht sein würde. »Ich versicherte ihm gerade, dass Wika ihn wieder besuchen würde, sobald Stephen alt genug war, um bei jemand anderem zu bleiben – niemandem wurde gestattet, einen Säugling mit ins Babyhaus zu bringen –, als ich aufblickte und ein Pärchen mit einem Baby auf dem Arm aus dem Haus kommen sah. Die beiden waren eindeutig keine Russen. Man bekam nur selten fremde Gesichter im Babyhaus 10 zu sehen, und Wanja und ich starrten die beiden ungeniert an. Der Mann zückte eine Kamera und forderte seine Frau auf, mit dem Baby auf der Veranda zu posieren. Sie sprachen Englisch miteinander, und mit etwas Anstrengung hörte ich, dass sie Amerikaner waren. Mir wurde klar, dass sie gerade ein Kind adoptiert hatten.«

Es war tatsächlich jemandem gelungen, ein Kind aus dem Babyhaus 10 zu adoptieren. Die einzige Adoption, von der Sarah wusste, war die von Andrej. Die größte amerikanische Adoptionsagentur in Moskau hatte ihre Versuche, mit Adela zu arbeiten, nach kurzer Zeit wieder aufgegeben. Wie es schien, war ihrer exzentrischen Art niemand gewachsen. Die beiden auf der Veranda wirkten nicht wie das typische Adoptivelternpaar; sie strahlten weder Reichtum und eine privilegierte Stellung aus, noch hatten sie perfekte Zähne oder trugen Designerkleidung. Sie machten nicht den Eindruck, als ob sie die übliche Gebühr von 30 000 Dollar entbehren konnten. Doch es war unmöglich zu übersehen, welch unbändiges Glück sie beim Anblick ihrer neuen Tochter empfanden, die mit ihrer fleckigen Haut und den ungewaschenen Haaren ein typisches Babyhaus-Geschöpf war.

»Entschuldigen Sie bitte«, sagte Sarah. »Habe Sie gerade dieses kleine Mädchen adoptiert?«

»Ja. Ist sie nicht hinreißend?«

Freudestrahlend erzählten sie ihr, dass die Adoption über einen Mann von der russisch-orthodoxen Kirche abgewickelt worden war, der Beziehungen zu ihrer Kirche in den USA pflegte. Sarahs erster Gedanke war: Warum hat Adela diesen Mann nie erwähnt? Und warum hatte sie ihn nach Lindas Rückzieher nicht herangezogen, um neue Eltern für Wanja zu suchen?

Sarah stellte dem freundlichen Paar Wanja vor. Seine Geschichte ging den beiden sehr nahe, daher machte es ihnen nichts aus, den ungeduldigen Fahrer warten zu lassen, der ihnen bereits die Autotür aufhielt und das Zeichen zum Einsteigen gab. »Als ich ihre mitfühlenden Blicke sah, sprudelte Wanjas ganze Geschichte aus mir heraus. Ich erzählte ihnen von der Irrenanstalt, in die Wanja gesperrt worden war; davon, wie es ihm gelungen war, sich seine Menschlichkeit zu bewahren und einen Hilferuf nach draußen zu schicken; wie er vollkommen abgemagert ins Babyhaus zurückgekehrt war; und wie eine Frau aus Großbritannien nach dem Erscheinen eines

Zeitungsartikels versprochen hatte, ihn zu retten und ihm ein neues Leben zu schenken, ihn dann jedoch auf grausame Weise im Stich gelassen hatte. Nun drohte ihm abermals die Überweisung in eine Anstalt. Ich berichtete von der Leichenhalle, die mitten auf dem Grundstück der Anstalt stand und nur auf das Eintreffen der Kinder wartete. Ihre Augen wurden immer größer, als ich ihnen das russische System schilderte, das vorsah, Kinder mit nur leichten Behinderungen in Anstalten und damit in den Tod zu schicken. Ich erklärte ihnen, dass Wanja die Diagnose ›schwachsinnig‹ erhalten hatte, obwohl er ein aufgewecktes, intelligentes Kind war, das jedem Menschen, mit dem er sprach, ein ganz besonderes Gefühl gab. Was genau ich damit meinte, wurde ihnen klar, als er sich selbst zu Wort meldete und ihnen Fragen stellte, die ich übersetzte. ›Ist das euer Auto?‹, fragte er, und wollte weiterhin wissen, wohin sie fahren und ob sie das kleine Mädchen mit zu sich nach Hause nehmen würden.

Ich erzählte ihnen von seinem Gespür für andere Kinder – wie er Andrej gerettet hatte, indem er ihm beibrachte zu sprechen, wie er Elvira im Krankenhaus Mut gemacht hatte und sich wie ein Bruder um Julia sorgte. »Er verdient eine Familie«, sagte ich. Er hat so viel Liebe zu geben.«

Sichtlich schockiert lauschte das Paar Sarahs Schilderungen. Als sie davonfuhren, winkte Wanja zum Abschied.

»Als es Zeit für mich wurde zu gehen, verhielt ich mich zurückhaltend. Ich sagte, dass meine Freunde ihn weiterhin besuchen würden. Meine Hoffnung, dass er in Marias Projekt aufgenommen würde, verschwieg ich ihm. Er hatte bereits zu viele Enttäuschungen erlebt. Ich hatte mich stets bemüht, ihm eine Freundin zu sein, keine Mutter. Daher musste ich mich bei unserem Abschied zwingen, ihn nicht in die Arme zu schließen und festzuhalten. Ich hauchte ihm einen Kuss auf die Stirn, drehte mich um und verließ das Babyhaus, um nach Hause zu eilen und mich weiter um den Umzug zu kümmern.«

21.
CANDELA
August/September 1998

Sarah folgte ihrem Mann im August nach Jerusalem, doch mit ihren Gedanken und Gefühlen war sie nach wie vor in Moskau. »Ich erinnere mich noch genau an diese ersten Wochen in Jerusalem. Ich ging mit unserem Hund, den wir aus Moskau mitgebracht hatten, im örtlichen Park durch die Olivenhaine spazieren und dachte dabei unentwegt an Wanja, wie er allein im Babyhaus saß. Ich sah meinen Kindern beim Radfahren zu, sah sie braun werden und stellte mir Wanja vor, leichenblass, vergeblich auf jemanden wartend, der ihn in den Garten mitnahm. Während sich meine Kinder an den Geschmack von frischem Fladenbrot und prallen schwarzen Oliven gewöhnten, bekam Wanja irgendeine Brühe und graues Omelett. Meine Freunde hatten mir zwar hoch und heilig versprochen, ihn regelmäßig zu besuchen, doch es war jederzeit möglich, dass sie einer von Adelas Launen zum Opfer fielen und aus dem Babyhaus geworfen wurden.«

Sarah begann sich vorzustellen, wie es wäre, Wanja zu sich nach Jerusalem zu holen. In Moskau hatte sie derartige Gedanken stets verdrängt. Trotz der tiefen Zuneigung, die sie für ihn empfand, hatte sie eine Adoption nie in Betracht gezogen. Stattdessen hatte sie ihre ganze Kraft darauf verwandt, Maria und anderen Menschen dabei zu helfen, dass Kinder in Familien und nicht in staatlichen Einrichtungen aufwuchsen. Und obwohl sie sich nun weit weg von Russland befand, war sie sich dessen bewusst, dass sie auch weiterhin für Wanja verantwortlich war.

Sie telefonierte täglich mit Moskau, denn es bestand nach

wie vor die Gefahr, dass Wanja bei einer der nächsten Einweisungen Fünfjähriger ins Internat 30 kommen würde. Jede Verzögerung der Papiere, die ihm die Aufnahme in Marias Projekt ermöglichten, konnte Adela dazu verleiten, doch den Weg des geringeren Widerstandes zu wählen. Und was Sarah aus dem Babyhaus zu hören bekam, gefiel ihr ganz und gar nicht. In einem der Gespräche lobte Adelas Stellvertreterin das Internat 28 als eine der besten Einrichtungen in ganz Moskau, in die Wanja ihrer Meinung nach perfekt passen würde.

»Waren Sie selbst schon einmal dort?«, wollte Sarah von ihr wissen. »Vielleicht ist es dort nicht ganz so schlimm wie in den anderen Anstalten, aber er wäre dennoch weiterhin weggesperrt und vom Leben abgeschnitten.«

Glücklicherweise fand sich eine Angestellte, die bereit war, sich für Wanja einzusetzen. Swetlana, die Frau, die Wanja vor mehr als zwei Jahren nach Filimonki gebracht hatte, berichtete eines Tages, dass Maria sie angerufen und ihr gesagt habe, was zu tun sei. Swetlana schien gewillt, Marias Anweisungen auszuführen. Am nächsten Tag rief Sarah Swetlana zu Hause an. Und es gab gute Neuigkeiten. Nicht ohne Stolz verkündete Swetlana, dass das Ministerium – die gleichen Frauen, die Wanjas Adoption so viele Steine in den Weg gelegt hatten – zugestimmt hatte, Wanja in die Hände einer Pflegefamilie zu übergeben. Es grenzte an ein Wunder. Der entsprechende Brief traf vier Tage später im Babyhaus ein.

Rachel hielt sich an ihr Versprechen, mit Wanja in Kontakt zu bleiben. Sarah erinnerte sie daran, freundlich zu den Wachmännern zu sein und bat sie, sich bei ihnen für das Abschiedsgeschenk zu bedanken, das sie Sarah gemacht hatten: ein Band mit Gedichten.

Nachdem sie aufgelegt hatte, nahm Sarah zum ersten Mal das Buch zur Hand und las die Widmung. Es war eine zerlesene und offenbar geliebte Anthologie mit Gedichten von Jewtuschenko, einem in Russland sehr populären Autor, der in den 1960er Jahren ganze Stadien gefüllt hatte. Nur in Russland, dachte Sarah, würde ein Wachmann ein vierzig Jahre altes

Buch mit Gedichten verschenken. Die Widmung stammte von Witali, dem ranghöchsten Wachmann, der Sarah in seinem Übereifer einst verboten hatte, mit Wanja das Grundstück des Babyhauses zu verlassen. Doch dieser Witali hier war ein ganz anderer. Seine Worte waren freundlich und kamen von Herzen. Er bedankte sich für ihren Einsatz für behinderte russische Waisenkinder und lobte ihre Bemühungen, »in Zeiten der Wirtschaftskrise in Russland« eine Familie und ein besseres Leben für Wanja zu suchen. Während Sarah im Nahen Osten im strahlenden Sonnenschein saß und die vergilbten Buchseiten umblätterte, verspürte sie Mitgefühl für diese Wachmänner. Sie alle waren einst Ingenieure oder Wissenschaftler gewesen, hatten in der sowjetischen Gesellschaft Rang und Ansehen genossen; und nun mussten sie, ihrer beruflichen Perspektiven beraubt, in einer billigen Uniform auf dem Gelände des Babyhauses Dienst schieben.

Wie sich herausstellte, bekam Rachel nicht die Möglichkeit, Sarahs Nachricht an Witali zu überbringen. Als sie am nächsten Tag im Babyhaus eintraf, wurde sie von einem finster dreinblickenden Wachmann begrüßt, der nicht zum Plaudern aufgelegt schien und ihr nur widerwillig Zutritt gewährte. Nachdem man sie eine Viertelstunde im Flur hatte warten lassen, kam eine Ärztin auf sie zu, die ihr mitteilte, dass ihr Besuch dem Personal äußerst ungelegen käme. Kurz darauf erschien ein schmächtiger, ernster kleiner Junge in Latzhose und rotem T-Shirt. Es war Wanja.

Er starrte sie einen Moment lang an, dann rief er: »Rachel!« Seine ersten Worte waren: »Ich gehe nicht nach England.«

Sie sagte ihm, dass sie das schon wüsste, denn sie habe George besucht, der sehr traurig gewesen sei.

Wanja fragte Rachel, wie sein Leben in Marias Pflegeprojekt aussehen würde. Würde er einen Bruder haben? Sie erklärte ihm, dass er es sich wie eine große Familie vorstellen sollte. Sie spielten zusammen ein Spiel, bei dem er sie zum Spaß in einen Schrank sperrte und dann wegging. Es gefiel ihm, wenn Rachel so tat, als würde sie weinen. Schließlich wurde er zum

Essen gerufen, und sie brachte ihn zurück in seine Gruppe, wo eine mürrische junge Frau Dienst hatte, die Rachels Gruß nicht erwiderte. Wie immer saßen die Kinder auf ihren Stühlen wie Miniatur-Schaufensterpuppen.

Als Sarah vor dem Computer saß und die E-Mail mit Rachels Bericht von ihrem Besuch im Babyhaus las, schien die Sonne derart grell durch das Fenster, dass sie aufstehen und die Fensterläden schließen musste, um die Buchstaben auf dem Bildschirm lesen zu können. »Ich denke, sie werden Wanja vermissen, wenn er geht«, schrieb Rachel. »Mit seiner durchdringenden Stimme, seiner unerschütterlichen Neugierde und seinem fröhlichen Wesen ist er ein Lichtblick in der dortigen Düsternis. Mir scheint es zwei Gruppen zu geben: die Tyrannen und die Tyrannisierten. Leider verspüre ich dort keine Wärme. Aber Wanja freut sich auf Maria.«

Sarah überflog den Rest der E-Mail und konnte Rachels Schilderungen von der sich anbahnenden Krise in Moskau kaum glauben: Menschen, die vor verschlossenen Banktüren Schlange standen; zwei Frauen mittleren Alters, die auf offener Straße aufeinander einschlugen, weil sie sich um den vordersten Platz in der Schlange vor einer Wechselstube stritten. Sarah schaltete den Fernseher ein und suchte einen Nachrichtensender. Der Bericht aus Moskau zeigte verzweifelte Menschen, die um ihre Ersparnisse fürchteten und daher die Banken stürmten. Es hatte beinahe den Anschein, als stünde eine Revolution bevor.

Während Sarah das Chaos im Fernsehen verfolgte, klingelte das Telefon. Es war Alan, der ihr mitteilte, dass ihn die Zeitung in Moskau brauche und sein Flug bereits für den Nachmittag gebucht sei. Im ersten Moment erfasste Sarah Panik. »Wir waren seit gerade einmal zehn Tagen in Jerusalem, und ich hatte weder Geld noch meine Aufenthaltserlaubnis. Ich war noch kein einziges Mal mit dem Auto unterwegs gewesen – kannte den Weg zu Catherines Schule noch nicht einmal. Aber immerhin, dachte ich, war Alan in Moskau, wenn Wanja in seine Pflegefamilie überwiesen würde.«

Die Finanzkrise war *das* Thema in den Nachrichten. Russland stand am Rande des Bankrotts. Der Rubel verlor dramatisch an Wert. Die Banken hatten kein Geld mehr und schlossen ihre Pforten. Bilder eines leergeräumten Supermarkts waren zu sehen, anscheinend hatten die Menschen den Laden gestürmt und alles mitgenommen, was sie tragen konnten, bevor ihr Geld wertlos wurde. Wütende Rentner versammelten sich auf den Straßen, schwenkten rote Fahnen und drohten den Betrügern, die sie um ihre Ersparnisse gebracht hatten, mit den Fäusten. Ein schrecklicher Gedanke schoss Sarah durch den Kopf: Was, wenn Maria und ihre Pflegefamilien ebenfalls von der Krise betroffen waren? Vielleicht würden sie gar keine neuen Kinder aufnehmen können?

Vier lange Tage quälte sich Sarah mit diesem Gedanken. Erst als Alan inmitten der sich überstürzenden Ereignisse endlich Zeit fand, Maria aufzusuchen, erhielt sie Entwarnung. Wanjas Rettung stand nichts im Weg, in drei Tagen, am 7. September, würde er das Babyhaus verlassen. Doch vor der Aufnahme in eine Pflegefamilie musste sich jedes Kind umfassenden ärztlichen Tests unterziehen – so verlangte es das Ministerium. Wanja würde daher vierzig Tage im Waisenkrankenhaus Morozowskaja verbringen müssen. Maria versprach, dass er in dieser Zeit nicht allein sein würde. Er stünde unter Aufsicht eines Arztes, der eng mit ihrem Projekt zusammenarbeitete und den Wanja bereits kennengelernt hatte, als er Maria zum ersten Mal getroffen hatte. Währenddessen hätte Maria Zeit, eine Pflegefamilie für ihn zu suchen.

Seit dem Beginn der Krise hatte Maria keinerlei Geld mehr erhalten, um ihren Mitarbeitern die Löhne zu zahlen. Ihr Team hatte begonnen, Vorräte an Kartoffeln und Konserven für den Winter anzulegen. Noch beunruhigender als diese Tatsachen war allerdings der veränderte Ton der Moskauer Behörden, die zum wiederholten Male von Maria verlangten, die Existenz ihres Programms zu rechtfertigen. Offensichtlich war es nach Meinung der Bürokraten Zeit für dessen Einstellung.

So wild entschlossen und effizient Maria ihrer Arbeit auch nachging, sie war auch eine überzeugte Christin, und die Krise förderte nun ihre mystische Seite zutage. Sie erzählte Alan, dass sie die Krise nicht nur als ein persönliches Drama für diejenigen verstand, die ihre Ersparnisse verloren hatten, sondern als eine Prüfung für all jene, die Gott auserkoren hatte, seinen Zwecken zu dienen. »Wir werden abermals gezwungen, auf der Suche nach dem Land Gottes durch die Wüste zu ziehen«, sagte sie. »Nur wenn wir diese neue Prüfung bestehen, werden wir das Neue Jerusalem erreichen.«

An Wanjas vermeintlich letztem Tag im Babyhaus besuchte Alan ihn noch einmal. Wanja war abmarschbereit, doch wie immer hatte ihm niemand erklärt, was eigentlich passieren würde, und er hatte jede Menge Fragen.

»Bringst du mich zu Maria?«, fragte er.

»Nein. Maria kommt selbst, um dich abzuholen.«

»Werde ich wieder in ihrer Küche zu Abend essen, so wie beim letzten Mal?«

Alan atmete tief durch. »Wanja, ich muss dir etwas erklären. Du gehst nicht gleich zu Maria. Zuerst musst du noch in ein Krankenhaus.«

Wanja sah Alan konzentriert an, während er diese neue Information verarbeitete. »Du meinst ins Krankenhaus 58? Ich will nicht noch einmal operiert werden.« Er war ganz bleich und den Tränen nahe.

»Nein, Wanja. Nicht ins Krankenhaus Nr. 58. In ein neues Krankenhaus. Es heißt Morozowskaja. Erinnerst du dich noch an den netten Dr. Sajzew, den du bei Maria kennengelernt hast? Er arbeitet dort. Du wirst also nicht allein sein.«

Trotz dieses Schocks erkundigte sich Wanja nach Sarah, den Kindern und den Mitarbeitern des *Telegraph*. Als Alan aufstand, sagte Wanja: »Ich werde immer an dich denken.«

»Und ich denke an dich, und ich werde mich bei Maria erkundigen, wie es dir ergeht«, sagte Alan und eilte zum Flughafen, um nach Israel zurückzukehren.

Wanja saß den ganzen Tag auf seinem Stuhl und wartete auf

Maria. Doch niemand kam. Erst am nächsten Tag schickte Maria einen Sozialarbeiter vorbei, um ihn abzuholen. Nachdem der Papierkram erledigt war, fand Wanjas siebenjähriger Aufenthalt im Babyhaus 10 endlich sein Ende. Er mag das Personal aufgeheitert und zum Lachen gebracht haben, doch letztlich war er zu einer Belastung geworden. Ein Kind weniger, um das sie sich kümmern mussten. Als ihn der Sozialarbeiter durch die leeren Flure und hinaus in den Garten trug, war Wanjas Blick fest nach vorn gerichtet. Keiner der Angestellten kam nach draußen, um ihn zu verabschieden, und er schaute nicht ein einziges Mal zurück.

Via E-Mail hielt Maria Sarah in den nächsten Wochen ständig auf dem Laufenden. Unter ihrer Aufsicht hatte Wanja nach sieben Jahren Vernachlässigung und Misshandlung eine neue Welt betreten. Maria bat Sarah um eine Liste mit jenen Menschen, die Wanja in dieser Zeit besucht hatten, damit sie ihnen Bescheid geben konnte, wo sie ihren Schützling nun finden würden. Trotz ihrer Sorge, dass Wanja bereits zu viele unterschiedliche Menschen in seinem Leben hatte kommen und gehen sehen, ermunterte sie Rachel, ihn weiter im Krankenhaus zu besuchen. Und auch Rachel hatte etwas davon: Wanja wurde ihr Russischlehrer.

Wie sich schon bald herausstellte, war es Wanja gelungen, auch das Krankenhauspersonal für sich einzunehmen und zu bezaubern. Von Dr. Sajzew erfuhr Rachel, dass er Wanja aufgrund dessen Intelligenz den Spitznamen »kleiner Professor« gegeben hatte. Größer hätte der Gegensatz zum Babyhaus nicht sein können, wo das Personal ihn bis zum letzten Tag als Belastung und erheblich zurückgeblieben betrachtet hatte.

Zunehmend bedrückt berichtete Maria in ihren E-Mails von der politischen Situation in Russland. Sie befürchtete, dass die Kommunisten wieder ans Ruder kommen würden. Wanjas ungewisse Zukunft und die der anderen behinderten Pflegekinder lastete schwer auf ihr. Vor der Krise hatte sie geglaubt, dass

Russland binnen fünfzehn Jahren, wenn ihre Pflegemütter zu alt sein würden, um sich um ihre Schützlinge zu kümmern, ein voll entwickeltes Kinderfürsorgesystem haben würde. Doch nun wurde klar, dass dies nie passieren würde; die Zukunft dieser Kinder war alles andere als gesichert. Auslandsadoptionen hatte Maria bislang abgelehnt, doch nun musste sie sich – wenn auch nur widerwillig – mit dem Gedanken anfreunden, dass sie für diese Kinder ein Zuhause im Ausland würde suchen müssen.

Sarah hatte nie an die Kraft der Gebete geglaubt, doch nun entschloss sie sich, in die Altstadt Jerusalems zu gehen und in der Grabeskirche zwei Kerzen anzuzünden: eine für Marias Projekt und eine für Wanja. Es stehen viele Kirchen in Jerusalem, für jede christliche Nation mindestens eine, und Sarah machte es sich zur Gewohnheit, in jeder einzelnen eine Kerze anzuzünden. Sie bat Russen, Armenier, Äthiopier, Deutsche, Syrer und Kopten um ihre Hilfe.

Währenddessen fehlte es Wanja weiter an Stabilität. Nach insgesamt fünfzig Tagen im Morozowskaja-Krankenhaus wurde er in ein Sanatorium verlegt. Dann erhielt Sarah von Rachel die entmutigende Nachricht, dass er ein weiteres Mal ins Krankenhaus müsse, da die physiotherapeutischen Versäumnisse des Babyhauses derart gravierende Folgen hätten, dass die Operation an den Knien vermutlich wiederholt werden müsse. Sarah konnte in ihrer Antwort an Rachel nicht länger an sich halten: »Was für ein idiotisches System ist das, in dem Heimkinder in Krankenhäuser geschickt und operiert werden, sich danach aber niemand für sie interessiert und verantwortlich fühlt?«

Die Einzigen, die Sarah im Krankenhaus Nr. 58 hatte gymnastische Übungen mit den Kindern machen sehen, waren Mütter gewesen, die sich diese Dinge selbst beigebracht hatten. Wie widersinnig war das, schließlich hatte man Wanjas Mutter gesagt, dass sie ihren Sohn abgeben solle, da sie nichts für ihn tun könne und er die erforderliche professionelle Betreuung nur in staatlichen Einrichtungen erhalten würde.

In der Zwischenzeit hatte Maria zwei potentielle Pflegefamilien für Wanja ausfindig gemacht. Ein Paar mit zwei älteren Söhnen sowie eine alleinstehende Mutter, eine »Defektologin«, die selbst in einer Anstalt arbeitete und eine Tochter
im Teenageralter hatte. Die Entscheidung wollte Maria Wanja
überlassen.

Was weder jemand in Moskau noch in Jerusalem wusste: Es
gab einen dritten Bewerber. Während Maria spätabends an
ihrem Schreibtisch saß und die beiden Kandidaten gegen-
einander abwog, saß in einer anderen Zeitzone eine Frau an
ihrem Küchentisch und las wieder und wieder einen Artikel in
ihrem Kirchenblatt, das sie tags zuvor in der russisch-orthodoxen Kirche St. Nicholas in Bethlehem, Pennsylvania, mitgenommen hatte. Während des Gottesdienstes hatte ein Paar
aus der Gemeinde seinen jüngsten Familienzuwachs vorgestellt, ein kleines Mädchen aus dem Babyhaus 10. Dieses Paar
hatte auch den Artikel im Kirchenblatt verfasst, doch darin
ging es nicht um ihre eigene Adoptivtochter. Unter der Überschrift WICHTIGE MITTEILUNG berichteten sie von
einem Jungen mit der Diagnose infantile Zerebralparese, den
sie im Babyhaus 10 kennengelernt hatten. Sie beschrieben den
Jungen als intelligent, aufgeweckt und liebenswert, doch ihm
drohe Schreckliches, daher baten sie die Gemeindemitglieder,
über eine Adoption nachzudenken.

Die Frau am Küchentisch hieß Paula Lahutsky und hatte
nur einen Gedanken: »Ich kann ihn zu mir nehmen.« Sie war
von der Heftigkeit ihrer Reaktion selbst überrascht. Doch es
war wie ein Fingerzeig: Sie hatte für ihren Vater, dem beide
Beine amputiert worden waren und den sie die letzten vier
Jahre seines Lebens gepflegt hatte, ein einstöckiges Haus gekauft, das geradezu perfekt wäre für den Jungen.

Seit siebzehn Jahren arbeitete Paula, die alleinstehend war,
als Schulpsychologin; selbst hatte sie jedoch keine Kinder.
Voller Freude malte sie sich aus, was sie alles für den Jungen
würde tun können, und wäre beinahe ihrem ersten Impuls gefolgt und hätte jenes Paar aus ihrer Gemeinde sofort angeru-

fen. Doch sie erkannte, dass sie im Begriff war, ausschließlich ihrem Herzen statt ihrem Verstand zu folgen, und bremste sich. Was würden die Leute von ihr denken? Wie kam sie auf die Idee, dass sie dem Jungen das bieten konnte, was er brauchte?

Zwei Wochen überlegte sie hin und her, zwang sich, die Folgen dieser alles verändernden Entscheidung zu überdenken. Einerseits führte sie ein sorgenfreies und erfülltes Leben, hatte einen Beruf, der ihr viel abverlangte, viele Freunde, eine große Familie und eine Kirchengemeinde, der sie sich eng verbunden fühlte. Die Adoption eines derartig benachteiligten Kindes würde bedeuten, dass all das an die zweite Stelle treten müsste. Dann dachte sie darüber nach, wie viel sie zu geben hatte, und dass es Mitglieder in der Gemeinde gab, die Russisch sprachen. Doch ohne die Unterstützung ihrer engsten Freunde und Verwandten würde sie diese Aufgabe nicht bewältigen können.

Sie beschloss, sich Rat zu holen. Einer ihrer Freunde aus Kindertagen, mit dem sie zusammen zur Highschool gegangen war und im College um die besten Noten gewetteifert hatte, brachte auf den Punkt, warum sie ihr Vorhaben in die Tat umsetzen sollte: »Du arbeitest mit Kindern, die sonderpädagogisch gefördert werden müssen, du lebst in einem ideal geeigneten, ausreichend großen Haus, du hast russische Wurzeln. Der Junge wird sich bei dir wohl und geborgen fühlen. Der Fall ist klar, Paula.«

Obwohl Paula Wanja nie getroffen, noch nicht einmal ein Bild von ihm gesehen hatte, ging er ihr unerklärlicherweise nicht mehr aus dem Kopf. Eines Nachts erschien er ihr sogar im Traum. Sie sah einen kleinen Jungen in einem Raum voller Kinderbetten. »Bist du meine Mama?«, fragte er und sah ihr durch die Gitterstäbe hindurch direkt in die Augen.

Danach gewann Paulas Wunsch, Wanja ein Zuhause zu geben, endgültig die Oberhand. Als Erstes rief sie das Paar an, das den Artikel geschrieben hatte. Die beiden ermutigten Paula, weiterzumachen, und erzählten ihr, was für ein intelligenter und reizender Junge Wanja war. Sie erklärten Paula, dass sie für die Adoption ihrer Tochter die Hilfe eines Mannes von der russisch-orthodoxen Kirche in Moskau in Anspruch genommen hatten, der in Kontakt mit der orthodoxen Kirche in den USA stand. Paula würde sich also mit dem Hauptsitz der orthodoxen Kirche in New York in Verbindung setzen müssen.

Regelrecht beflügelt von ihrem Entschluss, wählte Paula die Nummer in New York und trug der Frau am anderen Ende der Leitung ihr Anliegen vor. Doch ihr Enthusiasmus wurde nicht erwidert. Stattdessen erklärte ihr die Frau, dass die Kirche sie höchstwahrscheinlich als Adoptivmutter ablehnen würde, da sie nicht verheiratet war. Erst vor kurzem war der Versuch einer alleinstehenden Frau, ein Kind zu adoptieren, in einem Fiasko geendet. Dieser Vorfall würde bei der Entscheidung über ihren Antrag als Grundlage dienen.

»Warum sollen alle Kinder unter *einer* missglückten Adoption leiden?«, dachte Paula verzweifelt, nachdem sie aufgelegt hatte.

22.
MÖGLICHERWEISE SEHR GUTE NACHRICHTEN
November 1998 bis Februar 1999

Als sich das Jahr dem Ende zuneigte, zeichnete sich auch der Abschluss der sinnlosen Tests im Waisenkrankenhaus ab, und endlich stand Wanjas Einzug in seine Pflegefamilie nichts mehr im Weg. Seine neue Mutter hieß Sonja, war geschieden und hatte ihren Lebensunterhalt jahrelang mit dem mageren Gehalt einer Defektologin in einem Internat für Kinder bestritten. Ihre dortigen Schützlinge galten allesamt als ›schwachsinnig‹, waren körperlich jedoch nicht behindert. In Marias Augen war Sonja die Richtige, um Wanja in einem familiären Umfeld zu betreuen, ihn an ein Leben außerhalb staatlicher Einrichtungen zu gewöhnen und ihm neue Kraft zu geben.

Zu seiner neuen Familie gehörten außerdem Sonjas Tochter sowie ihre Mutter, die extra zu ihnen zog, damit Wanja tagsüber nicht allein war. Der einzige Wermutstropfen war: Sonja lebte im fünften Stock eines Mehrfamilienhauses ohne Fahrstuhl. Doch sie war eine einfallsreiche Frau, die in Zeiten groß geworden war, in denen alles knapp gewesen war und die Menschen das Beste aus dem wenigen machen mussten, was sie hatten. Und so wurde die Bezwingung der acht Treppen kurzerhand zu einer physiotherapeutischen Übung für Wanja erklärt.

Schon bald nach Wanjas Umzug kam Wika zu Besuch, Sonja goss ihr eine Tasse Tee ein und machte Wanja sogleich für einen Spaziergang fertig. Dann stellte sie ihn auf den obersten Treppenabsatz, vergewisserte sich, dass er sich gut am Geländer festhielt, ließ die Wohnungstür offen und setzte sich wieder zu Wika an den Tisch, während Wanja sich langsam nach unten vorarbeitete. Während sie gemütlich ihren Kuchen aßen, konnten die beiden Frauen Wanja laut und fröhlich die Nachbarn grüßen hören, die er im Treppenhaus traf, sowie deren herzliche Erwiderungen. Als Sonja und Wika ihren Tee ausgetrunken hatten, hatte Wanja das Erdgeschoss erreicht, und die beiden Frauen machten sich nun ebenfalls auf den Weg nach unten.

Sonja war vollkommen anders als Wikas Freundinnen aus der Kirche. Sie war eine energische Frau aus der Provinz, die sich ihr selbständiges Leben in Moskau erkämpft, erknausert und erspart hatte. Sie rauchte, färbte sich die Haare und sprach mit schonungsloser Offenheit. Auch aus ihrer Geringschätzung für die »Betbrüder«, wie sie es nannte, machte sie keinen Hehl.

»Ich war entsetzt, als Sonja Wanja das erste Mal vor meinen Augen zurechtwies, ihm sagte, dass er gerade sitzen und den Tee nicht schlürfen solle«, erinnert sich Wika. »Doch ich verstand schon bald, warum sie das tat. Sie wollte ihm seine Heim-Manieren abgewöhnen und ihm beibringen, sich wie ein Kind zu benehmen, das in einer richtigen Familie aufgewachsen war.«

Trotz ihrer ablehnenden Haltung der Kirche gegenüber hatte Sonja nichts dagegen, dass Wika Wanja eines Sonntags mit in den Gottesdienst nahm. In der Ecke stand ein offener Sarg – eine gängige Praxis in der orthodoxen Kirche –, und Wanja fragte, warum der Mann darin gestorben sei.

»Er war krank«, sagte Wika ohne nachzudenken. Wanja stand der Schreck ins Gesicht geschrieben.

»Krank – das bin ich auch. Werde ich auch sterben?«, fragte er und Wika versuchte ihm zu erklären, dass er nicht krank war, auch wenn das Personal im Babyhaus das immer behauptet hatte.

Eine Sache beunruhigte Wika jedoch: In Sonjas Wohnung lief ohne Unterlass der Fernseher. »Ich selbst hatte seit Jahren nicht ferngesehen, hatte noch nicht einmal ein Gerät. Nun musste ich feststellen, dass Sonjas Mutter – Wanja nannte sie Babulja – mit ihm all ihre Lieblings-Seifenopern schaute. Bei einem meiner Besuche hörte ich die beiden lang und breit über eine dieser Sendungen sprechen. Mir wurde klar, dass Wanjas Leben sich hauptsächlich in der Wohnung abspielte und seine einzige Beschäftigung das Fernsehen war. Er würde nächsten März neun werden, und ich war entschieden der Ansicht, dass er endlich Bildung erhalten musste. Doch alles, was er hier lernte, war dieser Unsinn aus dem Fernsehen.«

Verglichen mit ihrer bisherigen Arbeit in der Anstalt bedeutete die Pflegschaft für Sonja eine Verbesserung, auch finanziell. Marias Organisation kümmerte sich gut um ihre Pflegefamilien: Zunächst in Form von Besuchen, um sich ein Bild von deren Bedürfnissen zu machen, später erkundigte sie sich weiterhin regelmäßig und half bei Problemen aller Art. Selbst Reparaturen im Haushalt oder die Anschaffung neuer Geräte übernahm sie.

Doch Wanjas Anwesenheit brachte Sonja nicht nur finanzielle Vorteile. Er verhalf ihrer Familie zu einem völlig neuen Gleichgewicht und brachte Ruhe in ihr Leben. »Der ursprüngliche Plan sah vor, dass Wanja ein paar Monate, bestenfalls ein Jahr bei Sonja verbringt«, sagt Maria. Doch mit einem Mal hatte Sonja ihn in ihr Herz geschlossen.

»Wanja war ein äußerst warmherziges und dankbares Kind, das seine Gefühle offen und auf sehr gewinnende Art zum Ausdruck brachte«, erinnert sich Maria. »Mit der Wärme, die er ausstrahlte, hätte er die Polkappen zum Schmelzen bringen können; es war also nicht allzu verwunderlich, dass er Sonjas Herz eroberte. Ihre Zuneigung zu ihm – oder besser gesagt, die Herzlichkeit, die sie von ihm empfing – änderte alles. Sie begann, ihn als Teil ihrer Familie zu betrachten.«

Auch in einem anderen Teil der Welt stellte Wanjas Liebreiz ein Leben auf den Kopf. Denn Paula Lahutsky weigerte sich entschieden, sich von ihrem Plan abbringen zu lassen, Wanja zu adoptieren, und ging die Argumente durch, die sie der Kirche vorzutragen beabsichtigte: Sie war eine erfahrene

Schulpsychologin und besaß jahrelange Berufserfahrung im sonderpädagogischen Bereich. Sie war Mitglied der christlich-orthodoxen Kirche und dank ihrer Herkunft bestens vertraut mit der russischen Kultur. Sie hatte eine große Familie, die Wanja mit offenen Armen aufnehmen würde. Gab es einen besseren Kandidaten als sie?

Es dauerte eine Weile, doch schließlich war die Kirche mit Paula als Adoptivmutter einverstanden und wies ihren Moskauer Vertreter an, Kontakt zum Babyhaus 10 aufzunehmen. Paula war sich bewusst, dass sie nun würde geduldig sein müssen, dennoch sprang sie jedes Mal nervös auf, wenn das Telefon klingelte. Als der entscheidende Anruf dann endlich kam, verstand sie zunächst nicht, was ihr die New Yorker Vertreterin der orthodoxen Kirche sagen wollte: »Der Junge ist verschwunden«, wiederholte sie immer wieder die Hiobsbotschaft. Offenbar war der Verbindungsmann der Kirche im Babyhaus gewesen. Doch statt Wanja, wie angenommen, dort vorzufinden, hatte die verantwortliche ältere Dame nur mit den Schultern gezuckt und gesagt, er hätte die Einrichtung verlassen. Niemand wusste, wo er sich aufhielt. Eine andere Angestellte hatte die Vermutung geäußert, dass er auf dem Weg nach England war.

Paula hatte mit vielem gerechnet, doch nicht damit. Ihr wurde ganz schwindelig. Die Frau aus New York sprach weiter. Sie erzählte, der Moskauer Verbindungsmann habe ihr von jeder Menge anderer, »besserer« Kinder erzählt, die Paula adoptieren könne.

Da wurde Paula für ihre Verhältnisse ungewöhnlich deutlich. »Ich will ihn. Ich will Wanja. Ihn oder keinen.« Sie gab der Frau unmissverständlich zu verstehen, dass sie weiter nach ihm suchen solle.

Trotz Wanjas Verschwinden war Paula nach wie vor überzeugt, dass er ihr Sohn werden würde. Sie konnte nicht glauben, dass er bereits adoptiert worden war, und war sich sicher, dass dies nur eine Ausrede war, um nicht nach ihm suchen zu müssen.

Paulas Geduld wurde auf eine harte Probe gestellt. Sie wusste, wie langsam die Mühlen in Russland mahlen konnten, dennoch hoffte sie, bis Weihnachten Neues über den Verbleib von Wanja zu erfahren – immerhin waren es bis dahin noch vier Wochen. Allerdings konnte sie nicht wissen, dass in Russland das gesamte gesellschaftliche Leben über Weihnachten und Neujahr rigoros eingestellt wird. Während die Kommunisten das christliche Weihnachtsfest abgeschafft hatten und einzig das Neujahrsfest gefeiert wurde, misst man den kirchlichen Feiertagen heute größte Bedeutung bei. Ämter und Behörden schließen gegen Ende des Jahres, und die Menschen bereiten sich auf die Festtage vor. Die Zweige der Tannenbäume, die im Zentrum Moskaus wie Pilze aus dem Boden schießen, biegen sich unter Schokoriegeln oder anderen Werbeartikeln, bis am Abend des 6. Januar das russisch-orthodoxe Weihnachtsfest gefeiert wird. Doch damit nicht genug. Gemäß dem alten, von den Kommunisten abgeschafften russischen Kalender beginnt das neue Jahr am 13. Januar, und dieses »Alte Neue Jahr« wird aus der Tradition heraus ebenfalls gefeiert, auch wenn es kein offizieller Feiertag mehr ist. Und so vergingen beinahe drei Monate, bevor jener Moskauer Kirchenvertreter seine Suche nach Wanja wieder aufnahm – drei lange Monate, in denen Paula ohne jede Nachricht blieb.

In Jerusalem ahnte Sarah unterdessen nichts von der groß angelegten Suchaktion. Umso größer war die Überraschung, als sie im Februar eine E-Mail von Rachel erhielt, in der sie von »möglicherweise sehr gute Nachrichten« sprach, die Sarah bestimmt interessieren würden. Sarah las den Rest der E-Mail – wieder und wieder. Offenbar war eine Amerikanerin daran interessiert, Wanja zu adoptieren. Sarah konnte es zunächst nicht glauben. Wie war diese Frau auf Wanja aufmerksam geworden?

Je länger Sarah darüber nachdachte, desto unruhiger wurde sie. Nach der Erfahrung mit Linda fürchtete sie eine weitere Enttäuschung für Wanja. »Ich dachte an all die in Kaschmir gehüllten amerikanischen Möchtegern-Adoptiveltern, die ich in Moskau kennengelernt hatte. Mit ihrem perfekten Äußeren waren sie auf der Suche nach dem perfekten Kind für ein perfektes Leben. Dann dachte ich an Wanja und dass er in Marias Obhut sicher und gut untergebracht war. Das Letzte, was er jetzt brauchte, war, aus seiner Umgebung herausgerissen und nach Amerika verfrachtet zu werden, zu einer Familie, in der niemand ein Wort Russisch sprach, und seine ungewöhnliche Sprachbegabung somit nicht einmal erkannt werden würde. Womöglich würden sie ihn Duane oder Bradley taufen. Dann dachte ich an Maria. Sie hatte der zuständigen Moskauer Behörde versichern müssen, sich aus internationalen Adoptionen herauszuhalten, andernfalls würde sie die Zukunft ihres Projekts aufs Spiel setzen. Darüber hinaus war Wanja gar nicht mehr im Adoptionsverzeichnis gelistet, wie also sollte er ins Ausland kommen? Rachels ›möglicherweise sehr gute Nachrichten‹ schienen mir vielmehr der Auftakt zu einer neuen Katastrophe zu sein.«

Und Rachels nächste E-Mail ließ die Sache nur noch mysteriöser erscheinen. Anscheinend war die Frau, die Wanja adoptieren wollte, eine orthodoxe Nonne russischer Herkunft. Das alles ergab keinen Sinn. In der nächsten Mail schrieb Rachel, die Frau sei wohlhabend und wohne in einer netten Gegend in ihrem eigenen Haus, nicht in einem Kloster. Wie es schien, war in Amerika alles möglich, sogar eine vermögende Nonne.

Ans Licht gekommen war die Geschichte mit Paula Lahutsky durch einen Anruf, den Maria von dem Kirchenvertreter erhalten hatte. Er erzählte ihr von einer Amerikanerin, die sich mit der Absicht, Wanja zu adoptieren, an ihn gewandt hatte, woraufhin er den Jungen im Krankenhaus Nr. 58 ausfindig gemacht, dort hingegangen und ein Video von ihm gedreht hatte. Für Maria kam das wie ein Blitz aus heiterem Himmel. Ihr war unbegreiflich, wie dieser Mann einfach mit einer Videokamera ins Krankenhaus hatte marschieren können. Was hatte er bloß Wanja erzählt?, fragte sie sich. Was auch immer er ihm gesagt hatte, musste Wanja durcheinandergebracht haben. Und was war mit Sonja? Wusste sie davon?

Als sich Sarah dieses Video Jahre später schließlich anschaute, war sie entsetzt. Es war ein zynischer Werbefilm und Wanja das zum Verkauf stehende Produkt. Eine hübsche junge Ärztin wird darin als seine Leibärztin vorgestellt. Sie ist sichtlich nervös und scheint über seinen Fall kaum etwas zu wissen. Die Griffe seines Gehwagens fest umschlossen, läuft Wanja auf die Kamera zu und lächelt zufrieden. Danach sieht man ihn und ein kleines Mädchen beim Damespiel. Nur einem besonders aufmerksamen Zuschauer entgeht nicht, dass beide Kinder mit weißen Steinen spielen.

Weiterhin gibt es ein Interview mit dem Chefarzt. Der lobt Wanja überschwänglich: »Sein Verstand arbeitet einwandfrei, und er ist äußerst kontaktfreudig.« Er hoffe, dass Wanja eine nette Familie finden und zur Schule gehen werde. An dieser Stelle macht Wanja, der bis dahin ein williger, aber stummer Werbestar gewesen war, das Ganze zunichte.

Auch wenn er gerade nicht im Bild ist, hört man sein hohes Stimmchen rufen: »Aber ich habe schon eine Familie. Ich habe eine Schwester, und sie geht zur Schule.«

Kameraschwenk auf Wanja, der lächelt und nach einer kurzen Pause laut und deutlich auf Englisch »Thank you« sagt. Und da er merkt, dass es gut ankommt, fügt er noch hinzu: »Good-bye«.

Maria reagierte empört, als sie erfuhr, dass der Mann in Wanjas Gegenwart über eine Adoption gesprochen hatte, ohne sich vorher die Mühe zu machen, etwas über seine derzeitigen Lebensumstände in Erfahrung zu bringen. Dennoch verspürte sie auch Erleichterung. Vielleicht waren ihre Gebete doch erhört worden, und es gab tatsächlich jemanden in Amerika, der bereit war, Wanja eine Zukunft zu bieten. Nun musste Maria Sonja davon erzählen, bevor sie es von jemand anderem erfuhr. Und obwohl sie Sonja immer wieder daran erinnert hatte, dass Wanjas nur übergangsweise bei ihr untergebracht war, fürchtete sie, dass ihr diese Neuigkeit jede Menge Kummer bereiten würde.

23.
TICKET NACH AMERIKA
März 1999

Wanja verstand nicht, warum Sonja so wütend war, als sie den Telefonhörer auflegte. Er hatte sie schon mehrfach wütend erlebt – Maria hatte ein Paar Krücken geschickt, die zerkratzt angekommen waren, und Sonja war sauer gewesen, dass er keine neuen bekommen hatte. Einmal war sie beim Kauf einer Lederjacke auf dem Markt übers Ohr gehauen worden. Ein anderes Mal hatte ihre Tochter eine Vier in Erdkunde bekommen, Sonja war jedoch der Meinung gewesen, sie hätte eine Eins verdient. Doch so wütend wie heute hatte Wanja sie noch nie erlebt.

Angefangen hatte alles damit, dass das Telefon im Flur geläutet hatte. Sonja meldete sich, und Wanja konnte am Klang ihrer Stimme erkennen, dass Maria am anderen Ende der Leitung war. Erst sagte Sonja eine ganze Weile gar nichts, was sehr ungewöhnlich für sie war. Schließlich war ihre erste Frage: »Wann soll das sein?« Und nach einer weiteren langen Pause sagte sie: »Aber ich dachte, Sie hätten sich für mich entschieden. Woher wollen Sie denn wissen, dass es dieser Frau ernst ist?«

Dann legte sie auf und ging wütend vor sich hin schimpfend in die Küche. Wanja verharrte reglos in seinem Sessel und versuchte zu verstehen, was sie sagte. Er wünschte, Babulja wäre da, doch sie war zum Einkaufen gegangen. Durch die geöffnete Küchentür bekam er mit, wie Sonja die Schublade, in der sie ihre Zigaretten aufbewahrte, aufriss und wieder zuknallte. Dann hörte er den Wasserhahn, und anschließend den Schlag, mit dem sie den Wasserkessel auf den Herd knallte.

Nach einer Ewigkeit, wie ihm schien, hörte er den Schlüssel im Schloss. Babulja hatte noch nicht einmal ihre Taschen abgestellt, da explodierte Sonja schon. »Du glaubst nicht, was diese Schlampen vorhaben. Und alles hinter meinem Rücken. Sie sind zu den Amerikanern gegangen, um eine Mutter für ihn zu suchen! Bin ich denen nicht gut genug? Habe ich nicht bewiesen, dass ich mich gut um ihn kümmere? Ich habe sogar deinen Umzug nach Moskau bezahlt, damit er nie allein ist. Er ist gern bei uns.«

Vom Wohnzimmer aus schnappte Wanja die Schlüsselwörter auf. Das erste war »Amerika«. Vor ihm flackerte ein Bild aus dem Fernsehen auf: strahlender Sonnenschein, tiefblaues Meer, große Autos. Das nächste Wort war »Mutter«. Aber er hatte doch nun eine Mutter. Sollte er etwa eine zweite bekommen, eine amerikanische? Konnte man denn zwei Mütter haben?

Sonja machte ihrer Wut weiter Luft. »Wird sich diese Amerikanerin denn so um ihn kümmern wie ich? Und was wird aus uns? Ich habe meine Stelle aufgegeben, um ihn betreuen zu können.«

Er hörte, wie Sonja die Einkaufstaschen wegtrug. Dann kam Babulja ins Wohnzimmer, setzte sich zu ihm und nahm ihn in den Arm.

»Was ist denn los, Babulja? Gehe ich nach Amerika?«

»Das wissen wir noch nicht genau, Wanja.«

»Babulja, wenn ich wirklich gehe, dann lasse ich euch nicht hier. Ich nehme euch mit.«

Von diesem Tag an veränderte sich alles. Die Atmosphäre in der Wohnung war fortan angespannt und kühl, und Wanja blieb immer öfter allein. Zum Mittagessen, das Babulja bislang immer mit ihm zusammen im Wohnzimmer verbracht hatte, saß er nun meist allein da, während er die anderen in der Küche plaudern hörte. Er konnte spüren, dass er nicht mehr Teil der Familie war.

Als Rachel zu Besuch kam, bat Sonja sie nicht einmal herein. Stattdessen musste sie auf dem Treppenabsatz warten, bis

Sonja Wanja für draußen fertiggemacht hatte. Wanja hätte Rachel gern Tee angeboten, aber er wagte nicht zu fragen. Manchmal wurde Sonja schon böse, wenn er nur den Mund aufmachte. Und da scheinbar alles, was er sagte, falsch verstanden wurde, verstummte er zusehends. Amerika oder die amerikanische Mutter wurden nie wieder erwähnt, und Wanja fragte auch nicht mehr danach. Doch was er einmal gehört hatte, das vergaß er so schnell nicht wieder.

24.

BOSHAFTIGKEIT
März bis Juni 1999

Den gesamten Frühling über schaute sich Paula wieder und wieder den Videofilm an, den der Moskauer Verbindungsmann von Wanja gedreht hatte. Mit jedem Mal wurde sie in ihrem Vorsatz bestärkt, diesem Jungen eine Mutter sein zu wollen. Dennoch war da diese innere Unruhe. An dem nicht enden wollenden Papierkram lag es bestimmt nicht – damit hatte sie tagtäglich zu tun. Aber sie fuhr nicht gern lange Strecken mit dem Auto und hatte Schwierigkeiten, sich in fremden Städten zurechtzufinden. Und nun fürchtete sie sich vor der Fahrt ins hundertzwanzig Kilometer entfernt gelegene Philadelphia und vor der Suche nach der staatlichen Einwanderungsbehörde, in der sie ihre Fingerabdrücke abgeben und den Adoptionsantrag stellen musste.

Doch ihr sollte geholfen werden – wenn auch durch einen äußerst ungewöhnlichen Zufall. Als Paula eines Tages von der Schule nach Hause kam, entdeckte sie, dass jemand ihren Briefkasten umgefahren hatte. In dem Kasten lag eine Entschuldigung der Fahrerin, Stacey. Ein paar Stunden später stand Staceys Mann Greg vor Paulas Tür und bot ihr an, die Kosten für einen neuen Briefkasten zu übernehmen. Paula erklärte ihm, dass das nicht nötig sei. Sie würde selbst einen neuen besorgen, aber vielleicht wäre Greg bereit, ihn im Boden zu verankern? Sie kamen ins Gespräch, und Paula erzählte ihm von ihrem Vorhaben, einen Jungen aus Russland zu adoptieren, und dass sie auf eine Vorladung von der Einwanderungsbehörde in Philadelphia warte. Greg lachte. »Na so ein Zufall. Dort arbeite ich!« Die Gunst der Stunde nutzend, fragte Paula, ob sie mit ihm mitfahren könnte, wenn es so weit wäre.

»Sie waren so nett zu mir, Ma'am, ich werde mir den Tag freinehmen, um sie zu fahren.«

Schon am nächsten Tag erhielt Paula die Benachrichtigung von der Einwanderungsbehörde, und Greg fuhr sie nach Philadelphia.

Als Sarah hörte, dass Wanja tatsächlich auf eine Adoption zusteuerte, verspürte sie das Bedürfnis, zurück nach Moskau zu fliegen und das Fotoalbum, das sie in den Tagen vor ihrer Abreise nach Jerusalem so hastig zusammengebastelt hatte, fertigzustellen. Sie empfand dieses Buch als ein wichtiges Dokument seiner Geschichte und seiner Wurzeln, nach denen er sich eines Tages – wenn auch vielleicht erst in ferner Zukunft – mit Sicherheit erkundigen würde. Nun mussten die Bildunterschriften ins Englische übersetzt werden.

Doch ihr wurde überraschenderweise noch eine andere Aufgabe übertragen. »Als Maria hörte, dass ich nach Moskau kommen würde, bat sie mich, mit Wanja zu sprechen und ihn auf seinen Umzug nach Amerika vorzubereiten«, erinnert sich Sarah. »Mir kam das merkwürdig vor. Ich hatte ihn seit einem Jahr nicht gesehen – warum fragte sie ausgerechnet mich und nicht seine Pflegemutter? Ich verstand es nicht.«

Juni ist der schönste Monat, um nach Moskau zu reisen. Alles ist so fruchtbar, frisch und lebendig; anders als in Jerusalem mit seinen kahlen, ausgedörrten Hügeln und dem grellen Sonnenlicht. Als Sarah das Zentrum Moskaus erreichte und den berauschenden Geruch der Linden einatmete, fühlte sie sich an die vergangenen Sommer in Russland erinnert, die, kaum dass sie begannen, schon wieder zu enden schienen.

Vor ihrem Besuch bei Wanja wollte Sarah noch bei Maria vorbeischauen, um ihr das Holzkreuz, das sie in Bethlehem für sie gekauft hatte, zu überreichen. Als sie ihr gegenüberstand, musste Sarah feststellen, dass Maria abgenommen hatte. Sie war blass, wirkte erschöpft und sah mitgenommen aus.

»Ich bin froh, dass Sie erst bei mir vorbeigekommen sind«, sagte Maria. »Sie dürfen mit Wanja auf keinen Fall über Amerika sprechen.«

»Aber darum bin ich unter anderem hergekommen. Was ist denn passiert?«, fragte Sarah.

Es hatte Schwierigkeiten gegeben. Frau Morozowa – die Frau, die Linda zwei Stunden vor ihrem Büro hatte warten lassen, während sie in aller Seelenruhe mittagessen gegangen war – hatte Maria zu einem dringenden Termin in ihr Büro einbestellt. Etwas im Tonfall von der Sekretärin hatte Maria gleich gesagt, dass die Begegnung unerfreulich verlaufen würde. Als Maria vor Frau Morozowas Büro ankam, wartete dort bereits der Kirchenvertreter, der mit Wanjas Adoption betraut worden war. Kurz darauf traf auch eine Abordnung vom Babyhaus 10 ein. Adela war ein einziges Nervenbündel und musste sich an ihren Beistand, Swetlana, lehnen, die ihr zuflüsterte, dass alles gut werden würde und sie sich nichts zuschulden hatte kommen lassen. Was dann geschah, musste Adela erscheinen wie die Verwirklichung ihres schlimmsten Albtraums.

Frau Morozowa thronte hinter einem riesigen, auf Hochglanz polierten Schreibtisch; ihr zur Seite stand eine Assistentin. Sie tobte, schrie ihre Besucher an und warf mit Zetteln um sich. Schnell hatte sie das schwächste Glied in der Kette erkannt und stürzte sich auf Adela.

Wie sei es möglich, schrie sie, dass eine Amerikanerin etwas über einen Jungen aus dem Babyhaus 10 in Erfahrung gebracht habe und ihn nun adoptieren wolle? Wie habe so etwas ohne ihr, Frau Morozowas, Wissen geschehen können? Sie würde eine Untersuchung einleiten, um es herauszufinden.

Sie zückte einen Stift und ein leeres Blatt Papier. »Sie schreiben jetzt Ihre Kündigung. Schreiben Sie, dass Sie von Ihrem Posten als Chefärztin zurücktreten.« Weinend und mit zitternden Händen nahm Adela den Stift und setzte dazu an, einen Schlussstrich unter ihre dreißigjährige Karriere im Babyhaus zu ziehen. Doch Maria war nicht bereit, dieser

Schikane schweigend beizuwohnen und erinnerte Adela daran, dass sie von Frau Morozowa keine Befehle entgegennehmen müsse. Vollends verwirrt und mit gesenktem Blick setzte Adela den Stift wieder ab.

Nun knöpfte sich Frau Morozowa Maria vor. »Und wie sich nun herausgestellt hat, befindet sich der Junge in *Ihrer* Obhut«, schrie sie. »Wie kann es sein, dass jemand einen Jungen aus Ihrem Projekt adoptieren will? Werben Sie etwa hinter meinem Rücken Adoptiveltern an? Haben Sie mir nicht versichert, sich aus internationalen Adoptionen herauszuhalten?«

In ruhigem Ton erklärte Maria, dass sie mit der Suche nach der Adoptivmutter nichts zu tun habe.

»Und wie hat diese Amerikanerin dann von dem Jungen erfahren?«

Maria antwortete, sie wisse es nicht.

Frau Morozowa dachte einen Moment lang schweigend nach, und Maria nutzte die Gelegenheit, um sich nach dem Adoptionsdossier zu erkundigen.

»Die Adoption ist gestoppt«, schoss Frau Morozowa zurück. »Uns liegen nicht alle nötigen Dokumente vor.«

Diese Information machte Maria stutzig, da sie selbst es gewesen war, die sämtliche Dokumente einschließlich seiner Krankenakte zusammengetragen, geordnet und dem Kirchenvertreter übergeben hatte.

Nun meldete sich Frau Morozowas Assistentin zu Wort: »Ihr Umgang mit Dokumenten ist äußerst nachlässig. Nie haben Sie die richtigen Papiere für Ihre Schützlinge parat.« Die Assistentin verließ den Raum und kehrte mit Wanjas Adoptionsdossier in der Hand zurück. »Sehen Sie – es ist unvollständig.«

Maria griff nach dem Dossier und blätterte es durch. Es fehlten tatsächlich einige Dokumente. Sie mussten vorsätzlich herausgerissen worden sein.

Während Maria nachdachte, ließ Frau Morozowa ihre Wut nun an dem Kirchenvertreter aus. »Und Sie – gerade Sie sollten wissen, wie die Dinge zu laufen haben. Wieso sind Sie nicht den offiziellen Weg gegangen?«

Mit einem Wink gab sie den Frauen zu verstehen, dass das Gespräch beendet sei und dass sie eine vertrauliche Unterredung mit dem Mann wünsche. Auch die Assistentin verließ den Raum. Ohne nachzudenken schlich Maria unauffällig hinter ihr her. Unbemerkt folgte sie der Frau die Treppe hinauf und geradewegs in ihr Büro. Sie erstarrte, als sie auf dem Schreibtisch tatsächlich die fehlenden Dokumente sah, halb versteckt unter einem Stapel Papieren. Offenbar hatte die Assistentin sie herausgerissen, bevor sie das Dossier nach unten gebracht hatte.

Die Frau schnappte nach Luft, als sie Maria hinter sich bemerkte, doch es war bereits zu spät. Maria streckte die Hand aus und griff nach den Dokumenten.

»Ich vermute, das sind die Unterlagen, nach denen Sie gesucht haben?«, sagte Maria.

»Oh, die muss ich vergessen haben«, entgegnete die Assistentin ohne mit der Wimper zu zucken.

Maria warf der Frau einen verächtlichen Blick zu und machte sich, die fehlenden Unterlagen fest an die Brust gedrückt, auf den Weg zurück in Frau Morozowas Büro.

Sarah war fassungslos, als sie hörte, mit welcher Perfidie man hier versuchte, Wanjas Zukunft zu sabotieren. Ihr schien, als ginge es diesen Menschen einzig um ihre Macht und ihre Positionen; das Wohl der Kinder oder, wie in Wanjas Fall, ob er lebte oder starb, hatte auf ihr Handeln offenbar keinerlei Einfluss.

Noch zehn Jahre später erinnert sich das Personal des Babyhauses 10 voller Begeisterung an diesen großartigen Tag zurück, als die »unbezwingbare« Maria es gewagt hatte, der Obrigkeit die Stirn zu bieten.

Nachdem sie diesen Sabotageakt aufgedeckt hatte, war Maria zuversichtlich, dass die Gängeleien von Seiten der Bürokraten nun ein Ende hatten. Der absurde Verdacht, Adela und sie seien Teil eines geheimen Kinderhandel-Rings, war ausgeräumt. Mit Sicherheit würde man jedoch versuchen, das Adoptionsverfahren weiter in die Länge zu ziehen. Und da niemand wusste, wie lange es dauern würde, war es besser, Wanja erst einmal nichts von alldem zu erzählen.

Schweigend und unsicher, wie Sonja reagieren würde, stiegen Rachel und Sarah die Stufen zu Sonjas Wohnung hinauf. Doch Sonja bat die beiden zu sich herein. Sarah war gerührt, dass Sonja sich extra für ihre Gäste zurechtgemacht hatte – sie trug ein Satin-Minikleid –, und gleichzeitig schämte sie sich, dass sie selbst nur in Jeans und ungeschminkt gekommen waren. Sie waren nicht die eleganten westlichen Frauen, die Sonja erwartet hatte. Sonja führte sie ins Wohnzimmer, wo Wanja, seine Pflegeschwester und Babulja wortlos beieinandersaßen. Sarah hatte Wanja eine Schachtel mit Legosteinen mitgebracht, die er ungeöffnet auf den Tisch legte. Er schien auf der Hut zu sein.

Sarah nahm neben Sonja Platz und versuchte, ihr die Befangenheit zu nehmen, Rachel setzte sich auf die andere Seite des Couchtischs neben Wanja. Sonja begann, von ihrer Zeit als Defektologin in verschiedenen Internaten zu erzählen und wie sie dort versucht hatte, einem Dutzend verlassener Mädchen im Teenageralter eine Mutter zu sein. Dann zog sie eine Schachtel mit Briefen hervor, in denen die Mädchen sie anflehten, bei ihr leben zu dürfen. Sogar Fotos aus ihrer Kindheit im Kaukasus zeigte sie den Besucherinnen.

Sonja hatte zweifelsohne Außerordentliches geleistet, doch deshalb waren Sarah und Rachel nicht gekommen. Während Sonja weitererzählte, flüsterte Wanja Rachel zu: »Komm, wir gehen nach nebenan. Ich zeige dir die Küche.« Doch Rachel verstand ihn nicht. Sarah nahm an, dass er hoffte, mehr über sein weiteres Schicksal in Erfahrung bringen zu können, wenn er es schaffte, mit einem von ihnen allein zu sein. Was Sonja betraf, so sprach sie kein einziges Mal über ihr Leben mit Wanja oder die Fortschritte, die er gemacht hatte, seit er bei ihr eingezogen war. Auch das Thema Adoption wurde mit keinem Wort erwähnt. Und da sie außerdem darauf bestand, sie auf dem Spaziergang durch die Nachbarschaft zu begleiten, bot sich Sarah letzten Endes nicht eine einzige Gelegenheit, mit Wanja unter vier Augen zu sprechen.

Als sie ging, war ihr einziger Trost, dass seine Pflegeschwester und Babulja ihn gernzuhaben schienen. Doch wurden aus Sonjas Verhalten weder Sarah noch Rachel schlau. Sie hatte sich ihnen gegenüber äußerst misstrauisch gezeigt und schien Wanja als ihr Eigentum zu betrachten. Im Vorfeld ihrer Reise nach Moskau hatte Sarah sich vorgestellt, wie sie zusammen mit Wanja und Sonja Bilder aus seiner Zeit bei seiner Pflegefamilie in das Album kleben und über sein neues Leben in Amerika sprechen würden. Doch nun musste sie abermals abreisen, ohne zu wissen, was die Zukunft für ihn bereithielt.

25.
GEFANGEN IM KAUKASUS
Juni/Juli 1999

Zusammengerollt lag Wanja neben Babulja auf dem Sofa und schaute ihrer beider Lieblings-Seifenoper. Die Frau des reichen Mannes schlich sich gerade im Dunkel der Nacht aus ihrer Villa, um sich mit ihrem neuen Freund, einem Kellner, zu treffen. Wanja war aufgefallen, dass ein Kellner das Essen an den Tisch brachte – anders als bei McDonald's, wo man es sich selbst holen musste. Erleichtert sah Wanja zu, wie die Frau ihr Geburtstagsgeschenk, einen nagelneuen Sportwagen, mitnahm, auch wenn sie damit riskierte, ihren Mann zu wecken. Babulja und Wanja erschraken zu Tode, als das Garagentor knatternd nach oben fuhr und der Ehemann sich im Schlaf bewegte.

In diesem Moment klingelte das Telefon. Sonja hatte sich gerade hingelegt und taumelte nun schlaftrunken in den Flur, wo das Telefon stand. Wanja verlagerte seine Aufmerksamkeit von der flüchtenden Frau in dem Sportwagen auf Sonja, die kaum etwas sagte, jedoch schlagartig hellwach war.

»Aber wir *müssen* fahren. Meine Tochter ist dort. Ich muss zu ihr.«

Wieder Stille, dann sagte sie: »Nein, ich bin nicht bereit, in Moskau zu bleiben und Däumchen zu drehen. Ich sage Ihnen, was ich tun werde: Ich gebe Ihnen die Telefonnummer meiner dortigen Unterkunft. Sollte je ein Gerichtstermin festgesetzt werden, können Sie mich dort erreichen.«

Wanja stockte der Atem, als er das Wort »Gerichtstermin« hörte. Er hatte einen Gerichtstermin mit Linda gehabt. Jetzt sprachen sie über einen anderen. Würde Linda am Ende doch kommen, um ihn zu holen? Würde er nach England gehen?

Er brauchte Antworten auf diese Fragen. Doch Sonja sagte ihm nichts, und sie fragen wollte er nicht, bestimmt würde sie ihn wieder anschreien. Was machte sie da nur? Gerade stand sie auf einem Stuhl und zerrte wütend Taschen von einem Brett über der Wohnungstür.

Dann kam sie ins Wohnzimmer gestapft, machte den Fernseher aus und verkündete: »Mama, wir nehmen den Abendzug. Kümmere du dich ums Essen, ich packe.« Wanja sah sie nicht einmal an.

Nun brach Hektik aus. Beladen mit Bergen von Kleidern, rannte Sonja zwischen ihrem Zimmer und dem kleinen Wohnzimmer hin und her, und stopfte sie in den Koffer und die Reisetasche.

Babulja war unterdessen in die Küche gegangen. »Müssen wir wirklich heute Abend noch fahren?«, rief sie Sonja zu. »Können wir nicht ein paar Tage warten und ordentlich packen?«

»Nein. Wir fahren heute«, bestimmte Sonja. Wanja erkannte an ihrem Blick, dass an ihrem Entschluss nicht zu rütteln war.

Babulja kam ins Wohnzimmer. Ihre Haare waren ganz zerzaust, und sie trug noch immer ihr Baumwollnachthemd.

»Aber ich habe noch überhaupt nichts gepackt und dann die ganzen Vorbereitungen für das Essen. Und sieh dir nur Wanja an – er ist noch nicht einmal angezogen.« Sonja beachtete sie gar nicht, während sie am Reißverschluss der übervollen Tasche zerrte.

Wanja war noch nie mit dem Zug gefahren. Als sie am Kasaner Bahnhof aus dem Taxi sprangen, staunte er über das unbeschreibliche Getümmel, das sich vor ihm auftat. Niemand machte Platz für seinen Buggy, und während sich Sonja durch die mit Gepäckstücken beladene Menschenmenge kämpfte, rief sie ihrer Mutter immer wieder zu: »Mach schon, beeil dich. Wir dürfen den Zug nicht verpassen.« Doch Babulja, schwer bepackt, fiel immer weiter zurück. Als sie den Zug endlich erreicht hatten, schimpfte eine uniformierte Frau mit ihnen, weil sie zu spät waren. Doch Sonja reichte der Frau einfach den Buggy hinauf, und beim Anblick der riesigen Eisenräder unter ihm wurde Wanja ganz aufgeregt. Sie hatten kaum ihr Gepäck eingeladen, da setzte sich der Zug mit einem Ruck in Bewegung und verließ den Bahnhof.

Entzückt stellte Wanja fest, dass sie ein eigenes kleines Zimmer mit zwei Etagenbetten hatten. Babulja setzte ihn auf einem der unteren Betten ab und holte zusammen mit Sonja das Gepäck herein. Es klapperte an der Tür, und die uniformierte Frau brachte drei Gläser Tee mit jeweils zwei Stückchen Würfelzucker. Zum ersten Mal seit dem Telefonat wirkte Sonja entspannt und ermunterte Wanja, sich Zucker zu nehmen. Babulja packte ein Picknick aus, und gemeinsam aßen sie hartgekochte Eier und Schwarzbrot.

Wanja war es nicht gewohnt, in einem Etagenbett zu schlafen, und der Zug schlingerte und schaukelte derart, dass er in der Nacht mindestens drei Mal auf dem Boden landete. Nachdem die Landschaft einen ganzen Tag lang an ihnen vorübergezogen und er auch in der folgenden Nacht mehrfach aus dem Bett gepurzelt war, erreichten sie am nächsten Morgen ihr Ziel: Mineralnyje Wody, die Stadt, in der Sonja aufgewachsen war.

In Moskau hatte Wanja seine Zeit hauptsächlich im Wohnzimmer vor dem Fernseher verbracht. Das Leben hier jedoch war vollkommen anders. Zu Wanjas Erleichterung verbesserte sich Sonjas Laune, und sie lächelte sogar wieder. Doch warum sie ständig von einem ihrer Verwandten zum nächsten umzogen, verstand er nicht. Zunächst verbrachten sie zwei Tage in Babuljas Wohnung, dann zogen sie zu Sonjas Bruder, um nach zwei Tagen wieder zu Babulja zurückzukehren.

Die Tage selbst waren streng durchgeplant. Jeden Morgen wurde er von Sonja geweckt und in ein großes, in einem Park gelegenes Gebäude gebracht. Dort erhielt er verschiedene Behandlungen. Die erste fand immer in einem warmen Raum statt, wo man seine Beine mit heißen Tüchern umwickelte. Wanja protestierte, doch Sonja erklärte ihm, dass er das aushalten müsse, da er davon gesund würde und bald sogar laufen könne. Also ertrug er die Hitze, auch wenn es sich anfühlte, als stünden seine Beine in Flammen.

Im nächsten Raum musste er sich mit den Beinen in der Luft rücklings auf eine Bank legen. Anschließend wurden seine Füße in ein Massagegerät gespannt, was sehr schmerzhaft war. Doch auch das müsse er aushalten, sagte Sonja, da seine Füße so gestreckt würden.

Anschließend gab ihm eine dicke Frau in einem weißen Kittel eine große Spritze in den Po, wie er es aus Filimonki kannte. Doch von diesen Spritzen wurde er nicht müde, sondern bekam Bauchweh, so dass er danach zwei Stunden auf der Toilette verbringen musste. Wenn sie zurück in der Wohnung waren, legte Sonja ihm Beinschienen aus Metall mit einem Gelenk am Knie an. Abermals ignorierte Sonja seine Bitte, eine Pause machen zu dürfen, und sagte ihm, dass durch die Schienen seine Beine gestreckt würden. Sie war vom Erfolg der Behandlungen fest überzeugt.

Nachmittags hatte Wanja dann frei und durfte unter den Bäumen im Sandkasten sitzen und mit seinen Autos spielen. Manchmal gesellte sich seine Pflegeschwester zu ihm, baute Sandburgen oder Straßen für seine Autos und ging mit ihm im Buggy zur Promenade, um ein Eis zu kaufen, das sie dann auf einer Bank mit Blick auf die schneebedeckten Berge des Kaukasus aßen.

Doch eines Tages änderte sich alles. Es war ein milder Abend, und Wanja saß leise vor sich hin singend vor dem Haus von Sonjas Bruder im Sandkasten, baute seine Autos in einer Reihe auf und stellte sich vor, er sei der Fahrer des in Führung liegenden Wagens bei einem Rennen durch die Berge. Als er aufblickte, sah er Sonja mit großen Schritten auf sich zukommen. Ihr Gesicht war wutverzerrt.

»Wanja, ich muss dir etwas Wichtiges sagen. Zwei Frauen sind auf dem Weg von Moskau hierher. Sie kommen, um dich zu holen. Sie werden dich einer anderen Frau übergeben.« Sie holte tief Luft. »Du musst sie daran hindern.«

Sie bückte sich und schnappte mit beiden Händen nach seinen Autos.

»Wenn sie kommen, machst du das hier.« Sie schleuderte ein Auto nach dem anderen in den Sandkasten. »Du musst mit deinen Spielsachen nach ihnen werfen. Du musst sie anschreien, dass sie weggehen sollen. Wenn du dich ganz ungezogen benimmst, werden sie dich nicht mitnehmen wollen. Denn das Leben bei dieser Frau wird nicht so sein wie das Leben bei mir. Sie wird böse zu dir sein und dich schlagen.«

Wanja war vollkommen perplex. Nie zuvor hatte jemand von ihm verlangt, sich schlecht zu benehmen. Sein Leben lang hatte er versucht, es anderen Menschen recht zu machen. Schuldbewusst dachte er an das eine Mal zurück, als er im Babyhaus ungezogen gewesen war. Wika hatte ihm von Kamelen erzählt und dass sie spuckten, woraufhin er Kamel gespielt und spucken geübt hatte. Die Betreuerin hatte ihn ausgeschimpft. Er erinnerte sich noch genau an das Gefühl, das er dabei hatte. So wollte er sich nicht noch einmal fühlen.

Doch Sonja hatte gesagt, dass man ihn schlagen würde. Bilder aus seiner Zeit in Filimonki tauchten vor ihm auf: Kinder, die über den Boden in den angrenzenden Raum geschleift wurden. Selbst nachdem die Tür zugeknallt worden war, hatte er ihre Schreie noch hören können. Stets hatte er Angst gehabt, selbst etwas falsch zu machen und der Nächste zu sein.

Stumm sammelte Wanja seine Autos zusammen und stellte sie wieder zurück auf den Rand des Sandkastens, auf dem Sonja schweigend Platz genommen hatte und grübelte.

»Nach allem, was ich für dich getan habe«, platzte sie plötzlich heraus, »und nach all den Behandlungen, die ich für dich organisiert habe, bleibt mir nun nichts mehr. Sie sollten mir dankbar sein, statt mich zu beleidigen.«

Sonja ging ins Haus zurück, und Wanja spielte weiter mit seinen Autos. Doch seine Gedanken drehten sich um die merkwürdigen Dinge, die Sonja gesagt hatte. Wer waren diese Frauen, die extra seinetwegen hierherkamen? Es mussten böse Frauen sein, wie Galina aus dem Babyhaus, die Julia immer an den Haaren gezogen hatte. Warum wollten sie nicht, dass er bei Sonja blieb? Es schien, als würde Sonja ihn trotz der vielen Male, die er sie wütend gemacht hatte, immer noch lieben. Nach allem, was sie gerade gesagt hatte, brauchte sie ihn. Arme Sonja.

Er würde also mit Spielsachen nach den Frauen werfen. Dann würden sie ihn nicht mögen und ihn nicht mitnehmen wollen. Und man würde ihn nicht schlagen. Er könnte bei Sonja bleiben und sie wäre nicht mehr traurig. Doch sosehr er sich auch bemühte, es gelang ihm nicht, sich vorstellen, jemanden mit Spielsachen zu bewerfen. Ihm kam ein anderer Gedanke. Vielleicht wäre Sonja nicht mehr ganz so traurig, wenn die Frauen ihr viele Geschenke machen würden. Dann würde sie Wanja nicht so sehr vermissen. Genau das brauchte Sonja: einen Koffer voller schöner Dinge. Das würde sie glücklich machen.

26.
NOTLÜGEN
Juli und August 1999

Der Gerichtstermin für Wanjas Adoption wurde für den 30. Juli festgesetzt, und Paula erhielt die Anweisung, zwei Tage vorher nach Moskau zu kommen. Sie hielt das für zu knapp, doch der Kirchenvertreter bestand darauf, dass sie keinen Tag früher anreiste. Er erklärte ihr, dass sie laut Gesetz verpflichtet war, Wanja vor der Anhörung drei Mal zu treffen. Sie sollte daher direkt vom Flughafen aus zu ihm fahren, dann am nächsten Tag und ein drittes Mal am Morgen der Anhörung. Ihren Einwand, dass der Termin bereits für zehn Uhr morgens angesetzt war und es daher vielleicht doch besser wäre, einen Tag früher anzureisen, ließ er nicht gelten. »Stehen Sie einfach früher auf.«

Paula sah der langen Reise nach Moskau nicht unbedingt gelassen entgegen und war froh, auf jeder Etappe Freunde an ihrer Seite zu wissen. Zwei von ihnen fuhren sie frühmorgens zum John F. Kennedy International Airport in New York und versprachen ihr, sie bei ihrer Rückkehr mit ihrem Sohn hier wieder zu begrüßen.

Als sie nach der Landung in Moskau in die Ankunftshalle trat, wurde sie von Panik erfasst. In der Halle drängten sich derart viele Menschen, dass es ihr unmöglich erschien, sich einen Weg durch die Menge zu bahnen, noch dazu mit ihrem Koffer. Ihr kam plötzlich ein Bild ihres Großvaters in den Sinn, wie er sich vor beinahe einem Jahrhundert vermutlich durch ähnliche Menschenmengen hatte kämpfen müssen, um einen Platz auf dem Schiff nach Amerika zu ergattern. 1914 hatte er im Alter von siebzehn Jahren sein Heimatland, die

Ukraine, verlassen, um sein Glück in den amerikanischen Kohlerevieren zu machen. Er war nie wieder in seine Heimat zurückgekehrt. Doch nun hatte sie, seine Enkelin, diese Reise für ihn angetreten.

Als sie mit ihren Gedanken wieder in die Gegenwart zurückgekehrt war, sah sie sich nach einem bekannten Gesicht um. Da entdeckte sie einen jugendlich aussehenden Mann mit blondem Bart, der sie freundlich anlächelte. Es war Alexej, ein junger Diakon, der während seines Theologiestudiums in Pennsylvania drei Jahre – zunächst allein, später zusammen mit seiner Frau Maria – bei ihr gewohnt hatte.

»Paula! Willkommen in Moskau«, rief er und umarmte sie ungestüm. Dann nahm er ihr den Koffer ab, hakte sich mit dem freien Arm bei ihr unter und lotste sie durch die Menge und hinaus auf eine, wie ihr schien, Baustelle, auf der kreuz und quer Autos parkten.

»Ich bin dir so dankbar, Alexej, dass du mich abholst«, sagte sie, als er den Motor anließ. »Ohne dich wäre ich verloren. Du und deine Frau, ihr seid so etwas wie eine Familie für mich.«

»Wir sind nicht so etwas wie Familie, Paula«, sagte er ernst. »Wir *sind* Familie.«

Während Alexej den Wagen durch den lebhaften Verkehr in Richtung Zentrum steuerte, bestaunte Paula die zerbeulten Blechkisten auf der Straße, die von anderen Autos sowohl rechts als auch links überholt und anschließend rabiat geschnitten wurden. Die Straße schien ihr ein rechtsfreier Raum zu sein. Verglichen mit dem Leningrad Highway wirkte der Pennsylvania Turnpike dagegen geradezu verschlafen.

Der Kirchenvertreter hatte Alexej eine Adresse im Zentrum Moskaus gegeben, von der Paula annahm, dass es die Anschrift des Babyhauses 10 sei. Der Mann hatte versprochen, dort auf die beiden zu warten. Als sie schließlich in einer schmalen, kurvenreichen Straße vor einem alten Haus zum Stehen kamen, glaubte Paula, das Gebäude vor sich zu haben, in dem Wanja sein gesamtes bisheriges Leben verbracht hatte. Alexej parkte halb auf dem Bürgersteig, und Paula hielt Ausschau nach dem Mann, der sie zu ihrem Sohn führen würde. Doch sie konnte nur eine einzige Person entdecken, einen Mann in dunklem Anzug und weißem Hemd und mit einem Aktenkoffer in der Hand. Er trug die Haare kurz, war glattrasiert und wirkte damit weniger wie ein Mann der Kirche als vielmehr wie ein Geschäftsmann. Doch während Paula und Alexej aus dem Wagen stiegen, kam der Mann auf sie zugelaufen, und nach einer flüchtigen Begrüßung murmelte er: »Ich gehe hinein. Warten Sie hier auf mich.«

Angenehm überrascht stellte Paula fest, wie hübsch die Häuser ringsum waren. Dort stand ein elegantes neues Bankgebäude und ganz in der Nähe eine Kirche. Von Kindern jedoch fehlte jede Spur. Der Ort wirkte wie ausgestorben. Die Minuten verstrichen, und Paula begann, nervös zu werden. Sie fragte Alexej, ob er wisse, was dort drinnen vor sich ging. Doch der verneinte.

Voller Ungeduld, den Jungen, den sie bereits als ihren Sohn betrachtete, durch die Tür treten zu sehen, ließ sie den Eingang nicht mehr aus den Augen. Doch als die Tür schließlich aufging, war der Mann noch immer allein.

»Sie müssen mit reinkommen.«

Paula nahm eine Tasche mit Geschenken vom Rücksitz, die sie für die Kinder gekauft hatte, und zusammen mit Alexej folgte sie dem Mann in das Gebäude. Wieder fragte sie sich: Wo sind die Kinder? Irgendetwas stimmte hier nicht. Sie wurden in ein Büro geführt, in dem sich Bücher und Akten stapelten. Der Mann stellte sie einer dünnen, blassen, jungen Frau vor.

»Paula, das ist Maria. Sie wird Ihnen alles erklären.«

Leise, aber bestimmt und in perfektem Englisch erklärte Maria, dass sich Wanja nicht in diesem Gebäude befände, sondern bei seiner Pflegemutter, 1600 Kilometer südlich von hier.

»Pflegemutter! Was für eine Pflegemutter?«, platzte Paula heraus. Sie verstand noch immer nicht, was hier vor sich ging. Sie sah sich in dem Büro um, und plötzlich ging es ihr auf. »Das hier ist gar nicht das Babyhaus 10, oder?«

Auf Marias blassem Gesicht zeigte sich ein Lächeln. »Nein, das hier ist kein Babyhaus. Sie sind im Haus des Our-Family-Pflegeelternprojekts. Wanja hat das Babyhaus vor einem Jahr verlassen. Er lebt bei einer meiner Pflegemütter.«

Paula war wie vor den Kopf geschlagen. Sie wandte sich an den Kirchenvertreter: »Warum haben Sie mir nie etwas von der Pflegemutter erzählt? Oder davon, dass er gar nicht mehr im Babyhaus ist?«

Der Mann war sich keiner Schuld bewusst. »Ich wollte Sie nicht mit Details belästigen.«

»Und jetzt stellt sich heraus, dass er nicht einmal in Moskau ist!«

Er zuckte mit den Schultern; Paulas wachsender Kummer war ihm offenbar egal. »Was ist mit der Anhörung? Sie ist übermorgen. Was machen wir damit?«

Der Mann erklärte, dass alles seinen gewohnten Gang gehen würde. »Wir können den Termin nicht verschieben. Die Anhörung muss stattfinden. Wir werden schon eine Lösung finden.«

Verständnislos starrte Paula den Mann an, der sich derart gleichgültig verhielt.

Nun schaltete sich Maria ein. »Machen Sie sich keine Sorgen, Paula. Ich werde runterfliegen und Wanja holen. Bis zur Anhörung wird er allerdings nicht zurück sein. Aber das macht nichts, er muss nicht vor Gericht erscheinen.«

Irgendetwas sagte Paula, dass sie dieser jungen Frau vertrauen konnte. Doch das änderte nichts daran, dass sie enttäuscht war wie nie zuvor in ihrem Leben. Zurück im Auto, brach sie in Tränen aus. Neun Monate lang Hoffen und Bangen, der nicht enden wollende Papierkram, die Neuorganisation ihres Lebens, die lange Reise durch acht Zeitzonen – und nun war er nicht da. Sie hatte sich so gewünscht, Wanja an diesem Tag kennenzulernen. Sie fühlte sich wie eine Mutter, die das Krankenhaus nach der Geburt mit leeren Armen verlassen muss.

Ohne die Unterstützung von Alexej und seiner Frau hätte

Paula die folgenden sechsunddreißig Stunden wohl nicht durchgestanden. Sie verschaffte sich Ablenkung, indem sie mit deren Baby spielte, in die Kirche ging und in Erinnerungen über ihre gemeinsame Zeit in Amerika schwelgte. Doch von Zeit zu Zeit gewann ihre Angst die Oberhand. Was sollte sie nur dem Richter sagen?

In der Nacht vor der Anhörung tat sie kaum ein Auge zu. Sie stellte sich vor, wie sie dem Richter erklären würde, dass sie Wanja drei Mal getroffen und eine Beziehung zu ihm aufgebaut habe. Als Nächstes sah sie, wie sie wegen Täuschung des Gerichts in Handschellen abgeführt wurde. Dann dachte sie an das Video. Wie oft hatte sie es sich angeschaut? Dreihundert Mal mindestens. Sie kannte jede Geste, jeden Gesichtsausdruck ihres kleinen Jungen. Sie lächelte bei dem Gedanken an die letzte Szene, in der er mit stark russischem Akzent »Thank you« sagt.

Als der Richter Paula am nächsten Morgen aufforderte, ihre Beziehung zu dem Jungen zu beschreiben, antwortete sie, ohne zu zögern: »Liebevoll.« Der Richter gab dem Antrag statt. Wanja gehörte ihr. Jetzt musste sie ihn nur noch finden.

27.

UNVERSÖHNLICH
August 1999

Wanja saß allein in seinem Sandkasten und wartete darauf, dass zwei böse Frauen kommen, ihn seiner Mama wegnehmen und ihn einer anderen Mama übergeben würden, die ihn schlagen würde. Nun war es seine Aufgabe, die beiden zu verjagen, indem er mit seinen Autos nach ihnen warf.

Die Dämmerung brach bereits herein, als ein Wagen vorfuhr. Gespannt beobachtete Wanja, wie zwei Frauen aus dem Auto stiegen, die ihm irgendwie bekannt vorkamen. Beim Näherkommen erkannte er Maria an ihren vielen Locken, und Irina, die ihn ein paar Mal in Sonjas Wohnung besucht hatte. Doch das konnten unmöglich die beiden bösen Frauen sein, von denen Sonja gesprochen hatte!

Maria und Irina setzten sich rechts und links von Wanja an den Sandkastenrand und erkundigten sich, wohin seine Autos unterwegs waren. Während er ihnen von dem Rennen durch die Berge erzählte, wurde ihm klar, das dies doch die besagten Frauen sein mussten, und er bekam ein schlechtes Gewissen, weil er nicht tat, was Sonja ihm aufgetragen hatte. Er hatte Angst, dass sie plötzlich auftauchen und sehen könnte, dass er freundlich zu ihnen war.

»Hier ist noch ein Auto für das Rennen«, sagte Irina und zog ein nagelneues Auto aus ihrer Tasche hervor. Es glänzte so schön, dass Wanja es an der Spitze positionierte, wo es gute Chancen hatte, das Rennen zu gewinnen.

Wieder regte sich sein Gewissen, diesmal, weil er das Auto angenommen hatte. Er hätte es ihnen entgegenschleudern sollen, doch dafür war es jetzt zu spät.

»Ihr müsst Sonja einen großen Koffer voller Geschenke bringen«, platzte er heraus. »Sie braucht Geschenke.«

Die Frauen gingen nicht darauf ein. Stattdessen fragten sie freundlich, wo Sonja war, die just in diesem Moment aus dem Haus gelaufen kam.

Als kurz darauf alle oben in der Wohnung saßen, bereitete Sonja schweigend Tee zu, den die Frauen anschließend ebenso schweigend tranken. Wanja spielte derweil im Wohnzimmer weiter mit seinen Autos. Ruhig, aber bestimmt fing Maria schließlich an zu sprechen.

»Sie verstehen doch sicher, dass das Wanjas einzige Chance ist. Russland kann ihm keine Perspektive bieten, das wissen Sie selbst – Sie haben in einer dieser Anstalten gearbeitet. Kinder wie er werden dort in Gitterbetten verwahrt. In Amerika dagegen erhält er eine Ausbildung.«

»Wollen Sie damit sagen, ich hätte nicht genug für ihn getan? Er ist ein anderes Kind geworden. Er ist Teil unserer Familie. Er ist kein Heimkind mehr. Und schauen Sie nur, wie viel besser er inzwischen läuft. Ich lasse ihn täglich behandeln, er erhält die neuesten Vitaminpräparate. Ich mache hier nicht nur Urlaub.«

»Wir sind Ihnen sehr dankbar für alles, was Sie für ihn getan haben, Sonja. Sie haben ihn aufgenommen, als wir verzweifelt …«

»Ja, und es war alles andere als einfach. Ich musste meine Mutter überzeugen, zu uns nach Moskau zu ziehen, damit Wanja nie allein ist.«

»Aber Sonja, das hier ist seine große Chance. Sie wissen selbst, dass ihn keine Schule in Russland aufnehmen würde.«

»Sie wollen mich einfach nicht verstehen!« Sonja sprach nun lauter, und Wanja hörte, wie ein Stuhl zurückgestoßen wurde. »Sie nehmen mir meinen Sohn weg!«

Er erhaschte einen flüchtigen Blick auf Sonjas schmerzerfülltes Gesicht, als sie ins Wohnzimmer gestürmt kam, sich ihre Zigaretten schnappte und in Richtung Wohnungstür lief, die sie dann hinter sich zuknallte. Wanja blickte auf das Auto hinunter, das er gerade in der Hand hielt. Es war das neue, glänzende, das Irina ihm geschenkt hatte. Er ließ es auf den Boden sinken. Es lag nicht mehr in Führung. Mit aller Kraft schlug er es gegen ein anderes Auto. Irina, die gerade neben ihm in die Hocke ging, nahm er nur schemenhaft wahr.

»Was ist denn mit dem Auto los, Wanja? Es hat wohl einen Unfall gehabt.«

»Es ist ein Polizeiauto, und es kommt, um uns alle zu verhaften.«

»Aber keiner von uns hat etwas verkehrt gemacht. Niemand kommt ins Gefängnis. Morgen nehmen wir dich mit nach Moskau, wo du von jemandem erwartet wirst.«

Wanja ging weiter auf Zerstörungskurs. Er krachte das neue Auto frontal gegen ein Tischbein, setzte zurück und schoss gleich wieder darauf zu. Die glänzende Lackierung bekam Risse und platzte ab. Demoliert ließ Wanja es liegen und begann, das Gleiche mit den anderen Autos zu tun. Krach, bumm; krach, bumm.

Nachdem Maria und Irina gegangen waren, um die Nacht in ihrem Quartier zu verbringen, ließ Sonja ihre Wut an Wanja aus.

»Warum hast du nicht gemacht, was ich dir gesagt habe? Warum hast du nicht deine Autos nach ihnen geworfen und sie damit vertrieben? Ich hatte dir genau gesagt, was du tun sollst!« Mit wutverzerrtem Gesicht brüllte sie ihn an. »Ich dachte, du liebst mich, aber jetzt weiß ich, wie hinterlistig du eigentlich bist. Du hast mich im Stich gelassen!«

In diesem Moment zerbrach etwas in Wanja. Er wollte, dass sie aufhörte, solche Dinge zu sagen. Der Schmerz der vergangenen Monate, in denen sie immer abweisender zu ihm geworden war, flammte neu auf. »Ich liebe dich nicht«, sagte er, um sie endlich zum Schweigen zu bringen. »Ich will morgen mit Maria weggehen.«

Er hatte die Worte noch nicht ausgesprochen, da bereute er sie bereits. Sonja ging aus dem Zimmer. Eine Stunde später kam sie mit einem Koffer in der Hand zurück. Wortlos packte

sie all seine Habseligkeiten ein – seine Kleider und seine ge-
liebten Autos. Dann brachte sie ihn schweigend und ohne
Gutenachtkuss ins Bett und machte das Licht aus.

Wanja fand keinen Schlaf in dieser Nacht. Als Sonja am
nächsten Morgen kam, um ihn zu wecken, war es draußen
noch fast dunkel. Sie sprach noch immer nicht mit ihm. Er
holte tief Luft und sagte: »Du weißt, dass ich dich liebe. Es tut
mir leid, was ich gesagt habe. Du wirst mir fehlen, Sonja.«

Er wartete auf eine Erwiderung, doch Sonja schwieg. Als er
seinen Haferbrei fast aufgegessen hatte, klingelte es an der
Tür. Sonja nahm seinen Koffer, griff nach seiner Jacke und
trug ihn nach unten, wo ein Wagen auf ihn wartete. Sie setzte
ihn auf den Rücksitz und schloss wortlos die Tür.

Wenn Wanja zehn Jahre später an diesen Moment des Ab-
schieds zurückdenkt, schwingen in seiner Stimme noch immer Kummer und Schmerz mit. »Ich hätte mich so gern mit
Sonja versöhnt, um in Frieden mit ihr auseinanderzugehen«,
sagt er, »aber sie hat meine Entschuldigung nicht angenommen.«

Am Flughafen angekommen, blieb Wanja keine Zeit, den
Gedanken an Sonja weiter nachzuhängen. Flugzeuge in allen
erdenklichen Größen zogen ihn in ihren Bann, und als sie über
das Rollfeld auf das größte von ihnen zusteuerten, wusste er
kaum mehr wohin mit seiner Aufregung. Doch als das Flugzeug erst einmal in der Luft war, wurde er von den Erinnerungen an die Familie, die er soeben verlassen hatte – die einzige
Familie, die er je gehabt hatte –, geradezu erdrückt. Wieder
einmal ließ er alles Vertraute hinter sich und nahm Kurs auf
das Unbekannte. Seine Ängste mischten sich mit Trauer und
Wut auf Sonja, die eine Versöhnung ausgeschlagen und sich
nicht einmal von ihm verabschiedet hatte.

Bei ihrer Landung in Moskau war Wanjas Aufgewühltheit
in Betäubung umgeschlagen. Als Maria ihn die Stufen der
Gangway hinunter und auf das Rollfeld trug, war er derart
erschöpft, dass er die lächelnde Frau kaum wahrnahm, die
gekommen war, um ihn zu begrüßen.

»Hallo, ich bin deine Mutter«, sagte sie auf Russisch mit amerikanischem Akzent.

Zum ersten Mal in seinem Leben war Wanja wirklich sprachlos.

Auf der Fahrt nach Moskau saß er im Auto zwischen Paula und Irina auf dem Rücksitz, der Kirchenvertreter am Steuer und Maria daneben auf dem Beifahrersitz. Als er schließlich seine Sprache wiedergefunden hatte, unterhielt sich Wanja mit dem Fahrer – denn er ließ sich niemals eine Gelegenheit entgehen, mit einem Mann über Autos zu reden. Nachdem er sich nach der Automarke erkundigt hatte und wusste, wem der Wagen gehörte, wandte er sich übergangslos an Paula und fragte: »Wirst du mich schlagen?« Dies waren die ersten Worte, die er an seine Mutter richtete. Paula verstand seine Frage nicht. Maria übersetzte. Paula sah ihn immer noch verwirrt an.

»Oh, nein«, erwiderte sie sichtlich betroffen.

Er lehnte sich an sie, und sie umarmten sich. Danach bedurfte es keiner Übersetzung mehr. »In diesem Moment, als ich miterleben durfte, wie Wanja seine neue Mutter annahm und Vertrauen zu ihr fasste, hätte ich am liebsten vor Freude geweint«, erinnert sich Irina.

Was Wanja nun brauchte, war ein ruhiger, gemütlicher Ort, an dem er und seine Mutter sich besser kennenlernen konnten. Doch der Kirchenvertreter hatte etwas anderes geplant. Er war zu einem Festessen in die Kirche des Erzengels Michael in Moskau geladen, und ohne große Erklärung nahm er seine Passagiere einfach dorthin mit. So verbrachten Paula und Wanja die entscheidenden ersten Stunden ihres gemeinsamen Lebens bei einem Mittagessen mit kirchlichen Würdenträgern. Paula konnte den Grund dafür nur vermuten: Auf diese Weise sparte sich der Mann die Kosten für ein Mittagessen.

Die Kirche des Erzengels Michael war nicht irgendeine Kirche. Sie war eine der bekanntesten Kirchen in ganz Russland, da sie in dem allseits beliebten Film *Ironie des Schicksals* vorgekommen war, in dem der Regisseur Eldar Rjasanow einen kühnen Vergleich zwischen ihrer zeitlosen Schönheit und der trostlosen Monotonie des sowjetischen Lebens wagte. Selbst für nichtreligiöse Menschen war die Kirche mit ihren fünf goldenen Kuppeln und der leuchtend roten Fassade ein Symbol der Hoffnung.

Die Gäste wurden zu einem Tisch mit gutem Blick auf die schmausenden Geistlichen geführt. Den Frauen wurde je ein Glas georgischer Wein gebracht, Wanja erhielt ein Glas Wasser. Kurz darauf begannen die in Russland üblichen Trinksprüche, und ein Geistlicher nach dem anderen erhob sich und sein Glas Wodka auf die Gesundheit aller Anwesenden. Wanja folgte diesem Ritual derart fasziniert, dass das Trauma der vergangenen vierundzwanzig Stunden kurzzeitig in den Hintergrund rückte. Statt sich seinem mit Essen beladenem Teller zu widmen, starrte er gebannt den prächtig gekleideten Bischof am Tisch zu seiner Rechten an und beobachtete, wie dieser aufstand, einen blumigen Toast ausbrachte, ein Gläschen Wodka hinunterkippte und sich dann wieder setzte. Wanja war der festen Überzeugung, dass nun er an der Reihe war, einen Toast im Namen seines Tisches auszubringen. Er nahm sein Glas in die eine Hand und drückte sich in dem Versuch, aufzustehen, mit der anderen vom Tisch ab. Gerade noch rechtzeitig erkannte Paula, was er vorhatte. Dieser kleine Junge war unbeschreiblich flink, wenn es darum ging, sich seiner Umgebung anzupassen. Liebevoll legte sie ihm eine Hand auf die Schulter und sagte: »Dafür wirst du noch genug Zeit haben, wenn du älter bist.«

28.
WIEDER VEREINT
März 2007

Bis zu diesem Punkt wurde Wanjas ungewöhnliche Geschichte von jenen Menschen erzählt, die in den 1990er Jahren
Freundschaft mit ihm schlossen – Wika und Sarah – und von
Wanja selbst. Meine Aufgabe als Autor war es, aus ihren Ein-
zelgeschichten eine Erzählung zu machen. Doch diese endete
nicht, als Wanja in das Flugzeug nach Amerika einstieg. Es
wird Zeit, mein Schattendasein zu beenden und ein wenig De-
tektiv zu spielen, um Details aus Wanjas Vergangenheit in Erfahrung zu bringen, die selbst seine engsten Weggefährten
nicht kannten.

Ich hatte mich stets gefragt, was dieses außergewöhnliche
Kind durchlebt hatte, das sich nackt und entkräftet seiner
Vernichtung durch das grausame russische Fürsorgesystem
widersetzt und auf das Leben so vieler Menschen Einfluss genommen hatte. Anfang 2007, am Ende meiner langen Journa-
listenkarriere, bot sich mir unvermutet die Gelegenheit, mehr
über Wanjas Schicksal zu erfahren. Es war Zeit für ein Wiedersehen in Amerika.

Und so kam es, dass Sarah und ich im März 2007 vor einem
einstöckigen, in eine dicke Schneedecke gehüllten Haus in
Bethlehem, Pennsylvania hielten.

In der Tür stand, auf zwei Gehhilfen gestützt, ein junger
Mann mit blendend weißen Zähnen und recht kurz geschore-
nen Haaren. Sarah konnte nicht anders, als ihn auf die gleiche
Art zu begrüßen, wie sie es vor all den Jahren bei ihren Besuchen im Babyhaus 10 getan hatte: Die Worte »*Priwet Wanja*«
entschlüpften ihr, als sei es das Normalste von der Welt. Der

junge Mann sah sie irritiert an. Seit acht Jahren hatte ihn niemand mehr auf Russisch begrüßt oder Wanja genannt. Er hieß nun John Lahutsky, ging auf die Highschool und war Juniorleiter seiner Pfadfindergruppe.

Seine Mutter, Paula, empfing uns herzlich, und bereits nach wenigen Minuten hatten wir das Gefühl, sie schon unser ganzes Leben lang zu kennen. Es war nicht zu übersehen, wie innig das Verhältnis zwischen ihr und John war. Auf unsere Frage, wie sie sich bei ihrer ersten Begegnung am Moskauer Flughafen gefühlt hatten, antworteten beide wie aus einem Mund: »Ich hatte Angst« – und mussten beide lachen.

Innerhalb von nur drei Monaten nach seiner Ankunft in den USA hatte John fließend Englisch gelernt – und sein Russisch beinahe ebenso schnell vergessen. Es berührte mich zu hören, dass er seine besondere Art zu sprechen vom Russischen auf das Englische übertragen hatte und auch seine liebenswerte Angewohnheit nicht aufgegeben hatte, so lange mitten im Satz innezuhalten, bis ihm das richtige Wort einfiel. Als wir über die entsetzlichen Bedingungen sprachen, unter denen er in Filimonki leben musste, suchte er lange nach dem passenden Wort, um die blanke Matratze zu beschreiben, auf der er vierundzwanzig Stunden am Tag hatte verbringen müssen. »Sie war aus … Plastikleder.« Nichts hätte die Beschaffenheit des billigen Kunststoffs, der um ein rechteckiges Stück Schaumgummi genäht war, treffender beschreiben können.

An diesem Nachmittag erfuhren wir zum ersten Mal etwas über Paula und wie sich ihr Leben von Grund auf und für alle Zeit verändert hatte, nachdem sie im September 1998 den Artikel von dem Paar gelesen hatte, das gerade mit seiner Adoptivtochter aus Russland zurückgekehrt war.

Paula erzählte uns auch von den beiden Wochen, die sie im Anschluss an ihre erste Begegnung zusammen mit Wanja in Moskau verbracht hatte. Wanja war damals äußerst instabil gewesen und weinte viel. Jemand anderen hätte das möglicherweise überfordert, doch Paula war aufgrund ihrer Erfahrungen als Schulpsychologin seinen Tränen gewachsen. Als sie dann erst einmal in Pennsylvania waren, konnte sie Wanja schließlich davon überzeugen, dass ihm keine weitere Zurückweisung drohte. Eines Tages kam er vom Spielen aus dem Garten ins Haus zurück und fühlte sich sicher genug, um zu sagen: »Du bist meine geliebte Mama.«

Sarah und ich klärten Paula über die Hintergründe von Wanjas damaligem Verhalten auf, und ihr wurde klar, wie viel Angst er gehabt haben musste, dass auch sie ihn zurückweisen würde. Nach all seinen Bemühungen, eine Beziehung zu zwei neuen »Müttern« aufzubauen, die jedes Mal mit einer Katastrophe geendet hatten, war sein anfängliches Verhalten Paula gegenüber alles andere als verwunderlich. Wie alle verlassenen Kinder war er es gewohnt, die Verantwortung für sein Schicksal selbst zu übernehmen, und als sich erst Linda und dann Sonja von ihm abwandten, gab er sich allein die Schuld daran.

Zum damaligen Zeitpunkt hatte Paula nur eine vage Vorstellung von all den traumatischen Erlebnissen, die Wanja hinter sich hatte. Hinzu kam, dass niemand Wanja auf die bevorstehende Adoption vorbereitet hatte. In den neun Monaten bis zum Abschluss des Adoptionsverfahrens sprach man mit ihm kein einziges Mal über seinen Umzug nach Amerika – was überraschender klingen mag, als es ist, denn Wanjas offizieller Vormund, Maria, hatte bis zu Paulas Eintreffen in Moskau keinerlei Kontakt zu ihr.

Nur einer Person war es damals nicht möglich, an der Freude über Wanjas Adoption teilzuhaben: Wika verbrachte den Sommer mit ihrem Baby in einem Blockhaus auf dem Land, ohne Telefon. Sie hatte somit keine Gelegenheit, sich von Wanja zu verabschieden, ihn an sich zu drücken, im Arm zu halten und ihm Glück für sein neues Leben zu wünschen. Ebenso wenig wie ihre Freunde, die ihn so oft besucht hatten. Für Wika fühlte sich Wanjas Abreise an, als sei er gestorben.

Bis heute bedauert Maria, dass Wanjas Retterinnen Wika und Paula sich nie hatten kennenlernen können. Von Wika hätte Paula so viel über ihren Sohn erfahren und ihn somit besser verstehen können. »In gewissem Maße wurde jeder von uns an irgendeinem Punkt aus dem Adoptionsverfahren ausgeschlossen. Das alles zeigt, wie wenig die russischen Adoptionsgesetze auf das Kind ausgerichtet sind. Wie Waren werden die Kinder von den Sozialämtern und Gerichten hin- und hergeschoben – menschliche Wärme oder die Gefühle der Kinder spielen dabei keine Rolle.«

Zwei Tage lang schwelgten wir mit John und Paula in Erinnerungen, was schön klingen mag, für John jedoch sehr schmerzlich war und eine Menge verwirrender Fragen aufwarf. Als er uns erzählte, dass ihm der Streit mit Sonja noch immer auf der Seele lag, sagten wir ihm, dass auch Sonja die Geschehnisse bis heute nicht verwunden habe und sich von den Behörden verraten fühle, und dass er, trotz allem, stets einen Platz in ihrem Herzen habe.

Am zweiten Tag unseres Wiedersehens begann John, genauere Fragen über sein Leben in Russland zu stellen, da er nicht verstehen konnte, wie dort mit ihm umgegangen worden war. Warum, fragte er sich, hatte Adela – die ein guter Mensch zu sein schien – zugelassen, dass er in eine Irrenanstalt verlegt wurde?

Dann stellte er Fragen über seine Eltern. »Es gibt Hinweise in den Unterlagen, dass sie getrunken haben«, sagte er vorsichtig. Er wusste außerdem, dass er einen älteren Halbbruder, Wadim, und eine Schwester, Olga, geboren 1985, hatte, die zum Zeitpunkt seiner Abreise in einem Waisenhaus lebte.

Am schwersten fiel uns die Antwort auf eine Frage, die ihm selbst nur zögerlich über die Lippen ging: »Als Wika erfuhr, unter welchen Bedingungen ich in der Anstalt leben musste, ist sie da zur Polizei gegangen?« Seine Höflichkeit verbot es ihm, uns geradeheraus zu fragen: Warum habt ihr mich nicht sofort dort herausgeholt? Warum habt ihr mich neun Monate lang leiden lassen?

In diesem Moment sprach der Amerikaner aus ihm, der er geworden war und für den eine Anzeige wegen Kindesmisshandlung folgerichtig das Einschreiten von Polizei und Sozialämtern nach sich zog. Ihm zu erklären, dass die Art, wie

mit ihm umgegangen worden war, in Russland nicht gesetz-
widrig, sondern das ganz normale Schicksal von behinderten
Kindern oder sogenannten ›Schwachsinnigen‹ ist, war nicht
einfach. Viele seiner Fragen mussten an diesen beiden Tagen
unbeantwortet bleiben, und der Wunsch nach befriedigenden
Antworten war die Geburtsstunde dieses Buches.

Bevor wir Abschied nahmen, verspürte Sarah das Bedürfnis,
jene beiden Menschen, die vor zehn Jahren ein so enges Verhältnis gehabt hatten, wieder zusammenzubringen. Sie griff zu
ihrem Handy und wählte eine Nummer in Moskau. Als sich
am anderen Ende eine fröhliche Stimme meldete, sagte Sarah:
»Hier möchte dich jemand sprechen.«

»Wika, hier ist John.«

Zu mehr kam er nicht. Ein nicht enden wollender russischer
Wortschwall prasselte auf ihn nieder. In seinen Augen spiegelte sich Panik. Er nahm sich zusammen und sagte mehrere
Male energisch »Wika«, bis die Stimme am anderen Ende endlich verstummte. Dann sagte er etwas auf Englisch, wovon er
sich sicher war, dass sie es verstand: »Ich hab dich sehr lieb,
Wika.«

29.
DETEKTEI PHILPS
Mai 2007

Ein paar Wochen nach dem Wiedersehen in Bethlehem stand ich in Moskau auf einem engen Metro-Bahnsteig und wartete. Zu beiden Seiten rasten im Neunzig-Sekunden-Takt Züge mit quietschenden Bremsen in den Bahnhof, und inmitten dieses Höllenlärms wartete ich auf eine junge Frau, deren Unpünktlichkeit mich schon vor zehn Jahren zur Verzweiflung gebracht hatte. Damals hatte mich Wika zu einem kleinen Jungen geführt, den man hinter hohen Mauern versteckt hielt. Heute benötigte ich abermals ihre Dienste.

Ich fragte mich, ob ich sie wiedererkennen würde. Damals war sie eine arme Studentin gewesen, die mich verlegen darum gebeten hatte, ihr Pelmeni zu kaufen. Inzwischen war sie Mitte dreißig, verheiratet und dreifache Mutter. Während die Züge weiter meine Ohren malträtierten, zog ich einen Zettel aus meiner Jackentasche – die Kopie eines Eintrags vom 27. November 1991: die Aufnahme eines kleinen Jungen, Wanja Pastuchow, in ein Moskauer Waisenhaus. Unter seinem Namen stand eine Adresse. Dieses Blatt Papier war mein einziger Anhaltspunkt, meine Schatzkarte, mit der ich in einer Zwölf-Millionen-Stadt die *eine* Familie ausfindig machen wollte. Zum Zeitpunkt des Eintrags war Moskau die Hauptstadt einer Supermacht gewesen, die innerhalb weniger Monate aufhörte zu existieren. Seither glich die Stadt einer Großbaustelle. Die Wahrscheinlichkeit, jemanden anhand dieser alten Adresse ausfindig zu machen, war äußerst gering.

Als Wika aus dem Zug sprang, wirkte sie kaum einen Tag älter als bei unserer ersten Begegnung vor elf Jahren. Sie war groß und schlank, und man sah ihr ihre drei Schwangerschaften nicht an. Die Aufgabe, die vor uns lag, schien ihr eine willkommene Gelegenheit, ihrer Rolle als Vollzeitmutter für ein paar Stunden zu entfliehen, und nachdem sie ihre drei Jungs versorgt wusste, ging sie nun voller Begeisterung ans Werk.

Wir gingen nach oben und traten ans Tageslicht, wo es vor Menschen, Bussen und Straßenbahnen sowie Verkaufsständen nur so wimmelte. Der Überlebenskampf, den die Menschen hier tagtäglich führten, erinnerte an Städte in Afrika oder Asien. Auf dem Bürgersteig parkten Taxis, keuchende Ladas, an denen finstere Typen in Lederjacken und mit Goldzähnen lehnten. Ich zeigte dem Fahrer des ersten Taxis in der Reihe die Adresse, und er verlangte 400 Rubel. Wir einigten uns auf 300, und holpernd setzten wir uns in Richtung der vornehmeren Stadtteile in Bewegung.

Moskau hatte sich seit meiner Abreise vor neun Jahren vollkommen verändert. Ich dachte an die Zeit zurück, als ich in diesem Teil der Stadt um das Haus herumgeschlichen war, in das Alexander Solschenizyn, der zurückgezogen lebende regimekritische Schriftsteller, nach seiner Rückkehr aus dem Exil 1994 gezogen war. Ich erinnerte mich an bewaldete Hügel und ein unberührtes Flussufer. Nun standen hier vier absonderliche Hochhäuser mit leuchtend orangefarbenen Balkonen.

»Die sind für die Superreichen«, erklärte der Fahrer. »Sie können direkt mit ihren Yachten vorfahren.« Die Menschen, die früher hier gelebt hatten, waren – sehr zur Empörung der Öffentlichkeit – umgesiedelt worden.

Offen seine Schadenfreude zur Schau tragend, fuhr der Fahrer fort: »Die Bauherren haben auf sumpfigem Grund gebaut. Wenn man nur eine Stunde den Strom abdreht, laufen die Keller voll.«

»Na, dann ist ja gut, dass Sie sich keines der Penthouses gekauft haben«, scherzte ich. Er lachte, und wir schlossen Freundschaft.

Kurz darauf verließen wir die Stadt und fuhren durch ländlichere Gegenden, vorbei an baufälligen, einstöckigen Holzhäusern mit verrosteten Blechdächern. Dazwischen lugten immer wieder die Backsteintürmchen der Miniaturschlösser über den Birken hervor, die sich die Moskauer Neureichen hier gebaut hatten.

Wika und ich warfen erneut einen Blick auf den Zettel mit der Adresse, auf dem nicht mehr stand als ein Straßenname und ein paar Zahlen: 2. Mjakininski Straße, 2-2-7. Scheinbar trugen hier alle Straßen denselben Namen und waren lediglich durchnummeriert. Unser Ziel war also die Hausnummer 2 in der 2. Straße. Und Hausnummer 2 musste aus mehreren Gebäuden bestehen, wovon wir das zweite Gebäude suchten. Und darin war es dann Wohnung Nummer 7.

Der Ort schien zwar tatsächlich nur aus einer einzigen Straße zu bestehen, doch einen Straßennamen, Hausnummern oder jemanden, den wir hätten fragen können, fanden wir nicht. Keines der Gebäude sah groß genug aus, um sieben Wohnungen darin zu beherbergen. Wika hatte die Gegend bereits 1996 auf der Suche nach Wanjas leiblicher Mutter abgesucht, doch keines der Gebäude kam ihr bekannt vor. Ich entdeckte ein Pförtnerhaus am Ende der Straße, das der Bewachung einer Baustellenzufahrt diente, wo schicke neue Häuser errichtet wurden. Ich stieg aus dem Taxi, um nach dem Weg zu fragen, doch der Zugang zu dem Pförtnerhaus glich dem Zutritt zur Grünen Zone in Bagdad: Er war unmöglich. Also schrie ich durch einen hohen Zaun.

»Ist das hier die 2. Mjakininski Straße?«

»Könnte sein«, sagte der Wachmann.

»Und wo wäre dann Hausnummer 2?«

Er deutete auf die andere Straßenseite. Wir fuhren an der Bushaltestelle vorbei eine steile sandige Straße hinauf. Unser Angebot, den Weg zu Fuß zurückzulegen, schlug der Fahrer aus und quälte den alten Lada stattdessen über Sandhügel und tiefe Schlaglöcher, bis wir schließlich eine riesige Betonmauer erreichten, die mitten durch den Wald verlief. Hinter der Mauer dröhnten Bulldozer.

Quer über die Straße verlief ein großes Stahltor. Als ich ausstieg, kamen gerade zwei Männer – der eine klein und rund, der andere groß mit Halbglatze und intellektuell aussehender Brille – aus dem Tor gelaufen. Ich fragte sie nach der Adresse und die beiden fingen an, sich aufzuführen wie *Dick und Doof*.

»Wurde plattgemacht«, sagte der eine.

»Steht noch«, sagte der andere ebenso überzeugt.

»Plattgemacht.«

»Steht noch.«

Sie gerieten regelrecht aneinander und deuteten auf die andere Seite der Mauer. Alle Häuser waren abgerissen worden – bis auf eins. Möglicherweise war das das Haus, nach dem wir suchten. Die Chance stand 50 zu 50, dass Wanjas erstes Zuhause noch stand.

»Was wird denn hinter der Mauer gebaut?«, fragte ich.

»Taunhauses«, sagte der Eierkopf.

»Was bitte sehr ist das?«

»Na, so was wie Cottages, nur größer.«

Da fiel bei mir der Groschen. Wanjas ehemalige Heimat wurde abgerissen, um durch Stadthäuser ersetzt zu werden – scheinbar verwendete man dafür nun selbst in Moskau die englische Bezeichnung »town houses«. Wenn man davon ausging, dass ein russisches Cottage etwa die Größe des Disneyland-Schlosses hatte, mussten die Stadthäuser Buckingham Palace gleichkommen.

»Und wer soll darin wohnen?«, fragte Wika, die entsetzt war, dass dafür der Wald abgeholzt wurde.

»Das gemeine Volk, natürlich«, witzelte der Kleinere.

Er wies uns an, den Hügel hinunterzufahren und auf einem anderen Weg wieder hinauf, der uns zum Eingang der Baustelle führen würde. Das taten wir dann auch und kamen zu einem Wachposten mit zwei uniformierten Sicherheitsmännern. Ich zeigte ihnen die Adresse, und der eine sagte: »Noch nie gehört. Fragen Sie die Mütterchen unten im Ort.«

Wika war völlig verwirrt. Wir fuhren ein weiteres Mal den Hügel hinunter, wo uns die Postbotin begegnete. Die musste es ja nun wissen, glaubten wir, und der Fahrer, dem die Suche inzwischen Spaß zu machen schien, winkte sie heran. Doch auch sie konnte uns nicht weiterhelfen.

»Hier kommt keiner mehr vorbei, den wir fragen könnten«, sagte ich deprimiert zu Wika. »Wir sollten heute Abend noch mal herkommen. Vielleicht sind alle bei der Arbeit auf den Feldern.«

»Es wird schon noch jemand auftauchen«, sagte sie. Sie musste am Abend zu einem Klavierkonzert ihres Sohnes, daher stieß mein Vorschlag auf wenig Begeisterung.

Während ich verdrießlich vor mich hin starrte, sprang Wika plötzlich aus dem Auto und lief auf eine Frau zu, die sie hinter einem halboffenen Tor entdeckt hatte.

»Entschuldigung, können Sie uns weiterhelfen?«, fragte Wika. »Wir suchen nach der Familie eines Jungen namens Wanja. Er hat früher einmal hier gelebt. Seine Mutter hieß Natascha.«

»Die Familie kenne ich«, sagte die Frau. »Kommen Sie rein.«

Wika gab mir ein Zeichen, und ich stieg aus. Die Frau trug ein himmelblaues Polohemd und stellte sich uns als Nadja, die Dorfälteste, vor. Ihre Familie lebte seit dem 17. Jahrhundert in dem Ort. Sie war vor kurzem in den Ruhestand getreten, nachdem sie beim KGB tätig gewesen war. Entzückt stellte Wika fest, dass an den Wänden ihres gepflegten Holzhauses Heiligenbilder und orthodoxe Kreuze hingen.

»Am besten kannte ich die Großmutter des Jungen, Tatjana. Sie war Malerin und Tapeziererin«, sagte Nadja. Wie alle, die in der Siedlung auf dem Hügel gelebt hatten – sie deutete in die Richtung, wo die Bulldozer zugange waren –, hatte Tatjana in Rubljowo, dem Nachbarort, in einer Ferienhausanlage gearbeitet.

»Dort haben es sich die Bonzen der Kommunistischen Partei gutgehen lassen«, meldete sich nun Nadjas Mann zu Wort.

Nadja schilderte uns Wanjas Großmutter als fleißige Frau, großartige Köchin und äußerst reinliche Hausfrau. Sie und ihr Mann Iwan waren glücklich verheiratet und verbrachten viel Zeit in ihrem Gemüsegarten.

Tatjana war bereits beinahe vierzig, als sie – zu ihrer eigenen Überraschung – ihr erstes und einziges Kind zur Welt brachte: Natascha. Mehr schien Nadja über Wanjas Mutter nicht erzählen zu wollen.

»Wann begannen die Probleme?«, hakte Wika nach.

»Natascha war ein Einzelkind mit einer älteren Mutter. Sie war ein verzogenes Gör«, sagte Nadja. »Als sie mit Wanja schwanger war, starben erst ihr Vater und kurz darauf auch Tatjana. Ohne die Unterstützung ihrer Eltern war Natascha mit den drei Kindern völlig überfordert.« Nadja erzählte weiter, dass Nataschas älterer Sohn, Wadim – Wanjas Halbbruder – mit ihrem Sohn in eine Klasse gegangen war.

Die Bewohner der Siedlung oben auf dem Hügel waren vor nicht allzu langer Zeit umgesiedelt worden, um Platz für die neuen Townhouses zu machen. In alter KGB-Manier rief Nadja eine Freundin in der Verwaltung an, die uns eventuell den Aufenthaltsort von Wanjas Familie nennen konnte, doch die Frau war nicht an ihrem Platz. Ihre Sekretärin sagte, dass sie nach dem Mittagessen – in zwei Stunden – zurückerwartet wurde und wir es dann noch einmal versuchen sollten. Anschließend suchte Nadja nach der Handynummer einer Nachbarin, die Wanjas Familie besser gekannt hatte. Doch auch sie ging nicht an ihr Telefon. Dennoch wollte Nadja uns irgendwie weiterhelfen und führte uns den Hügel zu der Mauer hinauf. »Wenn Sie auf einen Baum klettern, können Sie das Haus sehen, in dem die Familie gewohnt hat.«

Wir stiegen auf einen Geröllhügel, von wo aus wir die Spitze eines alten sowjetischen Wohnblocks erkennen konnten. Warum gerade dieses Gebäude als einziges noch stand, war mir unerklärlich. Trotz des einsetzenden Regens machten wir Fotos. Kurz darauf rief die Nachbarin, Oksana, auf Nadjas Handy zurück. Wika sprach mit ihr und machte sich Notizen.

Oksana konnte sich an Wanja erinnern, vor allem an seine Augen, die, wie sie schwärmte, zu sagen schienen: Ich will alles, die ganze Welt. Sie hatte angenommen, dass er bereits vor langer Zeit in einer Anstalt gestorben sei.

Von ihr erfuhren wir, warum Wanjas ehemaliges Zuhause noch immer stand, während alle anderen Gebäude drum herum bereits abgerissen worden waren. Der Grund war Wadim, Wanjas älterer Halbbruder, der dort noch gemeldet war, obwohl er eine Gefängnisstrafe abgesessen hatte und nun verschwunden war. Nach altem kommunistischen Gesetz war der Abriss von Gebäuden nur dann möglich, wenn alle darin gemeldeten Bewohner eine neue Unterkunft erhalten hatten. Folglich stand es nun so lange leer, bis Wadim auftauchte und seinen »Wohnraum« aufgab.

Oksana war zuversichtlich, uns bei der Suche nach Wanjas älterer Schwester, Olga, weiterhelfen zu können, und gab Wika die Telefonnummer einer anderen Nachbarin, Ajda, die eventuell eine Kontaktnummer für uns hatte.

Mittlerweile schüttete es regelrecht. Vollkommen durchnässt liefen Wika und ich zum Wagen und fuhren zurück zur Metro-Station.

Wir entschieden uns für ein spätes Mittagessen in einem scheußlichen, scheunenartigen Restaurant in der obersten Etage eines neuen Einkaufszentrums. Nach dem Dessert reichte ich Wika mein Telefon. Ich wollte niemanden mit meinem ausländischen Akzent verschrecken, und Wika hatte sich als einfühlsame Anruferin bewährt. Alles verlief reibungslos: Oksana hatte Ajda bereits angerufen. Von ihr erhielt Wika die Nummer von Olgas Mann, Farid. Und einen Moment später sprach Wika mit Wanjas Schwester.

Wir verabredeten uns für den nächsten Tag an der Metro-Station bei Wika in der Nähe. Ich versprach, einen Kuchen und eine Zeitung als Erkennungszeichen mitzubringen.

»Und wie erkennen wir Sie?«, fragte Wika.

»Sie können mich nicht verfehlen. Ich bin hochschwanger.«

30.
DIE GESCHICHTE EINER SCHWESTER
Mai bis Oktober 2007

Am nächsten Tag machte ich mich frühmorgens auf den Weg
zu einer Konditorei, die ich am Abend zuvor entdeckt hatte.
Dem bevorstehenden Treffen mit Johns Schwester sah ich mit
gemischten Gefühlen entgegen. Die Statistiken – selbst die
offiziellen – über das Schicksal von Kindern, die in staatlichen
Einrichtungen aufwuchsen und mit achtzehn Jahren ins Leben entlassen wurden, gaben wenig Anlass zur Hoffnung.
Nur allzu leicht gingen diese jungen Erwachsenen Drogen-
dealern, Menschenhändlern und Zuhältern ins Netz und en-
deten nicht selten als Prostituierte, Alkoholiker und Drogen-
abhängige auf der Straße. Doch wir hatten John versprochen,
mehr über seine Familie herauszufinden und konnten ihn nun
nicht im Stich lassen.

Während ich mir einen Weg durch die Rudel streunender
Hunde bahnte, die um mein Hotel herum kampierten, zählte
ich 400 Rubel in meiner Hosentasche, was selbst für die teuerste
Torte Moskaus reichen musste. In der Konditorei tummelten
sich bereits jede Menge gutgekleideter Moskauer, und während
ich wartete und die Auslagen betrachtete, musste ich feststellen, wie fernab jeder Realität ich mich hier in Moskau bewegte:
Der günstigste Kuchen kostete 700 Rubel, etwa 15 Pfund. Ich
schlich mich vorbei an den russischen Damen wieder aus dem
Geschäft hinaus, machte mich auf die Suche nach einem Geld-
automaten und erstand schließlich für 800 Rubel eine Obst-
torte, die mit exotischen Früchten dekoriert war: Physalis,
Kumquats und einer Scheibe Grapefruit.

Sarah und ich kamen viel zu früh am vereinbarten Treffpunkt an. Da die Metro-Station nur über einen Ausgang verfügte, hatten wir uns mit Olga oben verabredet, und als wir ans Tageslicht traten, stand dort aufrecht, neben einem Pfeiler, eine zarte, blasse, junge Frau mit langen, glatten, hellbraunen Haaren. Sie war unübersehbar schwanger und hatte ebenfalls einen Kuchen bei sich. Wir begrüßten sie. Sie sprach mit leiser Stimme, war schlicht gekleidet und damit das genaue Gegenteil der meisten jungen Russinnen: keine High Heels, kein Minirock, kein Make-up. Sie wirkte zerbrechlich und schutzbedürftig – dennoch bestand sie darauf, den Weg zu Wikas Wohnung zu Fuß zurückzulegen.

Wika begrüßte uns aufgeregt. Sarah und sie konnten es kaum erwarten, Olga von ihrem Bruder zu erzählen, doch zuerst hörten wir uns ihre Geschichte an. Wie sie so aufrecht und graziös an dem Küchentisch saß, erinnerte sie an eine Balletttänzerin. Sie griff in ihre Tasche und holte einen zerlesenen Zeitungsausschnitt hervor. Ich erkannte den Artikel: Die russische Tageszeitung *Iswestija* hatte ihn infolge meiner Geschichte über Wanja im *Daily Telegraph* vor zehn Jahren veröffentlicht.

»Eines Tages kam der Leiter des Waisenhauses zu mir und sagte: ›Hier steht etwas über deinen Bruder.‹ Daher dachte ich immer, mein Bruder sei in England«, erzählte uns Olga. Gerade letzten Monat hatte sie sich mit Farid eine beliebte Fernsehshow angesehen, in der sich die Zuschauer mit der Bitte an die Redaktion wenden können, längst verloren geglaubte Verwandte ausfindig zu machen. »Ich hatte mir überlegt, Wanja vielleicht auf diesem Weg finden zu können. Doch ich wusste weder, wann er geboren ist noch wie er jetzt mit Nachnamen heißt.«

Ruhig und gefasst erzählte sie uns die Geschichte ihrer Kindheit und wie es dazu kam, dass ihre Familie zerbrach. Selbst schmerzliche Details verschwieg sie nicht, klammerte sich jedoch an die wenigen glücklichen Erinnerungen. An ihrem ganzen Verhalten wies nur eine Kleinigkeit darauf hin, dass sie in einer staatlichen Einrichtung groß geworden war:

Da sie als Kind nie die Wahl zwischen verschiedenen Dingen gehabt hatte, fielen ihr Entscheidungen bis heute schwer, und so wusste sie nicht, für welchen Tee und Kuchen sie sich entscheiden sollte.

Olga konnte sich noch gut an die Zeit erinnern, als sie mit ihrer Mutter Natascha und ihrem Vater Anatoli in der Wohnung ihres Vaters gelebt hatte. Doch die schönsten Erinnerungen hatte sie an die Besuche bei ihren Großeltern. Sie wusste stets, dass ihre Mutter sie liebte, dennoch brachte Natascha sie immer häufiger zu ihren Eltern. Olga liebte es, mit ihrem Großvater im Gemüsegarten zu werkeln, und hatte noch genau den Tag vor Augen, als er zwei Apfelbäume pflanzte: einen für sie und einen für ihren drei Jahre älteren Halbbruder Wadim, der ständig bei den Großeltern lebte. Doch alles veränderte sich, als sie vier Jahre alt war und zunächst ihr Großvater und kurz darauf auch ihre Großmutter starben. Wadim zog daraufhin zu seinem Vater, doch er konnte den Tod seiner Großmutter nie wirklich verwinden und geriet zunehmend mit dem Gesetz in Konflikt. Olga wurde in ein Kinderheim gesteckt.

Während sie sich in staatlicher Obhut befand, wurde ihre Mutter mit Wanja schwanger und beschloss, noch einmal von vorn anzufangen. Sie zog zusammen mit Olgas und Wanjas Vater in die ehemalige Wohnung der Großeltern. Beide hörten auf zu trinken und konnten eine Nachbarin überzeugen, zu bestätigen, dass sie nun gute Eltern waren und Olga wieder zu sich nehmen könnten. Zur Feier ihrer Rückkehr in die Familie kauften die Eltern einen Hund, einen Neufundländer, den sie Irma nannten und den Olga schon bald abgöttisch liebte.

Von Beruf war Olgas Vater Koch, und bis heute hat sie ein ganz bestimmtes leckeres Gericht aus Kartoffeln und Pilzen nicht vergessen, das er ihnen manchmal kochte.

Ihre Mutter hatte sie als sehr strenge Frau in Erinnerung. Die Mahlzeiten kamen stets zu einer festen Uhrzeit auf den Tisch, und während Olgas Freunde am Nachmittag draußen spielen durften, musste sie drinnen bleiben und Mittagschlaf halten. In der Nachbarschaft war Natascha beliebt – bis sie wieder anfing zu trinken.

Die Eltern begannen erneut, zu streiten. Als Olga eines Tages nach Hause kam, merkte sie sofort, dass irgendetwas nicht stimmte. Es war ungewöhnlich still in der Wohnung, und der Platz im Wohnzimmer, an dem Irmas Korb gestanden hatte, war leer. Olga rannte in die Küche. Der Hundenapf war ebenfalls weg.

»Wo ist Irma, Papa?«

»Wir haben kein Geld mehr, um sie zu füttern. Sie ist an einem guten Ort. Vergiss sie.« Olga war außer sich vor Kummer. Doch es kam noch schlimmer. Olga erinnerte sich an einen schlimmen Streit, den die Eltern hatten, nachdem ihre Mutter getrunken hatte. Ihr Vater stand über ihr, mit Wanja auf dem Arm und fragte: »Bei wem willst du wohnen, Mama oder Papa?« Olga dachte an das leckere Essen, das er kochen konnte, und antwortete: »Bei dir, Papa.«

Kurz nach dem Streit verließ zunächst ihre Mutter, dann auch ihr Vater die Wohnung und verschloss die Haustür hinter sich. Es wurde dunkel, und Olga war noch immer ganz allein mit Wanja. Irgendwann kletterte sie auf ein Fensterbrett und rief dem Nachbarn zu, dass sie Hunger habe. Einer der Nachbarn stieg in die Wohnung ein und rettete sie.

Am nächsten Tag kam die Polizei, um die beiden abzuholen – das war das letzte Mal, dass sie ihren Bruder gesehen hatte. Sie war damals fünf, er ein Jahr alt, und aufgrund des Altersunterschiedes brachte man sie in verschiedene Einrichtungen. Sie kam zurück in das Kinderheim und er in ein Babyhaus.

Einmal wurde sie von einem Paar im Kinderheim abgeholt, das sie mit in ihre Datscha nahm. Sie versprachen, sie wieder zu besuchen – heute weiß sie, dass die beiden mit dem Gedanken spielten, sie zu adoptieren –, doch sie tauchten nie wieder auf. »Ich schätze, sie sind immer noch unterwegs«, sagte Olga lachend.

Mit sechs Jahren wurde Olga einer medizinisch-psychologischen Kommission vorgeführt, die darüber entscheiden sollte, ob sie eine normale Schule besuche dürfe. Einer der Tests bestand darin, einen Baum zu erkennen. Olga wollte sich nach allen Seiten absichern und antwortete daher: »Das ist ein eichiger Ahornbaum.« Sie fiel durch den Test, erhielt die Diagnose »Kretin« und wurde in ein Waisenhaus für geistig Zurückgebliebene gebracht, wo ihr lediglich ein Minimum an Bildung zukam.

Dann gelang ihr etwas äußerst Bemerkenswertes: Sie überzeugte die Lehrer davon, wie intelligent sie war und übernahm in der Klasse die Rolle einer Assistentin. Ihrem festen Willen und ihrer Entschlossenheit war es zu verdanken, dass sie schließlich – ohne irgendwelche Hilfe von außen – in das Waisenhaus Nr. 15 verlegt wurde, wo sie Unterricht erhielt.

Nachdem sie dort ein Jahr gewesen war, geschah erneut etwas Außergewöhnliches: Das Waisenhaus wurde in eine Zirkusschule umgewandelt. Schirmherr dieser Schule war kein Geringerer als der Superstar des Moskauer Zirkus auf dem Zwetnoj-Boulevard, der Clown und Schauspieler Juri Nikulin. Alle Kinder mussten sich ständigen Tests unterziehen, und Olga wurde dazu erkoren, Akrobatin zu werden. Sie trainierte, im Handstand auf verschiedenen Gegenständen zu stehen. Während einer Vorstellung, sie balancierte gerade auf zwei Stapeln Backsteinen, die sie nach und nach abbaute, verlor sie das Gleichgewicht und fiel von der schmalen Bühne. Sie kam ins Krankenhaus, wo man sie am Rücken operieren musste. Ihre Karriere als Akrobatin war damit beendet – mit dreizehn Jahren.

Wäre der Unfall nicht passiert, hätte sie als Zirkusartistin die Welt bereist, doch stattdessen brachte man ihr bei, wie man Wein und Spirituosen verkauft. Olga rümpft noch heute die Nase bei dem Gedanken. Sowohl sie als auch ihr Mann tranken niemals Alkohol.

Und was ist aus ihrer Mutter geworden? 1997, als Olga zwölf war – Wanja erholte sich zu dieser Zeit gerade von dem Martyrium, das er in Filimonki erlitten hatte –, entschied Olga sich, Kontakt zu Natascha aufzunehmen, die sie seit mittlerweile sechs Jahren nicht mehr gesehen hatte. Sie schrieb ihr einen Brief und schickte ihn an ihre ehemalige Adresse. »Wo bist du?«, schrieb sie. »Warum kommst du mich nicht besuchen? Ich liebe dich.«

Natascha lebte nicht mehr in ihrer alten Wohnung. Sie hatte sie vermietet, an unzuverlässige Leute, die daraus eine Müllhalde machten. An dem Tag, als Olgas Brief ankam, schaute Natascha gerade zufällig dort vorbei und leerte den Briefkasten. Bereits am nächsten Wochenende ging sie ihre Tochter besuchen. Von da an sahen sich die beiden regelmäßig, manchmal zusammen mit Nataschas neuem Lebensgefährten, einem älteren Mann, der ihr schon einmal den Hof gemacht hatte, als sie gerade einmal siebzehn gewesen war. Er stellte sich Olga als Onkel Wolodja vor.

Mit seiner Hilfe kam Natascha vom Alkohol los und beantragte, dass Olga bei ihnen leben durfte. Anfang Oktober 1998 – etwa zu der Zeit, als Wanja in das Pflegeprogramm aufgenommen wurde – war es dann soweit: Am Samstag, dem 10. Oktober 1998, sollte Natascha ihre Tochter abholen und mit zu sich nach Hause nehmen. Bereits am Vortag beschlich sie ein ungutes Gefühl und Olga rief ihre Mutter an, um sie an den Termin zu erinnern. »Aber natürlich, mein Schatz«, erwiderte Natascha. »Wie könnte ich das vergessen? Ich habe dir auf dem Markt auch schon etwas Neues anzuziehen gekauft. In diesen Waisenhauskleidern kannst du ja nicht herumlaufen.«

Ihre einzigen Besitztümer – ihren Lieblingsstift und ein paar Schulbücher – fest umklammert, saß Olga am nächsten Tag da und wartete auf ihre Mutter. Stunden vergingen, doch von Natascha keine Spur. Olga ging zum Telefon und wählte Nataschas Nummer. Ein Mann hob ab, doch es war nicht Onkel Wolodja.

»Kann ich bitte meine Mama sprechen?«, fragte Olga.

»Deine Mama ist von dir gegangen«, antwortete die Stimme.

Wika, Sarah und ich schwiegen bestürzt. Einzig Olga wirkte

gefasst. Sie nahm einen Schluck Tee und erzählte uns, dass ihre Mutter am Abend zuvor krank geworden war. Bis der Krankenwagen eintraf, verging eine ganze Weile, und Natascha starb noch in derselben Nacht im Krankenhaus.

Bald darauf wurde Olga achtzehn, und dank einer seltsamen Fügung des Schicksals fiel ihre Entlassung aus dem Waisenhaus genau mit der Freilassung Wadims aus dem Gefängnis zusammen. Nach dem Tod seiner Großmutter war er in immer größere Schwierigkeiten geraten. Er begann zu stehlen und wurde schließlich bei dem Versuch, ein Auto zu klauen, erwischt. Im Alter von zwölf Jahren wurde er zu einer vierjährigen Gefängnisstrafe verurteilt und in eine Haftanstalt für junge Straftäter eingewiesen. Diese Erfahrung – weggeschlossen mit weitaus älteren Kriminellen – hinterließ schwere Narben und er kam seither immer wieder mit dem Gesetz in Konflikt.

Und so geschah es, dass Olga und ihr Bruder zusammen in die Wohnung ihrer Mutter zogen – die Wohnung, die wir tags zuvor bei unserem Blick über die hohe Mauer hatten sehen können. Das gute Verhältnis zwischen den Halbgeschwistern trübte sich allerdings schon bald, als Wadims ehemalige Zellengenossen auftauchten. Olga begann, sich vor ihrem Bruder zu fürchten. Zum Glück hatte sie zu diesem Zeitpunkt bereits Farid kennengelernt, der als Vorarbeiter auf einer Baustelle arbeitete. Er warf Wadim aus der Wohnung und verbot ihm, je wieder in die Nähe seiner Halbschwester zu kommen. Als dann das Bauunternehmen kam, um die Bewohner umzusiedeln, verlangte Olga als Ausgleich eine Einzimmerwohnung in Moskau, in der sie nun zusammen mit Farid lebte.

Keiner von uns dreien wusste, was er sagen sollte. Sarah nahm ein paar aktuelle Bilder von John zur Hand: ein eher steifes Porträt, aufgenommen von einem Schulfotografen, und einige Bilder, die ihn in seiner Pfadfinderuniform zeigten. Beim Anblick ihres Bruders begannen Olgas Augen zu leuchten.

»Er sieht so amerikanisch aus«, rief sie aus. »Wie Arnold Schwarzenegger.«

»Aber viel kultivierter«, rief Wika aus, entsetzt über diesen Vergleich.

»Er hat Mutters Locken«, sagte Olga, als sie sich ältere Aufnahmen von ihm ansah. Sie erzählte uns, wie sie sich einmal bei ihrer Mutter darüber beschwert hatte, dass sie deren abstehende Ohren geerbt hatte, nicht aber die Locken, um sie dahinter zu verstecken.

Die Bilder bedeuteten Olga sehr viel. Bis zum Tod ihrer Mutter hatte sie nicht ein einziges Familienfoto besessen. Als sie das Waisenhaus hatte verlassen dürfen, um an der Beerdigung ihrer Mutter teilzunehmen, hatte sie ihren Ausweis gefunden, das Bild herausgerissen und eingesteckt. Bis heute hatte es in ihrem Familienalbum nur dieses eine Bild gegeben.

Es war erstaunlich, wie ähnlich sich Olga und John in ihren Charakteren waren. Beide hatten dafür gekämpft, ihre Herkunft zu überwinden, indem sie aus sich selbst Kraft geschöpft hatten. Beide hatten sie hohe Moral- und feste Wertvorstellungen sowie ein Selbstwertgefühl entwickelt, das für Kinder, die in derart seelenlosen Einrichtungen aufgewachsen waren wie sie, höchst ungewöhnlich war.

John war überglücklich, als er hörte, dass wir seine längst verloren geglaubte Schwester ausfindig gemacht hatten. Noch glücklicher war er, als er einen Monat später erfuhr, dass sie eine Tochter, Karina, zur Welt gebracht hatte – seine Nichte. Einige Zeit später, Sarah war gerade wieder in Moskau, war es dann endlich so weit: Nervös saß sie mit Olga und Farid neben dem Telefon und wartete darauf, dass es klingelte. Das Baby Karina hatte sie auf dem Schoß. Währenddessen ging John in Pennsylvania früher von der Schule nach Hause, nicht ohne zuvor all seinen Freunden zu erzählen, dass er in Kürze mit seiner Schwester telefonieren würde, von der er als Baby getrennt worden war.

Die große Familienzusammenführung wurde zu einem technischen Minenfeld. In Moskau drängten sich alle in dem engen Flur und wechselten sich mit dem Baby ab. Da die alten russischen Telefone über keine Lautsprecherfunktion verfügten, mussten sie den Hörer herumreichen, und John alles zwei Mal sagen: ein Mal, damit seine Verwandten seine Stimme hören konnten, und ein zweites Mal für Sarah, damit sie es dolmetschen konnte.

Doch trotz der widrigen Umstände gelang es ihnen, eine Art Gespräch zu führen. Olga erzählte John von ihrer frühen gemeinsamen Kindheit: von Irma, dem Hund, von dem leckeren Kartoffel-Pilz-Gericht ihres Vaters und davon, wie sie zusammen mit ihrem Vater durch den Schnee gestapft waren, um im Wald eine Tanne für das Neujahrsfest zu schlagen.

Endlich hatte Olga die Gelegenheit, ihm etwas zu sagen, das ihr all die Jahre auf der Seele gelegen hatte. Einmal, Wanja war noch ein Baby gewesen, hatte Natascha Olga aufgetragen, auf ihren Bruder aufzupassen. Er hatte auf dem Sofa gelegen, und Olga hatte sich nur kurz weggedreht, um eine Schallplatte aufzulegen, da war er auf den Boden geplumpst. »Verzeih mir, bitte. Ich war noch so klein.«

Als Letztes sprach John mit Farid. Er machte eine seiner berüchtigten Pausen, dann sagte er schließlich: »Pass gut auf meine Schwester auf, Farid.«

Später, als Olga Sarah zur Bushaltestelle begleitete, wiederholte sie lächelnd Johns Worte.

31.
DER WANJA-EFFEKT
September 2009

John hat das Leben aller Menschen, die ihn auf seiner Reise begleitet haben, verändert – bei manchen im Kleinen, bei anderen im Großen.

Wika beschreibt es so: »Wanja hat eine erstaunliche und seltene Gabe: die Gabe, eine Beziehung zu Menschen aufzubauen. Sich mit ihm zu unterhalten ist wie Balsam für die Seele. Und das hat ihm das Leben gerettet. Durch ihn habe ich Talente in mir entdeckt, von denen ich nicht einmal wusste, dass sie in mir schlummerten. Ich lernte, Menschen zusammenzubringen und mit Behörden umzugehen.«

Sarah unterstützt weiter die Arbeit der britischen Wohltätigkeitsorganisation Action for Russia's Children (ARC), zu deren Gründungsmitgliedern sie einst gehörte. ARC unterstützt russische Menschenrechtsinitiativen bei ihren Bemühungen, Kindern eine Alternative zu staatlichen Fürsorgeeinrichtungen wie Waisenhäusern und Kinderheimen zu bieten. Im Jahre 1999 wurde Sarah für ihre Verdienste um das Wohl benachteiligter Kinder von Queen Elisabeth II. der Orden MBE (Member of the Order of the British Empire) verliehen.

Emily Spry, die britische Studentin, die Wanja im Krankenhaus Nr. 58 besuchte, kehrte für ihr Literaturstudium an die Oxford University zurück, fühlte sich dann aber dazu berufen, Ärztin zu werden. Sie hat sich für Kinderheilkunde entschieden.

Elvira, Wanjas Freundin mit den kohlrabenschwarzen Haaren, mit der er sich im Krankenhaus Nr. 58 den Flur teilte, wurde kurz vor ihrer Verlegung in ein Internat von einer amerikanischen Familie adoptiert. Sie lebt in Oklahoma und heißt heute Elena. Sie geht in die elfte Klasse, hat eine besondere Begabung für Naturwissenschaften und spielt Gitarre und Klavier. Ihre Lieblingsautoren sind J.R.R. Tolkien und C.S. Lewis. Sie betrachtet Jesus als den wichtigsten Einfluss in ihrem Leben.

Andrej, Wanjas Freund aus dem Babyhaus 10, hatte Moskau schon 1996 verlassen, um in Florida ein neues Leben zu beginnen, wo sein Adoptivvater ein Fünf-Sterne-Hotel leitete. 1999 ging er mit seiner Familie nach Russland. Bis heute leben sie in Moskau und haben inzwischen über zwanzig Kinder aus benachteiligten Verhältnissen aufgenommen. Andrej und sein Vater besuchen das Babyhaus 10 regelmäßig.

Wladimir Putin, von 2000 bis 2008 russischer Präsident und seit Mai 2008 Ministerpräsident, erklärte im Jahr 2006, dass er sich für alle verlassenen Kinder Russlands einen Platz in einer Familie wünsche. Doch noch immer befinden sich über 800 000 Kinder in der Obhut des russischen Staates – das sind mehr als zum Ende des Zweiten Weltkriegs, als große Teile der UdSSR in Trümmern lagen.

Maria Ternowskaja, die Gründerin des ersten russischen Pflegeeltern-Projekts, setzt ihre Arbeit trotz zunehmender Anfeindungen von Seiten der Bürokratie weiter fort. Ungeachtet einer Erfolgsquote von 95 Prozent bei der Unterbringung traumatisierter und misshandelter Kinder in Pflegefamilien wurde diese Form der Pflegschaft vom russischen Parlament für illegal erklärt. Den Schikanen der Behörden zum Trotz weigert sich Maria jedoch, aufzugeben.

Rachel Smith kehrte 1999 nach Großbritannien zurück und arbeitet als Sekretärin der ARC in London.

Mascha, das kleine Mädchen aus Gruppe 2, starb kurz nach ihrer Verlegung ins Internat 30.

Waleria, das Mädchen, das dank Sarah und Alan eine Herzoperation erhielt, starb zwei Jahre später.

Dima, der Junge aus Filimonki, starb im Alter von zehn Jahren.

Slawa, der Junge, der Wanja in Filimonki angriff, lebt weiter weggesperrt in einer Anstalt. Ein Gesuch im Jahr 2007, ihn besuchen zu dürfen, wurde abgelehnt.

Anna, das aufgeweckte Mädchen, das den ersten Rollstuhl in der Geschichte des Babyhauses 10 erhielt, wurde ins Internat 28 verlegt. 2007, im Alter von siebzehn Jahren, verbrachte sie ihre Tage auf einer einzigen Etage dieser Einrichtung, bastelte allerlei Dinge aus Perlen und wartete auf ihre Verlegung in ein Heim für Erwachsene, wo sie den Rest ihres Lebens verbringen wird.

Adela, die Chefärztin des Babyhauses 10, überstand den Ärger, den Wanjas Adoption ihr bereitete, und verstarb einige Zeit später. Der kohlebetriebene Kessel ist inzwischen aus dem Babyhaus verschwunden, doch alles andere ist unverändert – einschließlich der angebundenen Gehwägelchen.

Die ältere, taube Betreuerin aus dem Babyhaus 10, die Sarah während Johns Abschiedsrunde ein Bonbon schenkte, wurde 2006 im Treppenhaus ihres Hauses ermordet.

Grigori, der Anwalt, der der Korruption im internationalen Adoptionsgeschäft den Kampf angesagt hatte, wurde im Mai 1999 verhaftet und des Kinderhandels angeklagt. Er wurde zu drei Jahren Gefängnis verurteilt, die er hauptsächlich in Einzelhaft verbringen musste und in denen ihm der Zugang zu Büchern, Sport sowie der Empfang von Besuchern verwehrt wurde. Vier Mal kam sein Fall insgesamt vor Gericht – seine Verteidigung übernahm Grigori dabei selbst –, und jedes Mal wurde sein Antrag aus Mangel an Beweisen vom Richter abgelehnt. Im April 2002 wurde er schließlich entlassen, seither arbeitet er als Verteidiger. Er hat einige große Menschenrechtsfälle übernommen, doch besonders stolz ist er darauf, dass ihn einige seiner ehemaligen Feinde – darunter ein Staatsanwalt und ein Gefängnisdirektor – gebeten haben, ihre Verteidigung zu übernehmen. Was Grigoris eigenen Fall betrifft, so zogen sämtliche Anwälte in Russland daraus die Lehre, von einer Einmischung in internationale Adoptionen besser die Finger zu lassen. Für Adela empfindet Grigori Zuneigung und Dank-

barkeit, da sie sich trotz des massiven Drucks, der auf sie aus-
geübt wurde, weigerte, mit den Behörden bei der Erdichtung
falscher Beweise gegen ihn zusammenzuarbeiten.

Tante Walentina schied 2000 aus dem Dienst im Babyhaus
10 aus. Als Sarah ihr Bilder von John schickte, weinte sie vor
Freude.

Für die Teenager, die sich in Filimonki um Wanja kümmerten, hat sich nichts verändert. Sie befinden sich nach wie vor in
der gleichen Einrichtung, die inzwischen von einer hohen
Mauer mitsamt Stacheldraht umgeben ist. Mit Mitte zwanzig
werden ihnen nach wie vor sämtliche Rechte aberkannt. Einigen wurde erlaubt, in der örtlichen Geflügelfabrik zu arbeiten.

Sonja, Wanjas ehemalige Pflegemutter, hat inzwischen die
Vormundschaft für Julia übernommen, das Mädchen, das
Wanja in seinen letzten Monaten im Babyhaus Gesellschaft
leistete.

Dr. Ronald Swanger, der New Yorker Kinderarzt, der einst
die Kinder im Babyhaus 10 untersuchte, lebt inzwischen in
Florida im Ruhestand, wo er seine Dienste einer Organisation
zum Schutze von Kindern zur Verfügung stellt.

Sergej Koloskow, der ehemalige Konzertpianist und heutige
Kinderrechtsaktivist, der die Welt über die Zustände im
Kinderflügel von Filimonki in Kenntnis setzte und Wanjas
Hilferuf weiterleitete, ist heute als Berater der russischen Om-
budsmänner für Menschenrechte tätig. Dadurch hat er die
Möglichkeit, im ganzen Land Einrichtungen für Kinder zu
inspizieren.

Unlängst sagte er: »In jedem Internat treffen wir einen oder
zwei Wanjas, Kinder, die nachweislich intelligent sind. Unter
den schreienden Kleinen oder inmitten der Stille befindet sich
stets ein Junge oder Mädchen, der oder die sich mit uns unterhalten kann und uns um ein Spielzeug bittet. Bis heute sind in
Russland 5000 Kinder dazu verurteilt, ihr gesamtes Leben in
einem Gitterbett zu verbringen. Jeder Mensch, der nur über
einen halbwegs gesunden Menschenverstand verfügt, wird
von einem einzigen Besuch in einer dieser Einrichtungen eine

nie wieder verheilende Wunde zurückbehalten. Solange dieses Unrecht kein Ende findet, werden meine Bemühungen nicht abreißen.«

Und es gibt noch eine Person, die einen Platz in dieser Erzählung erhalten soll: ein elfjähriges Mädchen aus dem Kinderheim Nr. 31. Sie kann sich nicht an ihre hübsche Mutter mit den lockigen Haaren erinnern, die starb, als sie gerade einmal acht Monate alt war. Bis vor kurzem erhielt sie Besuch von einem älteren Mann, der am Stock ging. Doch er wurde nun schon eine Weile nicht mehr gesehen. Das Mädchen heißt Tatjana, nach ihrer Großmutter, und hat die zarten Gesichtszüge ihrer Mutter – und deren abstehende Ohren.

Seit ihrer Einlieferung in das Kinderheim haben sich eine Reihe adoptionswilliger russischer Paare das Mädchen angesehen, doch ihre Krankenakte, laut derer sie als schwer krank gilt, hat sie alle abgeschreckt. Tatsächlich bestand ihr einziges medizinisches Problem in Herzbeschwerden, die bereits vor langer Zeit behandelt wurden.

Ich hatte keine Gelegenheit, sie selbst kennenzulernen, doch mir wurde gesagt, dass sie – für ein Kind, das in einem Heim aufgewachsen ist – ungemein wortgewandt und aufgeweckt ist, dass sie die Zuneigung des Personals einfordert und niemandem, der sie einmal kennengelernt hat, je wieder aus dem Kopf geht.

EPILOG
WOLKENGÄNGER
September 2009

Zehn Jahre sind seit meiner Ankunft in Amerika vergangen. Ich muss mir nur das Foto anschauen, dass Alan 1996 auf dem Grundstück des Internats von mir gemacht hat, um zu sehen, wie weit ich gekommen bin. Er hatte mir damals eine Baseballkappe aufgesetzt, um meinen rasierten Kopf zu verstecken, doch ich werde mich ewig dafür schämen. Es ist eine Kappe von den Red Sox! Es gibt so viele Teams – warum ausgerechnet die Red Sox? *Ich bin Yankees-Fan!* Manchmal drücke ich den Phillies die Daumen, weil ich in Pennsylvania lebe, doch ich feuere nie – nie, nie, nie – die Red Sox an. Ich hoffe, Neuengland verzeiht mir das.

Heute bin ich Schüler der Freedom High School in Bethlehem, Pennsylvania. Geschichte ist mein Lieblingsfach, und am meisten Probleme macht mir Mathe, da einfache mathematische Grundlagen in frühen Jahren erworben werden, als ich dazu keine Chance hatte. Ich stehe jeden Morgen um 5.45 Uhr auf, um den Schulbus zu schaffen, und das ist alles andere als ein Spaß. Doch egal wie müde ich nach der Schule bin: Ich mache NIEMALS einen Mittagsschlaf.

Als meine Mutter mich nach Amerika brachte, war ich neuneinhalb – und kam in die erste Klasse. Ich konnte kein Englisch und musste es schnell lernen. Doch ich hatte Glück, denn ich fand einen Freund: Danny. Er war so alt wie ich, aber schon in der vierten Klasse. Danny unterrichtete mich, so wie ich damals Andrej unterrichtet hatte. Andrej lernte damals Russisch von mir, und nun lernte ich Englisch von Danny. Zwei Jahre lang unterhielten wir uns jeden Tag vor und nach der Schule. Er war der erste Mensch, der mich zu einer Geburtstagsparty einlud und mich bat, bei ihm zu übernachten. Bis heute ist Danny einer meiner besten Freunde.

Mom erzählt mir oft, dass mein Lieblingswort in dieser Anfangszeit »unser« war. Da ich nie etwas Eigenes besessen hatte, konnte ich gar nicht oft genug von »unserem Auto« und »unserem Haus« sprechen. »Alles gehört uns«, sagte ich immer, um sicherzugehen, dass mir nicht wieder alles weggenommen werden würde.

Stundenlang kann meine Mom über diese ersten gemeinsamen Monate sprechen. Einmal gab sie mir zum Beispiel einen Werkzeugkasten, der daraufhin mein bestgehüteter Schatz wurde. Heute weiß sie, dass meine glücklichsten Momente in Russland die waren, in denen ich mit dem Hammer und den Nägeln spielen durfte, die mir Sarah damals mitbrachte. Mom erzählt mir oft, wie gern ich im Schnee spielte und mich dabei schmutzig machte, was ich zuvor nie hatte tun dürfen. Kurz nach meiner Ankunft in den USA ging sie mit mir in einen Wildpark. Der Anblick der Tiere hinter den Gitterstäben beunruhigte mich. »Und warum ist dieses Tier eingesperrt?«, fragte ich unermüdlich.

Eines Tages, in der dritten Klasse, geschah etwas, wovon ich mir sicher war, dass es meinen Horizont erweitern würde. Alle Schüler wurden zu einer Versammlung gerufen, um uns die Wölflinge bei den Pfadfindern vorzustellen. Ich war mir nicht sicher, was genau es bedeutete, ein Wölfling zu sein, doch es klang, als würde man dort jede Menge aufregender Dinge erleben, wie zum Beispiel Zelten. Nach Schulschluss erzählte ich sofort meiner Mutter davon und fragte sie, ob ich ein Wölfling werden dürfe. Sie war nicht gerade begeistert von der Idee und fragte sich, ob das mit meiner Gehbehinderung überhaupt möglich war. »Mom«, sagte ich zu ihr, »gib mir eine Chance.« Da konnte sie mir meinen Wunsch nicht länger abschlagen.

Als sich unsere Zeit als Wölflinge dem Ende zuneigte, mussten alle Jungs aus meiner Gruppe entscheiden, in welche der verschiedenen Pfadfindertruppen sie anschließend wechseln wollten. Wir sahen uns vier verschiedene Gruppen an, doch nur eine hinterließ wirklich Eindruck bei mir. Während sich die meisten Jungs darauf einigten, zusammen in eine bestimmte Gruppe einzutreten, entschied ich mich für eine andere: die Gruppe 362. Es war die beste Truppe, die ich je gesehen hatte.

Meine Mutter zeigte sich besorgt. Sie glaubte, ich würde mich nicht wohl fühlen so ganz allein. »Willst du denn nicht lieber dorthin, wo all deine Freunde sind?«, fragte sie mich.

Doch ich bestand darauf.

Das war vor fünf Jahren. Bis heute sagt Mom öfters zu mir: »Ich geb's ja zu, John. Du hattest recht mit deiner Entscheidung.« Dort habe ich Freunde gefunden, die Natur erkundet und wichtige Dinge fürs Leben gelernt. Doch was mir am besten gefällt, ist, dass dort nie eine große Sache aus meiner Behinderung gemacht wurde.

Moms und meine Kirche ist die St. Paul Orthodox Church in Emmaus, Pennsylvania. Dort gehe ich zur Sonntagskirche und war früher Messdiener. Die Kirche stellt die wohl greifbarste Verbindung zu meiner Vergangenheit dar. Meine Taufurkunde, unterschrieben von dem Priester, der jeden Dienstag ins Babyhaus 10 kam, ist eines der wenigen Dinge, die ich aus Russland mitgebracht habe. Die St. Paul ist eine kleine Kirche, doch die Menschen dort sind ganz wundervoll. Und ich kann mich immer darauf verlassen, dass sie mir Popcorn abkaufen, wenn ich einmal im Jahr Geld für die Pfadfinder sammle.

Ich liebe alte Filme und habe jeden, wirklich jeden James-Bond-Film gesehen. Als ich mich 2003 für die Schule verkleiden sollte, ging ich in einem selbstgenähten Smoking als Agent 007. Ich liebe alle Bände von J. K. Rowlings *Harry Potter* und schaue mir gern Sportübertragungen an: Football-Spiele der Philadelphia Eagles, Baseball und Golf. Ich bin einer der größten Fans von Tiger Woods.

Mit meiner Ankunft in Amerika wurde ich Teil einer phantastischen Großfamilie, deren Mitglieder zum Teil ganz bei uns in der Nähe wohnen, andere sind bis nach Texas und Kalifornien verstreut. Zur »Familie« gehören außerdem Moms Freunde, die mich alle lieben und gut zu mir sind, und mein Hund, den wir kurz vor einem Jamboree, einem Pfadfindergroßzeltlager, gekauft und daher Jambo getauft haben. Doch meine Familie erstreckt sich noch weiter. Ich werde nie den Tag vergessen, als Mom mir sagte, dass Alan meine Schwester, Olga, gefunden habe. Ich war erst ein Jahr alt, als man uns auseinandergerissen und in verschiedene Einrichtungen gesteckt hatte. Als ich dann schließlich Olgas Stimme am Telefon hörte, musste ich weinen. Meine Familie hatte endlich zueinandergefunden.

Das größte Geschenk in meinem Leben ist jedoch meine Mutter. Ohne sie wäre ich nicht das, was ich heute bin. Unser Verhältnis ist einzigartig. Sie liebt mich, unterstützt mich, macht mir Mut und lenkt mich. Sie liebt mich so, wie ich bin, und ist stolz auf mich. Wenn ich Probleme habe, wende ich mich an sie. Ich kann mir ein Leben ohne sie nicht vorstellen. Und sie sagt, sie kann sich ein Leben ohne mich nicht vorstellen. Wir wissen beide, dass Gott uns zueinandergeführt hat, und wir danken ihm jeden Tag dafür.

Ich habe großes Glück. Mein Leben ist wundervoll, doch meine Vergangenheit habe ich nicht vergessen. Wie könnte ich auch? Ich bin allen Menschen, die an meiner Rettung beteiligt waren, sehr dankbar. Manche von ihnen haben in diesem Buch aus Platzgründen keine Erwähnung gefunden. Ich hoffe, sie alle finden weiterhin die Kraft und den Mut, ihre Arbeit fortzusetzen, damit Kindern derartiges Leid irgendwann erspart bleibt.

Ich hoffe und bete, dass dieses Buch dem grausamen System ein Ende setzt, in dem Kinder unter unmenschlichen Bedingungen eingesperrt werden. Ich träume davon, dass all diese Einrichtungen eines Tages geschlossen werden. Jedes Kind verdient es, in einer Familie aufzuwachsen. Mein Wunsch ist es, dass sie alle eine Chance bekommen.

ÜBER DIESES BUCH

Die Geburtsstunde dieses Buches war ein Interview, das John und Paula Lahutsky im Mai 2006 einer Lokalzeitung gaben. Als Sarah und Alan das Interview lasen, wurde ihnen klar, wie wenig John über die außergewöhnliche Geschichte seiner frühen Kindheit wusste, und sie begannen, Kisten voller Unterlagen, Notizbücher und Bilder aus ihrer Moskauer Zeit zu durchwühlen. Sie förderten genug Material zutage, um den zeitlichen Ablauf der Ereignisse in Johns russischer Vergangenheit zu rekonstruieren. Im Laufe der darauffolgenden zwei Jahre wurde daraus eine Tabelle mit 310 datierten Einträgen. Hinzu kamen über 1000 Fotos, die Sarah gemacht hatte. Hinweise auf den Bildern – wie zum Beispiel die Anzahl der Kerzen auf einem Geburtstagskuchen – gaben Aufschluss darüber, aus welchem Jahr sie stammten. Ihrer Sammelleidenschaft ist es zu verdanken, dass Sarah sämtliche ihrer Notiz- und Tagebücher aufbewahrt hat, und nachdem diese aus den Untiefen etlicher Kisten geborgen waren, gewann die Geschichte eine ganz neue Dimension: Es fanden sich Notizen von Unterhaltungen mit John sowie Aufzeichnungen von den Krisengesprächen, die Johns Unterstützer nach der ersten fehlgeschlagenen Adoption von Linda und George führten. In Alans Kalender fanden sich Notizen von Gesprächen mit Adela, Wika und anderen Beteiligten. Anhand einiger Videos – die 1998 in der Absicht gedreht wurden, eine Familie für John zu suchen, jedoch nie für diese Zwecke eingesetzt wurden – lassen sich seine letzten Monate im Babyhaus genau nachvollziehen. In einem lange nicht mehr benutzten elektronischen Postfach bei einem Online-Dienst, das bereits vor Jahren hätte abgeschaltet werden sollen, fand sich ein wahrer Schatz an E-Mails aus den Jahren 1998 und 1999, einem Zeitraum, der sonst nur schwer zu rekonstruieren gewesen wäre. Zum öffentlich zugänglichen Material zählt ein Dokumentarfilm von Manon Loizeau, *Growing Up in a Strait Jacket*, der die Zustände in Filimonki dokumentiert. Für einen ganz kurzen Moment ist auch der sechsjährige Wanja im Bild, wie er in seinem Gitterbett auf- und abspringend versucht, Aufmerksamkeit zu erregen.

Was Johns eigene Erinnerungen betrifft, so setzen diese im Jahr 1996 ein und werden zunehmend präziser und umfassender, so dass ihm die schmerzliche Phase im Jahr 1999 – die Umstände der Trennung von seiner Pflegefamilie – gut in Erinnerung ist.

Als Sarah und Alan John 2007 in Bethlehem besuchten, stellte er ihnen eine Reihe von Fragen, für deren Beantwortung insgesamt drei Reisen nach Moskau nötig waren. Wika ging wie immer voller Tatendrang ans Werk, um Licht ins Dunkel von Johns Vergangenheit zu bringen. Unterstützung erhielt sie dabei von Maria Ternowskaja und ihrem Team, darunter Irina Schipilowa und Maria Kalinina. Johns Schwester Olga sowie ehemalige Nachbarn lieferten den familiären Hintergrund. Beinahe jeder, der John in Russland gekannt hatte, trug nur allzu gern seinen Teil dazu bei, das Bild des Kindes, das nicht bereit war, aufzugeben, lebendig werden zu lassen. Sogar ehemalige Angestellte des Babyhauses gewährten tiefe Einblicke in die Arbeitsweise dieser Einrichtung.

Aufschluss über das sowjetische Gesundheits- und Kinderfürsorgesystem mit seinen Babyhäusern, Kinderheimen und Internaten gaben: Sergei Koloskow, Präsident der Down's Syndrome Association; Boris Altshuler, Direktor des russischen Kinderhilfswerks Right of the Child; Anna Bitowa und Roman Dimenshtein vom Zentrum für Heilpädagogik; Swjatoslaw Dowbnya, Kinderneurologe, und Tatiana Morozowa, Beratende Psychologin des Early Intervention Institute in St. Petersburg; Dr. Ronald Swanger, der New Yorker Kinderarzt im Ruhestand; und Dr. Stewart Britten von HealthProm. Gedankt werden soll außerdem Caroline Cox, die sich in ihrem Buch *Trajectories of Despair* mit der Fehlbeurteilung von Kindern in Russland auseinandersetzt und durch deren Kapitalbeschaffung die Errichtung von Maria Ternowskajas Pflegeelternprogramm, Our Family, möglich war.

Weiterhin waren an diesem Buch maßgeblich beteilt: Ann Kitson, Fay Roberts und Rachel Smith, die einst in Moskau lebten und deren Erinnerungen entscheidende Einblicke in Johns Leben und das Leben anderer Kinder in staatlicher Obhut zu verdanken sind. Emily Spry ließ Wanjas Zeit im Krankenhaus lebendig werden. Viv Frosts Videoaufnahmen von Kindern im Babyhaus 10 waren von unschätzbarem Wert.

Alle Ereignisse in diesem Buch haben stattgefunden wie beschrieben. Ihr jeweiliger Zeitpunkt reicht so nah an das Originaldatum heran, wie dieses zu ermitteln war. Was die Gespräche betrifft, so beruhen sie auf Interviews mit den Hauptfiguren und auf allen anderen verfügbaren Informationen. Diese Gespräche sind rekonstruiert: Die Dialoge erheben keinen Anspruch auf Wortwörtlichkeit.

Zum Schutze der Privatsphäre wurde die Identität einzelner Personen nicht preisgegeben. In einigen Fällen wurden Unterhaltungen, die sich über mehrere Tage erstreckten, zusammengefasst, um die Lektüre zu erleichtern.

Die Geschichte von Johns Rettung ist kompliziert und das Werk sehr vieler Menschen. Sie ist kein Kurzstrecken-, sondern ein Staffellauf. Viele, die es verdient hätten, in diesem Buch erwähnt zu werden, blieben unberücksichtigt, um die Erzählung nicht ausufern zu lassen. Mitunter wurden mehrere Figuren zu einer zusammengefasst: So verkörpert der Teenager in Filimonki namens Ilja insgesamt drei Jugendliche, die John trotz der entsetzlichen äußeren Umstände mit großer Güte begegneten.

Nahezu alle Ereignisse in diesem Buch beruhen auf Aussagen eines Beteiligten oder eines Beobachters. Für einige Szenen, die unbestritten stattfanden, gibt es jedoch keine Zeugen. Eine davon ist Johns Beurteilung durch die medizinisch-psychologische Kommission des Krankenhauses Nr. 6 in Kapitel 3. Die Informationen, wie diese Beurteilungen im Einzelnen aussehen, lieferten verschiedene Menschen, darunter eine Psychologin, eine Logopädin und eine Betreuerin aus einem Kinderheim. Olga steuerte Details von ihrer eigenen Beurteilung durch die Kommission bei. Die Bilder, die John benennen sollte, sind sowjetischen Vorschulbüchern entnommen.

Es liegt in der Natur der Sache, dass sich die Erinnerungen verschiedener Menschen an dasselbe Ereignis nicht immer decken. Manchmal widersprechen sie sich sogar. Die Entscheidung, welche Version in das Buch aufgenommen wurde, liegt ausschließlich bei den Autoren. Die Personen, die freundlicherweise ihren Beitrag zu diesem Buch geleistet haben, tragen hierfür keinerlei Verantwortung.

Dieses Buch soll Menschen nicht in Gut und Böse einteilen. Es soll vielmehr die verschiedenen Stufen von Menschlichkeit aufzeigen. Wenn dieses Buch nur ein paar Gleichgültige zu Mitfühlenden werden lässt, dann hat es sein Ziel erreicht.

Alan Philps

RUSSLANDS VERLORENE KINDER
Nachwort zur deutschen Ausgabe

Eine Tradition des Schweigens

Als 1989 der Eiserne Vorhang fiel, wurden die Lebensumstände von Kindern in russischen Betreuungsinstitutionen erstmals weiteren Kreisen der Öffentlichkeit in Ost und West bekannt. Der Anblick, der sich den Vertretern internationaler Menschenrechtsorganisationen in manchen Heimen bot, verschlug ihnen die Sprache. Dennoch bestand ihre erste Aufgabe darin, das Elend dieser von der Gesellschaft abgeschotteten, zum Schweigen verurteilten Kinder sichtbar zu machen und ihre Geschichten zu erzählen.

Wie konnte es zu einem solchen Ausmaß an systematischer Grausamkeit ausgerechnet in staatlichen Fürsorgeeinrichtungen kommen? Vergleicht man die Situation in den Kinderheimen mit dem Anspruch, den der sozialistische Staat an sich selbst stellte, erscheint das Ausmaß des Versagens geradezu bizarr. Schließlich standen gerade die Kinder nach der bolschewistischen Revolution 1917 im Zentrum der politischen Bemühungen. Das Versprechen, dass für jedes Kind, gleich welcher sozialen Herkunft, gesorgt sein sollte, bildete das Herzstück der sozialistischen Utopie – Historiker sprechen heute von einem »Mythos der goldenen Kindheit« in der Sowjetunion. Staatliche Gesundheitsfürsorge und ein modernes Bildungswesen sollten den Fortschritt der gesamten Gesellschaft garantieren.

Je mehr nun die Kindheit als Aushängeschild des gesellschaftlichen Fortschritts idealisiert wurde, desto weniger Raum war für das, was nicht ins Bild passte. Private Initiativen, die Missstände benannten und beheben wollten, wurden im Lauf der 1930er Jahre verboten. Und Kinder, die nicht geeignet schienen, die Überlegenheit der sozialistischen Utopie zu verkörpern, wurden zunehmend aus der Gesellschaft ausgesondert und entmündigt.

Alternative Betreuungsformen in offeneren Institutionen sowie allgemein zugängliche Fördereinrichtungen blieben entsprechend unterentwickelt. Seit der Stalin-Zeit bis weit in die achtziger Jahre hinein dominierte die institutionalisierte Heimerziehung das Bild. Öffentlich, d.h. außerhalb der pädagogischen oder juristischen Fachwelt, wurde über die Heime und die dort untergebrachten Kinder nicht gesprochen. Wenn John Lahutsky in seinem Prolog von einem Kinder-Gulag spricht, sind es diese Aspekte, die den berüchtigten Strafgefangenenlagern und den staatlichen Betreuungseinrichtungen gemeinsam sind: die Isolation und das Verschweigen.

Ansätze zur Veränderung

Das Bild- und Filmmaterial, die Berichte und Statistiken, die ab den frühen 1990er Jahren in Umlauf kamen, lösten eine Welle der Empörung aus. Lokale Initiativen wurden gegründet, und Hilfsorganisationen leiteten Sofortmaßnahmen ein, um die schreiende Not zu lindern. Seitdem hat sich ein weltweites Netzwerk von Organisationen gebildet, die auf vielfältige Weise die Zukunftsaussichten gefährdeter Kinder langfristig verbessern wollen: Zur unmittelbaren Verbesserung der Lebensumstände in den Heimen selbst werden Sachspenden gesammelt, Personalschulungen initiiert und finanziert, freiwillige Helfer angeworben und nach Möglichkeit Kontakte zu den Herkunftsfamilien der Kinder aufgebaut. Studien, die Daten zu Ursachen und Entwicklung der Heimunterbringung erheben, liefern die Grundlage für alle weiteren Maßnahmen. Um Heimkinder in die Gesellschaft zu reintegrieren, werden Freizeiten organisiert, Pflegefamilien angeworben und betreut, Adoptiveltern gesucht oder kleinere, familiärere Betreuungsformen geschaffen. Frühförderangebote, Beschützende Werkstätten und Elternnetzwerke sollen Eltern dazu ermutigen, ihre Kinder wieder zu sich zu nehmen – oder, besser noch, verhindern, dass sie ihre Kinder überhaupt in geschlossene Einrichtungen einweisen lassen.

Einige Organisationen haben bereits eindrucksvolle Erfolge vorzuweisen, sei es, dass sie dazu beitrugen, ausgewählte Heime in lebenswertere, offenere Orte umzuwandeln, sei es, dass einzelne Institutionen geschlossen werden konnten, indem die dort lebenden Kinder anders untergebracht wurden. Auch ist in besonders intensiv geförderten Regionen der Bedarf nach staatlicher Betreuung messbar zurückgegangen.

Auch von Seiten der russischen Regierung wurde wiederholt der Wunsch nach Veränderung bekräftigt. Schon im Dezember

1990 wurde die UN-Kinderrechtskonvention ratifiziert und ein neues Gesetz in Kraft gesetzt, das allen Heimkindern das Recht zusprach, kontinuierlich gebildet, gefördert und als vollwertiges Mitglied in die Gesellschaft integriert zu werden. Auf der Grundlage der neuen Verfassung von 1993 entstand 1995 ein Bildungsgesetz, das die Regierung darauf verpflichtete, jedem Kind, unabhängig von seiner sozialen oder gesundheitlichen Lage, individuelle Förderung zukommen zu lassen.

Allerdings sind die Institutionen selbst oft geradezu immun gegen Veränderungen: Das schlecht geschulte Personal ist von sich aus kaum in der Lage, wirksame Verbesserungen einzuleiten. Und da die karge finanzielle Ausstattung vom Behinderungsgrad der Insassen abhängt, hat so manche Heimleitung kein ernsthaftes Interesse daran, die Kinder gezielt zu fördern. Zu Klagen kommt es dennoch selten, weil sich selbst informierte Eltern vor den Nachteilen fürchten, die ihren Kindern aus einer offiziellen Beschwerde erwachsen könnten; die meisten Heimkinder stehen ohnehin unter der Vormundschaft der Heimleitung. Zudem wurde das Engagement der Nichtregierungsorganisationen durch neue bürokratische Hürden und den stark reglementierten Zugang zu den Heimen immer wieder zurückgedrängt.

Auch haben sich offizielle Bemühungen, durch die Förderung von Pflegeelternschaften und den Aufbau von Tageszentren einen Teil der Heimkinder wieder in die Gesellschaft zu integrieren, zunächst als wenig nachhaltig erwiesen: Ein Drittel der durch staatliche Stellen in Pflegefamilien untergebrachten Kinder wurde in jüngster Zeit wieder in die Heime zurückgegeben, und in den Tageszentren blieb die Personalausstattung unzureichend. Nicht zuletzt trägt die wirtschaftliche Lage ihren Teil dazu bei, dass der ersehnte Fortschritt auf sich warten lässt: Unter der wachsenden Kluft zwischen Arm und Reich leiden besonders die Familien. Weiterhin kommen jährlich über 100 000 Kinder neu hinzu, die aus den verschiedensten Gründen ohne elterliche Fürsorge auskommen müssen. Trotz der Alternativen wird daher die Anzahl der Heimkinder kaum geringer.

Heimbetreuung heute

Nach Schätzungen der Unicef und anderer Nichtregierungsorganisationen lebten 2006 rund 400 000 Kinder und Jugendliche in staatlichen Betreuungsinstitutionen. Das ist mehr als 1 Prozent der Altersgruppe von 0 bis 17 Jahren. Um die 30 000 von ihnen waren in dem Sozialministerium unterstellten »Internaten« für Kinder mit Behinderungen untergebracht, in denen immer wieder die schlimmsten Missstände aufgedeckt werden. Noch immer gibt es in weiten Teilen Russlands kaum Fördermaßnahmen, die es sozial benachteiligten Familien oder Eltern von behinderten Kindern ermöglichen würden, die Betreuung ihrer Kinder selbst zu leisten. Die Mentalität, nach der »defekte« Kinder der Mühe nicht wert und in staatlichen Institutionen am besten aufgehoben seien, hält sich hartnäckig.

Auch das in diesem Buch beschriebene rigide Aussonderungsschema findet immer noch Anwendung: Die Kinder werden auf Anraten der Behörden früh in ein »Babyhaus« (auch Säuglingsoder Kleinstkindheim genannt, obgleich die Kinder dort bis mindestens zum Alter von vier Jahren bleiben) gegeben, in dem besonders förderbedürftige Kinder regelmäßig zu kurz kommen. Schon kleine körperliche Einschränkungen wie Gaumenspalten oder spastische Lähmungen sowie Risikofaktoren wie alkoholkranke Eltern werden mitunter als Zeichen einer allgemeinen »Zurückgebliebenheit« gedeutet, auf die dann schlimmstenfalls eher mit Vernachlässigung als mit einer gezielten Förderung oder Behandlung reagiert wird.

Mit vier bis fünf Jahren werden alle nach Ansicht der Behörden beeinträchtigten Kinder einer medizinisch-psychologischen Kommission vorgestellt, deren Auswahlverfahren uneinheitlich und umstritten sind. »Bildungsfähige« Kinder werden in reguläre, an das Bildungssystem angeschlossene Kinderheime überwiesen. Von dort werden sie mit etwa 16 bis 18 Jahren in ein selbständiges Leben entlassen. Allerdings fällt vielen Zöglingen dieser Schritt schwer: Nach Angaben der russischen Staatsanwaltschaft von 2002 rutschen 40 Prozent von ihnen in die Kriminalität ab, 40 Prozent fallen mit Drogendelikten auf, und 10 Prozent begehen Selbstmord.

Falls die Diagnose hingegen auf »imbezil« oder »idiotisch« lautet (die Diagnose »bildungsunfähig« ist inzwischen offiziell abgeschafft), werden die Kinder in sogenannten »Internaten« untergebracht. Diese sind schon strukturell und personell nicht darauf ausgelegt, den Kindern je wieder ein eigenständiges Leben in der Gesellschaft zu ermöglichen. Nach wie vor sind die Zustände in diesen Einrichtungen, besonders in den sogenannten »Liegeräumen«, oft so desolat, dass die Insassen jeden Lebenswillen verlieren. Ein Wechsel von einer solchen Anstalt in andere Betreuungseinrichtungen ist so gut wie ausgeschlossen, und die einzige Veränderung, die die Jugendlichen dort erwartet, ist die Überweisung in eine Anstalt für Erwachsene bei Eintritt der Volljährigkeit.

Schicksale wie das von John Lahutsky sind also leider noch immer keine Einzelfälle – wenn man von dem Umstand absieht, dass er eine Chance bekommen hat, die vielen anderen verwehrt bleibt.

Die folgende Liste enthält Organisationen, die sich für Heimkinder in Russland engagieren. Ein Schwerpunkt liegt auf Hilfsmaßnahmen für Kinder mit Behinderungen, da diese besonders häufig in Heime eingewiesen werden und dort besonders selten adäquat gefördert werden können. Die Liste erhebt keinerlei Anspruch auf Vollständigkeit, und die getroffene Auswahl stellt keine Wertung dar.

Action for Russias' Children
13 Stonehill Road
East Sheen
London
SW14 8RR
Großbritannien
actionarc@yahoo.co.uk
www.actionarc.com
Diese auch im Buch erwähnte Organisation unterstützt seit ihrer Gründung 1991 ausschließlich Projekte, die Familien stärken und darauf angelegt sind, Kinder aus staatlichen Heimen herauszuhalten oder herauszuholen. Dazu gehören das ebenfalls im Buch erwähnte Pflegefamilienprojekt Our Family, ein Beratungszentrum für Familien mit Down-Syndrom-Kindern und das renommierte Moskauer Zentrum für Heilpädagogik (CCP).

Förderkreis Iwanuschka e. V.
Im Wiesengrund 21
28790 Schwanewede
Tel.: 01801 5855852772
info@iwanuschka.de
www.iwanuschka.de
1996 schlossen sich Absolventen des Freiwilligen Friedens-

dienstes in Moskauer Behinderteneinrichtungen zu einem Förderkreis zusammen, um ihr Engagement für russische behinderte
Kinder dauerhaft und nachhaltig fortzusetzen. Sie kooperieren
mit demselben Zentrum für Heilpädagogik wie Action for Russias' Children, fördern und informieren Elterninitiativen vor Ort
und organisieren den Einsatz freiwilliger Helfer in therapeutisch
sinnvollen Institutionen.

Handicap International e. V.
Ganghoferstr. 19
80339 München
Tel.: 089 547606-0
Fax: 089 547606-20
kontakt@handicap-international.de
www.handicap-international.de
Handicap International wurde 1982 in Frankreich gegründet
und setzt sich in über 60 Ländern für Menschen mit Behinderungen ein. In Russland unterstützt der Verein unter anderem
die Heilpädagogikzentren in Moskau und Pskow, die Stiftung
zur Unterstützung von Menschen mit Behinderungen in Pskow,
die (von Sergey Koloskov gegründete) Down's Syndrome Association in Moskau und die Vereinigung von Eltern behinderter
Kinder »Swet« in Wladimir.

Human Rights Watch (Zweigstelle Berlin)
Poststraße 4–5
10178 Berlin
Tel.: 030 259306-10
Fax: 030 259306-29
berlin@hrw.org
www.hrw.org/de
Human Rights Watch setzt sich seit 30 Jahren durch unabhängige Recherchen, Berichterstattung und Analysen weltweit für
die Einhaltung der Menschenrechte ein und hat auch in Russland
wertvolles Datenmaterial gesammelt. Bei Spenden ist eine
Zweckbindung für Kinderrechte in der Region möglich.

Initiative Pskow in der EKiR e. V.
Düsseldorfer Straße 282
47053 Duisburg

Tel./Fax: 0203 666564
Fax: 0203 6694392
drdieter.bach@t-online.de
www.initiativepskow.de
Die Initiative Pskow wurde (nach vorhergegangenen Einzelprojekten) 1998 innerhalb der evangelischen Kirche im Rheinland gegründet. Mit ihrer Hilfe ist in der Stadt Pskow ein Netzwerk von Einrichtungen entstanden, die es Menschen mit verschiedensten Behinderungen in jeder Altersgruppe ermöglichen, innerhalb ihrer Familie aufzuwachsen, sich nach ihren Fähigkeiten auszubilden und zu arbeiten.

Perspektiven e. V.
perspektiven@gmx.net
www.perspektiven-verein.de
Perspektiven e. V. wurde 1992 gegründet und engagiert sich im Raum St. Petersburg. In einem staatlichen Kinder- und einem Erwachseneninternat sorgen zusätzliche Fachkräfte und freiwillige Helfer für mehr Zuwendung, Förderung und Familienkontakt. Als Alternative zu den Heimen existieren seit 2004 ein eigenes Tageszentrum und ein integratives Schulprojekt. Zudem unterstützt der Verein Wohn- und Beschäftigungsprojekte für sogenannte Straßenkinder.

UNICEF Deutschland
Höninger Weg 104
50969 Köln
Tel.: 0221 93650-0
Fax: 0221 93650-279
mail@unicef.de
www.unicef.de
Das Kinderhilfswerk der Vereinten Nationen UNICEF wurde 1946 gegründet und arbeitet heute in über 150 Ländern. In Russland unterhält Unicef Hilfsprogramme für Straßenkinder, unterstützt Initiativen vor Ort und stellt regelmäßig umfangreiche Informationen zusammen, die anderen Organisationen als Arbeitsgrundlage dienen.

GLOSSAR

Apostille – Amtliche Bestätigung der Echtheit einer ausländischen öffentlichen Urkunde im Inland bzw. einer Urkunde, die im Ausland vorgelegt werden soll.

Babyhaus – Russisch: Dom rebjonka; staatliche Einrichtung, in die Kinder unmittelbar nach der Geburt oder im Kleinkindalter (bis etwa vier Jahren) gegeben werden, wenn sich die Eltern nicht bereit oder in der Lage fühlen, selbst die Betreuung zu übernehmen. Eltern behinderter Kinder wird häufig bereits vor der Geburt geraten, das Kind in staatliche Obhut zu übergeben.

Bolschewiki – Russisch für Mehrheitler; von Lenin geführte Fraktion, die in der Oktoberrevolution von 1917 die Macht übernahm und als »Kommunistische Partei Russlands« zur allein dominierenden politischen Kraft in der Sowjetunion wurde. Das ideologische Leitbild sah vor, die Funktion der Familie durch Einrichtungen der sozialistischen Gesellschaft zu ersetzen (z.B. Kindergärten, -krippen bereits ab zwei Monaten), um die Kinder so besser indoktrinieren zu können.

Defektologie – In den 1920er Jahren in Russland entstandene Theorie der Behindertenpädagogik, die sich mit den psychophysiologischen Entwicklungsbesonderheiten von Menschen mit körperlichen und/oder geistigen Behinderungen und deren Bildung und Erziehung beschäftigt. Behinderung wird hier als Defekt verstanden; Ziel ist es – im Unterschied zu ganzheitlichen sozialen und integrativen Ansätzen –, Fehlentwicklungen zu korrigieren (oftmals lediglich zu diagnostizieren).

Infantile Zerebralparese (ZP) – Symptomenkomplex von Gehirnerkrankungen, die durch Störung der motorischen Funktion und häufig durch zusätzlich assoziierte Störungen wie Lernbehinderung, geistige Retardierung, Sehstörungen und/oder Epilepsie gekennzeichnet sind. ZPen entstehen durch Erkrankung oder Schädigung des unreifen, sich entwickelnden Gehirns, wie z.B. durch eine Sauerstoffunterversorgung während der Geburt oder Einblutungen ins Gehirngewebe bei Frühgeborenen (Anna Carolina Muntau [2004], Intensivkurs Pädiatrie. Urban & Fischer).

Internat – Dem russischen Sozialministerium unterstellte Einrichtung, in die geistig oder mehrfach behinderte Kinder im Anschluss an ihre Zeit in den Babyhäusern verlegt werden. Aufgrund fehlender Förderung, mangelnder Pflege, schlechter medizinischer Versorgung sowie seelischer Vernachlässigung ist die Sterblichkeit vor allem unter jenen Kindern, die aufgrund von Gehbehinderungen ausschließlich liegen, sehr hoch.

International Women's Club Moskau (IWC) – Klub für in Moskau lebende Ausländerinnen. Gegen einen Mitgliedsbeitrag können die Frauen hier soziale Kontakte knüpfen, Spenden für gemeinnützige Zwecke sammeln oder sich in Projekten engagieren. Innerhalb des IWC gibt es eine Fürsorgegruppe, die sowohl die Notversorgung als auch langfristige Hilfe für Menschen unterhalb der Armutsgrenze bereitzustellen versucht. Ihr Interesse gilt dabei vornehmlich Kindern in staatlichen Einrichtungen wie Baby- oder Waisenhäusern.

Kinder-Gulag – Der aus der Sowjetunion der Stalinzeit stammende Begriff »Gulag« (Gossudarstwennoje uprawlenije lagerej) leitet sich von der Abkürzung der russischen Behörde ab, die für die Verwaltung der Straflager verantwortlich war. Gleichzeitig ist der Begriff seit der Veröffentlichung von Alexander Solschenizyns Werk »Der Archipel Gulag« Synonym für die Unterdrückung politisch Andersdenkender in sowjetischen Zwangsarbeitslagern, Gefängnissen und Verbannungsorten. Heute wird der Begriff oft weiter gefasst und für Orte verwendet, an denen Menschen unter inhumanen Bedingungen festgehalten werden.

Kretinismus – Entwicklungsstörung des kindlichen Organismus bereits im Mutterleib infolge eines Mangels an Schilddrüsenhormonen des Fötus, verursacht durch einen Jodmangel der Mutter; tritt überdurchschnittlich häufig in Jodmangelgebieten auf.

Oligophrenie – Sog. Schwachsinn; allgemeine Bezeichnung für eine angeborene oder frühzeitig erworbene geistige Behinderung. Einteilung in Schweregrade nach Intelligenzquotient: Minderbegabung, Debilität, Imbezillität, Idiotie.

Verwendete Quellen in Auswahl:

Catriona Kelly: Children's World. Growing up in Russia, 1890–1991. New Haven/London 2007.

Human Rights Watch (Hg.): Abandoned to the State. Cruelty and Neglect in Russian Orphanages. New York/Washington/London/Brüssel 1998 (weitere Studien unter www.hrw.org).

Sergey Koloskov: The Desperate Situation of Children with Disabilities in Russian Institutions. In: International Children's Rights Monitor, Ausgabe 2/2001.

Sabine Erdmann-Kutnevic: Zwischen Stillstand und Aufbruch. Die Situation von Menschen mit Behinderungen in Russland. In: Zeitschrift Behinderung und Dritte Welt, Ausgabe 2/2008, S. 12–16.

Unicef: Unter www.unicef-irc.org stellt Unicef laufend neue Analysen zur Lage gefährdeter Kinder in Russland zur Verfügung, insbesondere den jährlich erscheinenden »Innocenti Social Monitor«.

Die Autoren dieses Nachworts danken den von uns kontaktierten Organisationen für ihre ausführliche Beratung und große Auskunftsbereitschaft.

Andy Hahnemann
Gesine Schröder
Carina Tessari

INHALT